니코마코스 윤리학

아리스토텔레스(Aristoteles)
(BC 384~322)

현대지성 클래식 42

니코마코스 윤리학

ETHIKA NIKOMACHEIA

아리스토텔레스 | 박문재 옮김

현대
지성

일러두기

1. 아리스토텔레스가 쓴 윤리학 저작으로는 『니코마코스 윤리학』과 『에우데모스 윤리학』이 있다. 전자는 10권, 후자는 8권으로 되어 있으며, 그중 네 권은 내용이 동일하다. 아리스토텔레스의 제자 에우데모스가 스승의 강의를 필기한 『에우데모스 윤리학』을 아리스토텔레스의 아들 니코마코스가 다시 정리해서 『니코마코스 윤리학』을 썼다는 설이 있다.

2. 이 책에서 옮긴 『니코마코스 윤리학』의 번역 대본으로는 다음 그리스어 원전을 사용했다. I. Bywater의 비평본 *Aristotelis Ethica Nicomachea*, recognovit brevique adnotatione critica instruxit I. Bywater, Oxford Classical Texts (Oxford: Clarendon Press, 1894).

3. 인용 및 참조 시 편리하도록 Immanuel Bekker, *Aristotelis Opera* (Berlin, 1831)에 수록된 본문의 쪽과 단과 행을 표기했다. 『니코마코스 윤리학』은 베커 판본에서 1094-1181쪽에 수록되어 있고, 한쪽은 2단으로 되어 있다. 예컨대, 1123a5는 베커 판본의 1123쪽의 왼쪽 단 5행을 가리키고, 1178b20은 1178쪽의 오른쪽 단 20행을 가리킨다.

4. 그리스어 인명 및 지명은 외래어 표기법을 따랐고, 그리스어를 음역한 경우에는 아티케 그리스어 발음으로 표기했다.

5. 본문 각주는 모두 옮긴이가 붙인 것이다.

차례

제1권 **인간에게 "좋음"이란 무엇인가**

제1장   인간은 모든 행위에서 "좋음"을 추구한다 • 19

제2장   정치학은 인간에게 가장 좋음을 추구하는 학문이다 • 20

제3장   정치학은 정밀학문이 아니다 • 22

제4장   가장 좋음인 행복과 관련된 문제 • 24

제5장   삶의 세 가지 유형: 향락적인 삶, 정치적인 삶, 관조적인 삶 • 27

제6장   좋음의 원형이 존재한다는 견해에 대한 비판 • 29

제7장   인간의 고유한 기능을 살핀 후, 최종적이고 자족적인
        좋음인 행복에 관한 정의에 도달한다 • 34

제8장   행복에 대한 우리의 정의는
        대중이 행복에 대해 생각하는 것과 일치한다 • 39

제9장   행복은 어떻게 얻는가 • 43

제10장 살아 있는 동안에는 어느 누구도
        행복하다고 말해서는 안 되는가 • 45

제11장 살아 있는 사람의 행운과 불운이
        죽은 사람에게도 영향을 미치는가 • 50

제12장 미덕은 칭찬받을 만한 것이지만, 행복은 그 이상이다 • 51

제13장 미덕에는 지적 미덕과 도덕적 미덕이 있다 • 53

제2권 도덕적 미덕이란 무엇인가

제1장   도덕적 미덕은 습관을 통해 얻는다 • 61

제2장   지나치거나 모자라는 것을 피한다 • 63

제3장   미덕 행함을 즐거워한다는 것은

          도덕적 성품을 습득했다는 증표다 • 66

제4장   미덕을 습득하기 위한 조건들 • 69

제5장   미덕은 감정이나 능력이 아니라 성품이다 • 71

제6장   미덕은 중용을 선택하는 성품이라는 점에서 악덕과 다르다 • 72

제7장   개별적인 미덕에 적용한 중용의 원칙 • 76

제8장   지나침과 모자람은 서로 대립하고, 중용과도 대립된다 • 81

제9장   중용을 위한 실천적인 지침 • 83

제3권 미덕과 악덕

제1장   칭찬과 비난의 대상은 자발적인 행위들 • 89

제2장   이성적 선택 • 95

제3장   숙고의 본질과 대상 • 98

제4장   바람의 대상은 좋은 것 또는 좋아 보이는 것이다 • 101

제5장   미덕과 악덕은 우리 책임이다 • 103

제6장   용기 • 108

제7장   용기, 비겁, 무모 • 110

제8장   용기라 불리지만 용기가 아닌 다섯 성품 • 113

제9장   용기와 고통 • 118

제10장   절제는 신체적인 즐거움과 관련 있다   • 119

제11장   절제와 무절제   • 122

제12장   무절제와 자발성   • 125

제4권 다른 미덕들

제1장   후함: 적은 재물과 관련된 미덕   • 131

제2장   통이 큰 것: 큰 재물과 관련된 미덕   • 139

제3장   포부가 큰 것: 큰 명예와 관련된 미덕   • 145

제4장   작은 명예와 관련된 미덕   • 153

제5장   온화함: 분노와 관련된 미덕   • 154

제6장   사교와 관련한 미덕   • 157

제7장   진실함: 언행과 관련한 미덕   • 160

제8장   품격 있는 재치: 노는 것과 관련한 미덕   • 163

제9장   수치심   • 166

제5권 정의

제1장   정의와 불의   • 171

제2장   미덕 전체로서 정의, 일부 미덕으로서 정의   • 176

제3장   분배 정의   • 180

제4장   바로잡는 정의   • 183

제5장   교환 정의   • 187

제6장   정치적 정의 • 193

제7장   자연적 정의와 법적 정의 • 196

제8장   자발성과 비자발성 • 198

제9장   자발적으로 당하는 불의의 문제 • 202

제10장   법적 정의를 바로잡아주는 공정함 • 208

제11장   자신에게 불의를 행함이 가능한가 • 210

제6권 지적 미덕

제1장   바른 이성 • 217

제2장   미덕은 지성과 욕망의 결합체 • 219

제3장   학문적 인식 • 221

제4장   기술 • 223

제5장   실천적 지혜 • 224

제6장   직관적 지성 • 227

제7장   철학적 지혜 • 228

제8장   실천적 지혜와 정치 • 231

제9장   잘 숙고함 • 234

제10장   이해력 • 236

제11장   통찰력 • 238

제12장   실천적 지혜와 영리함 • 240

제13장   실천적 지혜와 미덕의 관계 • 243

제7권 즐거움의 본질: 자제력이 있는 것과 없는 것

제1장   절제와 자제력과 인내심에 관한 통념 • 249

제2장   자제력 없는 것과 관련된 통념과 난제 • 252

제3장   자제력 없는 것과 무지 • 256

제4장   자제력이 없다는 것이란 • 261

제5장   짐승 같은 성품 • 265

제6장   여러 종류의 자제력 없음 • 268

제7장   자제력 없는 것, 무절제, 인내심 없는 것   • 272

제8장   자제력 없는 것과 무절제 • 275

제9장   자제력 있는 것 • 278

제10장   자제력 없는 것과 성품 • 281

제11장   즐거움과 좋음에 관한 통념 • 283

제12장   즐거움과 관련된 통념에 대한 검토 • 285

제13장   즐거움과 행복 • 289

제14장   신체적인 즐거움과 인간 본성 • 292

제8권 사랑 (1)

제1장   사랑에 관한 통념과 난제 • 299

제2장   사랑의 대상 • 302

제3장   세 종류의 사랑 • 304

제4장   완전한 사랑 • 307

제5장   성품에서 나오는 사랑 • 310

제6장　여러 종류의 사랑이 지닌 특징　• 312

제7장　동등하지 않은 사람들 간의 사랑　• 315

제8장　사랑하는 것과 사랑받는 것　• 317

제9장　사랑과 정의　• 320

제10장　사랑과 정치체제　• 322

제11장　정치체제, 정의, 사랑　• 326

제12장　친족 간의 사랑　• 328

제13장　동등한 사람들 간의 사랑　• 331

제14장　동등하지 않은 사람들 간의 사랑　• 335

제9권 **사랑(2)**

제1장　주고받는 것과 관련한 원칙　• 341

제2장　여러 종류의 사랑 간의 우선성　• 344

제3장　사랑의 종료　• 347

제4장　사랑과 자기애　• 350

제5장　사랑과 호의　• 353

제6장　화합　• 355

제7장　도움을 주는 것과 받는 것　• 357

제8장　두 종류의 자기애　• 360

제9장　행복과 사랑　• 364

제10장　친구는 얼마나 많아야 하는가　• 369

제11장　친구는 언제 필요한가　• 371

제12장　사랑이란 삶을 함께하는 것　• 374

제10권 즐거움과 행복

제1장   즐거움에 관한 상반된 견해 • 379

제2장   즐거움은 좋음이라는 견해 • 380

제3장   즐거움은 유익하지 않다는 견해 • 383

제4장   활동이라는 즐거움 • 388

제5장   즐거움의 종류 • 393

제6장   행복 • 397

제7장   관조적 활동이라는 행복 • 400

제8장   도덕적 활동은 차선의 행복이다 • 404

제9장   윤리학, 입법, 정치체제 • 409

해제 | 박문재 • 419

중요한 용어와 개념 • 440

아리스토텔레스 연보 • 450

제1권

인간에게
"좋음"이란 무엇인가

제1장

인간은 모든 행위에서
"좋음"을 추구한다

인간은 모든 기술과 학문은 물론이고, 모든 행위와 이성적 선택에   1094a
서 어떤 "좋음"[1]을 추구하는 것으로 보인다. 그리하여 모든 것에서
"좋음"을 추구해왔다고 사람들은 제대로 말했다. 하지만 목적은 서
로 다르다. 행위 자체를 목적으로 하기도 하고, 행위로부터 얻어지
는 결과물을 목적으로 하는 것도 있다. 행위와 구별되는 목적이 존   5

---

1   여기서 "좋음"(ἀγαθόν, 아가톤)으로 번역한 단어는 '좋은 상태'를 가리킨다. 이 책
전체에 걸쳐 아리스토텔레스는 일반적인 "상태"와 구체적인 "행위"를 구별한다.
따라서 "좋음"은 좋은 상태를 가리키고, "좋은 것"은 좋음의 상태에 해당하는 어떤
속성을 지닌 것을 가리킨다. 이 책에서 둘은 명확하게 구별되기도 하고 그렇지 않
을 때도 있다. 하지만 상태로서의 "좋음"은 전반적으로 좋다면, 개별적으로 좋은
때를 가리키는 "좋은 것"은 어떤 것과 관련해 부분적으로만 좋다고 해석한다. "좋
은 행위"는 좋은 상태에 속한 어떤 속성을 지닌 개별 행위를 가리키지만, 좋은 상
태에서 나온 좋은 행위만이 진정으로("본성적으로") 좋은 행위이고, 그렇지 않은 것
은 어쩌다가 "우연히" 좋은 행위가 됐을 뿐이어서 사실은 진정 좋은 행위는 아니
다. 예전에는 "좋음"을 "선(善)"으로 번역하는 것이 관행이었다. 그런데 우리말에
서 선은 도덕적으로 좋음이나 좋은 것만을 가리키는 반면, 그리스 철학에서 "좋음"
은 대단히 포괄적인 의미를 지닌 단어여서 본성에 부합하는 모든 것을 "좋음"이라
고 한다. 따라서 이 번역본에서는 "선"이라는 번역어는 가급적 사용하지 않을 것이
다. 이 책에서 아리스토텔레스는 단정적으로 말하는 것을 피하고자 "~로 보인다,
생각된다"라는 단어를 아주 많이 사용한다.

2   아리스토텔레스는 결과물을 목적으로 하는 것을 "기술"로, 행위를 목적으로 보편
타당한 지식을 탐구하는 것을 "학문"으로 본다. 여기서 "학문"으로 번역한 단어
는 '메토도스'(μέθοδος)로 학문적 연구나 탐구를 의미한다. 그리고 이러한 행위는
"이성적 선택"으로 이루어진다.

재한다면 행위 자체보다는 결과물이 당연히 더 좋을 것이다.[2]

　행위와 기술과 학문의 종류는 많으므로 목적 또한 많다. 예컨대, 의술의 목적은 건강이고, 조선술의 목적은 선박이며, 병법의 목적은 승리이고, 경제학의 목적은 부(富)다. 그런데 어떤 행위와 기술과 학문은 하나의 능력[3] 아래 있다. 예컨대, 말굴레를 비롯해 마구를 제작하는 모든 기술은 기마술 아래 있고, 기마술을 비롯해 군대와 관련된 모든 행위는 병법 아래 있으며, 마찬가지로 이 기술은 저 기술 아래에 있다. 그런 때 사람들은 종속된 기술의 목적보다 주된 기술의 목적을 선택한다. 전자를 추구하는 것은 후자를 이루기 위한 것이기 때문이다. 어떤 기술이 행위 자체를 목적으로 하든, 행위와는 구별되는 어떤 목적이 따로 존재하든, 이것은 마찬가지다.

제2장
정치학은 인간에게 가장 좋음을 추구하는 학문이다

따라서 우리에게 어떤 목적이 있어 그 목적을 위해 모든 행위를 하고, 그것은 그 자체로 원하지만 다른 모든 것은 이 목적을 위해서만 원하며, 다른 목적을 위해서는 그것을 선택하지 않는다면(만일 다른 목적을 위해 그것을 선택한다면 이 과정이 무한대로 이어져서 우리

3　여기서 "능력"은 행위와 기술과 학문을 모두 포괄해 지칭하는 명칭이다. 즉, 행위도 능력이고, 기술도 능력이며, 학문도 능력이다. 따라서 아래에서는 "능력"을 "기술"로 바꿔서 쓸 것이다.

욕구는 공허하게 될 것이므로), 우리가 목적으로 하는 그것은 분명히 "좋음"임과 동시에 "가장 좋음"일 수밖에 없다.

그렇다면 그것을 아는 일은 우리 삶에서 아주 중요한 것이지 않겠는가? 또한, 그것을 안다면 우리는 자신이 쏘아서 맞출 과녁을 아는 궁수처럼 명중시킬 그곳에 정확히 꽂아넣을 가능성이 더 커 25 지지 않겠는가? 사정이 이러하다면, 우리는 그것이 무엇이고, 그 것이 어떤 학문 또는 능력에 속하는지를 적어도 개략적으로는 파악하고자 애써야 마땅할 것이다.

우리가 찾는 그것은 가장 권위 있으면서도 모든 것을 포괄하는 최고 학문에 속할 수밖에 없다. 그리고 정치학이 바로 그런 학문으로 보인다. 한 국가가 어떤 학문을 필요로 하고, 각각의 시민은 어 1094b 떤 학문을 어느 정도까지 배워야 하는지를 정하는 것이 정치학이고, 병법, 경제학, 수사학 등과 같이 사람들로부터 아주 높은 평가를 받는 능력조차도 정치학 아래에 있기 때문이다. 정치학은 나머지 학문을 활용하는 데다가, 우리가 무엇을 하고 무엇을 하지 말아 5 야 하는지를 법으로 정하므로, 다른 모든 학문의 목적들을 포괄하는 정치학은 인간에게 좋음을 추구하는 학문이 될 수밖에 없다.

한 개인의 좋음과 국가의 좋음이 동일하더라도, 국가의 좋음을 실현하거나 보전하는 것이 한 개인의 좋음을 실현하거나 보전하는 것보다 더 크고 완전해보이는 것이 분명하다. 단지 한 개인의 좋음을 실현하는 것도 환영할 만한 일이지만, 민족이나 국가 10 의 좋음을 실현하는 것은 더 고귀하고 신성한 일이다. 우리가 이러한 것을 연구하려 하기에 일종의 정치학적인 차원에서 연구를 해나갈 것이다.

제3장
정치학은 정밀학문이 아니다

다루는 주제가 허용하는 한도 내에서 명료하게 이루어지기만 한다면 우리 논의는 그것으로 충분하다. 모든 논의에서 기술을 동원해 만들어지는 물건에 적용하는 수준으로 정확성을 추구할 수는 없기 15 때문이다. 그런데 정치학이 고찰하는 고귀한 것과 정의로운 것에는 많은 가변성과 유동성이 있으므로, 사람들은 그런 것은 본성적으로가 아니라 단지 관습에 따라 존재한다고 여길 수도 있다. "좋은 것"도 많은 사람에게 해를 초래한다는 점에서 그런 유동성을 20 지닌다. 지금까지 어떤 사람은 자신의 부로 인해 망했고, 어떤 사람은 용기로 인해 망했기 때문이다.

따라서 우리는 그러한 것을 전제하고 이 주제를 논의하려 하기에 개략적으로 진실을 제시하는 것으로 만족해야 한다. 즉, 우리는 절대적으로 참인 것이 아니라 대체로 참인 것에 대해, 그것이 대체로 참이라는 전제 위에서 논의를 전개해 나갈 것이므로, 대체로 참인 결론에 도달할 수밖에 없다. 그러므로 독자들도 우리가 하는 각각의 서술을 대체로 참인 것으로 받아들여야 한다. 모든 것에서 각 25 각의 주제가 허용하는 정도만큼의 정확성을 요구하는 것이 양식 있는 사람들의 특징이기 때문이다. 수학자가 절대적으로 참인 추론이 아니라 대체로 참인 추론을 제시할 때 이를 용납하는 것이나 수사학자에게 엄격한 증명을 요구하는 것은 둘 다 똑같이 어리석은 일이다.

어떤 사람이든 자기가 아는 것에 대해서는 바르게 판단하므로, 1095a 거기 관한 한 훌륭한 판단자다. 어떤 분야를 배운 사람은 그 분야에서 훌륭한 판단자고, 모든 분야를 배운 사람은 모든 분야에서 훌륭한 판단자다. 그래서 젊은이가 정치학을 수강하는 것은 적절하지 않다. 젊은이는 삶 속에서 일어나는 이런저런 행위에 아직 미숙한데, 정치학의 논의는 그런 것에서 나오고 그런 것을 다루기 때문이다. 또한, 젊은이는 감정에 휘둘리기 쉬워, 정치학에 관해 배운 5 것이 아무 소용이 없게 되고 별 유익이 되지 않는다. 정치학을 배우는 목적은 지식에 있지 않고 행위에 있기 때문이다.[4] 나이가 어리든, 인격이 미숙하든, 둘 다 결격사유가 된다. 결격사유는 나이에 있는 것이 아니라, 모든 일을 감정에 따라 행하는 삶에 있기 때문이다.[5] 자제력이 없는 사람에게는 지식이 아무 유익이 없는 것처럼, 감정에 휘둘리는 사람들에게도 지식은 아무 유익을 주지 못 10 한다. 반면, 이성에 따라 바라고 행하는 사람에게는 이런 것을 아는 지식이 큰 유익이 된다.

이상으로 우리가 어떤 목적으로 무엇을 다룰 것인지에 관해 전반적으로 설명했고, 어떤 사람이 이것을 수강해야 하는지를 논의한 것으로 서문을 대신하겠다.

---

4   아리스토텔레스는 모든 지식과 지혜는 그 자체가 목적이 아니라 행위가 목적이라고 말한다. 그리고 행위가 반복적으로 이루어질 때 그 사람 안에서 본성과 성품이 되고, 이 성품의 '활동'은 진정한 미덕이 된다. 그리하여 이 미덕들의 활동은 인간의 최종 목적인 행복을 만들어낸다.

5   인간의 모든 지식과 지혜는 학문적 지식, 철학적 지혜, 실천적 지혜, 직관적 지성에서 나오는 보편적인 것들이고, 그런 지식과 지혜에 따라 행하는 미덕의 행위들이 인간에게 행복을 가져다주는데, 감정(πάθος, 파토스)은 그렇게 하는 것을 방해하기 때문이다. 감정에 휘둘려 한쪽으로 치우치지 않는 가운데 중용을 지키는 것이 곧 미덕이다.

제4장
가장 좋음인 행복과 관련된 문제

다시 본론으로 돌아가, 모든 지식[6]과 모든 이성적 선택은 "좋음"을
15 추구한다는 사실에 비추어보았을 때, 정치학이 추구하는 좋음, 즉
행위를 통해 달성 가능한 모든 좋음 중에서 가장 좋음은 무엇인지
를 살펴보자.

가장 좋음을 지칭하는 명칭에 대해서는 거의 모든 사람의 생각
이 일치한다. 대중이나 양식 있는 사람 모두 그것을 "행복"이라고
부르고, 잘 살아가는 것과 잘 행하는 것을 행복이라고 생각한다. 하
20 지만 행복이 무엇인지와 관련해서는 생각이 서로 달라서, 대중과
철학자들은 같은 대답을 내놓지 않는다. 대중은 행복을 이야기하면
서 즐거움이나 부나 명예처럼 누구나 분명하고 확실하게 그것을 알
고 있다고 생각한다. 하지만 대중도 서로 의견이 다르고, 같은 사람
이라도 병들었을 때는 건강이 행복이라고 말하고, 가난할 때는 부

---

6 여기서 "지식"으로 번역한 '그노시스'(γνῶσις)는 학문적 지식을 뜻하는 '에피스테
메'와 달리 일반적인 지식을 가리킨다. 오늘날에는 지식과 행위를 분리해 생각하는
것이 일반적이지만, 이 책에서 "지식"이라고 할 때는 머리로 아는 지식, 즉 행위와
분리된 지식이 아니라, 행위를 만들어내는 지식을 가리킨다. 소크라테스부터 아리
스토텔레스에 이르기까지 지식은 말이나 이론이 아니라 행위로 나타나는 성품이
고 상태를 의미했다. 따라서 이 책에서 말하는 "행위"도 한 사람의 상태나 성품으
로부터 이성적 숙고와 선택을 통해 나오는 것일 때만 진정한 의미에서의 "행위"가
되고, 그렇지 않은 경우에는 "우연에 따라" 행위처럼 보이는 것일 뿐이다. 마찬가
지로, 어떤 사람이 어떤 지식을 지닌 것처럼 말하거나 행동했다고 해도, 그것이 그
의 성품으로부터 나온 것이 아니라면, 그 말이나 행동은 "지식"에서 나온 것이 아
니다. 그래서 소크라테스는 "어떤 사람 안에 학문적 지식이 있는데도 다른 무언가
가 그 지식을 지배해 노예처럼 이리저리 끌고" 다님으로써 그 지식대로 행할 수 없
게 한다는 것은 있을 수 없는 일이라고 했다(1145b23-24).

가 행복이라고 하는 등 상황에 따라 생각이 달라진다. 그리고 대중 은 자신의 무지를 알기 때문에, 자신의 이해를 뛰어넘는 어떤 위대 25 한 것을 말하는 사람들에게 찬사를 보낸다. 또한, 어떤 사람들은 이러한 많은 좋음과는 별개로 그 자체로 좋음이면서 이 모든 좋음 을 좋음이 되게 하는 그런 좋음이 존재한다고 생각했다.[7] 이 모든 견해를 다 살펴본다고 해도 별 소득이 없을 것이므로, 가장 널리 30 받아들여지고 있거나 일리가 있는 것만을 살펴보더라도 충분하다.

하지만 우리는 제1원리[8]를 전제하고 시작하는 논의와 제1원리 를 이끌어내려고 하는 논의는 서로 다르다는 것을 간과해선 안 된 다. 그러므로 플라톤이 이 문제를 제기하면서 제1원리를 전제하고 시작하는 논의인지, 아니면 제1원리를 이끌어내려는 논의인지 물 은 것은 옳다.[9] 마치 달리기 경주에서 심판이 있는 출발선에서 반 1095b 환점을 향해 달리는 것과 반환점에서 심판이 있는 출발선을 향해 달리는 것이 다르듯 이 둘은 차이가 난다.

우리는 알려진 것에서 시작해야 하는데, "알려진 것"은 우리에 게 알려진 것과 절대적으로 알려진 것, 이렇게 두 가지가 있다.[10] 우리는 알려진 것에서 시작해야 한다. 따라서 고귀하고 정의로운

---

7   아리스토텔레스는 여기서 플라톤의 저 유명한 "이데아론"(또는, 원형론)을 언급한 다. 플라톤은 이 땅에 있는 모든 것의 원형이 실제로 존재한다고 생각했고, 따라서 이 땅에 있는 모든 것은 그 원형의 불완전한 형태라고 여겼으며, 사람들은 이 원형 에 관한 지식을 타고 난다고 생각했다.

8   "제1원리"란 논리적 추론을 통해서는 알 수 없거나 증명할 수 없는 지식들로 모든 논리적 추론의 전제가 되는 지식을 가리킨다. 아리스토텔레스는, 인간은 "직관적 지성"을 통해 이러한 "제1원리"를 아는 지식을 얻고, 이렇게 알게 된 "제1원리"를 토대로 추론적인 지식인 "학문적 지식"을 얻는다고 말한다.

9   플라톤, 『국가』 제6권 510b-c, 제7권 533c-d.

5 것들, 그러니까 정치학 전반에 관한 강의를 제대로 들으려면 좋은 습관 속에서 자라야 한다.[11] 제1원리는 절대적인 사실을 말하는데, 어떤 사람에게 그것이 충분히 명백하다면, 왜 그러한지 알 필요가 없기 때문이다. 좋은 습관 속에서 자라난 사람은 제1원리를 가지고 있거나, 쉽게 획득할 수 있다. 제1원리를 가지고 있지도 않고 쉽게 얻지도 못하는 사람은 헤시오도스[12]가 한 말을 경청해야 한다.

10 　　모든 것을 스스로 아는 사람은 가장 훌륭하고,

　　좋은 말을 해줄 때 경청하는 사람도 훌륭하지만,

　　스스로 알지도 못하고, 다른 사람의 말을 듣고도

　　마음에 담지 않는 자는 아무짝에도 쓸데없는 사람이다.

---

10 "우리에게 알려진 것"은 우리가 경험적으로 알고 있는 것으로 상대적으로만 참일 뿐이고 그것이 진정 참인지는 아직 알지 못한다. "절대적으로 알려진 것"은 그 자체 또는 본성적으로 절대적으로 참인 것, 즉 직관적 지성과 학문적 탐구를 통해 절대적으로 참인 것이 알려진 것이다. 따라서 아리스토텔레스는 제1원리를 전제한 논의가 아니라, 우리가 경험적으로 알고 있는 것에서 논의를 시작해 제1원리로 거슬러 올라가는 논의 방법을 사용하겠다고 말한다.

11 제1원리는 논리적 추론이 아니라 직관적 지성을 통해 알게 되는 것이므로 한 사람의 본성적인 성품이 중요하다. 본성적인 성품을 통해 제1원리를 알기 때문이다. 아리스토텔레스는 그러한 성품의 단초를 타고 나지 않으면, 제1원리를 알 수 없다고 말한다. 그런 성품의 단초를 타고난 사람들은 제1원리를 알고 있으므로, 논리적 추론과 좋은 습관을 통해 미덕을 발전시켜 나갈 수 있다.

12 헤시오도스, 『일과 날』 293, 295-297행. "헤시오도스"는 기원전 700년경에 활동한 그리스 보이오티아 출신의 농민 시인이다. 대표작으로는 『신들의 계보』와 『일과 날』이 있다.

제5장
삶의 세 가지 유형:
향락적인 삶, 정치적인 삶, 관조적인 삶

잠시 본론에서 벗어났는데, 그 벗어난 지점에서 논의를 다시 시작
해보자.[13] 가장 통속적인 사람들인 대중은, 그들의 삶에 의거해 판   15
단해보면, 즐거움을 좋음이자 행복이라고 생각하는 듯하고, 그런
생각에는 근거가 없지 않다. 그들이 향락적인 삶을 좋아하는 이유
이기도 하다.

　가장 두드러진 삶의 유형에는 세 가지가 있는데, 방금 말한 향
락적인 삶과 정치적인 삶 그리고 세 번째로 관조적인 삶이다.[14] 대
중은 짐승 같은 삶을 선택하여 자신의 노예 근성을 유감없이 보   20
여주기도 하지만, 높은 지위에 있는 사람 중 다수도 사르다나팔
로스[15] 같은 성향을 지녔다는 점에서 대중의 그러한 선택에도 근
거는 있다.

　반면, 양식 있는 사람이나 활동가들은 명예가 곧 좋음이자 행복
이라고 생각한다. 대략적으로 말해, 정치적인 삶의 목적은 명예이
기 때문이다. 하지만 이것이 우리가 찾는 대답이라고 한다면 너무
안이한 생각인 것 같다. 명예는 그것을 받는 사람보다 명예를 수여   25
하는 사람들에 따라 좌우되는 반면, 좋음은 좋음을 지닌 사람에게

13　제4장 1095a30 이하.
14　『에우데모스 윤리학』 1214a31–35, 1215a32–1215b14.
15　"사르다나팔로스"(기원전 668–627년)는 아시리아 제국의 전성기 시절 마지막 왕으
　　로 사치스러운 생활과 호색으로 유명했다. 그의 원래 이름은 앗수르바니팔인데, 그
　　리스어로 와전되어 "사르다나팔로스"가 된 것으로 보인다.

고유한 것이므로 그 사람에게서 제거하기가 어렵다는 것을 직감하기 때문이다.

게다가 사람들은 자신이 좋은 사람이라는 확신을 갖고자 명예를 추구하는 것으로 보인다. 어쨌든 그들은 지식인에게 그리고 자신을 아는 사람들 사이에서 자기 미덕을 근거로 해서 명예를 얻으려 한다. 적어도 그들에게는 미덕이 명예보다 더 나은 것임은 분명하다. 그러므로 우리는 명예가 아니라 미덕이 정치적 삶의 목적이라고 생각할 수도 있다.

30

하지만 미덕도 우리가 찾고 있는 좋음이나 행복이라고 하기에는 다소 부족해 보인다. 미덕을 지녔다고 해도 일생 잠만 자거나 아무 활동도 하지 않을 수 있고, 심지어 극심한 고통이나 불행을 겪을 수도 있기 때문이다. 자기 주장을 막무가내로 우기지 않는다면, 이렇게 살아가는 사람을 행복하다고 할 이는 아무도 없다. 이에 대해서는 이 정도로 해두자. 이 주제는 일상적인 토론을 통해서도 이미 충분히 다루어져 왔기 때문이다.

1096a

세 번째 유형은 관조적인 삶인데,[16] 이것에 대해서는 나중에 살펴볼 것이다.

돈을 버는 삶은 어쩔 수 없으니 그러는 것이고, 부(富)가 우리가 찾는 좋음이 아닌 것은 분명하다. 부는 어떤 다른 것을 위해 유익한 것이기 때문이다. 따라서 부보다는 차라리 앞에서 말한 것을 목

5

---

16 "관조"(觀照)는 직관적 지성의 활동을 가리키고, "관조적인 삶"(θεωρεῖν, 테오레인)은 그런 활동으로 이루어지는 삶을 말한다. 직관적 지성은 관조적 활동을 통해 제1원리, 즉 그 자체로 참인 진리들을 알고 향유하는데 그러한 활동에서 나오는 것이 "행복"이라고 아리스토텔레스는 말한다. 그래서 그는 이 책의 결론부에 해당하는 제10권 6-8장에서 관조적 삶을 다룬다.

적으로 보는 것이 더 낫다. 그것들은 그 자체로 사랑받고 있기 때문이다. 하지만 그것도 목적이 아님은 분명하고, 그것을 증명하기 10
위해 이미 많은 논증이 제시되었기 때문에 관련 논의는 그만하기
로 하자.

제6장
좋음의 원형이 존재한다는 견해에 대한 비판

"보편적인 좋음"을 생각해보고, 이것이 어떤 방식으로 거론되는지
를 살펴보는 편이 더 낫겠지만, 원형[17]이 존재한다고 말한 사람들
이 우리 친구들이므로 이 문제를 다루는 것은 거북하고 껄끄럽다.
그럼에도 진리를 건져내려면 친구조차도 버리는 것이 더 낫다고 15
생각하며, 특히 철학자에게는 더욱 그러하다. 친구와 진리는 둘 다
소중하지만, 진리를 더 존중하는 것이 신성한 일이기 때문이다.

원형론을 도입한 사람들은 선후 관계가 있는 것에 대해서는 원
형이 존재한다고 하지 않는다. 그들은 모든 수 이전에 존재하는 원
형에 대해서는 말하지 않는다.[18] 하지만 "좋음"이라는 말은 실체
와 관련해서도 사용되고, 성질과 관련해서도 사용되며, 관계와 관 20

---

17 여기서 "원형"으로 번역한 단어 '에이도스'(εἶδος)는 "형상, 형태"를 가리킨다. 지
금까지 관행적으로 사용된 영미권의 "이데아"라는 용어는 '에이도스'라는 그리스
어를 변형시킨 것으로, "모든 존재와 인식의 근거가 되는 항구적이며 초월적인 실
재"라고 정의된다. 우리말로는 일반적으로 "형상"으로 번역된다. 하지만 예컨대
"좋음의 형상"은 좋음의 원래 형태라는 의미이므로 좋음의 '원형'으로 번역하는 것
이 이해하기 쉽다. 따라서 본 역서에서는 가급적 "형상"보다는 좀 더 구체화된 의
미를 지닌 "원형"이라는 용어를 사용하고자 한다.

련해서도 사용된다. 그런데 그 자체로 존재하는 것, 즉 실체는 본성적으로 관계에 선행한다. 관계는 실체의 곁가지 또는 부수물 같은 것이기 때문이다. 따라서 이 모든 좋음을 포괄하는 원형은 없을 것이다.

좋음이라는 말이 사용되는 방식은 존재라는 말이 사용되는 방식만큼이나 많다. 그래서 좋음이라는 말은 신이나 지성이 좋다고 할 때처럼 실체와 관련해서도 사용되고, 미덕이 좋다고 할 때처럼 성질과 관련해서도, 적당한 것이 좋다고 할 때처럼 양과 관련해서도, 유익한 것이 좋다고 할 때처럼 관계와 관련해서도, 적절한 때가 좋다고 하는 것처럼 시간과 관련해서도 사용되고, 적절한 위치가 좋다고 하는 것처럼 장소와 관련해서도, 마찬가지로 그 밖의 다른 것과 관련해서도 사용된다. 따라서 이 모든 것에 적용되는 하나의 보편적인 좋음이 존재하지 않을 것은 분명하다. 만일 그런 좋음이 존재한다면, 좋음은 모든 범주와 관련해서가 아니라 오직 하나의 범주와 관련해서만 사용되었을 것이기 때문이다.

또한, 하나의 원형에 속하는 것에 대해서는 하나의 학문만 존재하므로, 보편적인 좋음이 하나로 존재한다면, 모든 좋음을 포괄적으로 다루는 하나의 학문만 있어야 한다. 하지만 실제로는 하나의 범주 아래에 있는 것에 대해서조차도 여러 학문이 존재한다. 예컨대, 적절한 때라는 시간 범주와 관련해서 전쟁의 적절한 때는 병법에서 다루고, 질병의 적절한 때는 의술에서 다룬다. 적절한 양이라

---

18 선후 관계가 있는 것 중에서 대표적인 것은 "수(數)"다. 따라서 2 앞에는 1이 존재한다. 그런데 수와 관련해 원형이 존재한다면, 그 원형은 1 앞에 존재해야 한다. 하지만 1 앞에는 어떤 수도 존재할 수 없다. 그러므로 수와 관련해 원형은 존재하지 않는다.

는 양의 범주와 관련해서 음식의 적절한 양은 의술이 다루고, 체력 단련에서의 적절한 양은 체육학이 다룬다.

또한, 인간 자체이든 개별 인간이든, 인간에 대한 한 가지 같은 ³⁵ 설명이 둘 모두에 적용되므로 그들이 말하는 "어떤 것 자체"[19]라 ^{1096b} 는 것이 도대체 무슨 의미인지도 묻고 싶다. 인간 자체이든 개인이든 둘 다 인간이라는 점에서 아무런 차이가 없기 때문이다. 그렇다면 "좋음 자체"와 개별적인 좋음도 둘 다 좋음이라는 점에서 아무 차이가 없을 것이다. 또한, 어떤 것이 영원하다고 해서 더 좋음이라고 할 수도 없다. 영원토록 흰 것이 잠시 흰 것보다 더 흰 것은 아니기 때문이다.

피타고라스학파 사람들은 "일자"(一者)를 좋음의 대열에 포함함 ⁵ 으로써 좋음에 대한 좀 더 그럴듯한 설명을 제시하는 것으로 보이고, 스페우시포스도 그들을 따른 것으로 보인다.[20] 이것에 대해서는 다른 기회에 논의하기로 하자.[21]

우리가 지금까지 말한 것에 대해 누군가는 다음과 같은 반론을

---

19 "어떤 것 자체"는 "어떤 것"의 원형을 가리킨다. 아리스토텔레스는 "좋음"과 관련해 플라톤이 전제한 '원형'을 부정하고, 현실에 존재하는 것 속에 "가장 좋음"이 있다고 보았다. 그래서 그는 앞에서 말한 바와 같이 연역적 추론이 아니라 귀납적 추론으로 "가장 좋음"이 무엇인지를 밝혀내는 방식을 택한다. 아리스토텔레스, 『형이상학』 제1권 제6장 987a32, 제13권 제4장 1078b9-1079a4, 제13권 제9장 1086a24-1086b13 ; 『파이돈』 74a-e.

20 피타고라스학파는 플라톤이 말한 "원형"과 비슷한 "일자"를 제시하긴 했지만, "일자"를 유일하게 좋음이 아니라 좋음들 중 하나라고 말함으로써, 플라톤의 원형론이 지닌 난점을 완화했고, 플라톤의 조카로 플라톤이 죽은 후 아카데메이아의 책임자가 된 "스페우시포스"(기원전 407-339년)도 그들의 견해를 받아들였다. 피타고라스학파는 모든 것을 좋음들과 그 반대인 나쁨들로 구분하고, 하나의 좋음이 아니라 다수의 좋음에 대해 말했다.

제기할지도 모르겠다. 원형론을 말하는 사람들은 모든 종류의 좋

10 음에 관해 말한 것이 아니라, 그 자체로 추구되고 사랑받는 것을
하나의 원형에 의거해 좋음이라고 부르고, 그 좋음을 만들거나 보
전하고 혹은 그 좋음에 반(反)하는 것을 막는 일을 전자와는 다른
방식으로 좋음들이라고 부를 뿐이다.

그렇다면 좋음이라고 말하는 경우는 두 가지임이 분명하다. 하

15 나는 좋음 자체인 것이고, 다른 하나는 좋음 자체인 것으로 말미암
는 좋음들이다. 따라서 그 자체로 좋음인 것과 그것으로 말미암는
좋음들을 서로 구분해서, 전자가 하나의 원형에 의거해 좋음이라
고 불리는지를 살펴보자.

그 자체로 좋음인 것이란 무엇을 말하는가? 생각하는 것, 보
는 것, 어떤 즐거움과 명예처럼 다른 것과는 상관없이 그 자체로
도 추구되는 것인가? 사람들이 다른 것을 위해 이것을 추구하더
라도, 얼마든지 이것들도 그 자체로 좋음에 속한다고 생각할 수
도 있기 때문이다. 아니면, 그 자체로 좋음인 것은 좋음의 원형뿐

20 이고, 다른 것은 아예 없는 것인가? 하지만 그렇다면 원형은 공허
한 것이 되고 만다. 반면, 우리가 앞서 말한 것도 그 자체로 좋음
이라면, 좋음에 대한 정의는 모든 데서 같아야 한다. 이는 흰 눈
에서나 흰 납에서나 희다는 정의가 같은 것처럼 말이다. 하지만

25 명예와 지혜와 즐거움이 왜 좋음인지에 대한 설명은 서로 다르고
구별된다. 따라서 하나의 원형에 대응하는 공통적인 좋음은 존재
하지 않는다.

---

21 아리스토텔레스, 『형이상학』 제1권 제5장 986a22-26, 제7권 제2장 1028b21-24, 제
12권 제7장 1072b30-1073a2, 제14권 제4장 1091a29-1091b3, 1091b13-1092a17.

그렇다면 우리는 그것을 어떤 의미에서 좋음이라고 부르는가? 우리가 좋음이라는 같은 이름으로 부르게 된 것은 우연이 아니다. 그렇다면 그것이 하나의 좋음에서 나왔거나 하나의 좋음에 기여하므로 좋음들이라고 부르는가, 아니면 유사성을 따라 좋음들이라고 부르는 것인가? 보는 것이 몸과 관련해 좋은 것이고, 지성이 혼과 관련해 좋은 것은 분명하고, 이것은 다른 것과 관련해서도 마찬가 30 지다. 하지만 이런 주제는 여기서 다루지 않는 것이 낫겠다. 그런 주제를 엄밀하게 고찰하는 것은 철학의 다른 분야에서 할 일이기 때문이다.

이것은 좋음의 원형과 관련해서도 마찬가지다. 설령 모든 좋음에 보편적으로 적용할 수 있는 어떤 하나의 좋음 또는 모든 좋음과 분리되어 독립적으로 있는 어떤 하나의 좋음이 존재하더라도, 그러한 좋음은 인간이 실현할 수도, 소유할 수도 없음은 분명하다. 반면, 우리는 지금 인간이 실현할 수 있고 소유할 수 있는 좋음을 찾는 중이다.

그렇지만 어떤 사람은 인간이 실현 및 소유할 수 있는 좋은 것 35 을 위해서라도 그러한 하나의 보편적인 좋음을 아는 것이 더 낫다 고 생각할지 모른다. 우리가 그러한 좋음을 본(本)으로 가진다면, 1097a 우리에게 어떤 것이 좋은 것인지를 더 잘 알게 되고, 그것을 알면 실현할 수 있기 때문이다.

그런 논리는 일리 있어 보이기는 하지만, 학문의 실제적인 관행 과는 부합하지 않는다. 모든 학문은 어떤 좋음을 추구하면서 그 과 5 정에서 부족한 것을 채우려고는 하지만, 좋음의 원형을 아는 것에 는 관심이 없기 때문이다. 모든 전문가가 좋음의 원형에 대해 모르 고, 심지어 알려 하지도 않는데 좋음의 원형을 알아야 큰 도움이 된다고 하는 것은 앞뒤가 맞지 않는다.

　또한, 직조공이나 목수가 좋음의 원형을 안다고 해서 그것이 자
10　기 기술을 향상하는 데 얼마나 도움이 될지 또는 좋음의 원형을 보
았다고 해서 의술이나 병법이 얼마나 더 좋아질지도 의문이다. 의
사는 개개인을 치료하는 사람이어서, 그런 식으로 건강 자체에 관
심을 갖는 게 아니라, 인간의 건강 그리고 아마도 개개인의 건강에
관심을 두기 때문이다. 이 주제에 대해서는 이 정도로 해두자.

제7장
인간의 고유한 기능을 살핀 후, 최종적이고 자족적인
좋음인 행복에 관한 정의에 도달한다

15　우리가 찾고 있는 좋음으로 다시 돌아가서, 좋음이 어떤 것인지를
살펴보자. 좋음은 행위와 기술마다 서로 다르게 나타난다. 의술의
좋음이 다르고, 병법의 좋음이 다르며, 그 밖의 다른 기술의 좋음
도 각각 다르다. 그렇다면 그 각각의 좋음은 무엇인가? 각각의 기
술은 각각의 좋음을 위해 실행되는 게 분명하다. 그 좋음이 의술에
20　서는 건강이고, 병법에서는 승리이며, 건축학에서는 집이고, 그 밖
의 다른 기술에서는 다른 무엇이다. 즉, 모든 행위와 선택의 목적
이 바로 좋음이다. 모든 사람은 이 목적을 위해 다른 모든 것을 하
기 때문이다. 따라서 우리가 하는 모든 것과 관련해 하나의 목적이
존재한다면, 그것은 행위를 통해 실현할 수 있는 좋음이겠고, 여러
개의 목적이 있다면 그것들은 여러 행위를 통해 실현할 수 있는 좋
음들일 것이다.

이렇게 해서 우리 논의는 서로 다른 경로를 거쳐 같은 지점에 도달했다. 하지만 우리는 이것을 좀 더 분명히 해야 한다. 목적에는 25 분명히 여럿이 있고, 그 목적 중에는 다른 어떤 것을 실현하고자 사용하는 것들—예컨대, 부(富), 피리, 도구 일반—도 있으므로, 모든 목적이 최종 목적이 아님은 분명하다. 반면, 가장 좋음은 분명 최종적인 것이다. 따라서 어떤 하나의 최종 목적이 존재한다면, 그것이 우리가 찾는 가장 좋음일 것이다. 여러 개의 최종 목적이 존재한다면, 그중에서 더 최종적인 것이 우리가 찾는 가장 좋음일 것이다. 30

우리는 그 자체로 추구할 만한 가치가 있는 것이 다른 무엇을 위해 추구하는 것보다 더 최종적이라고 말한다. 어떤 다른 것을 위해 바라지 않고 그 자체로 바라는 것이, 다른 어떤 것을 위해 바라는 것보다 더 최종적이라고 말한다. 따라서 우리는 어떤 다른 것을 위해 바라지 않고 언제나 그 자체로 바라는 것을 절대적으로 최종적이라고 부른다.

다른 무엇보다도 행복이 그러한 절대적으로 최종적인 것이다. 1097b 행복은 다른 어떤 것을 위해 선택하지 않고 언제나 그 자체로 선택하기 때문이다. 반면, 명예나 즐거움이나 지성이나 온갖 미덕은 우리가 그 자체로 선택하기도 하지만(그것을 통해 다른 어떤 것을 얻지 못하더라도 여전히 그것들을 선택할 것이므로), 행복을 위해서, 즉 그것 5 을 통해 행복해지리라 여겨 그것들을 선택한다. 하지만 그런 것을 위해 행복을 선택하거나, 일반적으로 행복 외의 다른 어떤 것을 위해 행복을 선택하는 사람은 아무도 없다.

자족성이라는 관점에서도 같은 결론이 도출된다. 최종적인 좋음은 자족적이라고 생각되기 때문이다. 우리가 말하는 자족성은 한 사람이 혼자 살아가는 데 부족함 없고 충분하다는 의미보다는,

10 부모와 자녀와 아내는 물론이고 친구들과 동료 시민들을 모두 포
    함하는 삶에서 부족함 없고 충분하다는 것을 의미한다. 인간은 본
    성적으로 사회적 존재[22]이기 때문이다. 하지만 그 범위에 어떤 제
    한을 두긴 해야 한다. 그 범위를 조상과 후손, 친구들의 친구들로
    넓힌다면, 범위는 무한히 늘어나기 때문이다. 이 문제는 나중에 살
15 펴보기로 하고,[23] 여기서는 오직 그것만으로 선택할 만한 삶이 되
    고 부족한 것이 전혀 없는 것을 자족성 있다고 정의하겠다. 그리고
    우리는 행복이 바로 그런 것이라고 생각한다.

    또한, 행복은 여러 좋음 중 하나가 아니라, 모든 좋음 중에서 가
    장 선택할 만한 것이다. 설령 행복이 여러 좋음 중 하나라고 해도,
    거기에 가장 작은 좋음이 더해져 행복은 더 선택할 만하게 될 것이
    분명하다. 더해지는 것은 여러 좋음의 초과분이고, 좋음들 중에서
20 도 가장 큰 좋음이 언제나 더 선택할 만한 것이기 때문이다. 따라
    서 행복은 최종적이고 자족적인 것으로 모든 행위의 목적이다.

    하지만 행복이 가장 좋다고 말하는 것은 진부해 보이므로 행복
    이 무엇인지에 관해 더 분명한 설명이 필요한데, 인간에게 주어진
25 고유한 일이 무엇인지를 이해한다면 이 일이 가능하다. 피리 연주
    자나 조각가, 모든 기술자 또는 일반적으로 어떤 기능을 수행하거
    나 특정 활동을 하는 사람의 좋음과 행복은 그 하는 일과 관련이
    있다. 인간에게도 특정 기능이 있다면 말이다.

    목수와 제화공은 어떤 일과 활동을 하지만, 인간에게는 아무 기

---

22 여기서 "사회적 존재"로 번역된 단어 '폴리티코스'(πολιτικός)는 도시국가를 뜻하
    는 '폴리스'의 시민으로 살아가는 존재를 가리킨다. 그리스에서 '폴리스'는 일반적
    으로 수만 명에서 수천 명 정도로 이루어진 시민 공동체였다.

23 제1권 제10장, 제11장.

능도 없으며 본성적으로 아무 할 일 없이 태어나는가? 아니면, 눈 30
이나 손, 발 그리고 일반적으로 인간의 각 부분에 각각 할 일이 있
듯, 인간에게도 자신의 모든 부분이 하는 일 외에 어떤 일이 있는
가? 그런 고유한 일이 있다면, 그것은 무엇일까? 식물에게도 생명
이 있고, 우리는 인간에게 고유한 것을 찾고 있으므로, 영양분을 1098a
섭취하고 성장하는 생명 활동은 인간의 고유한 일에서 제외한다.
다음으로 감각과 관련된 활동이 있지만, 말이나 소를 비롯한 모든
동물도 그것을 한다.

그렇다면 이제 이성과 관련된 활동만 남는다. 이성 활동 중에서
어떤 것은 이성에 복종해서 행하고, 어떤 것은 이성을 가지고 생각 5
한다. 이렇게 이성 활동도 둘로 구분되므로, 우리는 그중에서 이성
을 가지고 생각하는 것이 아닌 이성을 따라 활동하는 것을 찾는다
고 말해야 한다. 그것이 우리가 찾는 것과 더 부합하기 때문이다.

이처럼 인간에게 주어진 고유한 일은 이성을 따르거나 이성과
연관된 혼의 활동이다. 그리고 어떤 일을 하는 사람과 그 일을 잘
하는 사람은 일이라는 측면에서는 서로 동일하다. 예컨대, 키타라
를 연주하는 사람이나 키타라를 훌륭하게 연주하는 사람이 있다
면, 후자의 탁월성은 그 일의 명칭에 덧붙여진 것일 뿐이다(키타라 10
를 연주하는 사람의 일은 키타라 연주이고, 키타라를 훌륭하게 연주하는 사
람의 일도 키타라를 훌륭하게 연주하는 것이기 때문이다). 따라서 인간의
일은 혼의 이성적 활동 또는 행위를 말하고, 훌륭한 인간의 일은
이런 활동이나 행위를 훌륭하게 수행하는 데 있다. 그리고 각각의 15
일은 자신에게 걸맞는 미덕을 따라 수행해야 훌륭하게 행하는 것
이라고 한다면, 인간에게 좋음은 미덕에 걸맞은 혼의 활동을 의미
한다. 그리고 미덕이 여러 가지라면 가장 훌륭하고 가장 완전한 미

덕에 걸맞은 혼의 활동이 인간에게 가장 좋음이다.

이런 활동은 일생 지속해야 한다. 제비 한 마리가 봄을 만들어
20 내는 것도 아니고, 하루아침에 봄이 오는 것도 아니듯, 사람도 하
루아침에 또는 단기간에 복되고 행복해지지 않기 때문이다.

좋음에 대한 밑그림은 이 정도로 충분하다. 먼저 개략적으로 그
리고 나서, 세부적인 것들은 나중에 채워 넣으면 될 것이다. 밑그
림을 제대로 그려놓기만 하면, 그것을 발전시켜 정교하게 완성해
나가는 일은 누구나 할 수 있다. 그리고 그런 일을 하려면 시간이
흐르면서 많은 것을 발견할 수 있고 좋은 조력자도 되어줄 것이다.
25 기술도 그런 식으로 발전해왔다. 부족한 것들을 채워 넣는 일은 누
구나 할 수 있다.

하지만 우리는 앞에서 말한 것도 명심해서,[24] 모든 것에서 같은
정확성을 추구해서는 안 되고, 각각의 경우에 대상과 부합하고 그
대상을 연구하는 데 적절한 정확성을 추구해야 한다. 예컨대, 목수
30 와 기하학자는 직각을 연구하는 방식이 서로 다르다. 목수는 자기
일에 필요한 정도만큼만 직각을 연구하지만, 기하학자는 직각이
무엇이고 어떤 속성을 지닌 것인지를 연구한다. 후자는 진리를 관
찰해 알아내는 사람이기 때문이다. 따라서 우리는 다른 것에서도
그렇게 해서, 주된 과제가 지엽적인 문제들에 밀려나는 일이 없게
해야 한다.

1098b   또한, 우리는 모든 것에서 같은 정도로 근거를 요구해서도 안
된다. 자명한 원리처럼 어떤 때는 사실 자체를 드러내는 것으로 충

---

24 제1권 제3장 1094b11-27.

분하다. 사실이 자명한 원리로서 출발점이 되기 때문이다. 출발점
이 되는 원리 중에서 어떤 것은 귀납적 추론으로 알게 되고, 어떤
것은 감각적 지각으로 알게 되며, 어떤 것은 습관을 통해, 어떤 것
은 그 밖의 다른 방식들로 알게 된다. 우리는 각 유형의 출발점을
그 본성에 부합하는 방식으로 연구해, 정확하고 올바르게 정의하
고자 애써야 한다. 출발점은 이후 작업에 큰 영향을 미치기 때문이   5
다. 출발점이 확정되면 전체 작업의 절반 이상을 마친 것이나 다름
없고, 우리가 찾는 대답 중에서 많은 부분이 이 출발점으로 해결된
다고 생각하기 때문이다.

제8장
행복에 대한 우리의 정의는 대중이 행복에 대해 생각하는 것과 일치한다

하지만 우리는 행복을 단지 우리의 결론과 전제들로부터 도출해서
는 안 되고, 행복에 관한 사람들의 일반적인 생각에 비추어보기도   10
해야 한다. 어떤 것에 관한 정의가 참이라면 전부와 부합하겠지만,
거짓이라면 참된 것들과 여지없이 충돌할 것이기 때문이다.

　좋음은 외적인 좋음, 혼의 좋음, 신체의 좋음, 이렇게 세 종류로
구분되어왔다.[25] 사람들은 그중에서 혼의 좋음을 최고의 좋음이라
고 부르고, 이를 혼의 행위나 활동들과 관련된 좋음으로 규정한다.   15
따라서 좋음에 대한 우리의 정의는 적어도 좋음에 대한 오래된 견
해 그리고 철학자들도 동의하는 견해와 부합한다는 점에서 타당
하다. 또한, 목적이라는 것은 어떤 행위와 활동들이라고 우리가 정

의한 것도 옳다. 그렇게 정의했을 때 목적은 외적인 좋음이 아니라
20 혼의 좋음이 되기 때문이다. 또한, 행복한 사람은 잘 살고 잘 행한
다고 사람들이 생각하는 것도 우리 정의와 부합한다. 우리는 행복
을 실질적으로 잘 살고 잘 행하는 것으로 정의했기 때문이다.

    또한, 사람들이 행복에서 찾는 모든 것은 행복에 대한 우리의
정의 속에 포함되었다고 본다.[26] 어떤 사람은 미덕을 행복이라고
25 여기고, 어떤 사람은 실천적 지혜를, 어떤 사람은 어떤 종류의 철
학적 지혜를 행복이라고 여긴다. 그리고 어떤 사람은 거기에 즐거
움이 수반하거나 즐거움이 조금이라도 더해진 것을 행복이라고 여
기고, 어떤 사람은 거기에 외적으로 잘되는 것을 추가하기도 한다.
이런 견해 중에서 어떤 것은 대중의 오래된 통념이고, 어떤 것은
탁월한 소수의 견해다. 어느 쪽도 완전히 틀린 것 같지는 않고, 적
어도 부분적으로 또는 대부분 옳을 것이다.
30   미덕이나 특정한 미덕을 행복이라고 여기는 사람들의 견해는
행복에 관한 우리의 정의와 부합한다. 미덕에 따른 활동은 미덕에
포함되기 때문이다. 하지만 미덕의 소유와 성품을 가장 좋음으로
보느냐, 아니면 미덕의 사용과 활동을 가장 좋음으로 보느냐에 따
라 적지 않은 차이가 난다. 잠자는 사람이나 그 밖의 다른 방식으
1099a 로 전혀 활동하지 않는 사람처럼, 성품이 미덕을 지니고서도 어떠
한 좋음도 실현하지 않을 수 있지만, 미덕을 사용해 활동한다면 좋

---

25 플라톤, 『에우티데모스』 279a-b ; 『필레보스』 48e ; 『법률』 제2권 661a-c, 제3권
    697a-b, 제5권 743e, 제9권 870b ; 『고르기아스』 477b-c. 아리스토텔레스, 『정치
    학』 제7권 제1장 1323a21-27.
26 행복에 관한 통념들은 아리스토텔레스의 『수사학』 제1권 제5장에 설명되어 있다.

음을 실현하지 않는 것은 불가능하기 때문이다. 미덕을 사용해 활동하는 사람은 반드시 행할 것이고, 잘 행할 것이다. 올림피아 경기에서 승리의 월계관을 쓰는 사람은 모든 사람 중에서 가장 아름답고 힘센 사람이 아니라, 경기에 참가한 사람인 것처럼(그중에서 5 승리자가 나오므로), 바르게 행하는 사람들이 삶 속에서 고귀하고 좋은 것을 획득한다.

또한, 그런 사람들의 삶은 그 자체로 즐겁다. 즐거워하는 것은 혼과 관련된 것이고, 사람은 자기가 사랑하는 것을 즐거워하기 때문이다. 말[馬]을 사랑하는 사람은 말을 즐거워하고, 구경하기를 좋아하는 사람은 구경거리를 즐거워하듯, 정의를 사랑하는 사람은 10 정의를 즐거워하고, 미덕을 사랑하는 사람은 미덕에 따른 행위를 즐거워한다.

그런데 대부분이 즐거워하는 것은 본성적으로 즐거운 것이 아니므로 서로 충돌하지만, 고귀한 것을 사랑하는 사람은 본성적으로 즐거운 것을 즐거워한다. 미덕에 따른 행위는 그런 것이므로, 고귀한 것을 사랑하는 사람에게도 즐겁고, 그 자체로 본성적으로 15 도 즐거운 것이다. 따라서 그런 사람의 삶은 그 자체로 즐겁고, 일종의 장신구 같은 즐거움이 추가로 필요하지 않다. 우리가 지금까지 말한 것 외에도, 고귀한 행위들을 즐거워하지 않는 사람은 좋은 사람이 아니기 때문이다. 정의롭게 행하는 것에 즐거움을 느끼지 않는 사람을 정의롭다고 하거나, 후하게 행하는 것에 즐거움을 느끼지 않는 사람을 후한 사람이라고 부를 사람은 없고, 이것은 다른 20 미덕과 관련해서도 마찬가지다.

이것이 사실이라면, 미덕에 따른 행위는 그 자체로 즐거울 수밖에 없으며, 좋은 것이기도 하고 고귀한 것일 뿐만 아니라, 최고 수준에서 좋고 고귀하다. 미덕을 지닌 사람은 앞에서 설명한 대로 판단하여 좋은 것과 고귀한 것을 훌륭하게 판단하기 때문이다.

따라서 행복은 가장 좋고, 가장 고귀하며, 가장 즐거운 것이다. 25 델로스 신전에 새겨진 글귀가 보여주듯,[27] 이 세 가지는 서로 분리할 수 없다. "가장 고귀한 것은 가장 정의로운 것이고, 가장 좋은 것은 건강이지만, 가장 즐거운 것은 자기가 바라던 것을 얻는 30 데 있다." 가장 좋은 활동에는 이 셋이 모두 포함되어 있다. 그리고 우리는 그러한 활동 또는 그중에서 최고의 것을 행복으로 정의한다.

하지만 앞에서 이미 말했듯,[28] 행복이 되려면 분명 외적인 좋음 1099b 도 필요하다. 어떤 것이 적절하게 갖추어져 있지 않다면 고귀한 행위가 불가능하거나 쉽지 않기 때문이다. 많은 행위에서 우리는 친구들과 부와 정치권력을 도구로 사용한다. 그리고 태생이 훌륭하지 못한 것, 훌륭한 자녀를 두지 못한 것, 아름다운 용모를 지니지 못한 것 등으로 행복에 방해를 받기도 한다. 너무 못생겼거나, 태생이 비천하거나, 자녀가 없어 혼자인 사람은 행복하기가 어렵고, 5 아주 나쁜 자녀나 친구들을 두었거나, 좋은 자녀나 친구가 있었지만 사별한 사람은 행복하기가 더 어렵다. 따라서 앞에서 말한 것처럼, 행복하려면 추가로 이런 것을 갖추어야 한다. 이런 이유에서 어떤 사람은 미덕을 행복이라고 여기지만, 어떤 사람은 행운을 행

---

27 "델로스" 섬은 그리스의 에게해에 있는 섬으로, 아폴론과 아르테미스가 탄생한 장소로 알려지면서, 아폴론 신전이 거기에 세워졌고, 기원전 7세기에는 이 지역의 종교적인 중심지가 되었다. 이 글귀에 대한 설명은 아리스토텔레스의 『에우데모스 윤리학』 1214b1-8에 나와 있다.

28 제1권 제8장 1098b26-29.

복이라고 여긴다.

제9장
행복은 어떻게 얻는가

그러므로 행복은 학습이나 습관이나 그 밖의 다른 어떤 훈련을 통해 얻어지는가, 아니면 신들이 나누어 주는 것이거나 우연에 의해 10 얻는 것인가 하는 질문이 제기된다. 신들이 인간에게 어떤 것을 주었다면, 행복이야말로 신들이 준 것으로 생각하는 것은 당연하다. 행복은 인간에게 있는 모든 것 중 가장 좋은 것이므로, 행복을 신들이 준 것으로 생각하는 것은 지극히 당연하기 때문이다. 이 문제는 다른 분야에서 연구하는 것이 더 적절하다고 생각하지만, 설령 행복이 신들이 준 것이 아니라, 미덕이나 어떤 학습이나 훈련을 통 15 해 얻는다고 할지라도, 행복은 가장 신적인 것 중 하나로 보인다.[29] 미덕에 대한 보상과 미덕이 추구하는 목적은 세상에서 가장 좋은 것이고, 신적이고 축복받았다고 생각되기 때문이다.

또한, 미덕이 행복이라면 행복은 아주 많은 사람의 것이 될 수 있다. 미덕을 행하는 것이 완전히 불가능한 사람을 제외하고는 모

---

29 아리스토텔레스는 제10권에서, 우리 인간 속에 있는 것 중에서 신과 가장 닮은 부분인 지성의 관조적 활동으로 행복이 생긴다고 말함으로써, 행복은 신적인 것이라고 단언한다. 이러한 관조적 활동은 지적 미덕에 속한다. 그리고 도덕적 미덕들을 따라 행하는 것은 그다음으로 행복한 것인데, 이것은 인간적인 것이라고 말한다. 하지만 여기서는 지적 미덕과 도덕적 미덕을 구별하지 않고 단순히 미덕이라고 개략적으로 서술한다.

두가 모종의 학습과 노력으로 행복해질 수 있기 때문이다. 그런 식
20 으로 행복해지는 것이 우연히 행복해지는 것보다 더 낫다면, 실제
로도 그런 식으로 행복해진다고 보아야 한다. 본성을 따라 이루어
진 것은 본성적으로 가장 좋은 것처럼, 어떤 기술이나 원인에 따라
이루어진 것도 본성적으로 가장 좋고, 특히 모든 원인 중에서 가장
좋은 원인에 따라 이루어진 것이라면, 더더욱 본성적으로 가장 좋
기 때문이다. 가장 중요하고 가장 고귀한 것을 운으로 돌리는 것은
극히 불합리하다.

25   우리가 묻는 질문에 대한 대답은 행복에 대한 우리의 정의에서
도 분명하게 드러난다. 앞에서는 행복이 미덕에 따른 모종의 혼의
활동이라고 정의했다. 나머지 좋음 중에서 어떤 것은 행복을 위해
반드시 있어야 하고, 어떤 것은 협력하고 돕는 것들로 행복의 수단
역할을 한다.[30]

30   이것은 우리가 맨 처음에 말한 것과도 부합한다. 처음에 우리는
정치학의 목적은 가장 좋음을 얻는 데 있고, 정치학이 가장 힘을
쏟는 일은 시민을 특정한 성품을 지닌 사람, 즉 고귀한 행동을 할
수 있는 좋은 시민으로 만드는 것이라고 말했기 때문이다.

따라서 우리가 소나 말을 비롯해 동물이 행복하다고 말하지 않
1100a 는 것은 당연하다. 그러한 활동에 참여할 수 있는 동물은 전혀 없
기 때문이다. 같은 이유에서 아이도 행복하지 않다. 아이는 나이가
어려서 아직 그런 활동을 할 수 없기 때문이다. 아이들이 행복하다
면, 그것은 아이들이 지닌 잠재력을 축복하는 것일 뿐이다.

5   앞에서 이미 말했듯,[31] 행복하느냐 아니냐를 판단하려면 완전한

---

30   제1권 제8장 1099a33-1099b2.

미덕이 갖추어졌는지만이 아니라, 한평생을 보아야 한다. 평생 살아가면서 많은 변화와 온갖 우연한 일들이 일어나는 까닭에, 트로이아 전쟁과 관련된 프리아모스[32]에 관한 이야기가 보여주듯 가장 성공적인 삶을 살아가던 사람도 노년에 큰 불행에 빠질 수 있는데, 그런 불운을 겪고 비참한 말로를 맞은 사람을 행복하다고 말할 사람은 아무도 없기 때문이다.

제10장
살아 있는 동안에는 어느 누구도 행복하다고 말해서는 안 되는가

그렇다면 우리는 어느 누구도 살아 있는 동안에는 행복하다고 말   10
해서는 안 되고, 솔론[33]이 말한 대로, 어떤 사람의 행복을 말하려면 그 인생 끝이 어떠한지를 보아야만 하는가? 설령 그런 주장이 옳다고 해도, 사람이 죽은 뒤에야 행복하다는 주장이 사실인가?

---

31 1098a16-18.

32 "프리아모스"는 트로이아의 마지막 왕으로, 헤카베와 결혼해 트로이아의 최대 용장 헥토르, 트로이아 전쟁의 원인을 제공한 파리스 등을 비롯한 많은 자식을 두고 부귀영화를 누렸지만, 말년에 그리스와 트로이아 전쟁(기원전 12세기경)을 벌여 대부분의 자식을 잃었으며, 트로이아의 멸망과 더불어 그리스군 최고 영웅 아킬레우스의 아들 네오프톨레모스에게 살해된다.

33 "솔론"은 기원전 6세기에 활동한 아테네의 현자이자 입법자로, 아테네 민주정의 초석을 놓은 인물이다. 그는 인류 역사상 최고의 부자로 유명한 리디아의 왕 크로이소스를 방문해, 그 왕에게 세상에서 가장 행복한 사람이 누구냐는 질문을 받고, "모든 것의 끝을 보아야 하므로, 일생이 끝나는 날까지 그 판단은 유보해야 한다"라는 취지로 대답했다. 헤로도토스, 『역사』 제1권 30-33절.

아니면 그런 주장은 완전히 터무니없는가? 특히 우리는 행복을 활동[34]이라고 정의했기 때문에, 거기에 비추어보았을 때 그런 주장은 완전히 터무니없다고 보아야 하는가?

15 우리는 죽은 사람이 행복하다고 말하는 것도 아니고, 솔론이 한 말도 그런 뜻이 아니다. 사람은 죽어서야 비로소 온갖 해악과 불행에서 벗어날 수 있으므로, 그때서야 어떤 사람이 축복받은 사람인지를 확실하게 말할 수 있다는 뜻이라고 해도, 여전히 논
20 란의 여지가 있다. 살아 있는 사람에게 나쁜 일이나 좋은 일이 일어났다면 그가 그 사실을 알든 모르든 나쁜 일이나 좋은 일이 일어났다는 것 자체는 사실이듯, 죽은 사람에게도 그것은 마찬가지이기 때문이다. 예컨대, 명예와 불명예, 자녀나 후손의 행운과 불운이 그러하다.

하지만 그런 생각에도 문제가 있다. 어떤 사람이 노년까지 축복받은 삶을 살다가 자기 삶에 걸맞게 죽었을지라도, 그의 후손 중에
25 는 훌륭해서 거기에 걸맞은 훌륭한 삶을 사는 후손도 있겠고, 그와는 정반대 삶을 살아가는 후손도 있어서, 그 사람의 행복 여부는 많은 부침을 겪게 될 것이다. 또한, 후손과 조상의 관계에 있어서도 멀고 가까움의 정도는 천차만별이다. 그런 경우에 이미 죽은 사람이 후손에 따라 그러한 부침에 휘말려 어떤 때는 행복한 사람이

---

34 아리스토텔레스는 이 책 전체에 걸쳐 "활동"과 "행위"를 구별한다. "행위"(πρᾶξις, 프락시스)는 사람이 이성적인 선택을 따라 행하는 것을 가리키고, "활동"(ἐνέργεια, 에네르게이아)은 우리의 어떤 상태 또는 성품이 움직이는 것을 가리킨다. 따라서 "미덕에 따른 행위"는 미덕이라는 성품이 활동에 근거해 사람이 행하는 행위다. 그리고 행복은 엄밀하게 말하자면 활동도 아니고 행위도 아니며, 인간 혼의 활동, 구체적으로는 지성의 관조적 활동에서 필연적으로 생겨나는 것이지만, 관조적 활동과 행복은 하나로 결합되어 있으므로, 여기서는 활동으로 정의한다.

되었다가 어떤 때는 불행해진다면, 이는 불합리한 일이다. 그렇다고 해서 후손의 행운이나 불운이 조상에게 얼마 동안, 어느 정도라도 영향을 미치는 일은 결코 없다고 생각하는 것도 불합리하다. 30

여기서 우리가 앞에서 제기한 문제로 돌아가자. 그 문제를 보면, 우리가 지금 살펴보는 문제가 해결될지도 모르기 때문이다. 누군가의 인생이 어떻게 끝나는지를 보고서야, 비로소 그가 이제 죽어서 행복하다는 의미가 아니라 살아생전 행복했다는 뜻에서 그를 행복한 사람이라고 말한다면, 이는 분명 불합리하다. 살아 있는 35
사람들은 언제든지 운이 바뀔 수 있어 그들에 대해서는 행복을 말 1100b
하고 싶지 않다는 이유로, 어떤 살아 있는 사람이 행복한데도 그를
진정 행복하다고 말하지 않는 것이기 때문이다.

행복은 지속적인 것이므로 쉽게 변할 수 없다고 말하지만, 사람의 운은 여러 번 바뀔 수 있다. 그런데 어떤 사람의 운을 따라 행복 5
이나 불행을 말해야 한다면, 우리는 같은 사람을 어떤 때는 행복하다고 하고, 어떤 때는 불행하다고 말해야 한다. 그렇듯 행복한 사람은 카멜레온이 되고 취약한 기반을 지닌 사람이 되고 말 것이다.
그런 식으로 어떤 사람의 운을 따라 그를 행복하거나 불행하다고
말하는 것은 큰 잘못 아니겠는가? 앞에서 이미 말했듯[35] 인생에는
그런 것이 추가로 필요하긴 하지만, 인생의 잘됨과 못됨은 그런 것
에 달려 있지 않고, 미덕에 따른 활동이냐 아니냐에 행복과 불행이 10
결정된다.

이 문제와 관련해 지금까지의 논의는 행복에 관한 정의를 확인

---

35 제1권 제8장 1099a31-1099b9.

해준다. 인간이 하는 모든 일 중에서 미덕에 따른 활동만큼 지속적인 것은 없고, 그런 활동들은 학문적 지식을 얻기 위한 활동[36]보다

15 도 더 지속적인 것으로 보인다. 그리고 미덕에 따른 활동 중에서도 가장 가치 있는 활동들이 더 지속적이다. 행복한 사람들은 그런 활동들을 아주 기꺼이 그리고 지속해서 해나가는 삶을 살기 때문이다. 그런 활동들이 망각[37]되지 않는 이유도 거기 있다.

따라서 행복한 사람은 그런 지속성을 지닐 것이므로, 일생 행복하다. 그는 언제나 또는 어떤 다른 일보다 더 우선해서 미덕에 따

20 른 것을 행하거나 생각할 것이고, 또한 그가 "진정으로 좋고 모든 면에서 나무랄 데 없는 사람"이라면, 운에 따른 인생의 온갖 우여곡절을 가장 고귀하고 지극히 품위 있게 견뎌낼 것이기 때문이다.

인생을 살다 보면 크고 작은 많은 일이 우연히 일어난다. 작은 행운이나 불행은 분명히 삶의 추를 어느 한쪽으로 기울게 하지는

25 못하지만, 좋은 쪽으로 큰일이 많이 생기면 삶은 더 행복해진다. (그런 일은 그 자체로 삶에 아름다움을 더할 뿐 아니라, 고귀하고 훌륭하게 그런 일을 활용할 수 있기 때문이다.) 반대로, 나쁜 쪽으로 큰일이 많이

30 생기면, 고통을 초래하고 많은 활동을 방해해 행복을 억누르고 망친다. 하지만 그럴 때도 사람이 고통에 무감각해졌기 때문이 아니라 혼의 고귀함과 위대함으로 말미암아 많은 불운을 묵묵히 견뎌낸다면, 그 고귀함은 빛을 발한다.

---

36 "학문적 지식"은 인간 이성을 사용한 논리적 추론을 통해 알게 되는 보편적이고 변하지 않는 진리들을 가리킨다. 따라서 그러한 진리를 인식하는 활동들은 부침이 없고 지속성을 지닌다.

37 미덕과 실천적 지혜의 "망각"에 대한 언급은 제6권 제5장 1140b28-20에도 나온다.

앞에서 말했듯, 삶을 결정하는 것이 활동들이라면, 행복한 사람은 불행해질 수 없다. 그런 사람은 가증스럽고 비열한 행동을 절대 35 하지 않을 것이기 때문이다. 또한, 진정으로 좋고 사려 깊은 사람 1101a 은 인생의 온갖 불운을 품위 있게 견뎌낼 뿐만 아니라, 마치 훌륭한 장군이 자신에게 주어진 군대를 전략적으로 가장 적절하게 사용하고, 훌륭한 제화공이 자신에게 있는 가죽으로 가장 좋은 구두를 만들어내며, 그 밖의 다른 모든 기술자도 그러하듯, 자신에게 5 주어진 상황 속에서 가장 훌륭하게 행할 것이다.

이것이 사실이라면 행복한 사람은 결코 불행해질 수 없다. 물론 행복한 사람이라고 해도 프리아모스가 겪은 것과 같은 불운을 만난다면 무작정 행복하다고 할 수는 없겠지만 말이다. 또한, 행복한 사람은 부침을 거듭하지도 않고 쉽게 변하지도 않는다. 그의 행복은 통상적인 불운으로는 쉽게 무너지지 않고, 오직 큰 불운을 많이 10 겪을 때만 무너질 것이기 때문이다. 그렇게 큰 불운들을 많이 겪어 무너졌다면 그의 행복은 단기간에 회복되지는 않겠고, 오직 오랜 세월에 걸쳐 크고 고귀한 일을 실현하는 삶을 이루어냈을 때만 회복될 것이다.

따라서 어떤 사람이 완전한 미덕을 좇아 행하고 외적인 좋음을 충분히 갖추고 있다면, 우리가 그런 사람을 단지 어느 기간이 아니 15 라 일생에 걸쳐 행복한 사람이라고 말하지 못할 이유가 어디 있겠는가? 아니면, 거기에 "그런 식으로 계속 살아가다 그런 삶에 걸맞게 죽은 사람"이라는 말을 덧붙이는 것은 어떤가? 미래가 확실하지 않다는 것은 분명하지만, 우리 정의에 따르면 행복은 목적이고 모든 점에서 최종적이다. 그러므로 우리는 살아 있는 사람 중에서 방금 우리가 말한 것을 갖추고 있거나 앞으로 갖추게 될 사람을 20

행복한 사람이라고 부를 것이다. 이런 문제에 대해서는 이 정도로
해두자.

제11장
살아 있는 사람의 행운과 불운이
죽은 사람에게도 영향을 미치는가

후손과 모든 친구의 행운과 불운이 죽은 사람의 행복에 전혀 영향
을 미치지 않는다는 것은 극히 냉정하고, 대중의 통념과도 배치돼
25 보인다. 하지만 세상에서 온갖 일이 무수히 많이 일어나는데, 그중
어떤 것은 우리에게 더 많은 영향을 미치고 어떤 것은 덜 영향을
미치므로, 그 모든 일을 제각각 구별해 논의하자면 오랜 시간이 걸
릴 뿐 아니라 끝이 보이지 않는다. 따라서 이 문제에 대해서는 개
략적으로 살펴보는 것으로 만족해야 한다.

한 사람의 불운에서도 어떤 것은 그의 삶에 상당한 영향과 무게
30 를 지니지만 어떤 것은 영향이 경미하듯, 그 친구들이 겪는 불운도
그 사람에게 미치는 영향에 차이가 있을 수 있다. 또한, 그런 불운
들이 산 사람에게 미치는 영향과 죽은 사람에게 미치는 영향에는
차이가 있고, 그 차이는 비극에서 끔찍한 범죄들이 이미 일어난 것
으로 전제되느냐 아니면 극 중에서 일어나느냐 하는 것보다 훨씬
더 크다.[38] 우리는 그런 차이들도 고려하지 않으면 안 된다.

하지만 그런 것을 생각하기 전에, 죽은 사람들이 어떤 좋음이나
1101b 나쁨에 참여하는 일이 과연 가능한가부터 의문이 든다. 지금까지
살펴본 것에 비추어보면, 어떤 좋음이나 나쁨이 죽은 자들에게 영

향을 미치더라도, 그 영향은 자체로나 죽은 자들과 관련해서나 미미하고 작다고 생각되기 때문이다. 설령 그 영향이 어느 정도 크더라도, 행복하지 않은 사람을 행복하게 하거나 행복한 사람에게서 그 상태를 빼앗을 정도로 크지는 않다고 보인다. 따라서 친구들의 5 행운이나 불운은 죽은 사람에게 어느 정도 영향을 미치지만, 그 영향은 행복한 사람을 행복하지 않은 사람으로 만들거나, 그런 종류의 다른 변화를 이끌어낼 정도도 아니고 그런 성질도 아니다.

제12장
미덕은 칭찬받을 만한 것이지만, 행복은 그 이상이다

이러한 문제들이 해결되었으므로, 이제 행복이 칭찬받을 만한 것 10 에 속하는지, 아니면 그 자체로 가치 있는 것에 속하는지를 살펴보자. 행복이 단순한 가능성에 그치지 않는 것은 분명하기 때문이다.

모든 칭찬받을 만한 것은 그것이 어떤 성질을 지니고 있고, 다른 것과 모종의 관계를 맺고 있으므로 칭찬을 받는다.[39] 우리가 정의로운 사람이나 용감한 사람 그리고 일반적으로는 좋은 사람과 15 그 미덕을 칭찬하는 것은 그들의 행위와 이루어내는 일 때문이다. 우리가 힘센 사람이나 잘 달리는 사람을 칭찬하는 이유는 그들이

---

38 그리스 비극들은 거의 대부분 기존의 장편 서사시나 신화 중에서 어느 한 부분을 가져와 극화시킨 것이었다. 따라서 비극들은 어떤 끔찍한 범죄를 극 중에서 직접 다룰 수도 있었고, 아니면 사람들이 이미 안다고 전제하고 극을 전개해 나갈 수도 있었다.

어떤 성질을 지녔고 어떤 좋고 탁월한 것과 모종의 관계를 맺고 있기 때문이다.

이것은 사람들이 신들에게 바치는 칭찬인 찬양 속에서도 분명하게 드러난다. 신들을 우리 잣대로 평가하는 것은 불합리해 보이지만, 우리는 실제로 그렇게 하고 있다. 앞에서 말한 대로 칭찬은 어떤 다른 것과의 관계로부터 생기기 때문이다.

우리가 그런 것을 칭찬한다면, 가장 좋은 것에는 칭찬이 아니라 그보다 더 크고 좋은 것이 주어질 게 틀림없다. 이것은 실제로도 그러하다. 우리는 신들이나 가장 신적인 사람들을 복되고 행복하다고 말하기 때문이다. 좋은 것과 관련해서도 이는 마찬가지다. 사람들은 정의를 칭찬하지만, 행복을 칭찬하는 사람은 아무도 없고, 도리어 행복은 더 신성하고 더 좋은 것이라는 의미에서 복되다고 말한다.

에우독소스[40]가 즐거움이 최고라고 한 것은 옳아 보인다. 즐거움은 좋은 것이면서도 칭찬받지 않으므로 칭찬받는 다른 것보다 더 우월한데, 그런 것으로는 신과 좋음이 있으며, 다른 모든 것은 신과 좋음에 비추어 평가받는다고 그는 생각했다.

---

39 아리스토텔레스는 모든 단어를 "실체, 양, 질, 관계, 장소, 시간, 위치, 상태, 수동, 능동"이라는 10가지 범주로 나눈다. 여기서 "실체"만이 주어이고, 다른 모든 범주는 술어들이다. 그리고 술어는 주어의 속성을 나타내는데, 속성은 다시 필연적 속성과 우연적 속성으로 구분된다. 여기서 "칭찬받을 만한 것"은 실체로서 주어에 해당하고, "성질"(질)과 "관계"는 그 속성이다.

40 "에우독소스"(기원전 406년경-355년)는 그리스 크니도스 출신 천문학자이자 수학자로, 아테네에서 플라톤에게 가르침을 받았으며, 나중에 아리스토텔레스를 가르쳤다. 이집트에 가서 천문과 역학을 공부했다. 지구를 중심으로 하는 동심천구설을 제창했는데, 아리스토텔레스는 나중에 이것을 체계화해 지구를 우주의 중심에 두는 천동설을 확립했다.

칭찬은 미덕에 적합하다. 미덕은 사람들이 고귀한 일을 하도록
만들기 때문이다. 반면, 찬사는 몸이나 혼이 행한 일에 대해 주어
진다. 이런 문제를 좀 더 자세히 언급하는 것은 칭송시를 연구하는
사람들에게 더 어울린다. 우리가 지금까지 말한 바로 분명해진 사 35
실은 행복이 그 자체로 가치 있고 완전한 것 중 하나라는 것이다. 1102a
또한, 행복이 가장 근본이라는 사실도 그것을 확인해준다. 우리는
모두 행복을 위해 다른 모든 것을 행하고, 모든 좋은 것의 근본이
야말로 그 자체로 가치 있고 신성하기 때문이다.

제13장
미덕에는 지적 미덕과 도덕적 미덕이 있다

행복은 완전한 미덕에 따른 혼의 활동이므로, 미덕에 대해 살펴보 5
아야 한다. 그래야만 행복에 대해 더 잘 알 수 있기 때문이다. 진정
한 정치가는 무엇보다도 미덕 연구에 힘을 쏟아왔다고 보인다. 그
런 정치가는 동료 시민을 법을 잘 지키는 좋은 시민으로 만들고 싶
기 때문이다. 그런 정치가의 모범으로는 크레타와 스파르타[41]의 10
입법자들이 있고, 다른 입법자가 있다면 비슷한 모범을 보였을 것
이다. 미덕 연구가 정치학에 속한다면, 이는 우리의 처음 계획과
부합한다.
　우리가 살펴보아야 할 미덕은 인간의 미덕이다. 우리가 찾는 좋

41　크레타는 그리스의 최대 섬이자 지중해에서 다섯 번째로 큰 섬이다. 크레타와 스파
　　르타는 정부 주도의 체계적인 교육 체계를 갖춘 국가로 유명했다.

15 음도 인간에게 좋음이고, 우리가 찾는 행복도 인간의 행복이기 때문이다. 그리고 우리가 말하는 인간의 미덕은 신체의 미덕이 아니라 혼의 미덕이다.

또한, 우리는 행복을 혼의 활동이라고 말한다. 그렇다면 정치가
20 는 혼에 관한 것을 어느 정도 알아야 한다. 이것은 눈을 치료하려는 사람은 몸 전체에 대해서도 알아야 하는 것과 같다. 정치학은 의술보다 더 가치 있고 더 좋은 것이기에 더욱 그러하다. 의사 중에서도 제대로 된 훌륭한 의사들은 몸에 관한 지식을 얻기 위해 힘쓴다. 따라서 정치가는 혼에 대해 연구해야 하지만, 미덕과 관련해 우리가 지금 다루는 문제를 해결하는 데 충분할 만큼은 연구해야
25 할 것이다. 지금 우리에게 필요한 정도를 넘어서 더 자세하게 파고드는 것은 훨씬 힘든 일이기 때문이다.

혼에 관해서는 다른 저작에서 어느 정도 충분히 논의되었기 때문에 우리는 그것을 활용하면 된다. 예컨대, 혼 중에서도 일부는 비이성적이고, 일부는 이성적이라는 것이 그러하다. 이 두 부분이
30 몸이나 모든 분리할 수 있는 것의 부분처럼 분리되는가, 아니면 원둘레의 볼록면과 오목면처럼 생각으로는 구별되지만 실제로는 분리되지 않는가 하는 논쟁은 우리의 현재 논의와 관련해서는 아무차이를 가져오지 않는다.[42]

혼 중에서 이성을 지니지 않은 부분은 영양 섭취와 성장의 원인이 되며 본질상 식물적인데, 이는 모든 생물에 공통으로 존재하는 듯하다. 혼의 이러한 능력은 배아를 포함해 모든 성장하는 것 안에

---

42 혼의 두 부분에 관한 자연학적 논의는 『영혼론』 제2권 제2장 413b13-32, 제3권 제9장 432a15-432b8, 제10장 433a31-433b13에 나와 있다.

있고, 이 같은 능력은 다 자란 성체에도 있다. 성체와 배아의 능력 1102b
이 서로 다르다고 보기보다는 동일하다고 보는 것이 더 합리적이
기 때문이다.

따라서 이 능력과 관련된 미덕은 모든 생물에 공통적이고, 특별
히 인간에게만 있는 것은 아니다. 혼의 이 부분 또는 이 능력은 잠
들어 있을 때 가장 활발하게 활동하고, 잠들어 있을 때는 좋은 사 5
람과 나쁜 사람을 구별하는 것이 가장 어렵다. (그래서 인생의 절반은
행복한 사람과 불행한 사람 간에 차이가 없다는 말이 생겼고, 이 말에는 일리
가 있다. 우리는 혼의 활동에 비추어 훌륭하다거나 비열하다고 말하는데, 잠
들어 있는 동안에는 그러한 혼의 활동이 정지되기 때문이다.) 물론, 혼의
활동 일부가 사람이 잠들어 있는 동안에도 영향을 미쳐, 훌륭한 사 10
람들이 평범한 사람들보다 더 좋은 꿈을 꿀 수는 있다. 이 주제에
대해서는 충분히 말했으므로, 영양 섭취와 관련된 능력에 대해서
는 이 정도로 해두자. 이 주제는 본질상 인간의 미덕과 아무런 관
계가 없기 때문이다.

혼 중에서 본질적으로는 이성을 지니지 않았지만, 모종의 방식
으로 이성에 참여하는 또 다른 부분이 있는 듯하다. 우리는 자제
력이 있거나 없는 사람의 이성을 칭찬하고, 그들의 혼에서 이성을 15
지닌 부분을 칭찬한다. 우리가 칭찬하는 그 부분이 그들에게 가장
좋은 쪽으로 올바르게 나아가게 하기 때문이다. 하지만 그들 속에
는 이성 외에 이성과 맞서 싸우고 저항하는 또 다른 본성도 있는
것 같다. 몸의 마비된 부분을 오른쪽으로 움직이려고 하면 실제로 20
그 부분은 정반대인 왼쪽으로 움직이듯이, 혼도 마찬가지다. 자제
력 없는 사람들의 충동은 정반대 방향으로 움직이기 때문이다. 몸
은 그렇게 반대 방향으로 움직이는 것이 보이지만, 혼에서는 그런

것이 보이지 않는다. 그럼에도 몸 안에서처럼 혼 안에도 이성 외에 이성에 반대하고 저항하며 싸우는 뭔가가 존재하는 것은 틀림없다. 그것이 다른 것과 어떤 식으로 다르고 구별되는지는 전혀 중요

25 하지 않다. 앞에서 이미 말한 것처럼, 이 부분도 이성에 참여하는 듯하다. 어쨌든 자제력 있는 사람에게는 이 부분은 이성에 복종하고, 절제와 용기가 있는 사람은 이 부분이 이성의 말을 훨씬 더 잘 따른다. 그런 사람에게 이 부분은 모든 일에서 이성과 한목소리를 내기 때문이다.

따라서 혼 중에서 이성을 지니지 않은 요소는 두 부분인 듯하다. 식물적인 부분은 이성에 전혀 참여하지 않지만, 욕구나 욕망의

30 일반적인 부분은 이성에 귀 기울이고 복종한다는 점에서 모종의 방식으로 이성에 참여한다. 여기서 이성이란 우리가 아버지나 친구들의 이성적인 말을 수긍해서 받아들인다는 의미이고, 수학적인 추론에서 사용되는 그런 말이 아니다. 혼에서 비이성적인 부분이 모종의 방식으로 이성에 복종함은 사람들이 충고나 온갖 책망이나 권면을 하는 것을 보더라도 알 수 있다.

1103a 혼에서 이성을 지니고 있지 않지만 이성에 참여하는 부분을 이성적이라고 한다면, 혼에서 이성을 지닌 부분도 둘로 구분된다. 그중 하나는 그 자체 속에 이성을 지닌 부분이고, 다른 하나는 아버지의 말에 복종하듯 이성에 복종하는 부분이다.

미덕도 혼의 이러한 구분에 따라 여러 종류로 구분된다. 즉, 철

5 학적 지혜, 명석함, 실천적 지혜 같은 미덕들은 지적 미덕이고, 후히 베푸는 것, 절제 같은 미덕들은 도덕적 미덕이다. 우리는 한 사람의 도덕적 성품에 관해 말할 때는 그 사람이 지혜롭다거나 명석하다는 말 대신, 그 사람이 온화하고 절제 있다고 말하고, 그런 성

품을 칭찬한다. 하지만 미덕이란 칭찬받을 만한 혼의 상태를 의미
하므로 우리는 그러한 상태에서 나오는 지혜를 지닌 지혜로운 사   10
람을 칭찬한다.[43]

---

43 이 책에서 "미덕"으로 번역한 단어 '아레테'(ἀρετή)는 "좋음, 탁월함"을 의미한다.
     그리스 철학에서 좋고 탁월한 것은 본성을 따른 것이므로, 사실 도덕적 의미를 강
     하게 지닌 "미덕"이라는 번역어는 이러한 뉘앙스를 정확하게 반영하지 못한다. 그
     래서 어떤 역자는 "탁월성"으로 번역하기도 한다. 혼에는 성품과 관련해 탁월한 것
     도 있고, 지적 상태와 관련해 탁월한 것도 있다. 그리고 이 모든 것은 혼의 본성을
     충실히 반영했기에 칭찬받을 만한 것이다. 이 책에서 혼의 상태와 관련해 도덕적
     성품과 관련된 것은 그리스어 원문에서 "상태"(ἕξις, 헥시스)로 표현했지만, 우리말
     로는 대체로 "성품"으로 번역했다.

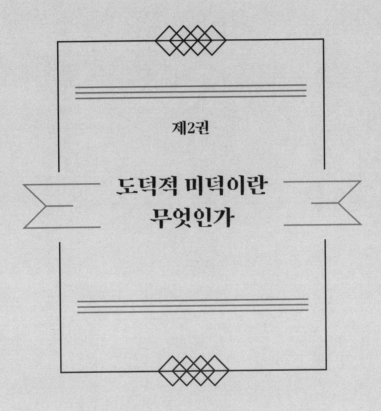

제2권

도덕적 미덕이란
무엇인가

제1장

도덕적 미덕은 습관을 통해 얻는다

이렇게 미덕에는 두 종류가 있다. 하나는 지적 미덕이고, 다른 하 나는 도덕적 미덕이다. 지적 미덕은 주로 가르침으로 생기고 성장 15 한다.[44] 따라서 경험과 시간이 필요하다. 반면, 도덕적 성품과 관 련된 미덕은 습관의 결과물이다. 그래서 "도덕, 성품"을 뜻하는 '에토스'(ἦθος)는 "습관"을 뜻하는 '에토스'(ἔθος)를 약간 변형해 만든 것이다.

이것을 보더라도 도덕적 미덕 중에서 본성적으로 우리 안에서 생기는 것은 없음이 분명하다. 본성적인 것을 본성과 다르게 습관 20 들이는 일은 불가능하기 때문이다. 예컨대, 돌은 본성상 아래로 움 직이므로, 만 번을 던져 습관을 들여도 위로 올라가게 할 수 없고, 불도 아래로 움직이도록 습관을 들일 수 없다. 이처럼 어떤 것도 본성과 다르게 습관을 들일 수는 없다.

따라서 도덕적 미덕은 우리 안에서 본성적으로 생기지도 않고, 본성을 거슬러 생기지도 않는다. 우리는 도덕적 미덕을 본성적으 25

---

44 지적 미덕이 오로지 가르침에서 생기는 것은 아니다. 도리어 도덕적 미덕과 마찬가 지로 지적 미덕도 본성적으로 타고난 단초가 있어야 한다. 하지만 미덕은 본성적으 로 타고나는 것은 아니고, 가르침이 그 본성적 단초를 발전시켰을 때 미덕이라고 부를 만한 것이 생겨나고 완전한 미덕을 향해 나아가게 된다. 그래서 아리스토텔레 스는 "주로"라는 단서를 붙였다.

로 받아들일 수 있으므로, 그 미덕들을 받아들여 습관을 통해 완성해야 한다.

또한, 우리에게 본성적으로 주어지는 모든 것도 먼저는 능력이 주어진 다음, 그 활동은 나중에 나타난다. 이것은 감각들을 보면 분명히 드러난다. 우리는 자주 보거나 들어서 그 감각들을 가진 게 아니라, 반대로 사용하기 전에 먼저 그것들이 있었으며, 그 감각들을 사용하면서 갖게 된 것은 아니기 때문이다.

반면, 미덕은 기술과 마찬가지로 먼저 연습함으로써 얻는다. 어떤 것을 배워야만 그것을 할 수 있으며, 그것을 직접 행하면서 배운다. 예컨대, 건축가들은 집을 직접 지어보면서 건축가가 되고, 키타라 연주자들은 키타라를 직접 연주하면서 연주자가 된다. 마찬가지로, 정의로운 행위들을 실행할 때 정의로운 사람이 되고, 절제 있는 행위들을 실행할 때 절제 있는 자가 되며, 용기 있는 행동을 해야 용감한 사람이 된다.

여러 국가에서 일어나는 일이 그것을 증명한다. 입법자들은 시민에게 습관을 형성하게 하여 좋은 시민이 되게 하는데, 모든 입법자가 그것을 바라기 때문이다. 그런 일을 해내지 못한 입법자들은 실패하고, 좋은 정치체제와 나쁜 정치체제는 거기서 차이가 난다.

또한, 각각의 미덕을 만들어내는 원인과 수단은 또한 각각의 미덕을 파괴하는 원인과 수단이 되기도 한다. 모든 기술도 마찬가지다. 훌륭한 키타라 연주자든 형편없는 키타라 연주자든, 둘 다 키타라를 연주하는 것에서 생기고, 이것은 건축가를 비롯해 다른 모든 기술자에게도 해당한다. 집을 잘 지으면 훌륭한 건축가가 되고, 집을 잘못 지으면 형편없는 건축가가 되지만, 둘 다 집을 짓는 것에서 생긴다. 만일 이것이 사실이 아니라면, 모든 기술자는 태어날 때부터 훌륭한 기술자이든 형편없는 기술자일 것이므로, 가르치는 사람이 전혀 필요하지 않을 것이다.

이것은 미덕도 마찬가지다. 다른 사람에게 어떤 식으로 행하느 15 냐에 따라 정의로운 사람이 되거나 불의한 사람이 되고, 위험에 직면해 어떻게 행하느냐에 따라, 그리고 습관적으로 두려워하는가 대담한가에 따라 용감한 사람이 되거나 겁쟁이가 된다.

이것은 욕망이나 분노의 감정과 관련해서도 그대로 적용된다. 어떤 사람은 절제 있고 온유한 사람이 되고, 어떤 사람은 무절제하고 신경질적인 사람이 되는 것은 자신이 처한 상황 속에서 그런 식 20 으로 행하기 때문이다.

한 마디로 요약하자면, 특정 성품은 그 성품과 닮은 행위에서 생긴다. 그러므로 우리는 자기 행위들이 어떤 미덕을 표현하도록 해야 한다. 성품은 우리가 그것을 표현하는 행위를 하고 있느냐에 따라 결정되기 때문이다. 따라서 어릴 때부터 어떤 습관을 들이느냐에 따라 적지 않은 차이가 생기는데, 그것은 아주 큰 차이, 아니 25 모든 차이를 만들어낸다.

제2장
지나치거나 모자라는 것을 피한다

지금 우리의 연구는 다른 연구들처럼 이론적인 지식을 얻으려는 것이 아니므로(우리는 미덕이 무엇인지를 알기 위해서가 아니라 좋은 사람이 되려고 연구하는데, 그 목적에 아무 도움이 되지 않는다면 이 연구는 우리에게 쓸모가 없다), 우리는 자기 행위들에 대해, 즉 우리가 어떻게 행

30 하여야 하는지에 대해 면밀히 살펴야 한다. 앞에서 말했듯,[45] 우리
가 어떻게 행하느냐에 따라 우리 안에서 어떤 성품이 생기는가가
결정되기 때문이다.

바른 이성을 따라 행해야 한다는 것은 누구나 인정하는 공통 생
각이므로, 우리는 이것을 논의의 전제로 삼으려고 한다. 바른 이
성이 무엇이고, 다른 미덕과는 어떤 관계에 있는지에 관해서는 나
1104a 중에 논의하겠다.[46] 하지만 우리가 먼저 동의해야 할 것이 있는데,
그것은 책의 시작 부분에서 말했듯 어떤 주제를 다루느냐에 따라
설명의 정밀성이 달라지므로, 여기서 행위에 관한 모든 설명은 정
밀하지 못하고 개략적일 수밖에 없다는 것이다.[47] 행위나 유익성
에 관한 문제는 건강에 관한 문제와 마찬가지로 확실하게 정해진
것이 없기 때문이다.

5 전체적이고 일반적인 설명이 정밀할 수 없다면, 개별적이고 구
체적인 것에 관한 설명은 정밀성이 더 떨어질 수밖에 없다. 그런
것은 어떤 기술이나 법칙으로 해결할 수 있는 게 아니어서, 그것을
행하는 사람은 의술이나 항해에서 의사나 선장처럼 현 상황에 적
10 절한 것이 무엇인지를 스스로 생각해야 한다. 지금 우리가 진행하
는 논의는 그런 성격을 지녔지만, 가능한 한 최대한 도움이 되도록
할 것이다.

따라서 먼저 유념할 것은 우리가 논의하는 행위는 본성적으로

---

45 1103a31-1103b25.

46 제6권 제13장.

47 그래서 아리스토텔레스는 이 책 전체에 걸쳐 단정적인 설명이나 서술을 피하고,
     "~인 듯하다, ~로 생각한다"라는 표현을 많이 사용하고 있다.

모자람이나 지나침[48]에 의해 훼손될 수 있다는 부분이다. 이것은 체력과 건강에서 알 수 있다. (이렇게 해서 눈에 보이는 것을 증거 삼아 눈에 보이지 않는 것을 증명하려고 한다.) 운동을 지나치게 하거나 모자 15 라게 하면 체력이 손상된다. 마찬가지로, 음식을 지나치게 먹거나 모자라게 먹으면 건강을 해치지만, 적절하게 먹으면 건강이 증진 되고 좋아지며 유지된다.

절제와 용기, 그 밖의 다른 미덕에서도 마찬가지다. 모든 일에서 용감하게 맞서 지켜내지 못하고 언제나 두려워해서 도망치는 20 사람은 비겁해져 겁쟁이가 되지만, 어떤 것도 두려워하지 않고 모든 일에 물불 가리지 않고 덤벼들면 무모한 사람이 된다. 마찬가지로, 온갖 즐거움에 탐닉해 즐거움이라면 어떤 것도 마다하지 않으면 무절제한 사람이 되지만, 촌뜨기처럼 모든 즐거움을 멀리하는 사람은 무감각한 사람이 된다. 따라서 절제와 용기는 지나침과 모 25 자람에 의해 훼손되고, 중용으로 지켜진다.

같은 원인과 수단에 의해 생기거나 파괴되는 것은 미덕뿐만 아니다. 미덕에 따른 활동도 그러하다. 이것은 눈으로 좀 더 분명하게 볼 수 있는 것들, 예컨대 체력 같은 것에서 확인된다. 체력은 음 30 식을 잘 먹고 운동을 많이 해서 생기는데, 그런 것을 잘하는 사람은 체력이 강한 사람이다. 미덕도 마찬가지다. 우리는 즐거움을 멀리하여 절제 있는 사람이 되고, 그렇게 절제 있는 사람이 되었을 35 때 즐거움들을 가장 잘 절제할 수 있다. 용기도 마찬가지다. 우리 1104b

---

48 "지나침"으로 번역한 '휘페르볼레'(ὑπερβολή)의 기본 의미는 "어떤 것 너머로 던 지는 일"로 초과하는 것을 가리키고, "모자람"으로 번역한 '엔데이아'(ἔνδεια)는 "결핍되거나 결여된 것"을 가리킨다.

는 두려운 것을 대수롭지 않게 여기고 과감하게 맞서는 습관을 들여서 용감해지고, 그렇게 용기 있는 사람이 되었을 때 두려운 것에 가장 잘 맞서게 된다.

제3장
미덕 행함을 즐거워한다는 것은 도덕적 성품을 습득했다는 증표다

우리는 사람이 어떤 행위를 했을 때 즐거워하고 어떤 행위를 하며
5   고통을 느끼는지를 보고, 그것을 그의 성품을 보여주는 증표로 여겨야 한다. 신체적인 즐거움을 멀리하면서도 자신이 그렇게 하는 것을 즐거워하는 사람은 절제 있는 사람이지만, 그렇게 하는 것이 부담스럽고 짜증이 나는 사람은 무절제한 사람이다. 두려운 일에 맞서면서 그렇게 하는 것을 즐거워하거나 적어도 고통스러워하지 않는 사람은 용감한 사람이고, 그렇게 하는 것을 고통스러워하는 사람은 비겁한 사람이다.

10   도덕적 미덕은 즐거움 및 고통과 관련되어 있다. 나쁜 일은 즐거움을 얻기 위해 하지만, 고귀한 일을 멀리하는 것은 고통을 피하기 위해서다. 그래서 플라톤이 말한 것처럼,[49] 어릴 때부터 사람으로서 마땅히 해야 할 일을 즐거워하면서도, 거기서 오는 고통을 견뎌내도록 양육받아야 한다. 이것이 바른 교육이다.

15   미덕은 행위 및 감정과 관련되어 있고, 모든 감정과 행위에는

---

49   플라톤, 『법률』 653e 이하; 『국가』 401e-402a

즐거움이나 고통이 따른다면, 그런 이유에서 미덕은 즐거움이나 고통과 관련된다. 또한, 벌을 줄 때 즐거움과 고통을 사용한다는 사실도 그것을 보여준다. 벌이란 일종의 치료인데, 본질적으로 치료는 서로 상반된 것을 사용함으로써 이루어지기 때문이다.

또한, 앞에서 말했듯이 혼의 모든 성품은 본성적으로 그 성품을 더 좋아지게 하거나 더 나빠지게 만드는 것과 관련 있고, 그런 것 20 에 관심을 둔다. 사람들이 나쁜 사람이 되는 것은 즐거움과 고통 때문이다. 즉, 사람들은 추구하지 말아야 할 즐거움을 추구하거나 피하지 말아야 할 고통을 피하거나, 시기와 관련해 그렇게 하지 말아야 할 때 그렇게 하거나, 그 밖에도 이와 비슷하게 그렇게 해서는 안 될 방식이나 이성적이지 않은 방법대로 함으로써 나쁜 사람이 된다.

그래서 심지어 어떤 사람은 미덕은 감각을 초월한 상태이고 감정에 흔들리지 않는 평정 상태라고 정의한다.[50] 하지만 그것은 제 25 대로 된 정의가 아니다. 그들은 어떤 방식으로 그렇게 하거나 하지 않아야 하는지, 언제 그렇게 하거나 하지 않아야 하는지 그리고 그 밖의 다른 조건을 덧붙이지 않고, 무조건 감정을 초월해 흔들리지 않기만 하면 미덕이라고 단언하기 때문이다. 따라서 도덕적 미덕은 즐거움이나 고통과 관련해 사람이 최선의 행동을 하게 만드는 성품이고, 도덕적 악덕은 그 반대 성품임을 우리는 전제한다.

또한, 다음과 같은 것도 미덕과 악덕이 즐거움 및 고통과 관련

---

50 "감각을 초월한 상태"로 번역한 '아파테이아'(ἀπάθεια)는 "겪는 것"을 뜻하는 '파테이아'에 "없음"을 뜻하는 접두사 '아'가 결합된 단어로, 모든 감각을 초월해 벗어나 있는 것을 가리킨다. "평정 상태"로 번역된 '에레미아'(ἠρεμία)는 감각이나 감정을 겪기는 해도 그 가운데서 평정심을 유지하는 것을 가리킨다.

30 되어 있음을 보여준다. 사람들이 선택하는 것에는 세 가지가 있고, 피하는 것에도 세 가지가 있다. 사람들은 고귀한 것, 유익한 것, 즐거움을 주는 것을 선택하고, 그것과 반대되는 불명예스러운 것, 해로운 것, 고통을 주는 것을 피한다. 이 모든 것과 관련해 좋은 사람은 제대로 행하고, 나쁜 사람은 잘못을 저지른다. 특히 즐거움과

35 관련해 그러한데, 즐거움은 인간과 동물에게 공통적인 것으로, 사람이 선택하는 모든 것에 뒤따르는 까닭에, 고귀한 것과 유익한 것

1105a 도 그저 즐거움을 주는 것들로 보인다.

즐거움은 우리가 어릴 때부터 함께 자라왔다. 그렇게 우리 삶에 깊이 뿌리내리고 있기에, 즐거움이라는 감정을 제거하기 어려운 것이다. 게다가 사람마다 정도 차이가 있지만, 우리는 즐거움과 고

5 통을 우리 행위의 기준으로 삼는다. 따라서 전체 논의에서는 반드시 이것을 다루어야 한다. 즐거움이나 고통을 올바르게 느끼는지, 아니면 그릇되게 느끼는지가 우리 행위에 적지 않은 영향을 미치기 때문이다.

헤라클레이토스[51]가 말한 것처럼, 분노와 싸우는 것보다 즐거움과 싸우는 것이 더 힘들다. 하지만 기술이든 미덕이든 언제나 더

10 힘든 것과 관련이 있다. 더 힘든 것을 이루어내야 더 훌륭하기 때문이다. 그런 이유에서도 미덕과 정치학은 즐거움과 고통을 깊이 다룬다. 즐거움과 고통을 제대로 잘 사용하는 사람은 좋은 사람이 되고, 잘못 사용하는 사람은 나쁜 사람이 되기 때문이다.

---

51 "헤라클레이토스"는 기원전 6세기 말의 고대 그리스 사상가로, 소크라테스 이전 시기의 주요 철학자로 꼽힌다. 만물의 근원을 불이라고 주장했고, 대립물의 충돌과 조화를 통해 만물을 설명하려고 했으며, 다원성과 통일성은 결국 하나라고 주장하면서 그것을 통일하는 가장 근원적인 법칙 '로고스'에 주목했다.

미덕은 즐거움 및 고통과 관련되어 있다는 것, 미덕을 낳는 행위를 제대로 한다면 미덕을 키울 수 있지만 잘못하면 미덕을 훼손 15한다는 것, 미덕을 낳는 행위가 곧 미덕이 활동하는 영역이라는 부분은 이것으로 충분히 논의되었다고 본다.

제4장
미덕을 습득하기 위한 조건들

정의로운 행위를 하여 정의로운 사람이 되어야 하고, 절제 있는 행위를 하여 절제하는 사람이 되어야 한다는 말에 대해, 어떤 사람은 그게 무슨 뜻인지 모르겠다고 물을 수 있다. 어떤 사람이 문법에 맞는 글을 쓰고 음악을 한다면 그 사람은 이미 문법학자이고 음악 20가이듯, 누군가가 정의롭고 절제 있는 행위를 한다면 이미 정의롭고 절제 있는 사람이 아니겠느냐고 할지도 모른다.

그런 말은 기술에서도 맞는 말 아니겠는가? 우연히 또는 남의 지시로 문법에 맞는 글을 쓸 수도 있기 때문이다. 따라서 어떤 사람이 문법을 따라 문법에 맞는 글을 썼을 때만 문법학자일 것이다. 여기서 문법을 따랐다는 의미는 자기 자신에게 있는 문법 지식을 25따랐다는 뜻이다.

하지만 기술과 미덕은 사정이 서로 다르다. 기술로 만들어진 것은 그 안에 좋음을 지니고 있으므로, 어떤 성질을 지니도록 만들어내기만 하면 그 자체로 충분하다. 반면, 미덕에 따라 생겨난 행위는 그 자체 속에 어떤 성질을 지니고 있더라도, 그것만으로는 정의롭거나 절제 있게 행한 것이 아니다. 행위자가 특정 상태에서 그런 30

행위를 했을 때만 정의롭거나 절제 있는 행위가 된다.[52]

첫째, 행위자는 그런 행위가 정의롭거나 절제 있는 행위임을 알아야 한다. 둘째, 자기 의지에 따라 선택해야 하는데, 반드시 그 행위 자체를 선택해야 한다. 셋째, 확고하고 변함없이 한결같은 성품 속에서 그렇게 해야 한다. 이러한 조건 중에서 기술의 소유 여부 판단 시는 첫째 조건인 아는 것만 고려되고 나머지 둘은 고려되지 않는다. 반면, 미덕의 소유 여부를 판단할 때는 아는 것은 별로 중요하지 않거나 전혀 중요하지 않지만, 둘째와 셋째 조건은 중요할 뿐만 아니라, 실상은 그것이 전부다. 그리고 이 둘은 정의롭고 절제 있는 행위를 자주 행할 때 생긴다.

그러므로 정의롭거나 절제 있는 사람이 행한다고 여겨지는 행위만 정의롭거나 절제 있다고 불린다. 하지만 단순히 그런 행위를 했다고 해서 정의롭거나 절제 있는 사람이 아니고, 정의롭거나 절제 있는 사람이 행하는 방식으로 해야만 정의롭거나 절제 있다고 인정받는다. 따라서 정의롭게 행함으로써 정의로운 사람이 되고, 절제 있게 행함으로써 절제 있는 사람이 된다는 것은 맞다. 그런 행위를 하지 않는다면, 아무도 좋은 사람이 될 수 없을 뿐 아니라, 좋은 사람이 될 가능성조차 없다.

그런데도 많은 사람은 그런 행위를 하지는 않고 생각 속으로 도

---

52 여기서 "상태"(성품)와 "행위" 구별이 필수적임이 드러난다. 정의라는 성품 또는 상태에서 나오는 행위만 진정 정의로운 행위이고, 그러한 성품에서 나오지 않았는데 현상적으로 정의롭게 된 것은 단지 "우연히" 그렇게 된 것일 뿐 "본성적으로" 정의로운 행위는 아니다. 아리스토텔레스는 위에서 어떤 사람이 어쩌다가 문법에 맞는 글을 썼을 때도 분명 문법 있는 글을 쓴 행위가 되겠지만, 문법학자가 문법을 알고서 글을 쓴 행위는 아니라고 예를 든다.

피해, 자신은 철학을 하고 있으니 훌륭한 사람이 될 것으로 생각한
다. 하지만 그것은 환자가 의사의 말을 주의 깊게 듣긴 하지만, 의   15
사가 처방한 것은 하나도 행하지 않는 것과 같다. 그런 식으로 치
료받는 환자의 몸 상태가 좋아질 수 없듯, 그런 식으로 철학 하는
사람들의 혼 상태도 좋아질 리 없다.

제5장
미덕은 감정이나 능력이 아니라 성품이다

다음으로 우리는 미덕이 무엇인지 살펴볼 것이다. 혼에서 생기는   20
것은 감정과 능력과 성품, 이렇게 세 가지이므로, 미덕은 이 셋 중
하나일 것이다.

　감정은 욕망, 분노, 두려움, 대담함, 시기, 기쁨, 사랑, 증오, 동
경, 경쟁심, 연민 등과 같이 즐거움이나 고통을 수반하는 것이다.
능력은 사람에게 그러한 감정을 느낄 수 있게 하는 것이다. 예컨   25
대, 능력은 분노나 슬픔, 연민을 느낄 수 있게 한다. 성품은 사람이
감정에 대해 제대로 대처하게 하거나 잘못 대처하게 만든다. 예컨
대, 성품은 분노와 관련해 지나치거나 혹은 미흡하게 분노를 느끼
게 하여 대처를 힘들게 하거나, 적절하게 분노를 느끼게 하여 제대
로 대처하게 한다. 이것은 다른 감정과 관련해서도 마찬가지다.

　미덕이나 악덕은 감정이 아니다. 우리는 감정이 아니라 미덕과   30
악덕으로 좋은 사람 혹은 나쁜 사람으로 불리고, 감정이 아니라 미
덕과 악덕으로 칭찬이나 비난을 받기 때문이다. (누군가가 두려워하
거나 분노한다고 해서 칭찬받는 것도 아니고, 단지 분노한다는 이유만으로

비난받는 것도 아니며, 그가 특정 방식으로 분노할 때만 비난을 받는다.) 또한, 우리가 분노하거나 두려워하는 것에는 이성적 선택이 개입되지 않지만, 미덕은 모종의 선택이거나 어떤 식으로든 선택과 관련된다. 또한, 이것 외에도 우리는 감정에 따라 움직인다고 말하지만, 미덕이나 악덕에 따라서는 움직인다고 하지 않고 어떤 상태에 있다는 말을 듣는다.

5

이런 이유로 미덕은 능력도 아니다. 우리에게 감정을 느끼는 능력이 있다고 해서 우리가 좋은 사람 혹은 나쁜 사람으로 불리는 게 아니고 칭찬이나 비난을 받지도 않기 때문이다. 또한, 우리가 본성적으로 능력을 지녔더라도 본성적으로 좋은 사람이나 나쁜 사람이 되는 것은 아니다. 이에 대해서는 앞에서 이미 언급했다.[53] 따라서 미덕이 감정도 능력도 아니라면, 이제 미덕은 성품이라는 설명만 남는다. 이상으로 우리는 미덕이 혼에서 생기는 것 중 어디에 속하는지 설명했다.

10

제6장
미덕은 중용을 선택하는 성품이라는 점에서 악덕과 다르다

하지만 우리는 미덕을 성품이라고 말하는 데서 그쳐서는 안 되고, 어떤 종류의 성품인지까지 말해야 한다. 먼저 모든 미덕은 어떤 것의 미덕이든 그것을 좋은 상태에 있도록 하고 자신의 고유한 일을

15

---

53   제2권 제1장 1103a18-1103b2.

잘 수행하게 한다고 말해야 한다.[54] 예컨대, 눈의 미덕은 눈과 그 일을 좋게 만든다. 눈의 미덕은 우리가 잘 보도록 하는 것이기 때문이다. 마찬가지로, 말이라는 동물의 미덕은 말을 그 자체로 좋게 만들 뿐 아니라, 달리기나 기수 태우기, 적과 맞서는 것에도 탁월하게 만든다. 미덕이 모든 것과 관련해 그렇다면, 사람의 미덕은 사람을 좋은 사람이 되게 하고 사람에게 주어진 고유한 일을 잘하게 하는 성품일 것이다. 20

왜 그런지는 앞에서 말했지만,[55] 미덕의 본질이 무엇인지를 살펴보는 것만으로도 이는 분명해질 것이다. 25

연속되면서 나누어지는 모든 것에서 우리는 더 많은 양을 취하거나, 더 적은 양을 취할 수도 있으며 혹은 동등한 양을 취할 수도 있다. 여기서 동등함은 지나침과 모자람의 중간이다. 어떤 것에서 중간은 양쪽 끝에서 같은 거리만큼 떨어져 있고, 이것은 누구에게나 하나이며 동일하다. 반면, 우리와 관련해 중간은 지나치지도 않고 모자라지도 않는 것이고, 이것은 누구에게나 하나인 것도 아니고 같은 것도 아니다. 예컨대, 10은 많고 2는 적다면, 그 자체로는 6이 중간이다. 6은 같은 양만큼 10보다 적고 2보다는 크기 때문이다. 이것이 산술적 비례에 따른 중간이다. 30

35

반면, 우리와 관련해 중간은 그런 식으로 구해지지 않는다. 어떤 선수가 먹기에 10므나[56] 음식은 많고 2므나는 적다면, 체육교 1106b

---

54 미덕과 고유한 일의 관계는 제1권 제7장 1098a7 이하, 제6권 제2장 1139a16에서 언급되고, 플라톤 『국가』 제1권 352d, 353b-c에도 언급되어 있다.

55 제2권 제2장 2204a10-16, 제4장 1105a26-33.

56 "므나"는 고대 그리스에서 무게를 잴 때 사용하던 단위로 431그램 정도로 추정한다.

사가 6므나를 처방하지는 않을 것이다. 6므나도 그가 먹기에 많거나 적을 수 있기 때문이다. 그 정도 되는 음식은 밀론[57]에게는 적고, 이제 운동을 시작한 선수에게는 많다. 이것은 달리기나 레슬링에도 그대로 적용된다. 그래서 모든 전문가는 이런 식으로 지나침과 모자람을 피하고, 중간을 찾아내 선택하는데, 그 중간은 사물 자체의 중간이 아니라, 우리와 관련한 중간이다.

이렇게 모든 기술은 중간을 지향하고, 중간을 향해 모든 것을 이끌어감으로써 자기 기능을 완수해낸다. (그래서 사람들은 잘 만들어진 것을 보면 뺄 것도 없고 더할 것도 없다고 말하는데, 이것은 지나침과 모자람은 어떤 것이 지닌 좋음을 망치지만, 중용은 어떤 것이 지닌 좋음을 그대로 살려주기에 좋은 기술자는 방금 말한 대로 일을 할 때 중간을 지향한다는 의미를 담는다.) 따라서 미덕이 자연[58]과 마찬가지로 그 어떤 기술보다 더 정확하고 더 좋다면, 중간을 지향할 것이다.

여기서 내가 말하는 미덕은 도덕적 미덕이다. 도덕적 미덕은 감정 및 행위와 관련되고, 감정과 행위에는 지나침과 모자람과 중간이 있기 때문이다. 예컨대, 두려움이나 자신감, 욕구, 분노, 연민, 일반적인 즐거움이나 고통은 지나치거나 모자랄 수 있는데, 둘 다 좋은 것이 아니다.

반면, 적절한 때, 적절한 일에 대해, 적절한 사람을 향해, 적절한

---

57 "밀론"은 기원전 6세기 후반, 그러니까 아리스토텔레스보다 200년 정도 앞서 활동한 크로톤 출신의 레슬링 선수로, 올림피아 경기와 피티아 경기에서 여섯 번이나 우승했다고 전해진다. 대식가였고, 암소 한 마리를 일격에 죽여 하루 만에 다 먹어치웠다고 한다.

58 "자연"이 만들어낸 것은 인간의 "기술"이 만들어낸 것보다 훨씬 우월하다. 그리고 미덕은 자연, 즉 본성과 부합하므로 "기술"보다 우월하다.

동기와 적절한 방식으로 그런 감정을 표출하는 것은 중간이자 가장 좋음인데, 미덕이 그런 것이다. 마찬가지로, 행위와 관련해서도 지 25 나침과 모자람과 중간이 있다. 이렇게 미덕은 감정 및 행위와 관련 있고, 거기서 지나침과 모자람은 잘못한 것으로 비난받지만, 중간은 제대로 한 것으로 칭찬받는다. 칭찬받고 성공하는 것은 미덕에 속한 다. 따라서 미덕은 중간을 지향한다는 점에서 일종의 중용이다.

또한, 여러 방식으로 실패할 수 있지만(피타고라스학파에서 비유적 30 으로 말했듯, 나쁜 것은 무한에 속하지만 좋은 것은 유한에 속한다), 제대로 잘하려면 오직 한 가지 방법밖에 없다(과녁에서 벗어나기는 쉽지만, 명 중은 어렵다). 이런 이유에서 지나침과 모자람은 악덕에 속하고, 중 용은 미덕에 속한다. "좋은 사람은 오직 한 가지 방식으로만 좋은 35 반면, 나쁜 사람은 온갖 방식으로 나쁘다."[59]

따라서 미덕은 이성적 선택과 관련된 성품이며, 실천적 지혜를 지닌 사람에게 있다고 여기는 이성에 따라 결정된 중용, 즉 우리와 1107a 관련된 중용으로 이루어진다. 여기서 중용은 두 악덕, 즉 지나침에 따른 악덕과 모자람에 따른 악덕 사이에 있는 중용이다. 또한, 감 정이나 행위와 관련해 이 두 악덕은 적절한 것에서 지나치거나 모 자라는 반면, 미덕은 중간을 찾아내 의도적으로 선택한다는 점에 5 서도 미덕은 중용이다. 그래서 미덕은 실체와 본질의 관점에서는 중용이지만, 가장 좋음이라는 것과 잘하는 것이라는 관점에서는 최고다.

하지만 모든 행위와 모든 감정에서 중용이 가능한 것은 아니다. 어떤 행위와 감정의 명칭을 보면 이미 나쁜 것이 내포되어 있다. 10

---

59   이 인용문의 출처는 알 수 없다.

예컨대, 악의, 파렴치, 시기 같은 감정과 간통, 도둑질, 살인 같은 행위가 그러하다. 이 모든 것과 그와 비슷한 것은 그것의 지나침이나 모자람 때문에 나쁜 게 아니라, 그 자체로 나쁘다. 따라서 그와

15 관련해서는 제대로 잘하는 일이란 있을 수 없고, 그것을 하면 그 자체로 항상 잘못하게 된다. 가령, 간통과 관련해 좋고 나쁨을 구별하여 적절한 여자와 적절한 때 적절한 방식으로 간통을 하는 일이란 없다. 간통하는 것 자체가 잘못이다.

따라서 그런 감정이나 행위에 중용이 있다고 생각하는 것은 불의하거나 비겁하거나 무절제한 행위에도 중용과 지나침과 모자람이 있다고 생각하는 것과 같다. 그런 식의 논리라면 지나침과 모자

20 람에도 중용이 있고, 지나침에도 또다시 지나침이 있으며, 모자람에도 또다시 모자람이 있다고 해야 한다. 하지만 중용이란 또 다른 관점에서는 최고이므로, 절제와 용기라는 미덕에 지나침과 모자람이 없는 것처럼, 우리가 앞에서 말한 행위에도 중용이나 지나침이나 모자람이 없고, 어떤 방식으로든 그런 행위를 한다면 이미 잘못

25 하는 것이다. 일반적으로 지나침이나 모자람에는 중용이 없고, 중용에는 지나침이나 모자람이 없기 때문이다.

제7장
개별적인 미덕에 적용한 중용의 원칙

하지만 이것은 일반화에 그쳐서는 안 되고, 개별적인 미덕에 적용

30 해야 한다. 행위와 관련해 일반적인 언급은 더 폭넓게 적용되지만, 개별적인 언급은 더 진실에 부합한다. 행위는 개별적인 것과 관련

되고, 우리가 하는 말은 그러한 개별과 부합해야 하기 때문이다. 그러면 도표[60]에서 몇 가지 개별적인 것을 살펴보자.

두려움 및 대담함에서 중용은 용기다. 두려움이 없다는 면에서 1107b 지나치는 이를 칭하는 이름은 없는데(그런 명칭이 없는 경우가 많다), 대담함이 지나치면 무모하고, 두려움이 지나치고 대담함이 부족하면 비겁하다.

즐거움 및 고통과 관련해서(모두 그런 것은 아니고, 고통과 관련해선 5 덜하기는 하지만) 중용은 절제이고, 지나침은 무절제이다. 즐거움과 관련해 모자란 사람은 흔하지 않다. 그런 사람을 부르는 명칭도 없지만, 그들은 "무감각한 사람"이라고 해두자.

돈을 주고받는 것과 관련해 중용은 후함이고, 지나침은 낭비, 모자람은 인색함이다. 이것에서 사람들은 서로 반대되는 방식으로 10 지나치거나 모자란다. 낭비하는 사람은 지출에서는 지나치고 수입에서는 모자라지만, 인색한 사람은 수입에서는 지나치고 지출에서는 모자란다. 지금은 개략적으로만 말하면서 만족하지만, 나중에 15 는 좀 더 자세하고 정확하게 설명할 것이다.[61]

돈과 관련해서는 또 다른 성향도 있다. 이 경우 중용은 통이 큰 것이고(통 큰 사람과 후한 사람의 경우, 전자는 많은 돈, 후자는 적은 돈을 다룬다는 점에서 다르다), 지나침은 천박함과 속물근성이며, 모자람은 좀스러움이다. 이것은 후함과는 다른데, 어떻게 서로 다른지는 20 나중에 설명할 것이다.[62]

---

60 아리스토텔레스는 이 책을 강의용으로 썼으므로, 여기서 "도표"는 강의할 때 그가 제시한 도표를 가리킨다.

61 제4권 제1장.

명예 및 불명예와 관련해 중용은 포부가 큰 것이고, 지나침은 일종의 허영심이며, 모자람은 소심함이다. 앞에서 후함이 적은 돈을 다루기에 통이 큰 것과는 다르다고 했듯, 포부는 큰 명예와 관련되어 있는 반면 작은 명예와 관련된 것도 있다. 명예를 바라지만 마땅한 정도로 적절하게 바랄 수도 있고, 이를 넘어서 지나치거나 모자라게 바랄 수도 있기 때문이다. 이때 명예욕이 지나친 사람은 야심 있는 사람으로, 명예욕이 모자라는 사람은 야심 없는 사람이라 불리며, 그 중간을 의미하는 명칭은 없다. 또한, 야심 있는 사람의 성향을 야심이라고 하는 것 외에는 나머지 성향을 부르는 명칭도 없다. 그래서 명예욕과 관련해 양극단에 있는 사람들은 서로 자기가 중간이라고 주장한다. 그리고 우리도 중간에 있는 사람을 어떤 때는 야심 있다고 부르고 어떤 때는 야심 없다고 부르며, 어떤 때는 야심 있는 사람을 칭찬하고 어떤 때는 야심 없는 사람을 칭찬한다. 우리가 그렇게 하는 이유는 나중에 설명하기로 하고,[63] 지금은 개별적인 미덕과 관련해 무엇이 중용인지를 같은 방법으로 계속 얘기해보자.

분노와 관련해서도 지나침과 모자람과 중용이 있다. 이것을 가리키는 명칭들은 없지만, 우리는 그 중간을 온화한 사람이라고 부르는 만큼, 이때 중용을 온화함이라고 하자. 그리고 양극단 중에 지나친 사람은 성미 급한 사람이고, 그들의 악덕은 성미 급함이며, 모자란 사람은 줏대 없는 사람이고, 그 악덕은 줏대 없음이라고 하자. 이외에 서로 유사하면서도 다른 세 가지 중용이 있다. 이 중용

---

62 제4권 제2장과 제4장.

63 제4권 제2장 1122b11-26, 제4장 1125b14-18.

은 모두 사람 사이의 말과 행위와 관련되지만, 하나는 그 말과 행위의 진실과 관련되고 나머지 둘은 즐거움과 관련된 것으로, 그중 하나는 놀이에서 다른 하나는 삶 전반에서의 즐거움이다. 따라서 우리는 모든 것에서 중용은 칭찬받을 만하나, 양극단은 칭찬받을 [15] 만하지도 옳지도 않으며 도리어 비난받아 마땅함을 더 잘 알고자 이에 대해서도 논의할 것이다. 이것도 대부분 명칭이 없지만, 다른 것과 관련해서도 그래왔듯 여기서도 개념을 분명히 하고 설명을 쉽게 따라갈 수 있도록 스스로 명칭을 만들어낼 것이다.

따라서 진실과 관련해 중용을 지닌 사람은 진실한 사람, 그 중 [20] 용은 진실함이라고 하자. 진실보다 더 많이 부풀리는 것은 허풍이고 그런 성격을 지닌 사람은 허풍선이라고 하자. 진실보다 더 작게 축소하는 것은 거짓 겸손이고, 그런 사람은 겸손한 척하는 사람이라고 하자.

놀이에서의 즐거움과 관련해 중용을 지닌 사람은 재치꾼, 그 성향은 재치다. 이때 지나침은 상스러운 익살이고, 그런 성향을 지닌 [25] 사람은 상스러운 익살꾼이며, 모자란 사람은 촌뜨기이고 그런 성향은 촌스러움이다.[64]

삶 속에서의 여타 즐거움과 관련해 마땅히 그래야 하는 방식으

---

64 아리스토텔레스는 놀이에서 즐거움을 주도하는 것은 "재치"이고, 그 밖의 다른 삶 속에서는 "사랑"이 주도한다고 말한다. 이것은 인간이 "사회적 존재"로서 도시국가에 속해 사람들과 어울려 살아가며 행하는 것에 미덕이 있고 행복이 있다고 자신이 말한 부분과 연결된다. 그러한 공동체 속에서 "재치"나 "사랑" 같은 미덕이 있을 때 "즐거움"이 생긴다. 따라서 도시국가의 그런 공동체적 삶에 제대로 적응하지 못하는 사람이 여기서 말하는 "촌뜨기"이다. 여기 언급된 "사랑"은 사람들 간의 사랑의 관계를 가리키는 것으로 "정의"와 함께 공동체에 반드시 있어야 하는데, 나중에 아리스토텔레스는 모든 미덕을 다룬 후에 "정의"와 "사랑"과 "즐거움"을 다루고, 마지막으로 "행복"을 다룬다.

로 즐거움을 주는 사람은 친애하는 사람이고, 그 중용은 친애(親愛)이다. 지나친 사람 중 목적이 없다면 속없는 사람이고, 자기 이익 때문이라면 아첨꾼이다. 모자라서 어떤 상황에서나 불쾌함을 준다면 모든 것이 못마땅해 늘 싸우려 드는 사람이다.

30

감정에도, 감정과 관련된 것에도 중용이 있다. 예컨대, 수치는 미덕이 아니지만, 수치를 아는 사람은 칭찬을 받는다. 이것과 관련해서도 어떤 사람은 중간이라고, 어떤 사람은 지나치다고 말하는데, 모든 것에서 수치를 느끼는 사람이 그런 사람이다. 모자란 사람, 즉 어떤 것에서도 수치를 느끼지 않는 사람은 파렴치한이고, 중간은 수치를 아는 사람이다.

35

의분은 시기와 악의 사이에 있는 중용이다. 이것은 이웃이 겪는 일들로 생기는 고통이나 즐거움과 관련된다. 의분 있는 사람은 남이 부당하게 잘되는 것에 고통을 느끼지만, 시기하는 사람은 남이 자기보다 잘되는 모든 경우에 고통을 느끼고, 악의가 있는 사람은 남이 잘못되는 것에 고통을 느끼기는커녕 도리어 기뻐한다.

1108b

5

이런 것에 대해서는 다른 곳에서 설명할 것이다. 정의는 오직 한 가지 의미로만 사용되지는 않으므로, 다른 미덕을 설명한 후에 정의를 두 종류로 구분해, 어떻게 각각의 정의가 중용인지를 설명할 것이다.[65] 또한, 지적 미덕에 대해서도 살필 것이다.

10

---

65 정의는 제5권에서 설명된다.

제8장
지나침과 모자람은 서로 대립하고,
중용과도 대립된다

따라서 세 가지 성향이 있다. 그중 둘은 악덕인데, 하나는 지나침에 따른 악덕이고, 다른 하나는 모자람에 따른 악덕이다. 그리고 나머지 하나는 중용이라는 미덕에 속한 성향이다. 이 모든 성향은 서로서로 대립한다. 양극단의 성향은 중간 성향과도 대립하고 서로서로 대립하며, 중간 성향은 양극단 성향과 대립한다. 같은 것으로 해도 자기보다 더 작은 것에 비해서는 크고, 자기보다 더 큰 것에 비해서는 작은 것처럼, 감정 및 행위와 관련해서도 중간 성품은 모자람에 비해서는 지나치고, 지나침에 비해서는 모자란다. 15

용기 있는 사람은 비겁한 사람에 비하면 무모해 보이고, 무모한 사람에 비하면 비겁해 보인다. 마찬가지로, 절제 있는 사람은 무감각한 사람에 비해 무절제해 보이고, 무절제한 사람에 비해 무감각해 보인다. 후한 사람은 인색한 사람에 비하면 낭비하는 듯 보이고, 낭비하는 사람에 비하면 인색해 보인다. 20

그래서 양극단은 중간에 있는 사람을 자기와 반대되는 극단으로 몰아부치는 만큼, 비겁한 사람은 용기 있는 사람을 무모하다고 하고, 무모한 사람은 용기 있는 사람을 비겁하다고 한다. 다른 것에서도 마찬가지다. 25

지나침과 모자람과 중용은 이렇게 서로 대립하지만, 그중 가장 큰 대립은 양극단과 중간의 대립이 아니라 양극단 간의 대립이다. 양극단이 서로에게서 떨어진 간격이 중간과 떨어진 간격보다 더 멀기 때문이다. 이것은 큰 것이 작은 것에서, 작은 것이 큰 것에서

30 떨어진 간격이 그 둘이 중간과 떨어진 간격보다 더 먼 것과 같다.

또한, 어떤 양극단은 그 중간과 유사성을 보이기도 한다. 예컨대, 무모함은 용기와 비슷하거나, 낭비는 후함과 비슷해 보인다. 반면, 양극단은 가장 적은 유사성을 보인다. 또한 서로 가장 멀리
35 떨어진 것이 대립한다고 정의되므로, 더 멀리 떨어질수록 더 대립한다.

1109a 어떤 것에서는 모자람이 중간에 있는 것과 더 대립하고, 어떤 것은 지나침이 중간과 더 대립한다. 예컨대, 용기와 더 많이 대립하는 것은 지나침인 무모함이 아니라 모자람인 비겁함이고, 절제와 더 많이 대립하는 것은 모자람인 무감각함이 아니라 지나침인 낭비다.

5 이런 일이 일어나는 것은 두 가지 때문인데, 그중 하나는 개별적인 미덕 자체에서 비롯한다. 이때 우리는 양극단 중 어느 하나가 중간과 더 가깝고 유사하므로, 이 극단이 아니라 다른 극단이 중간과 더 대립한다고 여긴다. 예컨대, 무모함은 용기와 더 유사하고 가깝지만,
10 비겁함은 용기와 덜 유사해 보이므로, 우리는 비겁함이 용기와 더 대립한다고 여긴다. 중간에서 더 멀리 떨어진 것이 중간과 더 대립적으로 보이기 때문이다. 이것은 개별적인 미덕 자체에서 비롯하는 이유 하나다.

다른 이유 하나는 우리 자신에게서 기인한다. 자신이 본성적으로 더 끌리는 것이 중간과 더 대립적으로 보이기 때문이다. 예컨
15 대, 우리는 본성적으로 즐거움에 더 끌리므로, 절제보다는 무절제로 기울기가 더 쉽다. 그래서 우리는 더 많이 이끌리는 것을 중간과 더 대립하는 것으로 말한다. 그런 이유에서 지나침인 무절제가 절제와 더 대립한다.

제9장
중용을 위한 실천적인 지침

이상으로 도덕적 미덕은 중용이고 어떤 의미에서 그러한지, 그리 20
고 중용은 두 가지 악덕, 즉 지나침에 따른 악덕과 모자람에 따른
악덕 사이에 있다는 것, 중용이 미덕인 이유는 미덕이 감정과 행
위에서 중간을 추구하기 때문이라는 것은 충분히 설명했다. 훌륭
한 사람이 되기 어려운 것은 모든 일에서 중간을 찾아내기가 어렵
기 때문이다. 예컨대, 원의 중심을 찾아내는 것은 모든 사람이 아 25
니라, 오직 아는 사람만 할 수 있다. 마찬가지로, 화 내는 것 또는
돈을 주거나 낭비하는 것은 쉽지만, 마땅히 그래야 하는 사람에게
적절한 때 적절한 목적과 적절한 방식과 적절한 정도로 화를 내거
나 돈을 사용하는 것은 모든 사람이 할 만한 것도 아니고 쉬운 일
도 아니다. 그러므로 그런 것을 잘하는 것은 드물고, 칭찬받을 만
하며, 고귀한 일이다.

그래서 칼립소[66]가 다음과 같이 조언했듯이, 중용을 추구하는
사람은 먼저 중용과 더 대립하는 것에서 멀리 떨어져야 한다. "배 30
를 저 물보라와 파도 밖에 있게 하라." 양극단 중에서 하나는 더

---

66 "칼립소"는 신비의 섬 오기기아에 사는 바다 요정으로, 트로이아 전쟁을 승리로 이
끌고 귀향하는 도중에 풍랑을 만나 표류하게 된 오디세우스를 사랑하여, 그를 여
러 해 동안 자신의 섬 오기기아에 붙잡아두지만, 제우스의 명령에 오디세우스를 떠
나보낸다. 흔히 티탄족인 아틀라스의 딸이라고 한다. 하지만 이 인용문은 칼립소가
아니라 전설의 섬 아이아이아에 살면서 그 섬에 오는 사람에게 마법을 걸어 동물로
변하게 했다고 전해지는, 태양의 신 헬리오스의 딸이며 요정이자 마녀 키르케가 오
디세우스에게 조언한 것으로, 오디세우스가 자신이 탄 배의 키잡이에게 한 말이다.
호메로스, 『오디세이아』 제12권 219행 이하.

잘못된 것이고, 다른 하나는 덜 잘못된 것이기 때문이다. 중간을 정확히 맞추는 것은 극히 어려운 만큼, 차선책을 따르라는 사람들의 말마따나 악덕 중에서 그나마 가장 작은 악덕을 선택해야 한다. 최선의 방법은 우리가 말한 대로 하는 것이다.

1109b 또한, 자신이 어떤 것에 쉽게 끌리는지도 살펴야 한다. 사람마다 본성적으로 끌리는 것이 서로 다르기 때문이다. 이것은 우리가 어디서 즐거움을 느끼고 어디서 고통을 느끼는지를 보면 알 수 있다. 우리는 자신이 끌리는 것과 반대되는 쪽으로 스스로 이끌어야 한다. 사람들이 굽은 목재를 곧게 펴려고 할 때처럼, 자신이 잘못하는 것으로부터 멀리 끌고 가야 중간에 도달하기 때문이다.

무엇보다 모든 것에서 즐거움을 주는 것과 즐거움을 경계해야 한다. 이에 대해서는 공평하게 판단하지 못하기 때문이다. 따라서 우리는 즐거움에 대해 트로이아 원로들이 헬레네에 대해 취했던 것과 같은 태도[67]를 취해야 하고, 만사에 그들의 음성을 되새겨야 한다. 그렇게 즐거움을 보내버릴 때 잘못하는 것이 줄어든다.

요약하자면, 이런 것을 행함으로써 우리는 중간을 가장 잘 맞출 수 있다. 물론 그렇게 중간을 맞추는 것도 어렵고, 개별적인 경우에는 특히 더 어려울 것이다. 예컨대, 어떤 일과 관련해 누구에게 어떤 식으로 얼마나 얼마 동안 화를 내야 하는지 정하는 것은 쉽지 않다. 온화함에서 모자라는 사람을 온화한 사람이라고 칭찬하거

---

67 트로이아 원로들은 트로이아 성벽에 올라가 전쟁을 지켜보면서 이렇게 말한다. "저 여인이 불사의 여신처럼 이토록 아름답구나 그녀를 두고 트로이아와 그리스가 싸우는 것을 누가 책망할 수 있겠는가? 하지만 우리와 우리 자녀들이 재앙을 겪지 않으려면 그녀를 배에 태워 돌려보내야 한다." 호메로스, 『일리아스』 제3권 156-160행.

나, 화를 잘 내는 사람을 남자답다고 칭찬하기도 하기 때문이다.

잘하는 것에서 지나친 쪽이든 모자라는 쪽이든 약간만 벗어나 있는 사람은 비난받지 않지만, 많이 벗어나 있는 사람은 비난을 받 20 는다. 눈에 잘 띄기 때문이다. 하지만 어느 정도까지 벗어나고 얼마나 벗어나야 비난받을 만한지를 이론적으로 정하기는 쉽지 않다. 감각을 통해 지각하는 다른 것도 전부 마찬가지다. 이는 개별적인 것이어서, 그 판단은 감각이 어떻게 지각하느냐에 달려 있다.

이렇게 하여, 모든 것에서 중간 상태가 칭찬받을 만하지만, 거기 도달하려면 어떤 때는 지나침 쪽으로, 어떤 때는 모자람 쪽으로 25 기울어야 한다는 사실이 분명해졌다. 그렇게 할 때 우리는 무슨 일에서든지 중용에 도달할 가능성이 가장 높다.

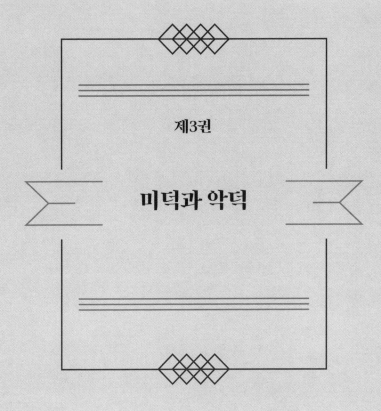

제3권

미덕과 악덕

제1장
칭찬과 비난의 대상은 자발적인 행위들

미덕은 감정과 행위와 관련 있고, 자발적이면 칭찬이나 비난을 받 30
고, 비자발적이면 용서받거나 때로는 동정도 받는다. 따라서 미덕
을 연구하는 사람은 필수적으로 자발성과 비자발성을 구별해야 하
며,[68] 이것은 입법자가 상벌을 정하는 데도 유용하다.

　강요나 무지로 일어나는 것은 비자발적으로 여긴다. 원인이 외 35/ 1110a
부에 있어 행하는 사람이나 당하는 사람이 그 원인에 전혀 관여할
수 없다면 강요에 따른 것이다. 예컨대, 바람 때문에 어딘가로 옮
겨지거나, 그를 지배하는 누군가에게 잡혀 어딘가로 끌려가는 경
우다.

　하지만 더 큰 해악을 당할 것이 두려워서 또는 어떤 고귀한 목
적을 위해 어떤 행위를 할 때, 그 행위가 비자발적인지 자발적인지 5
에 대해서는 논란이 있다. 예컨대, 한 참주가 어떤 사람의 부모와
자녀를 인질로 잡아두고 그에게 수치스러운 일을 시키면서, 그 일
을 하면 가족을 살려줄 것이고, 하지 않으면 가족을 죽이겠다고 위
협하는 것이 그런 경우다.

　또한, 배가 폭풍을 만나 화물을 배 밖으로 던질 때도 그렇다. 통
상 자발적으로 화물을 배 밖으로 던지는 사람은 아무도 없겠지만,

68　자발적인 것과 비자발적인 것에 관한 자세한 설명은 플라톤의 『법률』 제9권에 나온다.

10 양식 있는 사람이라면 자신과 배에 타고 있는 이들의 안전을 위해
그렇게 할 것이다.

그런 행위는 자발적인 것과 비자발적인 것이 뒤섞인 행위이지
만, 자발적인 행위에 더 가깝다. 그런 행위는 사람들이 당시 그렇
게 선택했고, 행위의 목적은 그때의 상황에 따라 결정되기 때문이
다. 따라서 자발적이냐 비자발적이냐 하는 것은 어떤 행위가 일어
15 난 때의 상황에 비추어 판단해야 한다. 이렇게 보면 위의 사례에서
사람들의 행위는 자발적인 것이다. 그런 행위에서 신체의 도구적
인 부분을 움직인 원인은 그들 자신에게 있고, 어떤 행위의 원인이
한 사람 안에 있다면 그 행위를 할지 말지를 결정하는 것은 그에
게 달려 있기 때문이다. 따라서 앞에서 말한 그런 행위는 자발적이
지만, 일반적으로는 비자발적이라고 할 수 있다. 아무도 그 자체로
그런 행위를 선택하지는 않기 때문이다.

20 크고 고귀한 것을 얻고자, 수치스럽거나 고통스럽더라도 그런
행위를 참고 견뎌내는 것이라면 칭찬을 받기도 하고, 정반대라면
비난을 받기도 한다. 고귀하지 않거나 별것 아닌 것을 얻으려고 이
루 말할 수 없는 수치를 참고 견뎌내는 일은 형편없는 사람들이나
하는 짓이기 때문이다. 그런 종류의 행위가 칭찬받지는 못해도 용
25 서받는 경우도 있다. 인간 본성을 뛰어넘어 누구도 견딜 수 없는
상황을 만나 하지 말아야 할 행위를 했을 때가 그렇다.

하지만 아무리 강요가 있더라도 절대로 해서는 안 되고, 차라리
말할 수 없이 끔찍한 일을 겪다가 죽는 쪽을 택하는 것이 마땅한
행위도 있다. 에우리피데스의 작품 속에 나오는 알크마이온이 자
기 어머니를 죽일 수밖에 없도록 강요당했다고 말하며 제시한 이
유는 터무니없어 보인다.[69]

때로는 어떤 것을 선택하고 어떤 것을 희생해야 하는지, 어떤 30
것을 견뎌내고 어떤 것을 얻어야 하는지를 결정하는 것은 어려운
일이고, 결정한 것을 끝까지 고수하는 것은 한층 더 어려운 일이
다. 일반적으로는 강요를 견뎌내려 할 때는 고통이, 강요당한 행위
를 할 때는 수치가 예상된다. 강요된 행위를 하거나 하지 않은 사
람들에게 칭찬이나 비난이 주어지는 이유가 여기 있다.

그렇다면 어떤 행위를 강요에 따른 것이라고 봐야 하는가? 행 1110b
위의 원인이 행위자 밖에 있고 행위자는 그 원인에 전혀 관여할
수 없었다면, 그 행위는 무조건 강요에 따른 것이다. 반면, 어떤
행위가 그 자체로는 비자발적이지만, 당시에 무엇을 얻기 위해
선택할 만한 행위이고 실행 원인이 행위자 자신에게 있다면, 행
위 자체로는 비자발적이지만 당시 뭔가를 얻기 위해 행했다는 점 5
에서는 자발적이다. 이는 자발적인 행위에 더 가깝다. 행위는 여
러 개별 요소의 집합인데, 그 개별 요소를 이루는 구체적인 행위
가 자발적이기 때문이다. 어떤 행위를 선택하고 어떤 행위를 희
생해야 하는지는 답하기 쉽지 않다. 개별적인 사례마다 많은 차
이가 있기 때문이다.

즐겁고 고귀한 것에도 강요하는 힘이 있어 외부에서 우리를 압 10
박한다고 한다면, 그에게는 모든 행위가 강요에 따른 것이 된다.

---

69 "에우리피데스"는 기원전 5세기에 활동한 고대 그리스의 3대 비극 시인 중 한 명이
다. "알크마이온"은 아르고스의 왕 암피아라오스의 아들이다. 암피아라오스는 부인
에리필레의 강요로 자신이 죽을 것을 알면서도 어쩔 수 없이 7인의 원정대에 참여
해 테바이로 출전하면서, 아들에게 어머니를 죽일 것을 명령한다. 그러면서 죽이지
않으면 아르고스에 기근이 닥치고 후손은 끊어진다고 저주한다. 알크마이온은 이런
이유들을 들어 자기가 어머니를 죽인 것은 어쩔 수 없는 일이었다고 항변한다.

사람은 즐겁고 고귀한 것을 위해 그 모든 것을 행하기 때문이다. 그런데 강요에 따라 비자발적으로 행하는 사람은 고통스럽지만, 즐거움이나 고귀함 때문에 행하는 사람은 즐겁게 행한다. 즐거운 것에 유혹당해 쉽게 굴복하면서도 모든 원인을 외부로 돌리고 자
15 신에게는 돌리지 않는 것, 고귀한 행위는 자기 덕분이고 수치스러운 행위는 그 행위에 내재된 즐거움 탓이라고 하는 것은 황당한 일이다. 따라서 행위의 원인이 외부에 있고 강요당한 행위자가 원인에 전혀 관여할 수 없다면, 그 행위는 강요로 보인다.

무지로 인한 모든 행위는 자발적이지는 않지만, 고통과 후회를 동반할 때만 비자발적으로 본다. 무지 때문에 어떤 행위를 했지만
20 그 행위에 전혀 거리낌이 없다면, 무슨 행위를 했는지 몰랐다는 점에서는 자발적이지 않지만, 고통을 느끼지 않았다는 점에서는 비자발적으로 한 것이 아니다. 따라서 무지 때문에 어떤 행위를 했지만 후회하는 사람은 비자발적으로 한 것이라면, 후회하지 않는 사람은 다른 경우로, 자발적으로 하진 않았지만 비자발적인 것도 아니다. 후자는 전자와 차이가 있으므로, 다른 고유 명칭으로 부르는 것이 낫다.

25 또한, 무지 때문에 어떤 행위를 하는 것은 전혀 모르는 상태에서 그 행위를 하는 것과는 다르다. 술에 취한 사람이나 분노에 사로잡힌 사람이 어떤 행위를 했을 때, 그는 무지 때문이 아니라 술에 취하거나 분노에 사로잡혀 그렇게 행한 것이다. 따라서 그는 알면서도 한 것이 아니라, 모르는 상태에서 그렇게 한 것이다.

모든 나쁜 사람은 무엇을 하고 무엇을 하지 말아야 하는지에 대해 무지하고, 사람들은 그러한 무지 때문에 불의해지거나 일반적
30 으로 나쁜 사람이 된다. 하지만 어떤 사람이 자기에게 유익한 것에

무지하다고 해도, 그의 행위가 비자발적인 것이 되지는 않는다. 어떤 행위를 비자발적이라고 부를 수 있는 것은 합리적이지 못한 선택에서의 무지도 아니고(이는 사악함의 원인이다), 보편적인 도덕률에 대한 무지도 아니며(비난의 대상이 될 수는 있다), 어떤 행위와 관련한 구체적인 상황과 대상에 대한 무지로 그렇게 했을 때만 해당한다. 동정과 용서는 이런 대상일 때에 가능하다. 이런 상세한 사정을 모르고 그런 행위를 한 사람은 비자발적으로 행한 것이다. 1111a

따라서 그런 것이 무엇이고 몇 가지가 있는지 살펴보는 것도 좋겠다. 어떤 행위를 하는 사람은 자기가 누구인지, 무엇을 하는지, 어떤 것 또는 누구를 대상으로 그 행위를 하는지 그리고 때로는 무엇으로 그 행위를 하는지(예컨대, 어떤 도구로), 무슨 목적으로 그 행 5 위를 하는지(예컨대, 어떤 사람을 구하기 위해), 그 행위를 어떻게 하는지(예컨대, 예를 갖추는지 아니면 무례하게 하는지)에 대해 무지한 채 행할 수 있고, 그렇다면 그의 행위는 비자발적인 것이 된다.

하지만 제정신이라면 이 모든 것에 다 무지할 수는 없고, 어떤 행위를 하는 자신에 대해 무지할 수 없다는 것도 분명하다. 어떻게 자기 자신이 누구인지 모를 수 있겠는가? 자기가 무엇을 하는지에 대해 무지할 수는 있다. 예컨대, 말하다가 자기도 모르게 뭔가가 입 밖으로 새어나왔거나, 아이스킬로스가 비밀인지 모르고 밀 10 교 의식을 발설했거나,[70] 투석기가 어떻게 작동하는지를 보여주려고 하다 실제로 발사된 것이 그렇다. 또한, 메로페처럼 자기 아들

---

70 "아이스킬로스"는 기원전 525-456년경에 활동한 고대 그리스의 3대 비극시인 중 한 명이다. 그는 자신이 쓴 어떤 비극 속에서 엘레우시스의 밀교 의식을 누설했다는 이유로 아테네 법정에서 재판을 받았다고 전한다.

을 적으로 오인하거나,[71] 날카로운 창에 가죽 덮개가 덮여 있지 않은 상태였는데 덮인 것으로 착각하거나, 평범한 돌을 약으로 쓰는 돌로 착각할 수도 있다. 어떤 사람을 구하려고 무엇을 마시게 했는데 그 사람이 죽었을 수도 있고, 레슬링을 하면서 상대방을 손으로 잡으려고 했을 뿐인데 다치게 하는 일이 벌어질 수도 있다.

15

따라서 어떤 행위와 관련된 것 중 무언가에 무지가 있을 수 있고, 그중 어떤 부분, 특히 가장 중요한 것에 무지했다면 그 행위는 비자발적으로 행한 것으로 본다. 가장 중요한 것은 행위의 대상과 목적이다. 그런 것에 대한 무지로 비자발적으로 여겨지는 행위를 한 사람은 고통과 후회를 느낄 게 틀림없다.

20

강요나 무지 때문에 행한 것이 비자발적인 행위라면, 어떤 행위의 원인이 행위자 자신에게 있고, 행위자가 그와 관련된 구체적인 것을 알고 있다면 그 행위는 자발적인 것이라고 해야 한다.

분노나 욕망 때문에 한 행위를 비자발적인 것으로 말하는 것은 옳지 않다. 첫째로, 만일 말한 것이 옳다면, 모든 동물은 자발적으로 행한 게 아닐 것이고, 그것은 아이들도 마찬가지이다. 둘째로, 그렇다면 욕망이나 분노로 인한 모든 행위는 자발적이지 않다고 하겠는가, 아니면 고귀한 행위는 자발적이지만 수치스러운 행위는 비자발적인 것이라고 하겠는가? 행위의 원인은 같은데, 이렇게 구별해 말하는 것은 불합리하지 않은가? 우리가 마땅히 하려는 행위를 비자발적이라고 말하는 것은 분명히 이상하다.

25

---

71 에우리피데스의 『크레스폰테스』에서 메세니아 왕 크레스폰테스의 왕비 "메로페" 는 자기 아들이 죽었다고 여기고, 나중에 어떤 사람을 자기 아들을 죽인 살인범으로 오해하여 도끼로 내리쳐 죽이려는 찰나, 그가 자기 아들인 것을 알아본다.

우리는 어떤 것에 대해서는 분노해야 하고, 건강이나 배움 같은 30 것에 대해서는 욕망을 가져야 한다. 또한, 비자발적으로 행하는 것은 고통스럽지만, 욕망에 따라 행하는 것은 즐거워해야 한다. 게다가 비자발성 측면으로 볼 때 이성적인 계산에서 잘못한 것과 분노 때문에 잘못을 저지르는 것에 무슨 차이가 있는가? 둘 다 피해야 할 것이다. 비이성적인 감정이나 이성적인 계산이나 둘 다 인간적 1111b 인 것이기에, 분노나 욕망에서 생겨난 행위도 인간적인 것이다. 따라서 그런 행위를 비자발적인 것으로 보는 일은 이상하다.

제2장
이성적 선택

앞에서 자발적인 것과 비자발적인 것을 구별하고 정의했으므로, 5 다음으로는 이성적 선택에 관해 살펴보자. 이성적 선택은 미덕의 본질에 속하기에, 성품을 구별해내는 데 행위보다 더 탁월한 역할을 한다고 보이기 때문이다.

이성적 선택은 분명히 자발적인 것이긴 하지만, 둘이 같은 것은 아니다. 자발적인 것이 이성적 선택보다 더 넓다. 아이들이나 동물들도 자발적인 행위를 하지만 이성적 선택을 하지는 못하고, 갑작스럽게 한 행위는 자발적인 것일 수는 있지만 이성적 선택에 따른 10 행위라고 하지는 않기 때문이다.

이성적 선택은 욕망이나 분노나 바람, 일종의 의견이라고 하는 사람이 있지만, 그 말이 옳은 것 같지는 않다. 이성 없는 존재는 이성적 선택을 할 수는 없지만, 욕망이나 분노를 가질 수는 있다. 또한, 자제력 없는 사람은 욕망을 따라 행할 수는 있지만, 이성적 선택을 따라 행하지는 않는다. 반면, 자제력 있는 사람은 이성적 선택을 따라 행하고, 욕망을 따라서는 행하지 않는다. 또한, 욕망은 이성적 선택과 대립하지만, 욕망과 욕망은 서로 대립되지 않는다. 또한, 욕망은 즐거움이나 고통과 관련되지만, 이성적 선택은 고통이나 즐거움과 관련되어 있지 않다. 이성적 선택이 분노인 것은 더더욱 아니다. 분노에 따른 행위는 이성적 선택에 따른 행위와는 가장 거리가 먼 것으로 보이기 때문이다.

또한, 이성적 선택은 바람(願)과 가까워 보이지만, 바람도 아니다. 불가능한 것은 합리적 선택의 대상이 될 수 없고, 이성적 선택을 따라 불가능한 것을 하기로 했다면 어리석은 사람 취급을 받는다. 반면, 죽지 않고 영원히 사는 것을 바랄 수 있듯, 불가능한 것도 바람의 대상은 될 수 있다. 그리고 어떤 배우나 운동선수가 시합에서 이기기를 바라듯, 자신의 노력만으로 이룰 수 없는 것도 바람의 대상이 될 수는 있다. 하지만 이성적 선택을 따라 그렇게 하는 사람은 아무도 없고, 오직 자기 노력으로 달성할 수 있다고 생각하는 것만을 이성적 선택의 대상으로 삼는다. 또한, 바람은 목적과 더 관련되지만, 이성적 선택은 수단과 더 관련이 있다. 예컨대, 우리가 건강해지려는 것은 바람이고, 우리를 건강하게 할 행위를 선택해 행하는 것은 이성적 선택이다.

또한, 우리는 행복하기를 바랄 수 있고, 행복하다고 말할 수도 있지만, 행복은 이성적 선택의 대상이 될 수는 없다. 일반적으로 우리가 할 수 있는 것만 이성적 선택의 대상이 되기 때문이다.

또한, 이성적 선택은 의견도 아니다. 우리가 할 수 있는 것만 아니라, 영원한 것이나 불가능한 것을 비롯해 모든 것에 의견을 낼 수 있기 때문이다. 그리고 의견은 참이냐 거짓이냐로 구별되고 좋으냐 나쁘냐로 구별되지 않지만, 이성적 선택은 좋으냐 나쁘냐로 구별된다.

이제 이성적 선택과 의견은 동일하다고 말할 사람은 일반적으로 아무도 없을 것이다. 이성적 선택은 어떤 의견과도 동일하지 않다. 우리가 어떤 의견을 견지한다 해서 특정한 성품을 지니는 게 아니라, 좋거나 나쁜 것을 선택함으로써 특정한 성품을 지니게 되기 때문이다. 1112a

우리는 좋거나 나쁜 것을 할 것이냐 말 것이냐와 관련해서는 이성적으로 선택하지만, 그것이 무엇이며 누구에게 이로운지, 어떻게 이로운지에 관해서는 의견을 갖는다. 어떤 것을 할 것이냐 말 것이냐와 관련해서는 의견을 갖지 않는다. 이성적 선택은 그 자체가 옳기 때문이 아니라 옳은 것을 선택하므로 칭찬을 받지만, 의견은 진실에 부합하므로 칭찬을 받는다. 그리고 우리는 좋다는 것을 확실히 알고 있는 것에 대해서는 이성적 선택을 하지만, 좋다는 것을 알지 못하는 것에 대해서는 의견을 가진다. 5

또한, 가장 좋은 의견을 가졌다고 해서 가장 좋은 이성적 선택을 하는 것도 아니다. 어떤 사람은 상당히 좋은 의견을 가지고 있으면서도, 그들의 악덕 때문에 이성적 선택을 하지 않는다. 의견과 이성적 선택 중에서 어느 쪽이 먼저인지는 중요하지 않다. 우리가 살펴보는 것은 그런 것이 아니라, 이성적 선택과 의견이 같은가 동일하지 않은가 하는 것이기 때문이다. 10

이성적 선택이 우리가 지금까지 살핀 것 중 어느 것도 아니라면, 도대체 무엇이고 어떤 성질의 것인가? 이성적 선택이 자발적인 것임은 분명하지만, 모든 자발적인 것이 이성적 선택 대상은 아 15

니다. 그렇다면 이성적 선택은 모든 자발적인 것 중에서 미리 숙고된 것인가? 이성적 선택은 이성과 사고를 포함하기 때문이다. 이성적 선택이라는 명칭[72]도 그것이 다른 것에 "앞서 선택된 것"임을 의미하는 듯하다.

제3장
숙고의 본질과 대상

우리는 모든 것을 숙고하는가? 모든 것을 숙고하는 것이 가능한
20 가, 아니면 숙고하는 것이 불가능한 것도 있는가? 우리는 어리석거나 미친 자가 아니라, 지각 있는 사람이 숙고할 만한 것을 숙고 대상이라고 말해야 한다. 영원한 것들, 예컨대 우주에 관한 것이나 사각형의 대각선은 사각형의 변으로 약분할 수 없다는 사실은 아무도 숙고하지 않는다. 또한, 필연적이거나 본성에 의해서나 어떤
25 원인으로 움직이지만 언제나 동일하게 운동하는 것들, 예컨대 동지나 하지의 변화, 별들이 뜨고 지는 사실도 숙고하지 않는다. 또한, 어떤 때는 이런 식으로 어떤 때는 저런 식으로 발생해 도무지 종잡을 수 없는 가뭄이나 비 오는 일도 숙고하지 않는다. 또한, 보물 발견과 같은 우연한 일도 숙고하지 않는다. 모든 인간사를 숙고하는 게 아니다. 예컨대, 스키타이족에게 가장 적합한 정치체제가
30 무엇인지 숙고하는 스파르타인은 아무도 없다. 지금까지 말한 것

---

72 "이성적 선택"으로 번역한 '프로아이레시스'(προαίρεσις)는 "앞서"를 뜻하는 '프로'와 "받아들임, 선택"을 뜻하는 '하이레시스'가 결합된 단어다.

중에 우리 힘으로 이루어낼 만한 것은 없기 때문이다.

우리는 자기 힘으로 할 만한 것을 숙고한다. 방금 말한 것을 제외한 것들이 그러하다. 본성과 필연과 우연이 어떤 일의 원인이 될 수 있지만, 지성을 비롯해 인간에게 달린 모든 것도 원인이 된다. 인간은 누구든지 자기가 할 수 있는 것을 숙고한다.

사람은 학문에 속한 것 중에서 이미 모든 것이 정확하게 정해진 것도 숙고하지 않는다. 예컨대, 문자가 그렇다. 문자를 어떻게 써야 하는지는 정확히 정해져 있기 때문이다. 자기 힘으로 이루어지긴 하지만, 언제나 같은 방식으로 되지는 않는 것을 숙고한다. 예컨대, 의술이나 돈 버는 것이 그러하다. 우리는 체육학보다는 항해술을 더 많이 숙고한다. 항해술이 체육학보다 덜 발달되어 정확함이 덜하기 때문이다. 이것은 다른 분야도 마찬가지다. 또한, 우리는 학문보다는 기술을 더 많이 숙고한다. 기술에 대해 더 많은 의심이 있기 때문이다.

우리가 숙고하는 것은 대체로 특정 방식으로 일어나기는 하지만 그 결과가 정해져 있지 않고 불확실해 결과를 보장할 수 없는 일이다. 중요한 일을 숙고할 때 우리는 자신이 제대로 판단할 수 있다고 믿지 않으므로 남의 도움을 요청한다.

우리가 숙고하는 것은 목적이 아니라, 그 목적을 이루는 데 필요한 수단이다. 의사는 병을 치료할지 말지를 숙고하지 않고, 대중 연설가는 사람들을 설득할지 말지를 숙고하지 않으며, 정치가는 좋은 법을 시행할지 말지를 숙고하지 않으니, 이처럼 사람 중에서 목적을 숙고하는 사람은 없다. 도리어 사람들은 먼저 목적을 세워 놓은 후에, 그 목적을 어떤 방식으로 어떤 수단을 통해 달성할 것인지를 숙고한다. 그리고 목적 달성 수단이 여러 가지가 있다면,

1112b

5

10

15

그중에서 가장 쉽게 잘 달성할 수 있는 것이 무엇인지 숙고하고, 목적 달성 수단이 오직 하나뿐이라면 그 수단으로 어떻게 목적을 달성하고 무엇을 통해 그 수단을 얻는지를 숙고해서 가장 마지막
20 에 발견되는 최초 원인에 도달한다. 숙고하는 사람은 마치 기하학 도형을 탐구하고 분석하듯 방금 설명한 방식으로 탐구하고 분석하는 것으로 보인다. (모든 탐구가 숙고는 아니다. 수학적인 탐구가 그 예다. 그러나 모든 숙고는 탐구다.) 분석에서 마지막 단계가 발생 순서에서는 첫 단계가 되는 듯하다.

25   우리는 불가능한 것을 만나면 손을 뗀다. 예컨대, 돈이 필요한데 구하는 것이 불가능한 때 그렇다. 하지만 가능해 보이면 실행에 착수한다. 여기서 가능하다는 것은 우리 힘으로 이루어낼 수 있을 때다. 친구들을 통하는 것도 우리 힘으로 이루어내는 것이다. 그 원인이 우리에게 있기 때문이다. 우리는 어떤 수단이 있는지 탐구하기도 하고, 그 수단을 어떤 식으로 사용해야 할지 탐구하기도
30 한다. 다른 경우도 마찬가지여서, 우리는 어떤 수단이 있는지를 탐구하거나, 그 수단을 어떤 식으로 사용할지를 탐구하기도 하며, 그 수단을 사용하는 데 필요한 것이 무엇인지를 탐구하기도 한다.

따라서 지금까지 말해왔듯, 행위의 출발점은 사람이다. 그리고 숙고는 사람이 스스로 행하는 것에 관련되어 있고, 행위는 그 자체가 아니라 다른 것을 위한 것이다. 목적은 숙고 대상이 아니고, 목적을 이루는 데 필요한 것이 숙고 대상이다. 또한, 개별적인 것도
1113a 숙고 대상이 아니다. 예컨대, 이것이 빵인지 또는 그 빵이 잘 구워졌는지는 숙고 대상이 아니다. 그런 것은 지각에 속한 일이다. 우리가 그런 것까지 숙고해야 한다면, 한도 끝도 없다.

숙고의 대상과 이성적 선택의 대상은 동일하지만, 후자는 이미

결정되어 있다는 것만 다르다. 숙고를 통해 이성적 선택의 대상을 5 결정했기 때문이다. 사람은 자기 자신, 즉 자신을 주도해 움직이는 부분으로 거슬러 올라가 최초 원인에 도달하면 어떻게 할 것인지 탐구를 그친다. 최초 원인에 도달했음은 이성적 선택이 이루어졌다는 의미이기 때문이다. 호메로스가 묘사한 고대의 정치체제도 이것을 분명하게 보여준다. 왕들은 먼저 이성적 선택을 한 후에 그것을 백성에게 알렸다.

이성적 선택의 대상은 우리 힘으로 이루어낼 것을 숙고 끝에 바 10 라는 것이므로, 이성적 선택은 우리 힘으로 이루어낼 만한 것을 숙고한 끝에 바라게 된 일이라고 할 수 있다. 우리는 숙고를 통해 결정한 후에 그 숙고에 따라 결정된 것을 바라기 때문이다.

이상으로 우리는 이성적 선택에 대해 개략적으로 살펴보았고, 이성적 선택은 무엇에 대한 것인지 그리고 이성적 선택은 목적이 아니라 목적을 이루기 위한 수단과 관련되었다는 것도 살펴보았다.

제4장
바람의 대상은 좋은 것 또는 좋아 보이는 것이다

바람이 목적에 관한 것임은 이미 앞서 언급했다.[73] 그런데 어떤 사 15 람은 바람이 좋음에 관한 것이고, 어떤 사람은 좋아 보이는 것에 관련된다고 말한다. 따라서 바람의 대상이 좋음에 관한 것이라고

---

73 제3권 제2장 1111b26.

하는 사람들은 어떤 사람이 바른 선택을 하지 못한 경우 그 사람이 바란 것은 바람의 대상이 아니라는 결론에 도달할 수밖에 없다. (어떤 것이 바람의 대상이 되려면 그것은 좋아야 하는데, 바른 선택이 이루어지지 않았을 때는 그 사람이 바란 것은 나쁨이 되기 때문이다.)

20　　반면, 좋아 보이는 것이 바람의 대상이라고 하는 사람들은 본성적으로 바람의 대상이 될 수밖에 없는 것은 존재하지 않고, 오직 각자에게 좋아 보이는 것만 존재할 뿐이라는 결론에 도달할 수밖에 없다. 따라서 좋아 보이는 것은 사람마다 다르므로, 서로 반대되는 것이 둘 다 좋아 보이게 여겨지는 일도 생긴다.

　　이러한 결과가 만족스럽지 못하다면, 우리는 바람의 대상이 절대적으로 혹은 실제로는 좋음이지만, 각자에게는 좋아 보이는 것

25　이 된다고 해야 하지 않겠는가? 그래서 훌륭한 사람에게는 진정으로 좋은 것이 바람의 대상이지만, 나쁜 사람에게는 그때그때 자기에게 좋아 보이는 것이 바람의 대상이 된다. 신체의 경우, 건강한 사람에게는 진정으로 건강에 좋은 것이 건강에 도움이 되지만, 병든 사람에게는 여러 다른 것이 건강에 도움이 되는 것과 같다. 쓴 것, 단것, 뜨거운 것, 무거운 것 등도 마찬가지다. 훌륭한 사람은

30　모든 것을 바르게 판단하고, 모든 경우 그에게 좋아 보이는 것은 진정으로 좋은 것이다.

　　각자가 성품과 관련해 어떤 상태에 있느냐에 따라 고귀함과 즐거움에 대해 자신만의 고유한 생각을 갖지만, 훌륭한 사람은 모든 것에서 참된 것을 가장 잘 보는 만큼, 그가 보는 것은 모든 것의 기준이자 척도가 된다. 반면, 대부분은 즐거움 때문에 속는 듯하다.

1113b　즐거움은 좋음이 아닌 것도 좋은 것으로 보이게 하기 때문이다. 그래서 대부분은 즐거운 것을 좋은 것으로 여겨 선택하고, 고통스러

운 것을 나쁜 것으로 여겨 피한다.

제5장
미덕과 악덕은 우리 책임이다

이렇게 바람은 목적과 관련되고, 숙고와 이성적 선택은 목적을 이루는 것과 관련되므로, 후자와 관련된 행위는 이성적 선택에 따라 자발적인 것일 수밖에 없다. 그리고 미덕의 활동은 그런 행위들과 5 관련되어 있다. 따라서 미덕도 우리에게 달려 있고, 악덕도 마찬가지다. 어떤 것을 하거나 하지 않는 것이 우리에게 달린 것이 사실이라면, 어떤 것에 "아니요"라고 해야 할 때 "예"라고 할 수도 있기 때문이다. 따라서 고귀한 것을 행함이 우리에게 달려 있다면, 10 수치스러운 것을 하지 않음도 우리에게 달려 있다. 또한, 고귀한 것을 하지 않음이 우리에게 달려 있다면, 수치스러운 것을 행함도 우리에게 달려 있다. 이렇게 고귀하거나 수치스러운 것을 하는 것이 우리에게 달려 있고, 그런 것을 하지 않는 것도 우리에게 달려 있다면 그리고 거기에 따라 우리가 훌륭한 사람 혹은 나쁜 사람이 된다면, 훌륭하거나 나쁜 사람이 되는 것도 우리에게 달려 있다.

　"자발적으로 나쁜 사람이 되려는 사람은 아무도 없고, 행복하기를 바라지 않는 사람은 아무도 없다"[74]라는 말은 부분적으로는 15

74　소크라테스가 한 말이다(플라톤, 『소크라테스의 변명』 25d-26a; 『크레이토폰』 407d-e). 플라톤은 기원전 5세기 초에 활동한 희극 시인 에피카르모스의 작품들에서 헤라클레스가 한 말이라고도 했다.

틀리고 부분적으로는 맞다. 행복하기를 바라지 않는 사람은 아무도 없지만, 악을 행하는 것은 자발적인 것이기 때문이다. 만일 그렇지 않다면, 우리는 적어도 지금까지 우리가 말한 것에 이의를 제기해야 하고, 사람이 행위와 관련해 최초 원인이라고 말해서도 안 되며, 마치 자녀들을 낳듯 행위를 낳는다고 말해서도 안 된다. 반면,
20 지금까지 우리가 말한 바가 분명한 사실이어서, 행위의 최초 원인을 자신이 아닌 다른 것에서 찾을 수 없다면, 최초 원인이 우리에게 있는 행위 역시 우리에게 달려 있고 자발적일 수밖에 없다.

　　개인도 입법자도 그렇게 증언한다. 악행한 자들의 행위가 강제나 무지로 말미암아 원인이 자신에게 없는 경우를 제외하고는 그
25 들을 벌하고 응징하고, 고귀한 일을 행한 사람들에게는 상을 줌으로써 후자를 장려하고 전자를 억제하고자 하기 때문이다. 하지만 우리에게 달려 있지도 않고 자발적이지도 않은 것을 하라고 장려하는 사람은 아무도 없다. 더위를 타지 말라거나, 고통을 느끼지 말라거나, 배고파하지 말라거나, 그 비슷한 것을 하지 말라고 해봐야 아무 소용이 없고, 그렇게 말한다고 해서 달라질 것은 아무것도 없음을 알기 때문이다.
30 　　사실 무지의 원인이 행위자에게 있다면 무지 때문에 한 행위에 대해서도 처벌을 받는다. 술에 취해 범죄한 사람에 대해 형벌을 두 배로 가중해 처벌하는 것이 그런 예다.[75] 그런 사람은 얼마든지 스스로 술에 취하지 않게 할 수 있었는데도 자신을 술에 취한 상태로 만들었고, 그렇게 술에 취한 것이 무지의 원인이 되었기 때문이다.

75　그리스 동부 에게해 레스보스섬에 있던 도시국가 미틸레네의 참주 피타코스는 그 런 법을 제정했다(아리스토텔레스, 『정치학』 1274b19; 『수사학』 1402b10).

또한, 법에서 정한 것을 마땅히 알아야 하고 아는 것이 어려운 일이 아닌데도, 그러한 법 규정에 무지해 죄를 지은 때도 처벌을 받는다. 그 밖에도 부주의로 무지해 범죄했을 때도, 조금만 주의를 1114a 기울였다면 알 수 있었다는 점에서 무지는 그의 책임이므로 처벌받는다.

물론, 전혀 주의를 기울일 수 없게 된 사람도 있다. 평소 부주의하게 사는 것이 습관이 되어 주의를 기울이는 일이 가능하지 않게 되었다면, 원인은 그에게 있다. 평소에 나쁜 짓을 많이 해서 불 5 의한 사람이 되었든, 평소에 술에 빠져 살거나 그런 종류의 방탕한 삶을 살아 무절제한 사람이 되었든, 그 원인은 그들 자신에게 있다. 개별 행위들이 특정한 성품을 낳기 때문이다. 이것은 경연이나 공연 준비를 위해 연습하는 사람들을 보더라도 분명하게 드러난다. 그들은 경연이나 공연을 위한 행위를 연습하는 데 시간을 다 바친다. 이렇게 어떤 것과 관련된 행위를 함으로써 특정 성품이 만들어진다는 것을 모른다면, 그는 정말 몰지각한 사람이다. 10

불의한 행위를 하면서 불의한 사람이 되지 않으려 하거나, 무절제한 행위를 하면서 무절제한 사람이 되길 바라지 않는다면 황당한 일이다. 어떤 행위를 하면 불의한 자가 될 줄 알면서도 그 행위를 한다면 자발적으로 불의한 사람이 되는 것이지만, 정의로운 사람이 되길 그저 바란다고 해서, 불의한 사람이길 그치고 정의로운 사람이 되지는 않는다. 그저 건강한 사람이 되길 바란다고 해서 병 15 든 사람이 건강해지는 것은 아니기 때문이다. 그가 의사의 말을 무시하고 무절제한 삶을 살아 병에 걸렸다면, 그는 자발적으로 병든 것이다. 당시에는 괜찮을 수도 있었지만, 건강을 내팽개친 지금에 와서는 그럴 수 없다. 이것은 돌을 던진 후에는 그 돌을 다시 가질 수 없는 것과 같다. 하지만 돌을 던지는 일은 그에게 달려 있었다. 원인이 그에게 있었기 때문이다. 마찬가지로, 불의하거나 무절제

20 한 사람도 처음에는 그런 자가 되지 않을 수 있었으므로 자발적으로 그런 사람이 되었다고 볼 수 있다. 그리고 그런 사람이 된 지금에 와서는 그런 사람이 되지 않을 가능성은 이제 없다.

어떤 사람에게는 혼의 악덕만이 아니라 신체의 악덕도 자발적인 것이고, 우리는 그런 자들을 비난한다. 원래부터 추한 사람은 아무도 비난하지 않지만, 운동하지 않거나 몸을 돌보지 않아 추해

25 진 사람은 비난을 받는다. 허약한 것이나 신체적인 장애도 마찬가지다. 원래부터 눈이 멀었거나 병이나 부상으로 눈이 먼 사람은 아무도 비난하지 않고 도리어 동정하지만, 술을 많이 먹거나 그 밖의 다른 무절제 때문에 눈이 먼 사람은 누구에게나 비난을 받는다. 따라서 신체 악덕 중에서 우리에게 달려 있는 것은 비난을 받지만, 우리에게 달려 있지 않은 것은 비난받지 않는다. 사정이 그러하다

30 면, 혼과 관련된 악덕도 우리에게 달려 있는 것이 비난받는다.

누군가는 이렇게 말한다. 모든 사람은 자기에게 좋아 보이는 것을 추구하고, 그 좋아 보이는 것은 각자가 어떤 사람이냐에 따라

1114b 다르게 보이는 것이므로 어쩔 수 없다는 것이다. 각자가 어떤 식으로든 자기 성품의 원인이 된다면, 뭔가가 자기에게 좋아 보인다고 할지라도 어떤 식으로든 각자에게 원인이 있다. 그렇지 않다면 아무도 자기 악행의 원인이 되지 않는 것이다.

모든 사람은 목적에 대한 무지로, 어떤 악행을 통해 가장 좋은

5 것을 얻는다고 생각해 악을 행한다. 그런데 그런 식으로 목적을 추구하는 일은 자신이 선택하지 않았다. 따라서 사람은 훌륭하게 분별하고 진정으로 좋은 것을 선택하게 하는 눈을 가지고 태어나야

한다. 이런 눈을 원래부터 훌륭하게 갖춘 사람은 본성적으로 훌륭한 사람이다. 그것은 가장 중요하고 고귀한 것인 데다가, 남에게 얻거나 배운 게 아니고, 처음부터 타고난 본성에 따라 지닌 성품이 10 기 때문이다. 이렇게 훌륭한 본성을 원래부터 지니고 태어난 것이 완전하고 참된 의미에서 태생이 좋은 것이다.

이 말이 옳다면, 어떻게 미덕이 악덕보다 더 자발적으로 보이겠는가? 좋은 사람이든 나쁜 사람이든, 모두에게 목적은 본성 또는 다른 방식에 의해 드러나고 결정되며, 이 목적에 의거해 다른 모든 15 것을 행하기 때문이다.

목적은 오직 각자의 본성으로만 결정되는 것이 아니다. 어느 정도는 각자에게 달려 있거나, 목적은 자연적으로 결정되고 좋은 사람은 그 목적을 이루기 위해 자발적으로 행하게 된다. 미덕도 자발적이요, 악덕도 자발적인 것이 된다. 악인으로서 목적은 자신이 결정한 것이 아니더라도, 그 목적을 이루는 행위와 관련해서는 그에 20 게 속한 부분이 마찬가지로 존재하기 때문이다. 그러므로 이미 말했듯 미덕도 자발적이라면, 악덕도 자발적이 된다. 부분적으로 나자신은 어떤 식으로든 자기 성품의 원인이고, 우리가 어떤 성품을 지닌 사람이냐에 따라 우리 목적도 결정되는데, 이것은 미덕과 악 25 덕에 둘 다 적용되기 때문이다.

이상으로 우리는 미덕이 어떤 것인지를 일반적이고 개략적으로 살펴보았다. 즉, 미덕은 중용이고 성품이며, 사람이 미덕을 낳는 행위를 본성적으로 행하도록 하는 경향성을 지녔고, 우리에게 달려 있으며, 자발적이고, 이성이 명하는 대로 행한다. 하지만 행위 30 와 성품은 같은 방식으로 자발적인 것이 아니다. 행위와 관련해서는 그 개별 요소들을 알고 있다면 처음부터 끝까지 행위를 통제할 수 있지만, 성품과 관련해 시초는 통제하려 하겠으나 질병과 마찬가지로 그 구체적이고 개별적인 진행 상태는 알지 못하기 때문이다. 하지만 이런 식으로 행하느냐 행하지 않느냐 하는 것은 우리에게 달려 있다는 점에서 성품도 자발적이다.

이제는 몇 가지 미덕을 선택해, 그 미덕이 무엇이고 어떤 것과 어떤 식으로 관련된 것인지를 살펴보자. 그렇게 하면, 얼마나 많은
5 미덕이 존재하는지도 분명해질 것이다.

제6장
용기

먼저, 용기를 살펴보자. 두려움이나 대담함과 관련해 중용이 존재한다는 것은 이미 앞서 분명하게 밝힌 바 있다. 우리는 두려운 것을 두려워하는데, 그것은 일반적으로 나쁜 것이다. 그래서 사람들은 두려움을 나쁜 것에 대한 예감으로 정의하기도 한다.
10 우리는 모든 나쁜 것들, 예컨대 불명예, 가난, 질병, 고독, 죽음 같은 것을 두려워한다. 하지만 용기가 모든 나쁜 것과 관련 있는 것은 아닌 듯하다. 물론, 모든 나쁜 것 중에서 어떤 것, 예컨대 불명예를 두려워하는 것은 마땅하고 고귀하며, 이를 두려워하지 않음은 수치스러운 일이다. 불명예를 두려워하는 사람은 훌륭하고 수치를 아는 사람이고, 그렇지 않은 사람은 수치를 모르는 사람이
15 기 때문이다. 불명예도 두려워하지 않는 사람을 보며 용기 있다고 하는 사람이 있지만, 이것은 비유적으로 하는 말이다. 용기 있는 사람은 두려움을 모르는 사람인데, 불명예를 두려워하지 않는 사

람도 두려움을 모른다는 점에서는 비슷하기 때문이다.

우리는 가난이나 질병을 두려워해서는 안 된다. 또는, 일반적으로 가난이나 질병이 악덕에서 나온 것도 아니고 우리 자신에게서 기인하지도 않았다면, 그런 것을 두려워해선 안 된다. 하지만 그런 것을 두려워하지 않는다고 해서 곧 용기 있는 사람은 아니다. 물론, 그런 사람과 용기 있는 사람 간의 유사성에 따라 그를 용기 있 20 다고 하기도 한다. 실제로 전쟁 위험에 직면해선 비겁하지만, 돈에는 너그러워 돈을 잃을 위험에 직면했을 때 대담한 사람이 있다. 또한, 처자식이 모욕이나 시기를 당할까 봐 두려워한다고 해서 비겁한 것도 아니고, 채찍질을 당하게 생겼는데도 담대하다 해서 용자인 것도 아니다.[76]

그렇다면 용기 있는 사람은 어떤 종류의 두려움에 관심이 있는가? 가장 두려운 것과 관련 있을 것이 틀림없다. 가장 끔찍한 것을 25 용자보다 더 잘 견뎌낼 만한 사람은 아무도 없기 때문이다. 그리고 가장 두려운 것은 죽음이다. 죽음은 끝이고, 죽은 사람에게는 좋든 나쁘든 아무것도 존재하지 않는 듯 보이기 때문이다.

하지만 모든 종류의 죽음이 용기 있는 사람과 관련 있지는 않다. 예컨대, 바다에 빠져 죽거나 병에 걸려 죽는 것이 그렇다. 그렇다면 어떤 종류의 죽음이 용기와 관련 있는가? 그것은 분명히 가 30 장 고귀한 죽음이다. 그리고 전쟁에서 죽는 것이 그런 죽음이다. 이는 가장 위대하고 고귀한 위험 속에서 죽는 것이기 때문이다. 그

---

76 어떤 주석자는 이는 노예가 채찍질을 당하는 경우를 말한 것이고, 그런 때 노예가 담대한 것은 결코 용감한 것이 아니라고 해석한다. 하지만 여기서 "채찍질을 당하게 생겼다"라는 것은 일반적으로 죄를 지어 형벌을 받게 된 경우를 말하는 듯하다. 즉, 죄를 지어 벌을 받는데 담대한 것은 용기가 아니라는 것이다.

래서 국가와 군주는 그런 죽음을 높이고 기린다. 따라서 고귀한 죽음에 직면해 그리고 그런 죽음을 초래하는 온갖 급박한 위험에 직면하고도 두려워하지 않는 사람을 고유한 의미에서 용기 있는 사람이라고 불러야 한다. 그리고 그런 죽음이나 위험은 주로 전쟁에서 일어난다.

35
1115b
　　물론, 용기 있는 사람은 바다에 빠져 죽거나 병에 걸려 죽는 것도 두려워하지 않겠지만, 선원들과는 태도가 다를 것이다. 용기 있는 사람은 살 가망이 없음을 알고 체념하면서 이런 식으로 죽는 것을 원통해하지만, 선원들은 경험이 많아 어떻게든 살아나려고 할 것이기 때문이다. 게다가 용기 있는 사람은 자신의 용맹함을 보일 만한 때를 만나거나 고귀하게 죽을 수 있다면 용기를 발휘하지만,
5　바다에 빠져 죽는 것은 둘 중 어디에도 해당하지 않는다.

제7장
용기, 비겁, 무모

모두가 같은 것을 두려워하지는 않는다. 하지만 인간으로는 감당할 수 없는 것이 있다. 그렇다면 생각 있는 사람이라도 모두 두려워할 수밖에 없다. 반면, 인간이 감당할 만한 범위 내에서 두려운
10　것은 그 크기나 정도에서 다르고, 대담함을 불러일으키는 것도 마찬가지다.

　　용기 있는 사람은 인간이 감당할 만한 범위 안에서는 두려움을 모르고 굴하지 않는다. 따라서 인간으로서 감당할 만한 범위 내에 있는 두려움에 두려워할 수 있지만, 고귀한 것을 위해 감당해야 한

다면 기꺼이 그렇게 한다. 미덕이란 그렇게 하라고 있는 것이기 때문이다. 그런데 더 많이 두려워할 수도 있고, 더 적게 두려워할 수도 있으며, 실제로는 두렵지 않은 것을 두려워할 수도 있다. 사람이 15 저지르는 잘못에는 두려워하지 말아야 할 것을 두려워하거나, 두려워하는 방식이 잘못되었거나, 두려워하지 말아야 할 때 두려워하는 것 등이 있다. 이것은 대담함을 불러일으키는 것과 관련해서도 마찬가지다. 따라서 마땅히 두려워해야 할 것을, 바른 목적을 위해, 바른 방식으로, 바른 때 두려워하면서도 맞서 감내하고, 같은 방식으로 대담한 사람이 용기 있는 사람이다. 용자는 사안에 맞게 그리고 이성이 지시하는 방식으로 느끼고 행하는 사람이기 때문이다.

모든 행위의 목적은 성품과 일치한다. 이것은 용기 있는 사람들 20 에게도 그대로 적용된다. 그런데 용기 있는 사람의 용기는 고귀하므로, 그 목적도 고귀하다. 모든 행위는 목적에 의해 규정되기 때문이다. 용기가 지시하는 대로 그들은 어떤 것을 참아냈고 고귀한 목적을 위해 행했다.

두려움 없는 일에 지나친 사람을 지칭하는 명칭은 없다. (앞서 성품과 관련된 유형을 지칭하는 명칭 중에는 없을 경우가 많다고 이미 언급 25 했다.)[77] 켈트인은 지진이든 거센 파도든 아무것도 두려워하지 않는다고들 하는데,[78] 그런 사람은 미치광이거나 고통을 느끼지 못

---

77 제2권 제7장 1107b2, 1107b29, 1108a5.

78 "켈트인"은 원래 프랑스 남부 지방에 살던 유목 민족으로 흰 피부에 금발이 많고 과묵한 성격을 지닌 키가 큰 민족이다. 아리스토텔레스와 동시대에 살았던 그리스 역사가 에포로스는 켈트인들이 바닷가에 집을 짓자, 거기에 집을 지으면 파도에 휩쓸려간다고 원주민들이 말했고, 실제로 그날 그렇게 되었는데도, 켈트인들은 그 자리에 또다시 집을 지었다는 일화를 기록했다.

하는 자일 것이다. 반면, 대담함에서 지나친 자는 무모한 사람이다. 그렇지만 무모한 사람은 허세를 부리고 단지 용감한 척하는 때가 많다. 그들은 두려운 것과 관련해 용기 있는 사람이 보이는 모습을 자기도 보여주고 싶어서, 할 수만 있다면 용기 있는 사람을 모방한다. 그래서 무모한 사람 중 다수는 무모한 겁쟁이로 불린다. 용기를 모방해 무모함을 보이는 자들은 두려운 것을 끝까지 참아내지 못하기 때문이다.

두려움에서 지나친 자는 겁쟁이다. 그런 사람은 두려워해서는 안 되는 것을 두려워하고, 잘못된 방식으로 두려워함은 물론, 두려움과 관련된 온갖 비슷한 잘못을 저지른다. 또한, 그런 사람은 대담함에서 모자라면서, 고통을 지나치게 두려워하여 겁쟁이임을 더 뚜렷하게 드러낸다. 따라서 겁쟁이는 모든 것을 절망적으로 바라본다. 그는 모든 것을 두려워한다. 용기 있는 사람은 정반대다. 희망 있는 사람이 보여주는 게 대담함이기 때문이다.

이렇게 겁쟁이, 무모한 사람, 용기 있는 사람은 모두 같은 것과 관계되지만, 서로 다른 방식으로 관련이 있다. 겁쟁이는 지나치고, 무모한 사람은 모자라지만, 용기 있는 사람은 중간을 취하는데, 이것이 바른 관계다. 무모한 사람은 성급한 나머지 위험이 닥쳐오길 안달하지만, 정작 위험이 닥쳐왔을 때는 뒤로 물러나버린다. 용기 있는 사람은 위험이 닥쳐오기 전에는 침착하다가 위험이 닥쳐와 행동해야 할 때 민첩하다.

따라서 이미 말했듯,[79] 용기는 앞서 말한 상황들 속에서 두려움이나 대담함을 불러일으키는 것과 관련해 중용을 취하는 것이고,

---

79 제3권 제6장.

그렇게 하는 것이 고귀하거나 그렇게 하지 않는 것이 수치스러우므로 그렇게 하는 것을 선택해 참아낸다.[80] 반면, 가난이나 사랑으로 번민하거나 고통스러운 것을 피하려고 죽는 것은 용자가 아니라 겁쟁이가 하는 짓이다. 힘든 것을 피하는 일은 나약함이고, 힘든 것을 피해 죽는 일은 고귀함을 위해 죽는 게 아니라 단지 고통 15
을 피하려고 죽는 것이다.

제8장
용기라 불리지만 용기가 아닌 다섯 성품

용기는 앞서 말한 그런 것이지만, 그 밖에도 용기라는 이름으로 불리는 다섯 가지가 있다. 첫 번째는 시민적 용기다. 이 용기가 원래 용기와 가장 비슷하다. 시민들은 법에 따른 처벌이나 비난, 명예 때문에 위험을 참아내는 듯 보이기 때문이다. 그래서 겁쟁이에게는 불명예가 주어지고 용자에게는 명예가 주어지는 국가에서 그런 20
시민은 가장 용기 있는 자로 여겨진다. 호메로스도 그런 사람들을 묘사하는데, 예컨대 디오메데스와 헥토르 같은 사람들이다. 헥토르는 "폴리다마스가 가장 먼저 나를 욕하겠지"라고 말했고, 디오메데스는 "헥토르는 훗날 트로이아인이 모인 자리에서 '티데우스 25
의 아들이 내 앞서 〔줄행랑을 쳤다〕'라고 말할 것"이라고 했다.[81]
　이러한 시민적 용기는 미덕으로 생기는 것이어서, 앞서 말한 원래의 용기와 아주 비슷하다. 이러한 용기는 수치심이나 고귀한 것

80　제3권 제7장 1115b11-24.

인 명예에 대한 욕구나 불명예인 비난을 피하려는 데서 나온다.

30   지휘관들의 강압으로 어쩔 수 없이 위험을 감수해야 하는 사람들도 이 부류에 속한다. 하지만 그런 사람들은 수치심 때문이 아니라 두려움 때문에 그렇게 하고, 불명예를 피하기 위함이 아닌 고통을 피하려고 그렇게 한다는 점에서 방금 말한 사람들보다 못하다. 헥토르가 "전쟁터에서 몰래 이탈하려고 하다가 내게 들키는 자는

35 누구든지 개들의 밥이 될 것을 명심하라" 하고 말한 것처럼,[82] 지
1116b 휘관들은 부하들을 강제한다. 부하들을 전선이나 참호 같은 데 배치하고 이탈하는 자들을 매질하는 지휘관들은 헥토르와 같은 짓을 하는 것이다. 그런 것이 모두 강제하는 일이다. 하지만 강압 때문에 용기를 내선 안 되고, 그것이 고귀하기에 용기를 내야 한다.

어떤 것에 경험이 많은 것도 용기다. 그래서 소크라테스는 용기가 지식이라고 생각했다. 사람들은 특정 상황에서 각각 다른 종류

5 의 용기를 자랑한다. 전쟁에서는 직업군인들이 용기를 드러낸다. 전쟁에서는 단지 모르기 때문에 두려운 것이 많은데, 직업군인들은 경험이 많아 그런 것을 잘 알고 있다. 그들이 용기 있어 보이는

---

81 호메로스의 『일리아스』에서 티데우스의 아들 "디오메데스"는 그리스군의 장군으로 아킬레우스가 퇴각한 후에 가장 용맹을 떨친 영웅이었다. 전쟁의 신 아레스와 미의 여신 아프로디테에게 상처를 입힐 정도로 용맹했다. "헥토르"는 트로이아의 왕 프리아모스의 아들로 트로이아군에서 가장 용맹한 장군이었다. "폴리다마스"는 트로이아군의 원로이자 아폴론의 신관인 판토오스의 아들이다. 그는 사람들의 마음을 움직이는 유능한 웅변가이자 전사로 활약했고, 트로이아의 최고 영웅 헥토르도 그의 말에는 귀를 기울였다고 한다. 헥토르에게 아킬레우스와 맞서지 말고 성안으로 철수하도록 충고했지만, 헥토르는 이 말을 듣지 않고 싸우다가 아킬레우스에게 죽었다. 첫 번째 인용문은 『일리아스』 제22권 100행에 나오고, 두 번째 인용문은 제8권 148-149행에 나온다.

82 이 말은 헥토르가 아니라 아가멤논이 한 말로, 『일리아스』 제2권 391-393행에 나온다. 아리스토텔레스는 호메로스의 『일리아스』를 기억에 의존해 인용하고 있다.

이유는 남들이 모르는 것을 알기 때문이다.

또한, 그들은 경험이 많아 공격과 방어를 효과적으로 할 수 있는데, 효과적으로 무기를 사용할 줄 알고 공격과 방어에 최적인 장비를 갖추었기 때문이다. 따라서 그들이 남과 싸우는 것은 무장한 사람이 무장하지 않은 사람과 싸우는 것과 같고, 훈련받은 운동선수가 일반인과 시합하는 것과 같다. 그러한 시합에서 가장 잘 싸우는 사람은 가장 용기 있는 자가 아니라, 가장 힘이 세고 신체 조건이 좋은 사람이기 때문이다.

그런데 직업군인은 위험이 지나치게 크고 인원수와 장비가 열세이면 겁쟁이로 변한다. 그런 때 직업군인들은 가장 먼저 도망치지만, 시민들은 전선을 이탈하지 않고 지키다가 전사한다. 헤르메스 신전 전투 때 실제로 그런 일이 벌어졌다.[83] 시민들에게는 전쟁에서 도망치는 것이 수치스러운 일이어서, 도망쳐 목숨을 부지하기보다는 싸우다 죽는 것이 더 바람직했다. 직업군인들은 처음에는 자신이 우세하다고 생각해 위험 속으로 뛰어들었지만, 실상을 알았을 때는 불명예보다 죽음이 더 두려웠으므로 도망친 것이다. 그런 사람들은 용기 있는 사람이 아니다.

격정도 용기로 여겨진다. 짐승들이 자기에게 상처를 입힌 사람에게 사납게 달려드는 것처럼, 격정으로 행하는 사람들은 용기 있는 사람들로 여겨진다. 용기 있는 사람도 격정을 보이기 때문이다.

---

83 고대 그리스에서 아폴론 신에 대한 모독행위를 막고자 여러 국가가 동맹을 맺고 델포이 신전 영지를 침범한 국가들과 세 차례에 걸쳐 싸운 전쟁을 신성 전쟁이라고하는데, 여기 언급된 것은 제3차 신성 전쟁에서 기원전 353년에 포키아인들이 코로네이아를 포위하자, 보이오티아에서 파견된 용병들은 도망쳤지만 시민들은 헤르메스 신전에서 끝까지 결사 항전했던 일을 가리킨다.

25   격정은 사람들이 기꺼이 위험을 무릅쓰게 한다. 그래서 "그는 자신의 격정에 힘을 실었다"거나 "그들의 사기와 격정을 불러일으켰다", "그의 콧구멍에 격렬한 분노를", "그의 피가 들끓었다" 같은 호메로스의 시구들이 생겨났다. 이런 표현은 격정이 불타오른 것을 나타내는 듯하다.

30   하지만 용기 있는 사람들은 고귀한 것을 위해 행하며, 격정은 보조적일 뿐이다. 반면, 짐승은 고통이 가해지면 행동한다. 상처를 입었기 때문이거나 두렵기 때문이다. 숲속에 있을 때 짐승들은 사람에게 다가오지 않는다. 따라서 고통이나 격정으로 어떤 끔찍한 일이 발생할지도 모른다면서 생각하지도 않고 위험에 뛰어드는 것

35   은 용기가 아니다. 그런 것을 용기라고 한다면, 굶주린 당나귀도 용기 있다고 해야 한다. 당나귀는 매를 맞아도 먹는 것을 그치지

1117a 않기 때문이다. 간통하는 자들도 욕망 때문에 무모하고 대담한 짓을 많이 한다.

   격정으로 인한 용기는 가장 본성적인 용기로 보이고, 거기에 이성적 선택과 목적이 더해졌을 때 진정한 용기가 되는 듯하다. 사람

5 도 짐승과 마찬가지로 화가 나면 고통스럽고, 보복하면 즐겁다. 하지만 그런 것 때문에 싸우는 사람들은 싸우기를 좋아하는 것일 뿐이고 용감한 것은 아니다. 그런 사람은 고귀한 것을 위해 싸우는 것도 아니고, 이성이 지시하는 대로 싸우는 것도 아니며, 단지 감정 때문에 싸울 뿐이다. 하지만 그런 사람들은 용기와 비슷한 것을 지니고 있기는 하다.

   자신감에 차 있는 사람도 용기 있는 사람은 아니다. 그런 사람들은 단지 많은 적을 상대해 자주 이겨보았으므로 위험 속에서도

10 대담하기 때문이다. 그런 사람들은 용기 있는 사람들과 아주 비슷

한데, 이것은 둘 다 대담하다는 공통점이 있기 때문이다. 하지만 용기 있는 사람은 앞서 말한 이유로 대담하다면, 이들은 자신에게는 힘이 있어 어떤 피해도 입지 않았다고 생각하므로 대담한 것이다. 술에 취한 사람들도 그런 식으로 행동한다. 술에 취하면 자신감이 생기기 때문이다. 이런 사람들은 자신이 생각한 대로 일이 풀 15 리지 않을 때는 도망친다.

그러나 두렵거나 두려워 보이는 것을 감수하면서 어떤 일을 해내는 것이 인간의 고귀함이며, 그렇게 하지 않는다면 수치스러운 일이다. 그것이 용기 있는 사람의 행동이다. 따라서 어떤 두려운 것을 예상하고 거기에 맞서기보다는, 전혀 예상하지 못한 두려운 것에 맞닥뜨려 두려워하거나 동요하지 않고 맞서는 것이 더 용감해 보인다. 그것은 미리 준비한 것이기보다 그가 지닌 성품에서 나 20 왔을 가능성이 크기 때문이다. 어떤 위험을 미리 예상했다면 이성적으로 계산해 어떤 행동을 취할지를 선택할 수 있지만, 그렇지 않은 돌발 상황에서 나오는 행위는 그 사람의 성품에 따라 이루어질 수밖에 없다.

위험한지 모르고 행하는 사람도 용기 있어 보인다. 그런 사람들의 행동은 자신감 넘치는 사람들과 비슷하지만, 자신감이 없다는 점에서는 더 못하다. 따라서 자신감 넘치는 사람들은 얼마 동안은 참아내지만, 위험한지 모르고 덤벼든 사람들은 실상이 자기 생각 25 과 다름을 알거나 그런 의심이 들면 도망친다. 아르고스인 군대가 스파르타인 군대를 시키온인 군대로 착각하고 공격했다가 사실을 알게 된 후에 실제로 그런 일이 일어났다.[84]

이상으로 우리는 실제 용자와 그렇게 보이지만 실제로는 아닌 사람을 살펴보았다.

제9장
용기와 고통

용기는 대담함과 두려움 모두와 관련 있지만, 같은 정도는 아니고,
30 두려운 것과 더 관련 있다. 두려움을 가져오는 것을 만났을 때 흔들
림 없이 바른 태도를 취하는 사람이, 대담함을 요구하는 상황에서
흔들림 없이 바른 태도를 취하는 사람보다 더 용기 있기 때문이다.

앞서 말했듯, 고통스러운 것을 참아내기에 우리는 용기 있다고
35 불린다. 따라서 용기는 고통을 수반한다. 그리고 즐거운 것을 삼가
기보다 고통스러운 것을 참아내기가 더 어려우므로 용기가 칭찬받
1117b 는 것은 정당하다. 용기가 추구하는 목적은 즐거움이지만, 부수적
인 것들 때문에 분명해 보이지 않을 뿐이다. 운동경기에서도 그런
일이 일어난다. 권투 선수는 면류관과 명예를 목적으로 하며 이는
즐거운 일이나, 그들의 몸도 살과 피로 되어 있으므로 시합하면서
5 얻어맞으면 괴롭고 고통스러우며, 훈련과정 역시 그러하다. 이렇
게 고통스러운 것이 많기에, 그렇지 않아도 작아서 잘 보이지 않는
즐거움은 더욱 찾기 힘들어 보인다.

마찬가지로, 죽거나 다치는 일이 용감한 사람에게도 고통스럽
고 원치 않는 것이지만, 그렇게 하면 고귀하고 그렇게 하지 않으면

84　기원전 392년에 아르고스와 아테네 동맹군이 코린토스와 스파르타와 시키온 동맹
군과 싸웠는데, 이때 아르고스 군은 시키온 군을 패퇴시키고 추격하다가 시키온 군
의 방패로 무장하고 위장한 스파르타 군을 시키온 군으로 착각하고 맞서 싸웠다.
그러다가 스파르타 군이라는 사실이 드러나자 도주해버렸다. 스파르타 군은 당시
최강의 중무장 기병과 보병으로 유명했기 때문이다. 이 사건은 크세노폰의 『헬레
니카』 4.4.10-11에 기록되어 있다.

수치스러우므로 이를 참아내는 것이다. 용기 있는 사람은 미덕을
더욱 완벽하게 지니고 있기에 더 행복하면 할수록, 죽음을 생각할   10
때 더 고통스러울 것이다. 그런 사람에게도 산다는 것이 가치 있는
일이나, 그것을 알면서도 가장 좋은 것을 잃게 된다면 고통스럽기
때문이다. 하지만 그런 사람은 누구 못지않게 용기 있고, 누구보
다 더 용기 있는 사람이다. 그런 사람이 전쟁에 나가면 이 모든 좋   15
은 것 대신에 고귀한 행동을 선택하기 때문이다. 따라서 미덕을 발
휘해 자신이 추구하는 목적을 달성한 경우를 제외한다면, 미덕을
행함이 즐겁다는 말이 다 적용되지는 않는다. 방금 말한 그런 자가
가장 탁월한 군인이 될 수도 있지만, 용기에서는 그들보다 못하나
다른 좋은 것을 가지지 못한 자들이 가장 탁월한 군인이 될 가능성   20
이 크다. 그런 자들은 위험을 향하여 나아가고 자기 목숨을 헐한
이익과 맞바꾸는 것을 주저하지 않기 때문이다.

용기에 대해서는 이 정도로 해두자. 지금까지 말한 것으로도 용
기가 무엇인지 개략적으로 알기는 어렵지 않다.

제10장
절제는 신체적인 즐거움과 관련 있다

용기 다음으로 절제에 대해 말해보자. 이 둘은 이성을 지니지 않은
부분[85]의 미덕들로 보이기 때문이다. 절제가 즐거움과 관련 있는   25
중용임은 앞서 언급했다.[86] 절제는 고통과는 관련이 덜하고, 고통
과 관계하는 방식도 용기와는 동일하지 않다. 무절제도 같은 영역
에서 드러난다. 따라서 절제와 무절제가 어떤 즐거움과 관련 있는

지를 살펴보자.

먼저 우리는 혼의 즐거움과 신체적인 즐거움을 구별해야 한다.
30 명예욕과 배우려는 욕구 같은 것이 혼의 즐거움이다. 그런 욕구들
이 충족되면 그 사람은 즐거움을 얻지만, 신체는 아무런 즐거움
도 얻지 못하고, 혼만 즐거움을 얻기 때문이다. 그런 즐거움과 관
련 있는 사람에 대해서는 절제가 있다거나 무절제하다는 말을 하
지 않는다. 신체적이지 않은 그 밖의 다른 즐거움과 관련된 사람에
대해서도 마찬가지다. 이야기를 듣거나 하길 좋아하거나, 이런저
35 런 잡담을 하며 시간 보내길 좋아하는 사람을 수다쟁이라고 하지
1118a 만 무절제하다고 말하지 않고, 돈이나 친구 때문에 괴로워하는 사
람을 무절제하다고 말하지 않는다.

절제는 신체적 즐거움과 관련 있지만, 그렇다고 해서 모든 신체
적 즐거움과 관련된 것은 아니다. 예컨대, 색깔이나 형태나 그림처
럼 시각을 통해 기쁨을 느끼는 사람들에 대해서는 절제나 무절제
5 를 말하지 않는다. 하지만 그런 것에 대한 기쁨에도 적절함과 지나
침과 모자람이 있는 듯하다. 이것은 청각을 통해 기쁨을 느낄 때도
마찬가지다. 음악이나 연극에서 얻는 기쁨에 지나침이 있는 사람
들을 무절제하다고 말하지 않고, 그런 데서 얻는 기쁨을 적절히 조
절하는 사람들을 절제 있다고 말하지도 않는다.

또한, 우리는 후각으로 기쁨을 얻는 사람을 두고 그렇게 부르지

---

85 이것을 정확히 표현하자면, 용기와 절제는 혼 중에서 본질상 이성을 지니지 않았으
면서도 모종의 방식으로 이성에 참여하는 미덕, 즉 도덕적 성품을 지닌 미덕들을
말한다.

86 제2권 제7장 1107b4-6.

않는다. 거기에서 다른 것을 연상하고 기뻐하는 것이 아니라면 말 10
이다. 따라서 사과나 장미나 향냄새에서 기쁨을 얻는 사람들을 무
절제하다고 하지 않지만, 향수나 요리 냄새에서 기쁨을 느끼는 사
람들에게는 무절제하다고 말한다. 후자의 사람들은 그런 것을 통
해 다른 욕망의 대상을 연상하고 거기서 기쁨을 얻는데, 이런 사람
은 무절제하다고 보기 때문이다. 배가 고플 때 음식 냄새에서 기쁨 15
을 얻는 사람도 있는데, 이는 무절제한 사람이 그렇게 한다. 그들
에게는 그것이 욕망의 대상이기 때문이다.

　인간을 제외한 다른 동물에게는 그러한 감각들과 관련된 즐거
움은 존재하지 않고, 오직 연상 작용에 의한 즐거움만 존재한다.
개들은 토끼가 풍기는 냄새에서 기쁨을 얻는 게 아니라, 토끼를 잡
아먹을 수 있게 된 것에서 기쁨을 얻고, 냄새는 토끼가 어디 있는
지를 알려주는 역할만 할 뿐이다. 사자도 황소가 우는 소리에서 기 20
쁨을 얻는 게 아니라, 황소를 잡아먹을 수 있게 된 데서 기뻐한다.
사자는 황소의 우는 소리를 듣고 황소가 가까이 있음을 알고서 잡
아먹을 수 있게 됐음을 기뻐하는 것인데도, 마치 황소의 울음소리
에서 기쁨을 얻는 듯 보일 뿐이다. 마찬가지로, 사자는 사슴이나
야생 염소를 보는 것에서 기쁨을 얻는 게 아니라, 잡아먹을 수 있
다는 사실 때문에 기뻐하는 것이다.

　하지만 절제와 무절제는 인간 이외의 다른 동물도 느끼는 즐거
움과 관련되어 있다. 그래서 이런 즐거움은 노예적이고 동물적으 25
로 보이고, 촉각과 미각을 통해 생긴다. 그러한 즐거움은 미각조차
도 아주 조금 사용하거나 전혀 사용하지 않는 것 같다. 미각은 맛
을 감별하는 일을 하는데, 포도주 감별사나 요리사가 하는 일이기
도 하다. 하지만 그들은 그런 일에서 거의 기쁨을 얻지 못한다. 적 30

어도 무절제한 사람들은 그런 일에서는 기쁨을 누리지 못하고, 먹는 것이든 마시는 것이든 성적인 것이든 모든 경우에 촉각을 통해 생기는 쾌감에서 기쁨을 얻는다. 그래서 어떤 미식가는 자신의 목구멍이 황새의 목구멍보다 더 길어지게 해달라고 기도했다는데,[87] 이것은 그가 촉각에서 즐거움을 얻는다는 의미다.

1118b   이렇게 무절제와 관련 있는 감각은 가장 폭넓게 공유되는 감각이고, 우리가 인간이 아닌 동물로서 관여하는 것이므로, 비난받는 것은 정당해 보인다. 그런 데서 기쁨을 얻고, 그런 것을 좋아하는 일은 동물적이다. 그러나 촉각을 통한 즐거움 중에서도 자유민과

5 가장 잘 어울리는 것, 예컨대 체육관에서 몸을 단련하거나 그렇게 해서 생기는 열 때문에 생기는 즐거움은 동물적인 즐거움에서 제외된다. 무절제한 사람이 즐거움을 얻는 촉각은 신체 전체가 아니라 특정 부분과 관련된 것이기 때문이다.

제11장
절제와 무절제

욕망 중에서 어떤 것은 공통적이고, 어떤 것은 개인에게 고유한 것

10 으로 나중에 얻은 듯하다. 예컨대, 식욕은 본성적이다. 사람은 누

---

87 아리스토텔레스의 『에우데모스 윤리학』 1231a15-17에 나온다. 여기서 "어떤 미식가"는 필로크세노스를 가리킨다. 그는 자신이 미식가임을 자랑스러워했고 아주 행복해했다고 한다. 이것이 온갖 형태의 무절제가 지닌 주된 특징이고, 자제력이 없는 것과 구별되는 부분이다. 자제력이 없는 사람은 자신이 한 행동을 결코 자랑스러워하거나 행복해하지 않기 때문이다.

구나 먹을 것이나 마실 것이 결핍되면 그중 어느 하나 또는 둘 모두에 욕망을 느끼고, 호메로스가 말했듯 혈기왕성한 청년은 성적인 욕망도 느낀네. 하지만 모든 사람이 음식이나 성에 대해 같은 수준으로 욕망을 느끼는 것도 아니고, 같은 것에 욕망을 느끼는 것도 아니다. 따라서 이 욕망들은 자신에게 고유한 부분이다. 하지만 그러한 측면에도 본성적인 요소가 존재한다. 어떤 부류는 이런 종류에서, 다른 부류는 저런 종류에서 기쁨을 얻는데, 이것이 저것보다 더 큰 기쁨을 주기 때문이다.

본성적인 욕망과 관련해 잘못을 저지르는 사람은 거의 없고, 잘 15
못을 저지르더라도 오직 한 방향으로만, 즉 지나침의 방향으로만 흐른다. 무엇이든 지나치게 많이 먹거나, 지나치게 많이 마시는 것은 양과 관련한 본성에서 지나침이 있는 것이다. 결핍을 다시 채우는 것은 본성적인 욕망이기 때문이다. 그래서 우리는 그들이 필요한 양 이상으로 자기 배를 채운다는 의미에서 식탐 있다고 말한다. 20
그들은 노예나 마찬가지다.

반면, 개개인에게 고유한 즐거움과 관련해서는 많은 사람이 다양한 방식으로 잘못을 저지른다. 어떤 사람을 "이런저런 것의 중독자"[88]라고 부를 때 그들은 사람으로서 기쁨을 얻어서는 안 되는 것에서 기쁨을 얻거나, 일반 사람보다 더 많은 기쁨을 얻거나, 그 25

---

88 "이런저런 것의 중독자"로 번역한 '필로토이우토스'(φιλοτοιοῦτος)는 "좋아하다, 사랑하다"를 뜻하는 '필로'와 "이런저런 것"을 뜻하는 '토이우토스'가 결합된 단어다. 여기서 '필로'는 단순히 좋아하는 게 아니라 어떤 것에 중독됐음을 가리킨다. 따라서 '필로퀴네'는 여자('퀴네')라면 사족을 못 쓰는 사람이고, '필로메이라키오스'는 미소년('메이라키오스')에 미친 사람이며, '필로이노스'는 포도주('이노스')에 중독된 사람이다.

특정한 것을 잘못된 방식으로 기쁨을 누리려 하기 때문이다. 무절제한 사람들은 이 세 가지에서 지나침이 있다. 즉, 혐오스러운 것, 기쁨을 얻어서는 안 되는 것에서 기쁨을 얻고, 기쁨을 얻는 게 잘못이 아닌 것에서 기쁨을 얻지만 적절한 정도를 넘기거나 일반 사람이 얻는 것보다 더 큰 기쁨을 느낀다.

따라서 즐거움과 관련해 지나침은 무절제이고 비난받아 마땅하다. 반면, 용기와는 달리 고통을 참아낸다고 해서 절제 있다고 하
30 지도 않고, 고통을 참아내지 않는다고 해서 무절제하다고 하지도 않는다. 즐거움이 없을 때 적절한 수준보다 더 크게 고통스러워하므로 무절제하게 되고(그 고통은 즐거움의 결핍으로 생긴 것이다), 즐거움이 없거나 즐거움을 삼가면서도 고통을 느끼지 않기에 절제 있다고 불린다.

1119a 그러므로 무절제한 사람은 즐거움을 주는 모든 것 또는 가장 큰 즐거움을 주는 것에 욕망을 느끼고, 자신의 그러한 욕망에 이끌려 다른 모든 것을 희생해 그것을 선택한다. 그런 것을 손에 넣지 못할 때도 고통을 느끼고, 그런 것을 욕망하기만 해도 고통스러워한다. 욕망은 고통을 수반하기 때문이다. 하지만 즐거움을 욕망하기
5 때문에 고통을 느낀다는 것은 황당해 보인다.

즐거움과 관련해 부족함이 있는 사람들, 즉 즐거움을 적절한 수준 이하로 느끼는 사람은 거의 없다. 그런 종류의 무감각은 인간적인 것이 아니기 때문이다. 인간 이외의 다른 동물조차도 먹을 것을 구별해서, 어떤 것에는 기쁨을 느끼고 다른 것에서는 기쁨을 느끼지 않는다. 누군가가 그 무엇에서도 즐거움을 느끼지 않아, 자신에게는
10 이것이든 저것이든 아무런 차이가 없다고 한다면, 그런 사람은 인간이라고 하기 어렵다. 그런 사람은 거의 없으므로 명칭도 없다.

절제 있는 사람은 즐거움을 주는 것과 관련해 중간 위치에 있다. 그는 무절제한 사람이 가장 큰 즐거움을 얻는 것에서 즐거움을 느끼기는커녕 혐오하고, 일반적으로 즐거움을 느껴서는 안 되는 것에는 즐거워하지 않으며, 즐거움을 느껴도 되는 것은 즐거워하긴 하지만 지나침이 없다. 즐거움이 없더라도 고통을 느끼거나 욕망을 갖지 않으며, 욕망을 갖더라도 적절한 수준에서 갖되 그 이상 15 으로 욕망하지는 않으며, 즐거움에 관한 욕망을 가져서는 안 되는 상황에서는 욕망하지 않는다.

반면, 그는 건강에도 좋고 몸에도 좋은, 즐거움을 주는 일에는 적절한 수준에서 적절한 방식으로 욕망을 느끼고, 건강과 몸의 좋은 상태를 해치지도 않으며, 고귀한 것과 어긋나지도 않고, 자기 능력을 벗어나 있지 않으면서 즐거움을 주는 것에도 적절한 수준에서 적절한 방식으로 욕망을 느낀다. 이러한 제한을 무시한다면 즐거움이 주는 본래 가치 이상으로 좋아하는 사람이다. 반면, 절제 20 있는 사람은, 바른 이성이 지시하는 것에 맞게 즐거움을 좋아한다.

제12장
무절제와 자발성

무절제는 비겁함보다 더 자발적인 듯하다. 무절제는 선택 대상인 즐거움과 관련해 생기지만, 비겁함은 회피 대상인 고통과 관련해 생기기 때문이다. 그리고 고통은 이를 느끼는 사람의 본성적인 상태를 뒤집어놓고 파괴하지만, 즐거움은 전혀 그렇게 하지 않는다. 그러므로 무절제가 더 자발적이다. 따라서 더 많이 비난받아 마땅 25

한 것은 무절제다. 즐거움을 주는 일은 우리 삶에 널려 있고, 이를 적절한 수준에서 즐기는 것은 위험하지 않고 비교적 쉬운 일이라면, 두려움을 주는 것은 정반대이기 때문이다.

하지만 비겁함과 각각의 비겁한 행위[89]는 자발성 정도에서 서로 다른 듯하다. 비겁함 자체에는 고통이 없지만, 비겁한 개별 행위는 우리를 고통으로 뒤집어놓아 무기를 버리고 도망치게 만들거나, 그 밖의 다른 수치스러운 행위를 하게 한다. 그리하여 우리의 개별 행위는 강제로 이루어지는 듯 보인다.

반면, 무절제한 자들의 개별 행위는 자발적이다. 각각의 무절제한 행위는 욕망에 따라 그렇게 하고 싶어서 하지만, 무절제한 사람이 되고 싶은 사람은 아무도 없기 때문이다.

우리는 아이들의 잘못된 욕망에 대해서도 무절제라는 명칭[90]을 사용한다. 그런 욕망이 무절제와 유사한 부분을 지녔기 때문이다. 어느 쪽이 먼저 인정받아 다른 쪽에도 사용하게 됐는지는 현재의 논의에선 전혀 중요하지 않지만, 무절제라는 명칭이 먼저 생겨 아이들의 잘못된 욕망을 가리키는 데도 사용된 것이 분명하다. 그리고 이렇게 명칭을 전용해 사용하는 것은 나쁘지 않아 보인다. 수치스러운 것에 욕망을 느끼고, 빨리 성장해나가려면 훈육을 받아야

---

89 "비겁함"은 성품이고, "비겁한 행위"는 그 성품에서 나오는 개별 행위를 가리킨다. 이 둘은 엄격하게 구별된다. 여기서는 비겁함이라는 성품을 지니고 있다고 해서 고통을 느끼는 것은 아니지만, 비겁한 행위는 고통 때문에 일어난다고 말한다. 따라서 비겁함이라는 성품을 지니는 것이 더 자발적이다.

90 "무절제"로 번역한 '아콜라시아'(ἀκολασία)는 "없다, 아니다"를 뜻하는 접두사 '아'와 "징계, 훈육"을 뜻하는 '콜라시아'가 결합된 단어로, 훈육이 되지 않고 제멋대로 하는 것을 가리킨다. 이것은 아이들의 욕망을 훈육으로 다스리는 것과 연관 있다.

하는데, 특히 욕망과 아이가 그런 것이다. 아이들은 욕망에 따라 살아가고, 즐거움에 대한 욕망이 가장 강한 것도 아이들이다.

따라서 아이들이 지닌 욕망은 인간을 다스리는 부분인 이성에 복종하지 않는다면 점점 더 크게 자라난다. 사람이 이성을 따르지 않을 때는 즐거움을 주는 것이 사방에 널려 있더라도 즐거움에 관한 욕망은 충족되지 않는다. 욕망이 활발하게 활동할수록 그 힘은 점점 커지는데, 그렇게 해서 크고 격렬해진 욕망이 결국 이성의 사 10 고력까지 때려눕힌다. 그래서 즐거움에 대한 욕망은 적절한 수준이어야 하고, 소수여야 하며, 결코 이성에 반기를 들어선 안 된다. 훈육을 받아 고분고분한 상태라고 말하는 것이 이것이다. 아이가 훈육 교사[91]의 지시에 따라 살아야 하듯, 인간의 욕망과 관련된 부분에 대해서도 이성에 따라 살아야 한다.

따라서 절제 있는 사람이란 욕망과 관련된 부분이 이성과 같은 15 목소리를 내는 자다. 절제 있는 사람은 자신의 욕망과 이성이 둘 다 고귀한 것을 알고 추구하는 사람이고, 욕망을 느껴야 할 것에 대하여 바른 방식으로 바른 때 욕망을 느끼는 사람이며, 이는 이성이 지시하는 것이기도 하다.

절제에 대한 설명은 이 정도로 해두자.

---

[91] "훈육 교사"로 번역한 '파이다고고스'(παιδαγωγός)는 아이를 학교에 데려다주고 다시 집으로 데려오는 일을 맡은 노예를 가리킨다.

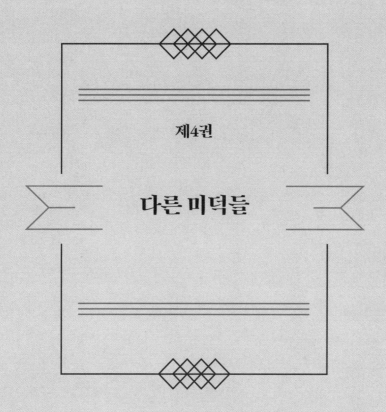

제4권

다른 미덕들

제1장
후함: 적은 재물과 관련된 미덕

다음으로 후함에 대해 말해보자. 후함은 재물과 관련된 중용이 20
다. 후한 사람은 전쟁과 관련해 칭찬받거나, 절제 있음과 관련해
칭찬받는 것도 아니며, 재판과 관련해 칭찬받는 것도 아니라 재
물을 주고받는 일, 특히 재물을 주는 것과 관련되어 칭찬받는다.[92] 25
여기서 우리가 말하는 재물은 돈으로 그 가치를 측정할 수 있는 모
든 것을 말한다.

  낭비와 인색함은 재물과 관련된 지나침과 모자람이다. 재물에
대해 적절한 수준 이상으로 신경 쓰고 집착하는 사람을 인색하다
고 하지만, 낭비라는 말은 종종 다른 의미로도 사용한다. 사람이 30
자제력이 없어 돈을 물 쓰듯 쓰거나 무절제하게 돈을 쓰는 사람들
에게도 낭비라는 말을 사용하기 때문이다. 그런 사람들은 여러 악
덕을 함께 지녀 가장 나쁜 사람들로 인식된다. 하지만 그런 사람에
게 낭비라는 말을 사용할 때 이는 고유한 의미에서 그렇게 쓰지 않
는다. 여기서 낭비하는 사람은 하나의 나쁜 특질을 가진 사람, 즉
자기 재산을 망치는 사람을 가리킨다. 낭비하는 사람은 자기 때문 1120a

---

[92] "전쟁과 관련해" 칭찬받는 것은 용기라는 미덕이고, "절제 있음과 관련해" 칭찬받
는 것은 절제하는 미덕이며, "재판과 관련해 칭찬받는 것"은 공정함의 미덕이다.
후함은 그런 미덕들과는 달리 재물과 관련된 미덕이다.

에 망하는 사람이다. 인간의 삶은 재산으로 좌우되므로, 재산을 망치면 자신이 망하기 때문이다. 우리는 낭비라는 말을 그런 의미로 사용할 것이다.

5 　용도가 정해진 것은 잘 사용할 수도, 잘못 사용할 수도 있다. 재물은 용도가 있는 것 중 하나다. 그리고 용도가 있는 것을 가장 잘 사용하는 사람은 그에 관한 미덕을 지닌 사람이다. 따라서 재물을 가장 잘 사용하는 사람은 재물과 관련된 미덕을 지닌 사람이고, 그는 후한 사람이다.

　재물의 용도는 쓰는 것과 주는 데 있고, 받는 것이나 지키는 것은 재물의 용도가 아닌 소유와 연관된다. 따라서 재물을 받아야 할
10 사람에게는 받고, 재물을 받아서는 안 되는 사람에게는 받지 않으며, 재물을 주어야 할 사람에게는 주는 것이 후한 사람이 하는 일이다. 미덕은 남이 주는 것을 제대로 받는 것보다 남에게 제대로 주는 것과 더 연관되며, 수치스러운 것을 하지 않기보다는 고귀한 것을 하는 것과 더 관련 있다. 그리고 무엇을 준다는 것은 남에게 제대로 주거나 고귀한 것을 행함과 관련되며, 무엇을 받는다는 것은 남이 주는 것을 제대로 받는 것과 수치스러운 짓을 하지 않음과 분명하게 연관된다.

15 　또한, 감사는 남에게 부당하게 받지 않는 사람보다는 무엇을 기꺼이 주는 사람에게 향하고, 이것은 칭찬도 마찬가지다. 받지 않는 것이 주는 것보다 더 쉬운데, 사람들은 남의 것을 받지 않기보다는 자기 것을 내어주는 일을 더 힘들어하기 때문이다. 또한, 주는 사람은 후한 사람이라는 말을 듣는 반면, 받지 않는 사람은 정의롭다는 칭찬을 받긴 하겠지만, 후하다는 칭찬까지는 받지 못
20 한다. 사실, 받는 사람은 아무런 칭찬도 받지 못한다. 미덕으로

인해 사랑받는 사람 중에서 후한 사람이 가장 큰 사랑을 받는다. 그것은 그들이 남에게 도움이 되기 때문인데, 그런 도움은 주는 데서 나온다.

미덕은 고귀하다. 그러하기에 미덕을 행하는 것이다. 후한 사람 도 그런 미덕을 지녔기에 고귀한 것을 위해 주고, 올바로 주려 한 다. 즉, 그는 주어야 할 사람에게 주어야 할 만큼 줄 것이고, 주어 야 할 때에 줄 것이며 그 밖의 다른 모든 것과 관련해서도 바르게 25 주려 할 것이다. 또한, 즐거워하거나 고통 없이 줄 것이다. 미덕에 따른 행위는 즐거운 행위요, 고통 없는 행위이자, 고통이 있더라도 가장 적기 때문이다.

반면, 주어서는 안 되는 사람에게 주거나 고귀한 것을 위해서가 아니라 다른 어떤 이유로 주는 사람은 후한 사람이 아니라 다른 명 칭으로 불린다. 또한, 고통을 느끼면서 주는 사람도 후한 사람이 아니다. 그런 사람은 고귀한 행위보다 재물을 선택할 사람이고, 후 30 한 사람은 그렇게 하지 않기 때문이다.

또한, 후한 사람은 받아서는 안 되는 곳에서는 받지 않는다. 재 물에 큰 가치를 두지 않는 사람은 그렇게 하지 않기 때문이다. 그 는 남에게 금전적으로 도와달라고 쉽게 손을 벌리는 사람도 아니 다. 남을 금전적으로 기꺼이 도우려는 사람은 그런 일을 하지 않기 때문이다. 하지만 받아야 할 곳에서는, 예컨대 자기 소유물에서 나 1120b 오는 것은 받는다. 그렇게 받는 것이 고귀한 일이어서가 아니라 주 려면 그렇게 해야 하기 때문이다. 그는 자기 소유물로 남을 돕고자 하므로 소유물을 소홀히 하지 않는다. 그는 고귀한 것을 줄 사람에 게, 꼭 맞은 때 주려고 아무에게나 주지 않는다. 또한, 후한 사람에 5 게는 조금 과하게 주는 일이 두드러지게 나타나는데, 그들은 자신을 위해서는 남겨두는 것이 거의 없다. 후한 사람은 자기 자신을 돌보지 않기 때문이다.

후함이란 개개인의 재산 정도에 따라 상대적으로 사용된다. 후함은 주는 것의 많고 적음에 있지 않고 주는 이의 성품에 달려 있는데, 자신의 재산에 따라 상대적으로 성품이 드러난다. 따라서 어
10 떤 사람이 적은 양을 주었더라도 가진 재산에 비해 많이 주었다면, 그를 남보다 후하다고 불러도 아무런 문제가 없다.

자기가 직접 벌어 재산을 모은 사람보다는 물려받은 사람이 더 후하다. 궁핍하게 살았던 경험이 없는 데다가, 부모와 시인들에게서 볼 수 있듯, 사람은 자기가 직접 만들어낸 것에 더 애착을 갖기 때문이다.
15 후한 사람이 부자가 되는 것은 쉽지 않다. 후한 사람은 받는 것이나 지키는 것을 잘하는 사람이 아니라 주는 것을 잘하는 사람이고, 재물 그 자체에 가치를 두지 않고 남에게 줄 수 있어서 가치 있다고 생각하기 때문이다. 그래서 사람들은 누구보다도 부자가 될 자격이 있는 사람이 적은 부를 가진 것을 두고 운 때문이라며 운을 탓하기도 한다. 하지만 그렇게 되는 데는 다 그럴 만한 이유가 있다. 다른 것과 마찬가지로, 재물을 가지려고 애쓰지 않는 사람이 재물을 가질 수는 없다.
20 후한 사람이라고 해도 주어서는 안 되는 사람이나 주지 않아야 할 때, 그 밖에 바르게 주지 못할 때는 주지 않는다. 그런 때도 주는 것은 후함을 따라 행하는 것이 아니다. 그렇게 주지 말아야 할 때 재물을 써버리면, 정작 주어야 할 때는 줄 것이 아무것도 남아 있지 않기 때문이다.

앞서 이미 말했듯, 후한 사람은 자신의 재산 정도에 맞게 써야

할 데 쓰는 사람이고, 거기에서 지나침이 있는 사람은 낭비하는 자   25
다. 그래서 참주들을 낭비한다고 하진 않는다. 참주들이 자신의 소
유물 이상으로 주거나 쓰는 것은 쉽지 않기 때문이다.

후함은 재물을 주거나 받는 것과 관련된 중용이고, 후한 사람은
작은 일이든 큰일이든, 주거나 써야 할 것에 주거나 써야 할 만큼
을 즐거운 마음으로 주거나 쓴다. 또한, 후한 사람은 받아야 할 곳   30
에서 받아야 할 만큼 받는다. 후함이라는 미덕은 이 둘과 관련된
중용이므로, 이 둘을 바른 방식으로 행한다. 바르게 주려면 반드시
바르게 받아야 하고, 바르지 않게 받는 것은 바르게 주는 것과 상
반되므로, 후한 사람은 바르게 받지 않으면서 바르게 주는 사람일
수 없고, 반드시 바르게 받고 바르게 주는 사람이어야 한다.

후한 사람이 바르고 고귀한 것과 어긋나게 주거나 썼다면, 고통   1121a
을 느끼기는 하겠지만, 적절한 수준에서 바른 방식으로 고통을 느
끼게 된다. 즐거움이나 고통을 느껴야 할 것에서 바른 방식으로 그
렇게 느끼는 것이 미덕의 특징이기 때문이다.

또한, 재물과 관련해 후한 사람을 상대하기는 쉽다. 후한 사람
은 재물에 큰 가치가 있다고 생각하지 않는 데다가, 재물을 쓰지   5
않아야 할 곳에 썼을 때 고통을 느끼기보다는 재물을 써야 할 곳에
쓰지 못했을 때 더 고통을 느끼므로 남에게 이용당하기 쉽기 때문
이다. 후한 사람은 시모니데스[93]를 못마땅해할 것이다.

---

93 "시모니데스"는 기원전 6세기 말에서 5세기 초까지 활동한 케오스 출신 서정시인
    이다. 그는 노골적이고 영악하게 부를 축적했다. 한번은 어떤 사람이 부자가 되는
    것이 좋은지, 아니면 현자가 되는 것이 좋은지를 묻자, 이렇게 대답했다. "그것은
    나도 모른다. 내가 아는 것은 수많은 현자가 부자들의 집 문을 두드린다는 사실이
    다." 아리스토파네스, 『평화』 697-699행.

낭비하는 사람들은 이런 것과 관련해서도 잘못을 저지른다. 그들은 즐거움이나 고통을 느껴야 할 것에서 즐거움이나 고통을 느끼지도 않고, 나아가 바른 방식으로 그렇게 하지 않기 때문이다. 논의를 계속 진행해나가면, 이것이 더욱 분명해질 것이다.

10 낭비와 인색함은 주는 것과 받는 것에서 지나침과 모자람이라는 것을 앞서 말했다. 여기서 쓰는 것은 주는 것에 포함된다. 낭비는 주는 것과 받지 않는 것에는 지나치고, 받는 데는 모자람이 있는 것이다. 반면, 인색함은 주는 것에는 모자람이 있고, 받는 데는
15 지나침이 있는 것이지만, 오직 작은 일에서만 그러하다.[94]

낭비와 관련한 두 가지 특징, 즉 주는 것과 받지 않는 것에서 지나친 것과 받는 것에서 모자란 것이 서로 결합한 경우는 드물다. 누구에게도 받지 않으면서 모든 사람에게 준다는 것은 쉽지 않기 때문이다. 일반인이 주기만 했다가는 재산이 금방 바닥나게 될 것이고, 그런 사람은 낭비하는 사람으로 불린다. 하지만 그런 사람이
20 인색한 사람보다는 그래도 꽤 나아 보인다. 그들은 나이 먹고 궁핍해지면서 낭비벽이 쉽게 고쳐질 수 있고, 중용으로 나아갈 수도 있기 때문이다. 또한, 주는 것과 받는 것을 바른 방식으로 잘하지 못한다는 점은 후한 사람과 다르지만, 받는 것보다 주는 것을 더 좋아한다는 점에서는 후한 사람과 비슷하다. 따라서 습관을 바꾸거
25 나, 그 밖의 다른 방식으로 그 다른 점을 바꾸기만 한다면, 그들은 주어야 할 사람에게는 주고, 받아서는 안 될 곳에서는 받지 않음으로써 후한 사람이 된다. 그래서 그들은 나쁜 성품을 지녔다고 인식

---

94 작은 일에서 주는 데에 모자람이 있고, 받는 것에 지나침이 있는 것을 인색함이라 부른다. 하지만 큰일에서 그렇게 한다면 인색한 게 아니라 불의한 것이다.

되지 않는다. 주는 것과 받지 않는 것에 지나침이 있음은 나쁜 사람이나 비열한 사람이 아니라, 어리석은 사람의 특징이기 때문이다. 이런 식으로 낭비하는 사람이 인색한 사람보다 훨씬 더 나은 사람으로 인식되는 것은 방금 말한 이유 때문이기도 하고, 인색한 사람은 아무에게도, 심지어 자신에게도 도움이 되지 않지만, 낭비하는 사람은 많은 사람에게 도움이 되기 때문이다.

하지만 앞서 말했듯, 낭비하는 사람들은 대체로 받아서는 안 되 30
는 곳에서 받고, 그런 점에서는 인색한 사람이다. 그들이 받아서는 안 되는 곳에서 받는 이유는 쓰고는 싶은데 자기에게 있는 재산은 금방 바닥이 나서 뜻대로 쓸 수가 없기에 다른 곳에서 재원을 마련할 수밖에 없기 때문이다. 또한, 그들은 고귀한 것에는 관심이 없 1121b
어 아무 데서나 거리낌 없이 받기 때문이기도 하다. 그들은 주고자 하는 욕망만 있을 뿐, 어디에서 재원을 마련해 어떻게 주는 것이 바른 것인지는 신경 쓰지 않는다.

그러므로 낭비하는 사람이 주는 것은 후함이 아니다. 고귀하거나 고귀한 것을 위한 것도 아니며, 바른 방식으로 주는 것도 아니기 때문이다. 그들은 가난해야 마땅한 사람에게 주어 그들을 부유 5
하게 하지만, 성품이 괜찮은 사람들에게는 아무것도 주지 않고, 자신에게 아부하거나 어떤 다른 즐거움을 주는 자들에게는 많이 주기도 한다. 그래서 낭비하는 사람들은 대체로 무절제하다. 그들은 재물을 쉽게 써버리고, 무절제하게 살아가는 데 돈을 낭비하며, 고 10
귀한 것을 위해서는 살아가지 않는 까닭에 즐거운 것을 찾아 다니며 그 마음이 기울기 때문이다. 따라서 낭비하는 사람을 가르치지 않으면 앞서 말한 그런 처지가 되어버리지만, 보살핌을 받는다면 중용의 바른 상태에 도달한다.

반면, 인색함은 고칠 수 없고(나이를 먹어가며 무능해지면 사람은 인
15 색해진다), 낭비보다 더 본성적으로 타고난다. 사람들은 대체로 주
는 것보다는 재물 모으기를 더 좋아하기 때문이다. 인색함은 인생
전반에 광범위하게 미치고, 종류도 다양하다. 인색함은 두 가지,
즉 주는 데서는 모자라고 받는 데서 지나친 것으로 이루어져 있지
만, 모든 사람에게 이 둘이 하나로 되어있지는 않고, 종종 그중 한
20 가지만 발견된다. 어떤 사람은 지나치게 받고, 어떤 사람은 부족하
게 준다.

노랑이, 짠돌이, 구두쇠 같은 명칭으로 불리는 사람들[95]은 모두
주는 데 모자람이 있지만, 남의 것을 욕심내지도 않고, 받으려고
하지도 않는다. 그들 중 어떤 사람은 일종의 체면이나 수치스러운
일을 당하지 않고자 그렇게 한다. (어떤 사람은 그렇게라도 해야 나중에
25 수치스러운 일을 겪지 않는다고 생각하고, 실제로 그렇게 말한다. 깍쟁이를
비롯해 그런 부류가 전부 여기 속한다. 그들이 이런 명칭으로 불리는 것은 지
나치게 내어주지 않기 때문이다.) 또한, 어떤 사람은 남의 것을 받으면
서 남에게 자기 것을 주지 않는 것은 쉽지 않기에, 그것을 두려워
30 하여 남의 것을 받지 않는다. 그들은 받지도 않고 주지도 않는 것
으로 만족한다.

어떤 사람은 아무 데서나 무엇이든지 받음으로써, 지나치게 받
는다. 예컨대, 자유민에게 어울리지 않는 일을 하는 사람들, 즉 뚜
쟁이들이나 그런 부류의 사람들, 적은 돈을 빌려주고 높은 이자를

---

95 아리스토텔레스는 "노랑이"(φειδωλός, 페이돌로스)는 한 번 돈이 수중에 들어가면
나오는 법이 없는 사람을 가리키고, "구두쇠"(κίμβιξ, 킴빅스)는 푼돈에 집착하는 사
람이라고 설명한다(『에우데모스 윤리학』 제3권 제4장 1232a12-14).

받는 자들이 그렇다. 이런 사람들은 받지 않아야 할 곳에서 받아야 1122a
하는 것보다 더 많이 받기 때문이다. 그런 사람들은 공통으로 수치
스러운 탐욕을 부린다. 그들은 이득을 위해, 그것도 작은 이득을
위해 비난을 감수한다. 우리는 이득을 취하면 안 되는 곳에서 정당
하지 않은 큰 이득을 취하는 사람들, 가령 다른 나라를 침략해 신 5
전을 약탈하는 참주들을 인색하다고 하지 않고, 나쁘고 불경스러
우며 불의하다고 말한다. 반면, 야바위꾼이나 좀도둑은 수치스러
운 탐욕을 지닌 자들이므로 인색한 자들이다. 야바위꾼이나 좀도
둑은 이득을 위해 비난을 감수하는데, 좀도둑은 정당하지 않은 이 10
득을 위해 아주 큰 위험을 감수하고, 야바위꾼은 자기가 주어야 할
사람들에게서 도리어 이득을 취한다. 따라서 야바위꾼과 좀도둑은
이득을 취하면 안 되는 곳에서 정당하지 않은 이득을 취하려는 자
들이므로 수치스러운 탐욕을 지녔다. 따라서 이런 식으로 받는 것
은 모두 인색한 것이다.

인색함을 후함의 반대라고 하는 것은 옳다. 인색함은 낭비보다
더 나쁘고, 사람들은 우리가 앞서 말한 낭비와 관련해 잘못하는 것 15
보다 인색함과 관련해 더욱 잘못하기 때문이다. 후함과 반대되는
악덕에 관해서는 이 정도로 해두자.

제2장
통이 큰 것: 큰 재물과 관련된 미덕

이제 통이 큰 것에 관해 말해보자. 통이 큰 것도 재물과 관련된 미
덕으로 보이기 때문이다. 하지만 통이 큰 것은 후함과는 달리 재물 20

과 관련된 모든 행위가 아니라 오직 지출과 관련된 행위들과만 관련 있고, 그런 행위에서 후함을 능가한다. 그 명칭이 보여주듯, 통이 크다는 것은 큰 규모의 적절한 지출이기 때문이다.[96] 하지만 규모는 상대적이다. 삼단노선(三段櫓船)을 마련하는 데 드는 비용과 국가 사절단을 꾸리는 데 드는 비용은 같지 않기 때문이다.[97] 따라서 적절하다는 것은 행위자와 제반 상황, 행위의 목적에 따라 상대적일 수밖에 없다. 하지만 "나는 부랑자들에게 많이 베풀었다"[98]라는 시구처럼, 작거나 중간 규모로 적절하게 지출한 사람이 아니라, 오직 큰 규모로 적절하게 지출한 사람만 통이 크다는 말을 듣는다. 통이 큰 사람은 후한 사람이지만, 후하다고 해서 반드시 통이 큰 사람은 아니다.

이런 성품과 관련해 모자람은 쩨쩨함이라 불리고, 지나침은 속물근성이나 식견 부족 등으로 불린다. 여기서 지나침은 지출할 곳에 쓰긴 하나 지나친 규모로 썼다는 의미가 아니라, 지출하지 않아야 할 곳에 바르지 않은 방식으로 과시하려고 큰 규모로 쓴 것이

---

96 "통이 큰 것"으로 번역한 '메갈로프레페이아'(μεγαλοπρέπεια)는 "큰 것"을 뜻하는 '메갈로'와 "적절함"을 뜻하는 '프레페이아'가 결합한 단어다. 아리스토텔레스는 이 단어를 큰일에서 제대로 적절하게 내는 것을 의미한다고 해석했다.

97 아테네에서는 국가 대사를 치르기 위한 비용을 부유한 자가 부담했는데, 이것을 "공적 기부"(λειτουργία, 레이투르기아)라고 불렀다. 이 공적 기부를 위한 대표적인 국가 대사가 삼단노선 건조와 국가 사절단 비용을 대는 것이었다. "삼단노선"이란 열다섯 쌍의 노가 3단 배치된 빠르고 민첩한 전함으로, 아테네가 그리스-페르시아 전쟁 당시 살라미스 해전 승리부터 펠로폰네소스 전쟁으로 몰락할 때까지 해양 제국으로 성장할 수 있게 한 바탕이 되었다. 국가 사절단은 올림피아 경기나 이오니아 동맹의 델로스 제전, 그 밖의 필요한 경우에 국가를 대표해 파견하는 사절을 말한다.

98 호메로스, 『오디세이아』 제17권 420행.

다. 이러한 악덕은 나중에 살펴보자.[99]

통이 큰 사람은 전문가 풍모를 지닌 사람이다. 그는 무엇이 적절한지 알고, 큰돈을 적절하게 쓸 줄 알기 때문이다. 우리가 처음에 말했듯,[100] 성품은 그 성품과 관련 있는 활동과 대상들로 결정되므로, 통이 큰 사람의 지출 활동은 크고 적절하고, 그 결과도 마찬가지다. 규모도 크면서 그 결과에 부합하는 적절한 지출이 이루어지기 때문이다. 따라서 결과는 지출 비용과 맞먹거나 그것을 뛰어넘어야 하고, 지출 비용은 그 결과와 맞먹거나 적어야 한다.

또한, 통이 큰 사람은 큰 규모의 돈을 고귀한 데 쓸 것이다. 이것은 공통 미덕이기 때문이다. 또한, 그는 기쁜 마음으로 아낌없이 그렇게 할 것이다. 꼼꼼하고 정확한 비용 계산은 쩨쩨한 것이기 때문이다. 그는 어느 정도의 비용이 들고, 비용을 가장 적게 들일 방법을 생각하기보다는, 어떻게 하면 가장 훌륭하고 적절한 결과를 낼 수 있을지를 생각한다.

따라서 통이 큰 사람은 후한 사람일 수밖에 없다. 후한 사람도 써야 할 곳에 바른 방식으로 쓰는 사람이기 때문이다. 그런 점에서는 통이 큰 사람이나 후한 사람이 같지만, 통이 큰 사람은 같은 규모의 지출을 하더라도 통이 큰 사람이라는 명칭에 걸맞게 규모가 큰 결과를 만들어낸다. 소유물의 탁월함과 결과물의 탁월함은 서로 같지 않다. 소유물은 황금처럼 가장 값비싼 것이 가장 큰 탁월함을 지닌다고 평가받지만, 결과물은 위대하고 고귀한 것이 가장 탁월하다고 평가받는다. 위대하고 고귀한 것을 바라볼 때 감탄이

1122b

5

10

15

---

99 제4권 제2장 1123a19-33.

100 제2권 제1장 1103b21-23, 1104a27-29.

절로 나오듯, 통이 큰 것에 대해서도 감탄이 절로 나온다. 결과물의 탁월함은 통이 큰 것이고, 통이 크다는 것은 규모와 관련 있다.

20 또한, 통 크다는 것은 우리가 명예롭다고 인정하는 지출과도 관련 있다. 예컨대, 신에게 바치는 헌물, 신전 건축, 희생 제사처럼 신들과 관련된 지출, 신적인 존재들과 관련된 온갖 지출, 합창대를 꾸리거나 삼단노선을 만들거나 국가 제전 준비를 성대하게 해야 한다는 사람들의 생각에 따라 공공의 의무들을 수행하려는 모든 지출이 그러하다.

하지만 앞서 말했듯,[101] 모든 지출과 관련해 비용을 부담하는 사
25 람이 누구이고, 재산이 어느 정도인지도 고려해야 한다. 지출은 결과와 관련해서만 적절해선 안 되고, 지출하는 사람과 관련해서도 적절해야 하는 까닭에, 비용을 부담하는 사람이 그런 지출을 하기에 적절한 재산이 있어야 하기 때문이다.

그래서 가난한 사람은 큰돈 지출을 위한 적절한 재산이 없는 만큼 통 큰 사람이 될 수 없다. 따라서 가난한데도 그렇게 하려는 사람은 어리석다. 그렇게 하는 것은 적절한 수준에서 쓰는 것도 아니
30 고, 바르다는 것은 미덕을 따르는 것인 까닭에 바른 방식으로 쓰는 것도 아니기 때문이다.

그런 큰 규모의 지출은 자수성가했거나, 조상이나 일가친척에게 재산을 물려받았거나, 신분이 높거나 명문가에 속한 사람이어서 그런 지출을 감당할 수 있는 사람들에게 어울린다. 이 모든 일은 위대하고 명예롭기 때문이다. 따라서 통이 큰 사람은 주로 그런 부류에 속하고, 앞서 말했듯 이러한 지출들에서 그러함이 드러

---

101 제4권 제2장 1122a24-26.

난다. 이런 일과 관련한 지출들이 규모가 가장 크고 가장 명예롭기 35
때문이다.

개인적인 지출 중에서는 결혼식처럼 일생에 단 한 번뿐인 일에 1123a
쓰는 것이 통이 큰 지출에 해당한다. 국가 전체나 유력 인사들에
게 관심 있는 일, 다른 나라에서 온 귀빈들을 영접하거나 환송하는
일, 선물을 보내거나 답례하는 일과 연관해 지출하는 것도 통 큰
지출에 해당한다. 통이 큰 사람은 자신과 관련된 일이 아니라 공공
의 일을 위해 지출하고, 그의 지출은 신에게 바치는 헌물과 비슷한 5
성격을 지닌다.

또한, 통이 큰 사람은 자신의 부에 걸맞은 집을 짓고(집도 일종
의 공적 장식물이므로), 그 결과물이 오랜 기간 지속할 그런 일에 더
많은 돈을 쓴다(그것이 가장 아름다우므로). 통이 큰 사람은 각각의
일에 적절한 규모로 비용을 지출한다. 신들과 관련된 일과 사람 10
들과 관련된 일에 적절한 지출이 각각 어느 수준인지도 다르고,
신전 건축에 적절한 비용과 묘지 조성에 적절한 비용이 같지 않
기 때문이다. 또한, 큰 규모의 지출인지의 여부는 어떤 일이냐에
따라 달라지는 만큼, 일반적으로 가장 통이 큰 것은 가장 큰 비용
이 들어가는 일에서 큰 규모의 지출을 하는 것이지만, 각각의 일
에서 큰 규모로 지출하는 것 역시 통이 크다. 결과적으로 통이 큰 15
것과 지출에서 통이 큰 것은 다르기 때문이다.

가장 아름다운 공이나 향유 병을 어린아이에게 선물하는 것은
결과만 놓고 보면 통이 큰 것이지만, 지출이라는 측면만 보면 보
잘것없고 통이 큰 것이라고 할 수 없다. 따라서 어떤 일에서 결과
물을 만들어내든지, 누구든지 쉽게 뛰어넘을 수 없는 통 큰 방식
으로 지출에 걸맞은 결과물을 낳는 것이 통이 큰 사람이 하는 일이

고, 그런 사람이 통이 큰 사람이다.

20   앞서 말했듯,[102] 속물근성이 있어 쓰는 데 지나침이 있는 사람은 적절한 것에서 벗어나 쓰는 만큼 지나침이 있다. 그런 사람은 적게 지출해야 할 일에 과시하려고 많은 지출을 하여 자신의 품격을 떨어뜨린다. 예컨대, 그는 각자가 음식을 싸들고 와서 벌이는 잔치에서도 결혼식 피로연 수준으로 사람들을 대접하고, 메가라 사람이 그렇게 하는 것처럼 희극경연대회에 나가는 합창대원에게까지 자주색 옷을 입혀 무대로 내보낸다.[103] 게다가 그는 고귀한 것을 위
25 해서가 아니라 자기 부를 과시하려고, 그리고 이런 것을 하면 찬사를 받는다고 생각해 그렇게 행한다. 또한, 그런 사람은 많이 써야 할 곳에는 적게 쓰고, 적게 써야 할 곳에는 많이 쓴다.

반면, 쩨쩨한 사람은 모든 지출에 모자람이 있고, 큰돈을 쓰고서도 푼돈을 아끼려다 고귀한 결과물을 망친다. 또한, 그는 어떤
30 것에 지출하든 지출 자체를 주저하고, 어떻게 하면 가장 적게 지출할지를 생각하며, 그렇게 해서 가장 적게 지출하고서도 불평하고, 자기는 적절한 수준을 넘어 통 크게 모든 지출을 한다고 생각한다.

속물근성이 있어 지출에 지나침이 있다거나 쩨쩨한 것은 악덕이긴 하지만, 남에게 해를 끼치는 것도 아니고 그렇게 볼썽사나운 것도 아니므로 비난을 받지는 않는다.

---

102 1122a31-33.

103 메가라의 희극은 조잡하기로 유명했고, 지나치게 화려한 의상을 사용하는 것으로도 유명했다. 고대에 자주색은 값비싼 염료여서, 배우도 아닌 합창대원에게 많은 돈을 들여 비싼 자주색 옷을 입히는 일은 지나치다고 여겨졌지만, 메가라 사람들은 과시하기 위해 그렇게 했다.

제3장

포부가 큰 것: 큰 명예와 관련된 미덕

포부가 큰 것은 그 명칭에서 알 수 있듯 큰 것과 관련되어 있으므 35
로, 어떠한 큰 것과 관련되었는지를 먼저 살펴보자. 그렇게 하려면 1123b
큰 포부라는 성품을 살펴도 되고, 그러한 성품을 지닌 사람을 보아
도 된다.

포부가 큰 사람은 자기가 큰일을 할 사람이라고 생각하고, 실제
로도 그런 사람이다. 자기가 그런 사람이 아닌데도 그렇다고 생각
한다면 어리석은 사람이겠지만, 미덕을 따라 행하는 사람은 어리
석거나 지각없는 사람이 아니다. 따라서 우리가 방금 말한 사람이
포부가 큰 사람이다. 작은 일은 감당할 만하고, 스스로도 그렇게 5
한다면 절제 있기는 하지만, 포부가 큰 사람은 아니다. 또한, 몸집
이 작아 풍채가 없는 사람들은 아담하고 몸매도 좋을 수 있지만 아
름답지는 않고, 몸집이 어느 정도 있어 풍채가 좋아야 아름다울 수
있듯, 포부가 크려면 무엇인가 큰 것이 있어야 한다.

반면, 자기는 큰일을 할 사람이라고 생각하지만 실제로는 그럴
사람이 아니라면 허영심이 강한 것이다. 하지만 실제로 할 수 있는
것보다 더 큰일을 할 수 있다고 생각한다고 해서 모두 허영심이 강
한 것은 아니다.

자기가 실제로 할 만한 것보다 더 작은 일을 하겠다면, 그는 포
부가 작은 사람이다. 큰일을 하든, 중간 정도의 일을 하든, 작은 일 10
을 하든, 자기가 실제로 할 수 있는 것보다 더 작은 일을 하겠다고
생각한다면, 그는 포부가 작은 사람이다. 하지만 큰일을 할 사람인
데도 자기는 그렇지 않다고 생각하는 경우에 포부가 작다는 것이

제4권 다른 미덕들   **145**

가장 잘 드러난다. 실제로 포부가 컸더라면, 어떻게 작은 일을 할 수 있었겠는가?

포부가 큰 사람은 포부라는 면에서는 아주 크지만, 그 포부가 적절하다는 점에서는 중용을 지키는 사람이다. 그는 자신이 할 수 15 있는 것을 할 수 있다고 생각하지만, 다른 사람은 자신이 할 수 있다고 생각하는 것과 관련해 지나침이나 모자람이 있기 때문이다.

포부가 큰 사람이 자기는 큰일을 할 사람이라고 생각하고 실제로도 그렇다면, 그리고 그 큰일이 모든 큰일 중에서 가장 큰일을 가리킨다면, 그는 특히 한 가지 일과 관련해 그러하다. 여기서 큰일은 외적인 좋음과 관련해 큰 것이다. 그리고 외적인 좋음 중에서 가장 큰 것은 우리가 신들에게 돌리는 것이자 존경받는 사람이 최고로 추구하는 것이며 가장 고귀한 것에 주어지는 상인데, 그것은 20 바로 명예다. 이렇게 명예는 외적인 좋음 중에서도 가장 큰 것이다. 따라서 포부가 큰 사람은 명예 및 불명예와 관련해 바른 방식으로 행한다. 포부가 큰 사람이 명예와 관련 있음은 굳이 증명하지 않아도 자명하다. 그들 자신은 누구보다도 명예를 얻을 만하다고 생각하고, 실제로 그들은 그러하다.

포부가 작은 사람은 자신의 포부나 포부가 큰 사람이 지닌 포부 25 와 비교할 때 모자람이 있다. 허영심 강한 사람은 자신이 지닌 포부에서는 지나침이 있지만, 포부가 큰 사람이 지닌 포부를 뛰어넘지는 못한다.

포부가 큰 사람은 가장 큰일을 할 사람이라는 점에서 가장 훌륭한 사람이다. 언제나 더 훌륭한 사람이 더 큰일을 하고, 가장 훌륭한 사람이 가장 큰일을 하기 때문이다. 따라서 진정 포부가 큰 사 30 람은 훌륭할 수밖에 없다. 각각의 미덕에서 큰 것은 포부가 큰 사람의 몫이다. 위험에 직면했을 때 도망치는 것이나 불의를 행하는 것은 포부가 큰 사람에게 전혀 어울리지 않는다. 명예를 가장 큰 것으로 여기는 사람이 무엇 때문에 명예롭지 않은 일을 하겠는가? 개별적으로 살펴보자면, 훌륭하지 않은데 포부가 크다고 말하는 것은 철저하게 불합리함이 드러난다. 나쁜 사람은 포부가 클 수 없고, 명예를 얻을 가치도 없다. 명예는 미덕에 주어지는 상이고, 훌 35 륭한 사람에게 주어지기 때문이다.

큰 포부는 미덕의 면류관이다. 포부가 크면 미덕이 더 위대해지 1124a 고, 미덕 없이는 포부가 존재할 수 없기 때문이다. 그래서 포부가 큰 사람이 되는 것은 진정 어렵다. 고귀함과 훌륭함 없이는 포부가 큰 사람이 될 수 없다.

포부가 큰 사람은 무엇보다 명예 및 불명예에 관심이 있다. 훌 5 륭한 사람이 명예를 수여할 때, 그는 마땅히 받아야 할 것이나 그보다 못한 것을 받는다고 여기고, 그렇게 주어진 명예를 적절한 수준에서 즐거워한다. 완전한 미덕에 걸맞은 명예는 없기 때문이다. 하지만 그들이 줄 수 있는 것 중에서 명예보다 더 큰 것은 없으므로, 어쨌든 그렇게 주어지는 명예를 받는다. 반면, 명예를 수여할 만한 사람이 아닌 자들이 주거나, 큰일을 하지 않았는데도 주어지 10 는 명예는 무시한다. 그런 명예는 자신에게 어울리지 않기 때문이다. 또한, 자신에게 불명예가 주어지는 것도 부당한 일이므로, 그 불명예도 무시한다.

앞서 말했듯,[104] 포부가 큰 사람은 무엇보다도 명예에 관심을 두지만, 자신에게 주어지는 부와 권력, 모든 행운이나 불운에 대해

---

104 제4권 제3장 1123b15-22.

15 서도 적절하게 처신할 것이므로, 행운에 대해 지나치게 기뻐하지도 않고 불운에 대해 지나치게 괴로워하지도 않는다. 그는 심지어 명예조차도 그것을 가장 크게 여겨 처신하지는 않을 것이다. 사람이 권력과 부를 선택하는 것은 명예를 위한 것이고, 적어도 권력과 부를 지닌 사람들은 그런 것을 통해 명예를 얻길 바란다. 그러므로 명
20 예조차도 작은 것으로 생각하는 사람이 다른 것을 작게 생각할 것은 두말할 필요가 없다. 그래서 포부가 큰 사람은 거만해 보인다.

행운들도 큰 포부에 기여한다. 명문가 출신이거나 권력이나 부를 지닌 자들은 명예를 받을 자격이 있다고 여겨진다. 그들이 우월한 위치에 있고, 모든 좋은 것에서 우월한 것은 모두 더 큰 명예를 얻기 때문이다. 그래서 그런 것은 더 큰 포부를 갖게 한다. 그런 것
25 을 가진 자들을 존경하는 사람이 있기 때문이다. 사실은 오직 훌륭한 자만이 존경받아야 하지만, 이 두 가지를 지닌 자가 명예를 얻을 자격이 더 많다고 인식된다.

그런 행운들을 지녔음에도 미덕을 갖추지 못한 사람이 스스로 큰일을 하겠다고 생각하는 것도 옳지 않고, 그런 자들을 "포부가 큰 사람"이라고 부르는 것도 옳지 않다. 완전한 미덕 없이는 포부
30 가 큰 사람일 수 없기 때문이다. 미덕 없이 그런 행운만 가진 사람은 오만불손한 자들이 된다. 미덕 없이는 그런 행운들을 적절하게
1124b 사용하기 어렵기 때문이다. 그들은 행운을 적절하게 사용하지도 못하면서, 자신이 남보다 우월하다고 생각해서, 남을 멸시하고 자기 하고 싶은 대로 행동한다. 그들은 포부가 큰 자가 아닌데도, 자신이 할 수 있는 정도에선 마치 포부가 큰 사람인 양 행동한다. 따라서 그들이 그렇게 행하는 것은 미덕을 따라 하는 것이 아니라,
5 남을 멸시하는 것일 뿐이다. 포부가 큰 자가 남을 멸시하는 것은

사실에 따른 것이므로 정당하다면, 많은 사람은 아무런 근거도 없이 제멋대로 남을 멸시한다.

포부가 큰 사람은 사소한 일로 위험 속으로 뛰어들지도 않고, 소중히 여기는 것이 별로 없으므로 위험 속으로 뛰어드는 것을 좋아하지도 않지만, 큰일을 위해서는 기꺼이 위험에 뛰어들고, 어떻게 해서라도 살아야 한다고 여기지 않으므로 목숨을 아끼지 않는다.

포부가 큰 사람은 도움을 주려 하기에, 도움받는 것을 부끄러워 10한다. 도움 주는 것은 우월한 사람이, 도움받는 것은 열등한 사람의 일이기 때문이다. 그리고 그는 자기에게 도움을 준 사람에게 자기가 받은 것보다 더 큰 도움을 주고자 한다. 그렇게 해야 자신에게 도움을 준 사람이 이제는 빚진 사람이 되고, 그에게서 도움을 받은 자가 되기 때문이다.

또한, 포부가 큰 사람들은 자신이 도와준 일은 기억하지만, 자신이 도움받은 일을 기억하지 못한다. 도움을 받는 사람은 도움 준 사람보다 열등한데, 포부가 큰 사람은 우월하고자 하기 때문이다. 15또한, 그들은 자신이 도와준 일을 들을 때는 즐거워하지만, 자신이 도움받은 일이 언급되면 언짢아한다. 테티스 여신은 이런 이유로 자기가 제우스를 도와준 일을 말하지 않았고,[105] 스파르타인은 자신이 아테네인을 도와준 일을 말하지 않았으며, 오직 그들에게서 도움받은 일만을 말했다.[106]

---

[105] "테티스"는 그리스 신화에 나오는 바다의 여신으로 아킬레우스의 어머니이기도 하다. 아킬레우스는 테티스가 제우스를 도와준 일을 거론하며 제우스에게 부탁할 것을 요청하지만, 정작 테티스는 제우스를 만났을 때 그 일을 입 밖에 내지 않는다. 호메로스, 『일리아스』 제1권 394-407, 503행.

또한, 포부가 큰 사람은 남에게 전혀 또는 거의 도움을 요청하지 않으면서도, 기꺼이 남을 돕는다. 그리고 지위가 높은 사람이나 행운을 누리는 사람들 앞에서는 힘을 보이고, 일반 사람 앞에서는
20 평범하게 처신하는 것도 포부가 큰 사람의 일이다. 전자를 뛰어넘는 것은 어렵고 대단한 일이지만 후자를 뛰어넘는 것은 쉬운 일이고, 전자 앞에서 힘을 보이는 것은 천박한 일이 아니지만, 후자 앞에서 힘을 보이는 것은 약자에게 힘을 과시하는 것과 같아 천박해 보이기 때문이다.

또한, 명예로운 것으로 여겨지긴 하지만 평범한 일이나 남이 아
25 주 잘하는 일에는 뛰어들지 않는 것, 큰 명예나 큰 업적이 달려 있는 일 외에는 함부로 뛰어들지 않는 것, 많은 일을 하진 않지만 이름을 날릴 수 있는 큰일을 하는 것도 포부가 큰 자가 하는 일이다.

또한, 포부가 큰 사람은 자기가 싫어하거나 좋아하는 것을 있는 그대로 드러내므로, 거침없이 말하고 행동한다. 진실보다는 사람이 어떻게 생각할지를 더 신경 써서 그런 것을 숨기는 일은 겁쟁이
30 나 하는 짓이기 때문이다. 그는 모든 것을 별 것 아니라고 생각하므로 거침없이 말하고, 대중에게 반어법으로 말하는 경우를 제외하고는 언제나 진실을 말한다.

1125a 또한, 포부가 큰 사람은 친구 외에 남에게 의존하지 않는다. 그런 삶은 노예적인 것이기 때문이다. 따라서 아부하는 자들은 모두 비천한 자들이고, 비천한 자들은 아부하는 자들이다.

포부가 큰 사람은 감탄하지 않는다. 그에게 대단한 것은 아무것

---

106 기원전 370~369년에 테바이 군대가 침공하자 스파르타는 아테네에 지원병을 요청하면서도, 자신이 전에 아테네인을 도운 일을 거론하지 않았던 사실을 가리킨다.

도 없기 때문이다. 또한, 그는 앙심을 품지도 않는다. 어떤 것을 오랫동안 마음에 담아두는 것, 특히 누가 자기에게 잘못한 일을 마음에 담아두는 것은 포부가 큰 사람의 행동이 아니기 때문이다. 포부가 큰 사람은 그런 일을 무시하고 그냥 넘긴다.

　포부가 큰 사람은 사람들에 대해 이러쿵저러쿵 말하는 것을 좋 5
아하지 않는다. 그는 자신이 칭찬을 받는 것에도 관심 없고, 남이 비난받는 것에도 관심이 없으며, 자신이나 남에 대해 말하려고 하지 않기 때문이다. 또한, 그는 칭찬하지도 않는다. 같은 이유에서 자기 적이라고 해도 헐뜯지 않는다. 자부심 때문에 의도적이지 않게 남에 대해 나쁘게 말하는 경우를 제외하면 그렇다.

　또한, 포부가 큰 사람은 어쩔 수 없거나 사소한 일과 관련해서는 불평하거나 도움을 청하지 않는다. 그런 일과 관련해 불평하거 10
나 도움을 청한다면 그런 일을 중요하게 생각한다는 뜻이기 때문이다. 또한, 그는 이득이 있고 유용한 것보다는 이득이 없더라도 고귀한 것을 가지려고 한다. 그것이 자기 힘으로 살아가려는 사람에게 더 어울린다.

　또한, 포부가 큰 사람은 움직임이 느리고 목소리가 중후하며 말투는 침착하고 안정감이 있다. 중요한 일은 거의 없다고 생각하는 사람은 서두르지 않고, 대단한 일은 아무것도 없다고 생각하는 사 15
람은 긴장하지 않는다. 긴장하고 서두를 때 목소리가 날카로워지고 움직임이 빨라지기 때문이다.

　이런 사람이 포부가 큰 사람이다. 반면, 이런 것에서 모자람이 있다면 포부가 작은 것이고, 지나침이 있다면 허영심이 강한 사람이다. 그러나 포부가 작거나 허영심이 강하다고 해서 나쁜 사람으로 여겨지지는 않는다. 그들은 나쁜 짓을 하는 사람이 아니라, 단

20 지 잘못하는 사람이기 때문이다. 포부가 작은 사람은 훌륭한 일을 할 수 있는데도, 자기는 그런 일을 할 수 없다고 생각함으로써, 그렇게 할 기회를 스스로 내팽개친다는 점에서 나쁜 것을 지닌 사람이면서, 자기 자신을 모르는 사람인 듯하다. 그렇지 않았다면, 그는 자기가 할 수 있는 훌륭한 일을 추구했을 것이기 때문이다. 그들은 어리석은 사람이 아니라 위축된 사람들로 보이지만, 그러한

25 위축된 생각 때문에 더욱 열등한 사람이 된다. 사람은 누구나 자기가 할 만한 것을 추구하는 것이 정상인데, 그들은 자신이 고귀한 행위나 시도, 외적으로 좋은 일을 할 만한 사람이 아니라고 생각해 아예 그런 것을 하지 않는다.

　　반면, 허영심이 강한 사람들은 어리석은 사람이자 자신을 모르는 사람이고, 자신의 그런 모습을 다 드러내는 사람이다. 그들은 훌륭한 일을 할 만한 사람이 아닌데도, 그런 일을 하려고 시도하다

30 가 들통이 난다. 그들은 남에게서 존경받고 명예를 얻고자 옷이나 겉으로 드러나는 것들로 자신을 그럴듯하게 꾸미고, 자신이 행운아라는 것이 널리 알려지길 바라며, 자신이 지닌 행운을 떠벌리고 다닌다.

35 　　하지만 포부가 크다는 것과 더 반대되는 일은 허영심 강한 것이 아니라 포부가 작은 것이다. 포부가 작은 것은 더 흔하고 더 나쁘기 때문이다. 앞서 말했듯,[107] 이렇게 포부가 크다는 것은 큰 명예와 관련되어 있다.

---

[107] 제2권 제7장 1107b26, 제4권 제3장 1123a34-1123b22.

제4장

작은 명예와 관련된 미덕

앞서 명예를 처음 언급했을 때 말했듯,[108] 큰 재물과 관련해서는   1125b
통이 크다는 미덕이 존재하고 작은 재물과 관련해서는 후함이라는
미덕이 존재하는 것처럼, 큰 명예와 관련해 포부가 크다는 미덕이
존재한다면 작은 명예와 관련해서도 어떤 미덕이 존재할 것이다.
작은 재물이나 작은 명예와 관련된 미덕은 큰 것과는 상관이 없지
만, 중간 것이나 작은 것과 관련해 우리로 하여금 적절히 대처하게   5
하기 때문이다.

　재물을 주고받는 것과 관련해 중용과 지나침, 모자람이 있듯,
명예를 추구하는 것과 관련해서도 적절한 것보다 더 많은 것과 더
적은 것이 있고, 명예를 추구해야 할 것과 추구해서는 안 될 것도
있으며, 올바른 방식으로 명예를 추구하는 것도 있다. 명예욕이 강
한 사람을 비난하는 이유는 명예욕을 추구해선 안 되는 데서 적절
한 수준 이상의 명예를 추구하기 때문이고, 명예욕이 없는 사람을   10
비난하는 이유는 고귀한 일에서도 명예를 추구하려고 하지 않기
때문이다. 하지만 명예에 관해 처음으로 언급하며 말했듯,[109] 우리
는 명예욕이 강한 사람을 남자답고 고귀한 것을 사랑하는 자로 여
겨 칭찬하기도 하고, 명예욕이 없는 사람을 중용을 지키고 절제가
있다고 여겨 칭찬하기도 한다.

　이것저것을 좋아함은 여러 가지로 해석할 수 있으므로, 사람들   15

108　제2권 제7장 1107b24-31.
109　제2권 제7장 1107b31-1108a2.

은 명예욕을 언제나 하나로만 해석하진 않는다. 우리는 명예를 추구하는 누군가를 보면서, 남보다 더 명예를 사랑한다고 여기는 측면에서는 그를 칭찬하고, 적절한 수준 이상으로 명예를 사랑한다고 여기는 측면에서는 그를 비난한다. 명예와 관련해선 중용을 지칭하는 명칭이 없으므로, 마치 중용은 없다는 듯이 양극단, 즉 명예욕이 강한 사람과 명예욕 없는 사람이 중용이라는 자리를 놓고 다투는 듯하다. 하지만 지나침과 모자람이 존재하는 곳에는 중용도 존재한다.

20　　사람들은 명예를 적절한 수준 이상으로도 추구하고, 적절한 수준 이하로도 추구한다. 따라서 적절한 수준으로 명예를 추구하는 것도 가능하다. 이것을 따로 부르는 명칭은 없지만, 바로 그러한 성품, 즉 명예와 관련한 중용은 사람들에게서 칭찬을 받는다. 명예욕이 강한 것과 비교하면 이 중용은 명예욕이 없어 보이고, 명예욕 없는 것과 비교하면 명예욕이 강한 것처럼 보이며, 양자 모두와 비교하면 명예욕이 없는 것처럼 보이기도 하고 명예욕이 강한 것처

25　럼 보이기도 한다. 이것은 다른 미덕도 마찬가지이다. 하지만 작은 명예와 관련해서는 중용을 지칭하는 명칭이 없으므로, 양극단만 존재해 서로 대립하는 양 보인다.

제5장

온화함: 분노와 관련된 미덕

온화함은 분노와 관련된 중용이다. 이 중용을 지칭하는 명칭이나 양극단을 지칭하는 명칭도 없으므로, 우리는 이 중용을 온화함이라고 부른다. 하지만 온화함도 중용을 보여준다기보다는 분노와

관련해 부족한 방향으로 약간 기울어져 있다. 분노와 관련한 지나 침은 화를 잘 내는 것이다. 분노를 일으키는 것은 많고 다양하지 만, 분노하는 것은 문제가 된다.

분노해야 할 일에, 분노해야 할 사람에게 분노하고, 게다가 바른 때에 바른 방식으로, 적절한 기간 분노하는 사람은 칭찬을 받는다. 그런 사람이 온화한 사람이다. 사람들은 온화함을 칭찬하기 때문이다. 온화한 사람은 어지간해서는 평정심을 잃지 않고, 감정에 휘둘리지 않으며, 이성의 지시에 따라 분노해야 할 것에만 바른 방 식으로, 적절한 기간 분노한다. 하지만 온화한 사람은 모자람 쪽으 로 더 치우쳐져 있는 듯하다. 그런 사람은 보복하기보다는 용서하는 쪽으로 기울어 있기 때문이다.

분노와 관련해 모자람이 있으면 화를 낼 줄 모르는 것이든 아니면 다른 무엇이든, 비난을 받는다. 분노해야 할 것에 분노하지 않는 사람은 어리석은 자로 여겨지고, 분노해야 할 때 분노해야 할 사람에게 바른 방식으로 분노하지 않는 사람도 어리석은 자로 여겨진다. 그들은 생각이 없거나 그런 일에 고통을 느끼지 못하는 자로 여겨지고, 분노함으로써 자신을 방어해야 하는데도 그렇게 하지 못한다고 여겨지며, 모욕당하고도 참거나 자기 사람이 모욕을 당하는데도 아무렇지도 않게 넘기면서 비굴하다고 여겨진다.

분노와 관련해 지나침은 위에서 말한 모든 측면과 관련해 일어난다. 우리는 분노하지 말아야 할 사람을 향해, 분노해서는 안 되 는 일에, 적절한 수준 이상으로, 너무 빨리 그리고 너무 오랜 기간 분노할 수 있다. 하지만 이 모든 것이 한 사람에게 동시에 일어나지는 않는다. 그것은 불가능하다. 나쁜 것을 행하면, 그 해악은 그것을 행하는 사람에게도 미치고, 나쁜 것이 완벽해지면 그것을 행하는 자도 그 해악을 감당할 수 없다.

화를 잘 내는 사람들은 분노해서는 안 되는 일 때문에, 분노해
15 서는 안 될 사람을 향해 적절한 수준 이상으로 너무 빨리 분노하지
만, 분노를 그치는 것도 빠르고, 이것이 그들의 가장 큰 장점이다.
그들이 이런 식으로 행하는 것은 성질이 급해 분노를 참지 못하고
그대로 다 쏟아내 버린 후에는 분노를 그치기 때문이다.

분노와 관련해 지나친 나머지 걸핏하면 화를 내는 사람이 있는
데, 그들은 극도로 예민해 사사건건 화를 내기에 "화가 머리끝까
지 차 있는 사람"[110]이라는 명칭이 붙는다.

꽁한 사람들은 화가 잘 풀리지 않아 분노를 간직하므로 오랫동
20 안 분노하고, 앙갚음을 해야 분노가 그친다. 앙갚음이 즐거움을 만
들어내 고통을 상쇄시키면 분노가 끝나기 때문이다. 그렇지 않으면
그들에게는 계속 응어리가 남고, 그것이 드러나지 않기에 아무도
그들을 설득할 수 없으며, 자신도 화를 삭이는 데 시간이 걸린다.
25 그들은 자신에게나 친한 사람들에게나 큰 부담을 준다.

분노하지 말아야 할 것에 너무 오랜 시간 적절한 수준 이상으로
분노하고, 앙갚음하거나 응징하기 전에는 화를 풀지 않는 사람을
우리는 까다롭다고 부른다. 이는 온화함과 반대인데, 분노와 관련
30 해 모자람이 아니라 지나침이 있는 것이다. 앙갚음하는 것이 인간
본성에 더 가까워서 이런 지나친 것이 더 자주 일어나는데, 까다로
운 사람과 함께 살아가는 것은 더 힘들다.

또한, 우리가 지금 설명하는 것에서도 앞서 말한 것[111]이 옳다는

---

110 "화가 머리끝까지 차 있는 사람"으로 옮긴 '아크라콜로스'(ἀκράχολος)는 "머리끝
까지 차 있는"을 뜻하는 '아크로스'와 "분노"를 뜻하는 '콜로스'가 결합된 단어다.

것이 분명하게 드러난다. 즉, 어떤 일에서 누구에게 어떤 방식으로
얼마 동안 분노해야 하는지, 또한, 어디까지가 바르게 분노하는 것 35
이고 어디서부터 잘못된 분노인지 정하기는 쉽지 않다. 지나치든
모자라든 약간 벗어나는 사람은 비난을 받지 않거나, 모자란 사람
을 온화한 사람으로, 까다로운 사람을 남자답고 남을 다스릴 능력 1126b
이 있는 사람이라고 칭찬하기도 하기 때문이다. 따라서 적절한 수
준에서 얼마나 많이 그리고 어떤 방식으로 벗어나야 비난받을 만
한지를 말로 표현하긴 쉽지 않다. 그런 판단은 개별 사안들과 개별
인식에 달려 있기 때문이다.

하지만 적어도 다음은 분명하다. 중용이란 분노해야 할 사람들 5
에게 분노해야 할 일에 대하여 바른 방식으로 모든 면에서 적절하
게 분노하는 것이다. 이러한 중용은 칭찬받아 마땅하고, 분노와 관
련해 지나침과 모자람은 비난받아 마땅하다. 그리고 그 지나침과
모자람의 정도가 작을 때는 온건하게 비난받고, 큰 경우에는 더 많
이 비난받으며, 아주 큰 경우에는 아주 심하게 비난받는다. 따라서
중용의 성품을 고수해야 함은 분명하다. 분노와 관련된 성품들에
대해서는 이 정도로 해두자. 10

제6장
사교와 관련한 미덕

사람들과 만나 말을 하거나 일을 하며 함께 사회생활을 할 때 모든

---

111 제2권 제9장 1109b14-26.

사람을 즐겁게 해주려고 무엇이든지 칭찬하고 절대 반대하지 않으며, 만나는 사람들을 괴롭게 해선 안 된다고 생각하는 자들은 "속없는 사람들"이다. 반면, 그런 자들과는 정반대로 사사건건 반대

15 하고 사람들에게 괴로움을 주는 것을 조금도 개의치 않는 사람을 "말썽꾼들"이라고 부른다.

방금 말한 성품들은 비난받아 마땅하고, 그러한 성품의 중간에 해당하는, 받아들여야 할 것은 적절하게 받아들이고, 거부해야 할 것은 적절하게 거부하는 것이 칭찬받을 만함은 자명하다. 이 성품

20 을 지칭하는 명칭은 없지만, 가장 닮은 것은 "사랑"[112]이다. 이 중간 성품에 따라 행하는 사람은 아끼고 사랑하는 감정만 더해진다면, 우리가 '훌륭한 친구'라고 부를 수 있는 부류가 된다.

하지만 이 중간 성품은 교제하는 사람에 대해 특별한 감정이나 사랑하는 감정을 내포하진 않는다는 점에서 사랑과 다르다. 그들은 좋거나 싫어서가 아니라, 그런 성품을 지녔기 때문에 적절한 방

25 식으로 받아들인다. 그는 자기가 모르는 사람에게나 아는 사람에게, 친한 사람에게나 낯선 사람에게 똑같이 대할 것이다. 다만, 각각의 경우에 적절하다고 여겨지는 방식으로 하는 데만 차이가 있

---

112 "사랑"으로 번역한 '필리아'(φιλία)는 온갖 부류의 친한 사람 사이에 존재하는 관계를 지칭한다. 이 단어에 가장 알맞은 우리말은 "친애하는 국민 여러분"이라고 할 때 사용하는 "친애"(親愛)이다. 즉, 모든 인간관계에서 윤활유 역할을 하는 친밀한 사랑이 '필리아'이고, 이 사랑은 일방적인 것이 아닌 상호 사랑의 관계다. 남녀 간의 성애적인 사랑은 '에로스'이고, '필리아'가 아니다. 따라서 '필리아'는 성애적인 사랑을 제외한 온갖 일반적인 사랑을 가리킨다. 그리고 이러한 사랑의 관계로 맺어진 사람들을 "친구"라고 지칭한다. 사전을 찾아보면, 친구는 "가깝게 오래 사귄 사람"으로 정의되는데, 이 정의가 이 책에서 사용한 "친구"의 의미와 가깝다. 그런 의미에서 부모와 아들도 친구이고, 서로 거래하는 사람들도 친구다. 이 "사랑"은 제8권과 제9권에서 집중적으로 다룬다.

다. 잘 아는 사람이든 낯선 사람이든 동일하게 배려하는 것도 적절하지 않고, 동일하게 괴로움을 주는 것도 적절하지 않다.

따라서 일반적으로 말한다면, 그런 사람은 사람들과 적절한 방식으로 교제할 것이고, 고귀하고 유익한 것에 기여할 때만 사귐으로써 사람들에게 괴로움을 주지 않거나 함께 즐거워할 것이다. 사 30
람들과 교제하며 즐거움이나 괴로움이 생기기 때문이다. 따라서 그는 함께 즐거워하는 것이 고귀하지 않거나 해로우면 함께 즐거워하길 거부하고 괴로움을 주는 쪽을 선택한다. 또한, 어떤 행위가 그 행위자에게 상당히 큰 불명예나 해악을 가져다줄 것이 분명하고, 거기에 반대하더라도 작은 괴로움만 돌아올 뿐이라면, 그는 그 행위를 받아들이지 않고 거부할 것이다. 35

그는 존귀한 사람이든 평범한 사람이든, 잘 아는 사람이든 그렇지 않은 사람이든 똑같은 방식으로 교제하지 않고, 그 밖의 다른 1127a
모든 사람에게도 각자에게 적절한 방식으로 사귈 것이다. 그는 함께 즐거워하고 괴로움을 주지 않는 것을 원칙으로 삼겠지만, 함께 즐거워하는 것과 괴로움을 주는 것 중에서 어느 쪽이 더 고귀하고 유익한 것에 기여하느냐에 따라 행동할 것이다. 그는 미래에 있을 큰 즐거움을 위해서라면 작은 괴로움도 마다하지 않는다. 5

이런 사람이 중용을 지키는 것이지만, 그를 지칭하는 명칭은 없다. 교제하면서 함께 즐거워하는 사람 중에서 다른 속셈 없이 남을 즐겁게 해주려는 사람은 "속없는 사람"이고, 돈이나 돈으로 살 수 있는 것과 관련해 어떤 이득을 챙길 목적으로 남을 즐겁게 해주려는 사람은 "아부하는 사람"이다. 반면, 사사건건 못마땅해하는 사 10
람은 "까다로운 사람"이고 "말썽꾼"이다. 이 양극단은 중간을 가리키는 명칭이 없으므로 둘만 서로 대립하는 듯 보인다.

제7장
진실함: 언행과 관련한 미덕

자기과시와 자기 비하의 중간에 있는 미덕은 사교라는 거의 같은 영역에서 발견되지만, 이 미덕을 부르는 명칭도 없다. 따라서 이
15 성품을 살펴보는 것도 나쁘지 않다. 우리가 각 성품을 살펴 성품에 대해 더 잘 안다면, 모든 경우에 중용이 미덕임을 알고 확신하게 되기 때문이다.

사교의 삶에서 교제하며 사람들과 더불어 즐거워하거나 남에게 괴로움을 주는 사람들에 관해 앞서 살펴본 만큼, 이제는 말이나 행
20 위, 자기주장과 관련해 진실하게 행하거나 거짓되게 행하는 사람에 대해 같은 방식으로 살펴보자.

자기과시적인 사람은 자기에게는 없지만 어떤 자랑스러운 것을 가졌다고 하거나 실제로 가진 것보다 더 부풀려 말하는 사람이고, 자기 비하적인 사람은 자기에게 있으나 그런 자랑스러운 것을 갖고 있지 않다고 하거나 실제로 가진 것보다 더 축소해 말하는 사람이다. 그 중간에 위치하는 사람은 삶이나 말에서 진실하게 행하므로, 자기에게 있는 것을 부풀려 말하거나 축소해 말하지도 않고,
25 모든 것을 있는 그대로 말하거나 행하기에 "진솔한 사람"으로 불린다.

이 각각은 속셈을 두고 행할 수도 있고 아무런 속셈 없이 그렇게 할 수도 있다. 어떤 속셈 없이 그렇게 하는 것이라면, 각각은 그런 부류의 사람이어서 그렇게 말하고 행하며 살아간다. 거짓은 그 자체로 나쁘고 비난받아 마땅하며, 진실은 고귀하고 칭찬받아 마땅하다. 따라서 이런 방식으로 중용을 지켜 진실한 사람은 칭찬받
30

아 마땅하고, 나머지 거짓된 둘은 비난받아 마땅하지만, 둘 중에서 자기과시적인 자가 더 비난받아 마땅하다. 이 두 사람은 나중에 살펴보기로 하고, 먼저 진실한 사람에 대해 살펴보자.

우리가 살펴보려는 것은 자신이 합의한 것과 관련해 또는 정의나 불의에 속한 일과 관련해 진실하게 행하는 사람(이것은 다른 미덕에 속한다)이 아니라, 그런 것과는 상관없이 그의 성품 자체가 말과 1127b 삶에서 진실한 사람이다. 그런 사람은 훌륭한 사람이다. 그는 진실을 사랑하므로, 진실을 말하는 것이 그리 중요하지 않더라도 진실 5 하고, 진실을 말하는 것이 중요한 경우에는 더욱 진실하다. 거짓을 그 자체로 경계해온 그는 거짓을 말하는 것이 부끄러워지는 상황에서 더욱 거짓을 경계한다. 그런 사람은 칭찬받아 마땅하다. 그는 진실에서 지나친 쪽으로 말하기보다는 모자라는 쪽으로는 말하는 경향이 있다. 이런 데서 지나치다면 역겨운 것으로, 오히려 모자라는 쪽으로 말하는 것이 더 나아보이기 때문이다.

아무런 속셈 없이 자기에게 있는 것보다 더 많이 가진 듯 말하거나 행하는 사람은 나쁜 사람으로 보이긴 하지만(그렇지 않았더라 10 면 거짓을 좋아하지 않았을 것이다), 사실은 나쁜 사람이기보다는 실없는 사람인 것 같다.

반면, 어떤 속셈을 가지고 그렇게 한다면, 명성이나 명예를 위해 그렇게 한다면 자기과시적인 이유로 그런 것이므로 그렇게 많이 비난받을 대상은 아니지만, 돈이나 돈이 될 온갖 것을 위해 그렇게 하는 사람은 더 추하다. (이렇게 속셈을 가지고 자기과시적으로 사는 것은 그렇게 하고 싶은 성향을 따르는 것이 아니라 이성적 선택에 의한 것인 반면, 속셈은 없는데 자기과시적인 사람은 원래 성품에 따른 것으로 그가 15 본래부터 그런 부류임을 보여준다.) 이것은 거짓말하는 것 자체가 좋아 거짓말하는 사람이 있고, 명성이나 이득을 얻으려고 거짓말하는 사람이 있는 것과 같다.

따라서 명성을 얻으려고 자기과시를 하는 사람은 칭송받을 만한 것이나 행복하다고 축하받을 만한 것을 내세우지만, 이득을 얻으려고 자기과시를 하는 사람은 쉽게 발각되지 않으면서도 이웃에게 유용한 것들, 예컨대 예언자, 현자, 의사의 능력을 내세운다. 이런 이유로 대부분은 그런 것이 자기에게 있다고 하며 자기를 과시한다. 앞서 말한 대로, 그런 것 속에는 그들이 얻으려는 것이 들어 있기 때문이다.

실제로 있는 것보다 더 축소해 말하는 자기 비하적인 사람들은 매력적인 성품을 지닌 듯 보인다. 이득을 얻기보다는 자기과시를 피하려고 그렇게 말하는 듯 여겨지기 때문이다. 소크라테스가 그랬듯, 그들은 사람들로부터 높임을 받게 해줄 것이 자신에게 있음을 철저하게 부정한다.

반면, 별것도 아니지만 뻔한 것이 있으면서도 그런 사실을 철저하게 부정하는 사람은 협잡꾼으로 불리고 경멸을 받는다. 그리고 어떤 경우에는 스파르타인이 입는 옷처럼[113] 자기과시를 위한 것으로 여겨지기도 한다. 실제보다 지나친 것만이 아니라 실제보다 지나치게 모자라는 것도 자기과시이기 때문이다. 하지만 적절하게 자기를 비하하거나, 흔하지 않거나 뻔하지 않은 것이 있으면서도 자기를 비하하는 사람은 매력적으로 보인다. 진실한 사람과 반대

---

113 스파르타인은 옷을 수수하게 입는 것으로 유명했다. 반면, 아테네인 중 일부 부자들은 겸손해 보이려고 스파르타인처럼 수수하게 입었다. 그래서 당시의 어떤 작가는 길거리에서 버릇없이 무례하게 구는 노예의 뺨을 한 대 쳐주고 싶어도 혹시 자유민 부자일지도 모른다는 생각에 그렇게 하지 못한다고 한탄했다.

되는 것은 자기과시적인 사람이다. 자기과시적인 사람이 자기 비하적인 사람보다 더 나쁘기 때문이다.

제8장
품격 있는 재치: 노는 것과 관련한 미덕

삶에는 휴식이 있고, 사람이 쉴 때는 놀면서 시간을 보내기도 하므로, 여기에도 어떤 적절한 교제, 즉 말해야 할 것을 적절한 방식으로 말하거나 듣는 그런 교제가 존재한다. 또한, 그런 때 말하는 사람인지, 아니면 듣는 사람인지에 따라서도 차이가 있다. 이와 관련해서도 중용에 비해 지나침과 모자람이 있음은 분명하다. 1128b

농담하는 일에서 지나치면 "저속한 익살꾼"들로 여겨진다. 그들은 무슨 짓을 해서라도 웃기려고만 하고, 고상한 것을 이야기하거나 농담의 대상이 된 사람에게 고통을 주지 않고자 하기보다는 사람들에게서 웃음을 끌어내는 데만 신경을 쓴다. 반면, 스스로 농담하지도 않고 농담하는 자들을 못마땅해하는 사람은 "촌뜨기"나 "경직된 사람"으로 여겨진다. 5

그러나 농담을 적절하게 할 줄 아는 사람은 이리저리 방향을 쉽게 잘 바꾸는 사람이라는 의미에서 "재치 있는 사람"[114]이라고 불린다. 그런 농담들은 성품의 움직임들로 여겨져, 신체의 움직임을 10

---

114 "재치 있는 사람"으로 번역한 '에우트라펠로스'(εὐτράπελος)에서 '에우'는 "잘한다"라는 뜻이고, '트라펠로스'는 "방향을 바꾸는 것"을 뜻한다. 즉, 재치 있는 사람은 방향을 민첩하게 잘 바꾸는 것처럼, 임기응변에 능해 그때그때 필요한 말을 적절히 사용할 줄 아는 사람으로 통한다.

보고 신체를 판단하듯 성품의 움직임을 보고 성품을 판단해 그런 명칭이 주어졌다.

하지만 웃음을 자아낼 만한 일은 도처에 있고, 대부분은 노는 것과 농담을 적절한 수준 이상으로 좋아하므로, 저속한 익살꾼조

15 차 꽤 괜찮은 사람들로 인정받아 재치 있다고 불린다. 그러나 저속한 익살꾼과 재치 있는 사람은 서로 다르고, 그것도 크게 다르다는 사실은 지금까지 설명한 것에서 분명하다.

품격 있는 말을 하는 것도 중용의 성품에 속한다. 품격 있는 말을 하는 사람은 훌륭하고 교양 있는 사람들에게 어울리는 것을 말하고 듣는다. 그런 사람이 농담으로 말하거나 듣기에 적합한 것은

20 따로 있으므로, 교양인의 농담은 비속한 이들의 농담과 다르고, 배운 사람의 농담은 배우지 못한 사람의 농담과 다르다. 이런 차이는 고희극과 신희극에서도 볼 수 있다.[115] 고희극에서는 외설스러운 말을 통해 웃음을 선사했지만, 신희극에서는 어떤 말에 숨겨진 의미를 통해 웃음을 선사했기 때문이다. 그런 것은 품격과 관련해 큰 차이를 만들어낸다.

25 그렇다면 농담을 제대로 하는 사람을 교양인에게 어울리는 것만

---

115 고희극은 종교행사인 동시에 정치 비판과 사회 풍자의 역할도 했다. 신희극의 대표자인 메난드로스(기원전 342-291년)의 희극에서는 고희극의 특징인 풍자나 분방한 공상은 찾아볼 수 없고, 평범한 아테네 시민의 일상생활을 소재로 애증의 감정을 복잡한 줄거리로 엮어 희극적으로 묘사했는데, 유연한 표현력과 성격 묘사, 사실성이 두드러졌다.
아테네의 희극 역사에서 노래와 춤으로 떠들썩했던 주신 디오니소스의 제례 행사인 '코모스'에서 발달한 '코모이디아'(코모스의 노래)가 희극의 시초였다. 3대 희극 시인으로는 크라티노스(기원전 520-423년), 에우폴리스(기원전 446-416년), 아리스토파네스(기원전 445-385년)가 있다.

말하는 사람으로 정의해야 하는가 아니면 듣는 사람에게 괴로움을 주지 않고 심지어 즐거움을 주는 사람으로 정의해야 하는가? 또는, 즐거워하는 것과 싫어하는 것은 정해져 있지 않고 사람마다 다르기에 이것은 정의할 수 없는 것인가?

농담을 제대로 잘하는 사람은 자기가 하는 그런 농담을 들으려고 한다. 스스로 듣기에 거부감이 없는 농담을 자기도 할 것이기 때문이다. 따라서 그는 농담을 마구잡이로 하지 않는다. 농담하는 30 것은 일종의 욕과 같은데, 어떤 욕설은 법으로 금지되어 있으며, 그런 농담을 하지 말도록 해야 했다.

그러므로 자유민다운 교양인은 우리가 앞서 설명한 것을 자신에게 법처럼 여기고 살아간다. 따라서 품격 있게 말하는 사람으로 불리든, 재치 있는 사람으로 불리든, 중용을 지키는 사람은 그렇게 산다.

저속한 익살꾼은 사람을 웃기지 않고서는 못 배기는 사람이어서, 웃길 수만 있다면 자신이든 남이든 가리지 않고, 교양인은 말 35 하거나 듣고 싶지 않을 것을 말한다. 그러나 촌뜨기는 이런 만남에 1128b 서 쓸모가 없다. 그는 교제에 아무런 기여도 하지 않으면서, 사사건건 못마땅해하기 때문이다. 하지만 휴식과 농담은 삶에서 필수적이다.

지금까지 우리가 살펴본 세 가지는 삶에서의 중용이고, 말과 행위를 통한 교제와 연관된다. 하지만 하나는 진실함과 관련되고, 다 5 른 둘은 즐거움과 관련된다는 점에서는 서로 다르다. 즐거움과 관련된 중용 중에서 하나는 농담을 통해 나타나고, 다른 하나는 인간사귐의 또 다른 측면을 통해 나타난다.

제9장
수치심

10 수치심이 어떤 미덕인 듯 말하는 것은 적절하지 않다. 수치심은 성
품보다는 감정에 더 가깝기 때문이다. 어쨌든 수치심은 불명예에
대한 일종의 두려움으로 정의되고, 끔찍한 것에 대한 두려움과 상
응하는 것을 만들어낸다. 수치심을 느끼는 사람은 얼굴이 붉어지
고, 죽을 것이라는 두려움을 느끼는 사람은 얼굴이 창백해진다. 따
15 라서 이 둘은 어떤 의미에서 신체적인 상태로 보이고, 신체적인 상
태는 성품보다는 감정에 속한다.

  수치심이라는 감정은 모든 연령대가 아니라 청년에게 어울린
다. 청년들은 감정대로 살기에 많은 잘못을 저지르는 까닭에 수치
심으로 통제될 필요가 있고, 따라서 반드시 수치심을 알아야 한다
고 우리는 생각한다. 그리고 사람들은 수치심을 아는 청년들을 칭
20 찬하지만, 나이 든 사람이 수치심을 안다고 해서 칭찬하는 사람은
아무도 없다. 나이 든 사람은 수치심을 느낄 만한 짓을 해서는 안
된다고 생각하기 때문이다.

  수치심은 나쁜 짓을 해서 생긴다는 점에서 훌륭한 사람이 가질
감정이 아니다. 그런 짓이 정말 수치스러운 것이냐 아니면 그렇게
생각되느냐는 아무런 차이가 없다. 어느 쪽이든 해서는 안 되는 것
25 이고, 그런 짓으로 수치심을 느껴서는 안 되기 때문이다. 수치스러
운 짓을 하는 것 자체가 그는 나쁜 사람임을 보여준다. 따라서 누
가 수치스러운 짓을 하면서도 자기가 수치심을 느끼고 있기에 스
스로 훌륭하다고 생각한다면 이치에 맞지 않는다. 사람은 자발적
으로 나쁜 짓을 했을 때 수치심을 느끼는데, 훌륭한 사람은 결코

자발적으로 나쁜 짓을 하지 않기 때문이다.

어떤 조건 아래에서는 수치심도 훌륭한 것일 수 있다. 사람이 수치스러운 짓을 했다면, 수치심을 느끼는 것이 마땅하기 때문이 30 다. 하지만 이는 미덕과는 관계가 없다. 수치스러운 짓을 해놓고 수치심을 느끼지 못하는 것도 나쁘고, 수치심을 알지도 못한 채 수치스러운 짓을 하더라도 나쁜 것이지만, 수치스러운 짓을 하면서 수치심을 갖는다고 해서 그가 훌륭한 것은 아니기 때문이다.

자제력도 미덕이 아니고, 일종의 혼합적인 성격을 지닌 것이 다.[116] 이것은 나중에 살펴보기로 하고, 이제 정의에 관해 살펴보자. 35

---

116 "절제"는 온갖 나쁜 욕망이 적절하게 다스려지는 상태에서의 성품이므로 미덕으로 여긴다면, "자제력"은 나쁜 욕망들이 존재함을 전제하고 그 욕망들을 자제하는 것 이라는 점에서 부분적으로만 미덕이다. 자세한 것은 제7권 제1-10장을 보라.

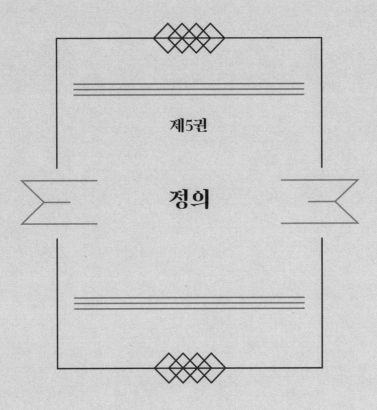

제5권

정의

제1장
정의와 불의

정의 및 불의와 관련해 우리는 그것이 어떤 종류의 행위이고, 정 1129a/5
의는 어떤 종류의 중용이며, 정의로운 것[117]은 어떤 것의 중간인
지를 고찰해야 한다. 이것에 대한 우리의 고찰은 앞서 논의했던
것과 같은 방법을 따른다.

　사람들에게 정의로운 것을, 정의롭게 행하게 하고 정의로운 것
을 바라게 하는 그런 성품을 정의라고 함을 우리는 안다. 마찬가
지로, 사람들에게 불의한 것을, 불의하게 행하게 하고 불의한 것 　10
을 바라게 하는 그런 성품을 불의라고 한다. 따라서 우리도 이것
을 논의의 기초로 삼자.

　성품은 지식이나 능력과는 다르다. 능력과 지식은 같은 것이
반대되어 나타나기도 하지만, 성품은 자신과 반대되는 것과 관련
되지는 않아 보인다. 예컨대, 건강한 사람은 건강과 반대되는 것 　15
을 행하지 않고, 오직 자신을 건강하게 하는 것을 행한다.[118] 건강
한 사람이 걷는 것처럼 걸을 때, 사람들은 그가 건강하게 걷고 있
다고 말한다.

---

117 아리스토텔레스는 성품이나 상태를 표현할 때는 "정의"(δικαιοσύνη, 디카이오쉬네)
　　라고 말하고, "정의"라는 성품이 움직이고 활동해 생기는 온갖 것을 "정의로운 것"
　　이라고 말한다. 따라서 "정의로운 행위"도 "정의로운 것"에 포함된다.

그런데 흔히 어떤 상태는 그와 반대되는 상태에서 알려지고, 흔히 그 상태를 지닌 것을 통해 알려진다. 예컨대, 무엇이 좋은 몸 상태인지 분명히 드러난다면, 나쁜 몸 상태는 어떤 것인지도 분명히 20 드러난다. 그리고 좋은 몸에서 좋은 상태가 어떤 것인지가 분명하게 드러나고, 좋은 상태에서 좋은 몸이 분명하게 드러난다. 만약 좋은 몸 상태가 단단한 살이라면 나쁜 상태는 무른 살이고, 좋은 몸 상태가 되게 하려면 살을 단단하게 해야 할 것이다.

25 그리고 어떤 경우에 한쪽이 여러 의미로 사용된다면, 다른 쪽도 대부분 여러 의미로 사용된다. 예컨대, 정의가 여러 의미로 사용된다면 불의도 여러 의미로 사용된다.

정의와 불의는 여러 의미로 사용되는 듯 보이지만, 그 여러 의미가 서로 가까이 있으므로 그것이 동음이의어임이 드러나지 않고, 그 여러 의미가 서로 멀리 떨어진 때와는 달리 그렇게 분명하게 드러나진 않는다. (그 여러 의미가 서로 멀리 떨어진 정도가 커서 차 30 이가 뚜렷하면 동음이의어임이 분명하게 드러난다.) 예컨대, 동물의 쇄골이라는 의미로도 사용되고 문 잠그는 열쇠라는 의미로도 사용되는 '클레이스'라는 말이 그렇다.[119]

따라서 "불의한 사람"이라는 말이 얼마나 여러 의미로 사용되

---

118 성품은 "상태"이므로, 아리스토텔레스는 여기서 "건강"이라는 상태를 예로 들어 성품이 지식이나 능력과는 다름을 보여준다. 그리고 이러한 성품이나 상태는 행위를 통해 드러난다. 이렇게 "상태"(또는, 성품)와 그 구체적인 결과물은 이 책 전체를 통해 명확히 구별되고 있다.

119 그리스어 '클레이스'(κλείς)는 "잠그다"를 뜻하는 '클레이오'(κλείω)에서 나온 단어로 "빗장, 열쇠"를 가리킨다. "쇄골"은 복장뼈의 윗부분과 어깨의 끝을 연결하는 뼈로 목과 앞가슴 사이에서 어깨까지 느슨한 S자 형태로 튀어나와 보이는 긴 뼈로, 빗장처럼 보인다고 해서 빗장뼈로도 불린다.

는지를 살펴보자. 법을 어기는 사람과 자기가 더 많이 가지려고 공평하지 않게 행하는 사람은 불의하게 보이므로, 법을 지키는 사람과 공평한 사람은 정의로울 것이 분명하다. 따라서 정의는 법을 지키는 것과 공평한 것이고, 불의는 법을 어기는 것과 공평하지 않은 것이다.[120]

불의한 사람은 자기가 더 많이 가지려고 하므로, 좋은 것에 눈독을 들이려 한다. 하지만 모든 좋은 것이 아니라, 행운이나 불운과 관련해 좋은 것에만 눈독을 들인다. 이 좋은 것은 일반적으로는 언제나 좋지만, 어떤 사람에게는 언제나 좋지만은 않다. 물론, 사람들은 그런 좋은 것을 갖게 해달라고 신에게 빌고 그것을 갖고자 열심히 노력하지만, 사실은 그렇게 해서는 안 된다. 도리어 사람들은 일반적으로 좋은 것이 자신에게도 좋은 것이 되게 해달라고 신에게 빌어야 하고, 그렇게 좋은 것을 선택해야 한다.

또한, 불의한 사람이 언제나 더 많은 쪽만 선택하는 것은 아니다. 일반적으로는 나쁜 것이 더 적은 쪽을 선택한다. 나쁜 것을 적게 갖고자 함은 좋게 보이지만, 좋은 것은 더 많이 가지려 한다는 점에서 불의한 사람은 더 많이 가지려는 사람이다. 어쨌든 그는 공평하지 않다. 이것이 좋고 나쁨과 관련해 그가 보여주는 태도를 포괄하고 둘 모두에 공통된다.

법을 어기는 사람은 불의하고, 법을 지키는 사람은 정의로우므

1129b

5

10

---

120 "공평한"으로 번역한 '이소스'(ἴσος)는 "똑같은"이라는 뜻으로, 기본적으로는 양적으로 같은 것을 의미하고, 더 나아가 분배와 관련해서 누구도 자기 몫보다 더 갖거나 덜 갖는 것 없이 공평하게 나누어 갖는다는 의미가 있다. 우리말에서 "공평"은 "어느 쪽으로도 치우치지 않고 고름"이고, "공정"은 "공평하고 올바름"이므로, '이소스'는 "공평한"이다. 공평할 때 정의의 이상인 "공정"이 이루어진다.

로, 합법적인 것은 모두 어떤 의미에서는 분명 정의롭다.[121] 입법으로 제정된 것은 합법적인 것이고, 우리는 합법적인 것 하나하나를 정의롭다고 말한다.

15   그런데 법은 모든 것과 관련해, 모든 사람의 공통 유익 또는 귀족들의 유익 또는 미덕이나 다른 어떤 것으로 통치하는 자들의 유익을 위해 무엇인가를 선언하는 것이다. 따라서 어떤 의미에서는 정치 공동체를 위해 행복과 행복의 요소들을 만들어내고 보전하는 것을 우리는 정의롭다고 말한다.

20   또한, 법은 용감하게 행하라고 명한다. 예컨대, 대열을 이탈하거나 탈영하거나 무기를 버리지 말라고 한다. 그리고 절제 있게 행하라고 명한다. 예컨대, 간통하거나 무절제하게 살지 말라고 한다. 그리고 온화하게 행하라고 명한다. 예컨대, 남을 폭행하거나 비방하지 말라고 한다. 마찬가지로, 법은 그 밖의 다른 미덕이나 악덕과 관련해서도 어떤 것을 하라고 명하거나 어떤 것을 하지 말라고 25 명하는데, 제대로 만들어진 법은 그것을 올바르게 하고, 엉성하게 만들어진 법은 허술하게 한다.

따라서 이러한 정의는 완전한 미덕이지만, 개인적으로가 아니라 남과 관련해서 그러하다.[122] 이런 이유에서 정의는 흔히 최고의 미덕으로 여겨지고, 저녁별 또는 새벽별[123]조차도 정의에 비하면

---

121 여기서 "법"으로 번역한 '노모스'(νόμος)의 기본 의미는 "관습적으로 행해지는 것"으로, 이 단어는 목자들 사이에서 자기 가축에게 풀을 뜯게 하거나 물을 마시게 하려고 관습적으로 정해진 규약에서 비롯되었다고 본다. 아주 오랜 옛날에는 관습이 불문법으로 정착되어 있었고, 그것을 보완하려고 점점 성문법이 발전한 것이므로, '노모스'는 말 그대로 사람이 지켜야 할 것이라는 의미에서 "법"이고, 오늘날과 같이 국가에서 제정한 법률만을 의미하지는 않았다.

그렇게 경이롭지 않다. 또한, "모든 미덕이 정의 안에 다 들어 있
다"[124]라는 말도 있다. 그리고 정의는 완전한 미덕을 실제로 실행 30
한다는 점에서 가장 완벽한 미덕이다. 또한, 정의라는 미덕을 지닌
사람은 그 미덕을 자신에 대해서만 아니라 남에 대해서도 실행한
다는 점에서 정의는 완벽한 미덕이다. 다른 미덕을 지닌 사람들은
자신과 관련해선 미덕을 실행하지만, 남과 관련해서는 그럴 수 없
기 때문이다.

그리고 그런 이유에서 "남을 다스리는 일을 하면 사람의 됨됨 1130a
이가 드러난다"라고 한 비아스의 말에는 일리가 있다.[125] 통치자
는 남과의 관계와 교제 속에서 행동할 수밖에 없기 때문이다. 또

---

122 앞서 아리스토텔레스는 정의롭다는 것이 "법을 지키는 것과 공평한 것"이라고 말
했다. 즉, 정의는 이 미덕을 지닌 한 개인에 국한한 독자적인 미덕이 아니라, 남과
관련한 미덕, 즉 공동체적인 삶 속에서 이루어지는 미덕이고 성품이다. 여기서 "개
인적인"으로 번역한 '하플로스'(ἁπλῶς)는 아리스토텔레스가 이 책에서 많이 사용
한 단어로, 어떤 사람이나 어떤 것과의 관계 속에서가 아니라 "그 자체로" 즉 "다
른 것과는 상관없이"라는 뜻이다. 따라서 정의는 반드시 남과의 관계 속에서 성립
하는 미덕이라는 의미다.

123 해 질 녘에 보이는 금성을 "저녁별" 또는 "개밥바라기"라고 하고, 새벽 동쪽 하늘
에 반짝이는 금성은 "새벽별"이나 "샛별"이라고 부른다.

124 고대 그리스 메가라 출신의 비가 시인 테오그니스(BC 570-BC 485)의 시에 나오는
말이다. 테오그니스는 젊은 귀공자 퀴르노스에게 건네는 일련의 시를 남겼는데
"퀴르노스여, 그대에게 가르쳐주리라, 나의 소년 시절 귀족에게서 배운 것을"이라
는 문구로 시작한다. 귀족들의 전통적인 교양과 생활 원칙에 관한 찬양이 시의 중
심을 이룬다. 한편으로는 귀족제 사회의 붕괴에 대한 지적 증오, 대중에 대한 증오
를 표현했고, 다른 한편으로는 사랑('필리아')의 위대함 및 진정한 귀족의 고결함과
긍지를 역설했다.

125 "비아스"는 기원전 6세기에 활동한 일곱 현인 중 한 명으로, 특히 변론에 아주 뛰어
나서 그리스 시인 데모도코스가 "판결을 하려면 비아스처럼 하라"라고 말했을 정
도였다.

한, 그런 이유에서 미덕 중에서 오직 정의만이 남에게 좋은 미덕으
5   로 보인다. 정의는 남과의 관계에서 실행되는 미덕이어서, 통치자
든 피치자든 정의라는 미덕을 지닌 사람은 남에게 이로운 것을 행
하기 때문이다.

자기 자신과 친구들에게 악덕을 행하는 자가 가장 나쁘고, 자신
의 미덕을 자신이 아니라 남에게 행하는 사람이 가장 좋은 사람이
다. 그렇게 하는 것은 어려운 일이기 때문이다. 따라서 그러한 정
의는 미덕의 한 부분이 아니라 미덕 전체이고, 그런 정의와 반대되
10 는 불의는 악덕의 한 부분이 아니라 악덕 전체다.

미덕과 정의에 어떤 차이가 있는지는 우리가 지금까지 말한 것
에서 분명하게 드러난다. 미덕과 정의의 실체는 같지만, 이 둘을
정의하는 방식[126]은 같지 않다. 남과의 관계라는 관점에서 본 것이
정의이고, 그 자체로 어떤 종류의 성품이냐 하는 관점에서 바라본
것이 미덕이다.

제2장
미덕 전체로서 정의, 일부 미덕으로서 정의

우리는 미덕의 한 부분인 정의를 탐구한다. 지금까지 말해왔듯,

---

126 여기서 "정의하는 방식"으로 번역한 '토 에이나이'(τὸ εἶναι)의 문자적인 의미는 "~
이라는 것"으로, 어떤 것을 정의하는 방식을 뜻한다. 번역문에서 사용한 "실체"라
는 단어도 원문에는 나오지 않는다. 이 문장을 직역하면 이렇다. "그것은 동일하지
만, '-이라는 것'은 동일하지 않다." 이런 식으로 아리스토텔레스는 추상적인 개념
어들을 별로 사용하지 않고, 구상적인 표현들을 많이 사용한다.

그런 정의가 존재한다. 마찬가지로 불의와 관련해서도 우리는 악 15
덕의 한 부분인 불의를 탐구한다. 그런 정의와 불의[127]가 존재한
다는 것을 보여주는 증표가 있다. 다른 악덕을 따라 행하는 사람,
예컨대 비겁해서 방패를 던져버리거나, 고약한 성질 때문에 남을
비방하거나, 인색한 나머지 남을 금전적으로 돕지 않는 사람은 불
의한 것이긴 하지만, 자기가 더 많이 가지려는 것은 아니다. 반면, 20
누군가가 더 많이 가지려 한다면, 그는 그러한 악덕 전체나 그중
어떤 악덕을 따라 행하지는 않으나, 우리가 그를 비난하는 것으로
보아 분명히 어떤 악을 따라 행하는데, 그것이 불의를 따라 행하는
것이다.

또한 악덕 전체를 가리키는 불의 외에도 그런 불의의 일부로서
하나의 악덕으로 존재하는 불의가 있다. 즉, 모든 악덕은 기본적으
로 법을 어긴다는 의미에서 악덕 전체를 가리키는 불의가 있고, 그
불의의 한 부분이자 하나의 악덕을 가리키는 불의도 있다.

어떤 사람은 이득을 위해 간통을 하고 또한 실제로 이득도 얻는
데, 반면 다른 사람은 돈을 내고 손해를 입으면서도 욕망 때문에 25
간통을 저질렀다면, 후자는 더 많이 가지려고 했다기보다는 무절
제한 사람으로 보이나, 전자는 무절제한 사람보다는 불의한 사람
이다. 따라서 전자는 이득 때문에 간통했다는 점에서 분명히 불의
한 사람이다.

방금 말한 것이 아닌 다른 불의한 행위는 언제나 어떤 악덕에
해당한다. 예컨대, 어떤 사람이 간통했다면 무절제이고, 전쟁터에 30

---

127 이 정의는 분배와 관련된 정의와 바로잡는 정의를 가리킨다. 분배와 관련된 정의
는 제3장에서, 바로잡는 정의는 제4장에서 설명한다.

서 전우를 버렸다면 비겁함이며, 남을 폭행했다면 화를 참지 못한 것이다. 반면, 어떤 사람이 이득을 얻으려고 그런 악덕을 행했다면, 그런 행위는 다른 악덕이 아닌, 불의이다.

따라서 악덕 전체를 가리키는 불의 외에 한 종류의 악덕으로 인식되는 어떤 불의가 있음은 분명하다. 후자가 전자의 명칭으로 불리는 것은 전자와 같은 종류에 속했기 때문이다. 이 둘은 동음동의어다. 둘 모두 타인과의 관계에서 행한다는 점에선 동일하다. 하지만 후자는 명예나 돈이나 안위 또는 이 모든 것을 하나의 명칭으로 포괄하는 것이 있으므로 그와 관련해 행하고 어떤 이득을 얻어 즐거움이 생기므로 행한다면, 전자는 훌륭한 사람과 관련된 모든 일에서 행한다는 점에서 다르다.[128]

그러므로 정의는 한 종류가 아니고, 미덕들 전체를 가리키는 정의와 구별되는 다른 정의가 분명 존재한다. 따라서 우리는 그 정의가 무엇이고, 어떤 종류의 정의인지 알아내야 한다. 불의한 것은 법을 어기는 것과 공평하지 않은 것으로 구분되고, 정의로운 것은 법을 지키는 것과 공평한 것으로 구분된다. 앞서 말한 불의는 법을 어기는 것이다. 부분과 전체가 서로 다르듯, 공평하지 않은 것과 법을 어기는 것은 서로 다르다(공평하지 않은 모든 것이 법을 어기는 것은 아니지만, 법을 어기는 모든 것은 공평하지 않은 것이다). 따라서 공평하지 않다는 의미에서 불의한 것과 불의는 부분에 해당하고, 법을 어긴다는 의미에서 불의한 것과 불의는 전체이므로, 각각 부분과

---

128 불의는 법을 지키지 않는 것이고 공평하지 않은 것이라는 점에서 미덕을 짓밟는 모든 악덕은 불의다. 그런데 법을 지키지 않고 공평하지 않은 것 중에서 그런 악덕에 속하지 않은 불의가 여전히 있는데, 그것이 바로 하나의 악덕으로서의 불의다.

전체로 다르다. 공평하지 않은 것인 불의는 법을 어기는 것인 불의의 일부이기 때문이다. 마찬가지로, 공평한 것인 정의는 법을 지키는 것인 정의의 일부다. 따라서 우리는 부분적인 정의와 부분적인 불의에 대해서도 살펴야 하고, 부분적으로 정의로운 것과 부분적으로 불의한 것에 대해서도 살펴야 한다.

미덕 전체를 가리키는 정의는 어떤 사람이 남에게 온갖 미덕을 행하는 것이고, 악덕 전체를 가리키는 불의는 어떤 사람이 남에 대 20 하여 온갖 악덕을 행하는 것이므로, 그런 정의와 불의는 다룰 필요가 없다. 또한, 그런 정의와 불의에 대응되는 정의로운 것과 불의한 것을 어떤 식으로 구별해야 할지도 분명하다. 합법적인 명령은 대체로 모든 미덕에서 나온다. 법은 각각의 미덕에 따라 살아갈 것을 명하고, 각각의 악덕에 따라 살아갈 것을 금하기 때문이다.

모든 시민을 교육하려고 제정된 법을 지키는 행위를 통해 온갖 25 미덕이 만들어진다. 반면, 한 개인을 훌륭한 사람으로 만들어내려는 교육과 관련해선 그것이 정치학의 소임인지 아니면 다른 학문의 소임인지 나중에 살펴보기로 하자. 훌륭한 사람이 되는 것과 훌륭한 시민이 되는 일은 같은 것이 아니기 때문이다.

부분적인 정의와 그런 의미에서 정의로운 것 가운데 한 종류는, 30 같은 정치체계에 속한 사람 사이에서 명예나 돈이나 그 밖에 나누어줄 만한 다른 것을 분배하는 일과 관련된다(그런 때는 모든 사람에게 공평하게 분배될 수도 있고, 공평하지 않게 분배될 수도 있으므로). 또 한 종류는 사람들 간의 거래에서 잘못된 것을 바로잡는 일과 관련되어 있다. 이것은 둘로 구분된다. 사람들 간의 거래 중에서 어떤 것 1131a 은 자발적이고, 어떤 것은 비자발적이기 때문이다. 자발적인 거래로는 판매, 구매, 대부, 보증, 대여, 공탁, 임대 등이 있다(이러한 거 5

래는 자발적으로 이루어지는 만큼 자발적이라고 불린다). 비자발적인 거래 중에는 절도, 간통, 독살, 매춘 알선, 노예 사기, 암살, 위증같이 은밀하게 행해지는 것이 있고, 다른 한편으로는 폭행, 감금, 살인, 강도, 신체 절단, 명예 훼손, 모욕같이 강제적인 것이 있다.

제3장
분배 정의

10 불의한 사람은 공평하지 않은 사람이고 불의한 것은 공평하지 않은 것이므로, 공평하지 않은 것 사이에 중간이 존재함은 분명하다. 그리고 이 중간이 바로 공평한 것이다.[129] 어떤 행위든 거기에 더 많음과 더 적음이 존재한다면, 거기에는 공평도 존재하기 때문이다. 따라서 불공평한 것이 불의한 것이라면, 공평한 것은 정의로운 것이다. 이것은 굳이 증명하지 않아도 모두가 그렇게 생각한다. 그리고 공평한 것은 중간이므로 정의로운 것도 어떤 중간일 것

15 이다. 공평한 것은 적어도 둘과 관련해 성립한다. 따라서 정의로운 것은 어떤 중간이고 공평한 것이며, 어떤 것이나 사람에 대한 것이다. 그리고 정의로운 것은 어떤 중간이라는 점에서 무엇과 무엇(각각 더 많은 것과 더 적은 것)의 중간일 수밖에 없고, 공평한 것이라

---

129 앞서 말했듯, 여기서 "공평한"으로 번역한 '이소스'(ἴσος)는 "똑같은"이라는 뜻으로, 기본적으로는 양적으로 같은 것을 의미하고, 더 나아가 분배와 관련해서는 누구도 자신이 받아야 할 몫보다 더 갖거나 덜 갖는 것 없이 공평하게 나누어 갖는 것을 뜻한다. 따라서 이 단어가 양적으로 똑같은 것을 가리킬 때는 "동등한"으로 번역하고, 양적으로는 똑같지 않지만 어떤 기준을 따라 공평한 것을 가리킬 때는 "공평한"으로 번역할 것이다.

는 점에서 적어도 둘이 관련될 수밖에 없으며, 정의로운 것이라는 점에서 어떤 사람에 대한 것일 수밖에 없다. 그러므로 정의로운 것은 적어도 넷과 관련해 성립한다. 정의로운 것과 관련해 필요한 당 20 사자가 적어도 둘이고, 정의로운 것을 드러내는 데 필요한 몫 또한 둘이기 때문이다.

사람 사이에 존재하는 공평함과 각자의 몫 사이에 존재하는 공평함은 서로 동일하다. 몫들 사이에 공평함이 존재한다면, 공평함은 그 몫을 분배받은 사람들 사이에도 존재하기 때문이다. 동등하지 않은 사람들은 동등한 몫을 가져선 안 된다. 사람이 동등한데도 동등한 몫을 분배받지 못했거나, 서로 동등하지 않은데도 동등한 몫을 분배받았다면, 거기서 다툼과 불평이 생긴다.

또한, 어떤 가치에 따라 분배되어야 한다고 사람들이 생각하는지를 보더라도 이것은 분명하다. 어떤 가치에 따라 이루어지는 것 25 이 정의로운 분배라는 데는 모두가 동의하지만, 모든 사람이 같은 것을 가치로 지목하진 않는다. 민주주의자는 자유를 지니고 있느냐의 여부를, 과두정 지지자들은 부나 좋은 혈통을, 귀족정 지지자들은 미덕을 가치로 지목한다.[130]

따라서 정의는 일종의 비례적인 것이다. 이는 단지 추상적인 숫 30 자에만 해당하지 않고, 온갖 수나 양에도 해당한다. 비례는 비율들의 공평함이고, 적어도 넷과 관련해 성립한다. 서로 다른 네 개 사이의 비례에 넷은 분명 관련되고, 서로 다른 세 개 사이의 비례에

---

130 이것은 누가 통치해야 하고, 권력은 어떻게 분배해야 하느냐와 관련한 정의다. 이렇게 아리스토텔레스는 국가 권력을 필두로 사람 사이의 온갖 분배와 관련한 정의를 논의한다. 국가 권력과 관련된 분배 정의는 그의 『정치학』, 특히 제3권 제9-13장에서 자세하게 다룬다.

도 그중 하나를 두 개로 여기고 두 번 언급하므로 넷이 관련된다.

예컨대, 선분 A와 선분 B의 관계는 선분 B와 선분 C의 관계와 같다고 할 경우, 선분 B는 두 번 언급된다. 따라서 여기서 선분 B가 두 번 언급되어 둘인 양 사용되므로, 이 비례에도 넷이 관련된다.

정의로운 것도 적어도 넷이 관련되고, 처음 둘 사이 비율은 나머지 둘 사이 비율과 같다. 사람이나 각자 몫은 서로 같은 비율로 5 배분되기 때문이다. 따라서 A항과 B항 사이 비율은 C항과 D항 사이 비율과 같기에, 교환할 때도 그 비율은 동일하고 A항과 C항 사이 비율은 B항과 D항 사이의 비율과 같다. 따라서 처음 둘(A+C)과 나머지 둘(B+D) 사이 비율도 같다.[131] 분배는 이런 식으로 둘씩 짝짓는 것이고, 그런 식으로 조합되면 정의롭게 둘씩 짝지어진 것이다.

10 따라서 A항과 C항을 함께 묶고, B항과 D항을 함께 묶는 것이 분배와 관련해 정의로운 것이고, 이런 정의로운 것이 중간이며, 불의한 것은 비례에 어긋난다. 비례는 중간이고, 정의로운 것은 비례를 따르기 때문이다. 수학자들은 이런 종류의 비례를 기하학적 비례라고 부른다. 기하학에서 한 전체와 또 다른 전체 사이 비율은 그 부분 간의 비율과 같기 때문이다. 하지만 이러한 비례에는 사람과 몫 둘 모두에 해당하는 단일 항은 존재하지 않으므로 분배 정의

---

131 에우클레이데스(영어식으로 "유클리드")의 『기하학 원론』에 의하면, A : B = C : D 가 성립할 때는 A : C = B : D도 성립하고(정리 12), (A+C) : (B+D)도 성립한 다(정리 14). 후자는 흔히 "가비[加比]의 이[理]"(비율을 더했을 때 성립하는 정리)로 불리지만, 일본식 명칭이다. 에우클레이데스는 이 책에서 10개에 불과한 공리(자명하게 참인 명제)로부터 증명을 통해 465개의 정리를 도출해냈다. 따라서 이것은 증명된 기하학적 정리들이다.

에서 성립하는 비례는 아니다.

그러므로 정의로운 것은 비례에 따른 것이고, 불의한 것은 비례 15
에 어긋난다. 불의한 것에서는 한쪽 항은 더 많아지고, 다른 쪽 항
은 더 적어지는데, 실제로 그런 일이 일어난다. 불의하게 행하는
사람은 좋은 것을 더 많이 가지고, 불의를 당하는 사람은 좋은 것
을 더 적게 가진다. 나쁜 것과 관련해서는 정반대 일이 일어난다.
더 큰 해악보다는 더 작은 해악이 선택할 만하고, 그렇게 선택할 20
것은 좋으며, 선택할 만할수록 더 좋은 것이기에, 더 작은 해악은
더 큰 해악에 비해 좋다고 여겨지기 때문이다.

이상으로 정의의 한 종류를 살펴보았다.

제4장
바로잡는 정의

정의의 다른 종류는 바로잡는 정의이고, 이것은 자발적인 거래와 25
비자발적인 거래 모두에서 생긴다. 이런 종류의 정의는 앞서 말
한 것과는 다른 종류다. 공동의 것을 분배하는 일과 관련한 정의
는 언제나 앞서 말한 비례에 따른다. 공동 재산에서 분배가 이루
어질 때 처음에 각자가 기여한 것과 동일 비율에 따라 분배되기 30
때문이다. 그리고 이런 종류의 정의와 반대되는 불의는 그러한
비례에 어긋난다.

반면, 사람들 사이의 거래에서 정의로운 것은 공평함이고, 불
의한 것은 불공평함이다. 하지만 그 공평함은 기하학적 비례에 1132a
따른 것이 아니라 산술적 비례에 따른 것이다.[132] 훌륭한 사람이

나쁜 사람에게서 강탈했든 나쁜 사람이 훌륭한 사람에게서 강탈했든, 그런 것은 아무런 차이가 없고, 훌륭한 사람이 간통했든 나쁜 사람이 간통했든 그런 것은 아무런 차이가 없다. 한 사람이 불의를 행하고 남이 불의를 당하거나, 한 사람이 피해를 입히고 남이 피해를 입었을 때, 법은 두 사람을 동등한 당사자로 공평하게 보고 오로지 피해 차이만을 고려한다. 따라서 이런 종류의 불의는 불공평하므로, 재판관은 이것을 공평하게 만들려는 것이다. 한 사람이 때리고 다른 사람이 맞거나, 한 사람이 죽이고 다른 사람은 죽임을 당했다면, 피해와 가해는 불공평하게 분배되었다. 따라서 재판관은 가해자에게서 이득을 빼앗음으로써 피해자의 손해와 균형을 맞추어 공평하게 만드는 것이다.

이런 것과 관련해 비록 어떨 때는 적절한 명칭이 아닐지라도 일반적으로 가해자에게는 "이득"이라는 명칭을, 피해자에게는 "손해"라는 명칭을 사용한다. 어쨌든 피해가 계산되었을 때 그것은 피해자와 관련해서는 "손해"라고 하고, 가해자와 관련해서는 "이득"이라고 부른다. 따라서 공평함이 더 많은 것과 더 적은 것 사이에 있는 중간이라면, 이득과 손해는 각각 중간에서 반대 방향으로 더 많은 것과 더 적은 것이다. 즉, 좋은 것이 더 많고 나쁜 것이 더 적을 때가 이득이고, 그 반대는 손해다. 이것의 중간이 공평함이고, 우리는 이것을 정의롭다고 말한다. 따라서 바로잡는 것과 관련해 정의로운 것은 이득과 손해의 중간이다.

---

132 "기하학적 비례에 따른 것"은 비율이 동등한 것을 가리키고, "산술적 비례에 따른 것"은 양이 동등한 것을 가리킨다. 예컨대, A가 B에게 1억 원의 피해를 입혔다면, A는 그 동등한 금액(즉, 양)을 B에게 배상해야 하고, 그것이 공평한 것이다. 이렇게 해야 바로잡는 정의가 세워진다.

그래서 사람들은 분쟁이 발생했을 때 재판관에게 호소한다. 재 20
판관을 찾아간다 함은 정의를 찾아가는 것이다. 재판관은 말하자
면 살아 있는 정의이기 때문이다. 사람들은 재판관을 "중간"으로
여기고 찾는 것이고, 어떤 사람은 재판관을 "중재자"라고 부르는
데, 이것은 그들이 중간을 얻으면 정의로운 것을 얻게 된다고 생각
하기 때문이다.[133] 따라서 정의로운 것은 중간이고, 재판관도 정의
로우려면 중간이어야 한다. 재판관은 공평함을 회복시키고, 이것 25
은 마치 한 선분이 더 큰 쪽과 더 작은 쪽으로 동등하지 않게 나뉘
었을 때 더 큰 쪽 중에서 절반을 초과하는 길이를 떼어내 더 작은
쪽에 더하는 것과 같다. 전체를 둘로 나누어 분배했을 때 두 사람
이 동등하게 가졌다면, 그들은 자기 몫을 가졌다고 말할 수 있다.

공평함은 산술적 비례에 따라서 더 큰 것과 더 작은 것 사이에 30
있는 중간이다. 이런 이유에서 그런 중간은 "정의로운 것"이라는
명칭으로 불린다. 그 중간은 마치 둘로 정확하게 나누었다고 할 정
도로 "이등분한 것"이기 때문이다. 그리고 "재판관"은 "이등분하
는 사람"이다.[134] 서로 크기가 같은 두 쪽 중 한쪽에서 한 부분을
떼어내 다른 쪽에 더했을 때, 다른 쪽은 그 부분의 두 배만큼 한쪽
보다 더 커진다. 한쪽에서 한 부분을 떼어내기만 하고 다른 쪽에
더하지 않았을 때, 다른 쪽은 그 부분만큼 한쪽보다 더 커진다. 따

---

133 여기서 "중간"(μέσος)은 앞서 미덕들을 살펴보았을 때 지나침과 모자람 사이에 있
    는 중간, 즉 중용을 말할 때 사용한 단어다. 미덕들은 중간이고, 따라서 정의도 중
    간이다. 사람이 재판관을 '메시디오스'(μεσίδιος)라고 부른 이유는 그들은 "중간에
    서 있는 사람"으로 어느 것이 중간인지를 잘 판단할 수 있다고 생각했기 때문이다.
134 아리스토텔레스는 여기서 단어 유희로 정의로운 것이 무엇인지를 표현한다. "정의
    로운 것"은 '디카이온'(δίκαιον), "이등분한 것"은 '디카이온'(δίχαιον), "재판관"은
    '디카스테스'(δικαστής), "이등분하는 사람"은 '디카스테스'(διχαστής)다.

라서 더 커진 쪽은 그 부분만큼 중간보다 더 크고, 중간은 더 작아
진 쪽보다 그 부분만큼 더 크다.

　그러므로 이것을 통해 더 많이 가진 쪽에서 얼마를 떼어내 더
적게 가진 쪽에 더해주어야 할지를 알 수 있다. 더 적게 가진 쪽에
5 는 중간보다 부족한 정도만큼 더해주고, 더 많이 가진 쪽에서는 중
간을 초과하는 정도만큼 떼어내야 한다. 서로 크기가 같은 세 선분
AA´, BB´, CC´가 있는데, 선분 AA´에서 AE를 떼어내 선분 CC´
앞쪽에 더해 DC가 추가되었다고 하자. 이렇게 해서 더 커진 선
분 DCC´는 DC와 CF(CF와 AE는 크기가 같다)를 합한 것만큼 선분
EA´보다 크고, 선분 BB´보다는 DC만큼 더 크다.[135]

　손해와 이득이라는 명칭은 자발적인 거래에서 생겼다. 사람들
은 물건을 사고팔거나, 법이 자유롭게 행하도록 허용한 그 밖의 다
른 거래들에서 자기 몫보다 더 많이 갖게 되었을 때 이득을 얻었다
고 말하고, 자신의 원래 몫보다 더 적게 갖게 되었을 때는 손해를
15 봤다고 말하기 때문이다. 반면, 더 많이 갖거나 더 적게 갖지 않고,
원래 자기가 갖고 있던 것을 그대로 유지했을 때 사람들은 자기 몫
을 갖게 되었다고 말하고, 손해를 입었거나 이득을 얻었다고 하진
않는다. 따라서 정의로운 것은 자발적인 거래에서 어떤 이득을 얻
는 것과 손해를 입는 것 사이에 있는 중간이고, 거래 이전과 이후

135　이 대목 뒤에는 1133a14-16과
　같은 내용이 나오는데, 비평본의
　삭제 제안에 따라 번역하지 않았
　다. 그래서 그만큼 공백이 생겨
　이 부분에서는 행 표시도 5행에
　서 15행으로 건너뛴다.

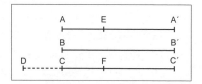

에 같은 몫을 갖는 것을 말한다.

제5장
교환 정의

어떤 사람은 일반적으로 상호주의[136]가 정의롭다고 생각한다. 피 20
타고라스학파 사람이 그렇게 말했다. 그들은 일반적으로 남에게
그대로 되갚아주는 상호주의를 정의롭다고 정의했다. 하지만 상호
주의는 분배 정의에도, 바로잡는 정의에도 부합하지 않는다. 설령 25
누군가가 "사람이 자기가 행한 것을 그대로 되돌려 받는다면, 바
른 정의가 이루어질 것이다"[137]라고 한 라다만티스의 정의를 바로
잡는 정의라고 이해하더라도, 이는 마찬가지다. 상호주의적 정의

---

136 "상호주의"로 번역한 '토 안티페폰토스'(τὸ ἀντιπεπονθὸς)는 '안티파스코'(ἀντιπάσχω)
의 완료분사형으로 "~과 교환해서"를 뜻하는 '안티'와 "갚아주다"를 뜻하는 '파스
코'가 결합한 단어이며, "받은 만큼 그대로 되갚아주는 것"을 의미한다. 일반적으
로는 "응보"로 자주 번역하지만, "응보"는 주로 형벌과 관련해 사용되는 표현이라
의미가 협소하다고 보아, 좀 더 폭넓은 의미를 지닌 "상호주의"로 번역했다. 실제
로 영어로는 "상호주의"를 의미하는 "reciprocity"로 번역된다.

137 "라다만티스"는 제우스와 에우로페 사이에서 태어난 아들로, 사람이 죽은 후에
가는 지하세계 "하데스"에서 재판을 담당하는 재판관 중 하나다. 그의 심판은 "눈
에는 눈으로"라는 상호주의 원리를 기반으로 한다(플라톤,『고르기아스』523e). 이 인
용문은 헤시오도스의 전해지지 않는 작품에 나온다(『헤시오도스 단편』174 MW). "사
람이 악을 뿌리면 악을 거둘 것이다. 만일 사람이 자기가 행한 것을 그대로 되돌려
받는다면, 바른 정의가 이루어질 것이다……." 헤시오도스는 기원전 700년경 활
동한 그리스 보이오티아의 농민 시인이었다. 종래의 신과 관련된 이야기들을 신
들의 계보에 따라 정리한『신통기』와 윤리적 종교관을 나타내는 교훈시「일과 날」
이라는 작품으로 유명하다.

와 바로잡는 정의는 많은 점에서 부합하지 않기 때문이다. 예컨대, 상사가 부하를 때렸더라도 자기가 한 그대로 맞아야 하는 것은 아 니지만, 부하가 상사를 때렸다면 그는 자기가 한 그대로 맞아야 할 뿐만 아니라 처벌도 받아야 한다. 또한, 자발적으로 한 것이냐 비 자발적으로 한 것이냐에 따라서도 차이가 크다.

하지만 교환이 이루어지는 공동체에서 사람들을 한데 묶는 것 은 바로 그러한 정의, 즉 동등한 것을 되갚아준다는 의미에서 상 호주의적인 정의가 아니라, 비례에 따른 상호주의 정의다. 국가는 비례적인 상호주의를 통해 유지된다. 사람들은 나쁜 것을 나쁜 것 으로 되갚으려고 하는데, 그렇지 않으면 자신이 노예 같다는 생각 이 들기 때문이다. 반면, 좋은 것을 좋은 것으로 되갚아주려 하는 데, 그런 식으로 되갚아주지 않으면 그들을 한데 묶어주는 교환은 일어날 수 없다. 사람이 카리스 여신들[138] 신전을 눈에 잘 띄는 곳 에 세우는 이유도 거기 있다. 즉, 사람이 그렇게 하는 것은 보답해 야 함을 역설하려는 것이다. 은혜를 베풀어준 사람에게 보답할 뿐 아니라, 다음번에는 자기가 먼저 나서서 은혜 베푸는 것이 '카리 스'(은혜)의 고유 속성이기 때문이다.

비례적인 상호주의는 상호교차적인 방식으로 이루어진다. 건설 업자를 A, 제화공을 B, 집을 C, 신발을 D라고 하고, 건설업자는 제화공에게서 신발을 얻는 대신에 거기에 대한 보답으로 집을 주

30

1133a

5

---

[138] "카리스 여신들"은 신과 인간, 자연계의 모든 것에 기쁨과 온화함을 주는 아름답고 우아한 여신들로 고대 그리스의 많은 지역에서 숭배되었다. 대표적으로 아글라이 아("빛나는 여인"이라는 뜻), 탈레이아("꽃의 계절"), 에우프로시네("환희"), 이렇게 세 여신이 "카리스 여신들"로 불린다.

어야 한다고 하자. 이때 먼저 집과 신발 사이에 비례적인 공평함이
있고, 그런 후에 상호주의적인 거래가 이루어진다면, 거기에는 우 10
리가 말한 비례적인 상호주의가 존재한다. 그런데 그런 식으로 거
래가 이루어지지 않는다면, 그 거래는 공평하지 않기에 이루어질
수 없다. 어떤 한 사람이 만들어낸 것이 다른 이가 만들어낸 것보
다 더 큰 가치를 지닐 때는 둘의 가치를 공평하고 동등하게 맞추어
야 하기 때문이다.

이것은 다른 기술에도 해당된다. 한 기술자가 고객에게 어떤 일 15
을 해주고, 양과 질에서 자기가 해준 것과 정확히 동등한 가치가 있
는 것을 받지 못했다면, 그런 기술은 진즉에 사라져버리고 없었을
것이다. 교환이 일어나는 공동체는 의사 두 명이 아니라, 의사 한
명과 농부 한 명, 즉 일반적으로 가치가 서로 다르고 동등하지 않은
사람들로 구성되므로, 그들의 가치는 동등하게 맞춰져야 한다.

그런 이유에서 사람들 사이에서 교환되는 모든 것은 어떤 식으
로든 비교할 수 있어야 한다. 이런 이유로 화폐가 도입되었고, 화 20
폐는 일종의 중간으로서 역할을 하게 되었다. 모든 것은 화폐로 평
가된다. 그래서 지나침과 모자람은 화폐로 평가되어, 집 한 채가
신발 몇 켤레와 동등한지 또는 신발 한 켤레가 얼마만큼의 식량과
동등한지 결정된다. 따라서 신발과 집 또는 식량 간 비례는 건설업
자와 제화공 간 비례와 동일할 수밖에 없다. 만일 이렇게 되지 않
으면, 교환이나 공동체는 존재할 수 없다. 그런 것이 어떤 식으로 25
든 동등하게 되지 않는다면, 그런 비례는 정해질 수 없다. 그래서
모든 것은 방금 앞서 말한 것처럼 무엇 하나를 기준으로 평가되어
야 한다.

화폐는 모든 것을 연결하는 데 필요한 수요를 대표한다. 만일

화폐가 전혀 없었거나 지금과 같은 방식으로 존재하지 않았다면, 교환이 없었거나, 있었다고 해도 지금과 같은 교환은 아니었을 것이다. 하지만 화폐는 사람들의 규약에 따라 온갖 수요를 대표하고,
30 이런 이유로 화폐는 '노미스마'라는 명칭을 갖게 되었다. 화폐는 자연적으로 존재하게 된 것이 아니라 법이나 관습('노모스')에 따라 생겼고, 화폐를 바꾸거나 효력을 정지시키는 것도 우리에게 달려 있기 때문이다.[139]

따라서 교환되는 것들의 가치가 서로 동등해져, 농부와 제화공 간의 비례가 농부가 만들어낸 식량과 제화공이 만들어낸 신발 간의 비례와 동일해졌을 때, 거기에는 상호주의적인 비례 관계가 존
1133b 재한다고 할 수 있다. 하지만 그것 사이에 비례의 정도를 확정하는 일은 교환을 끝낸 후가 아니라(이때 어느 한쪽은 두 물건 사이 초과분의 두 배만큼 이득으로 얻고, 다른 한쪽은 그 초과분의 두 배만큼 손해를 입는다), 그들이 각자 만들어낸 물건을 아직 보유 중일 때다. 이런 식으로 했을 때 그들 간에는 공평함이 생기므로, 그들은 서로 동등한
5 자가 되고, 공동체의 구성원이 된다. 농부를 A, 식량을 C, 제화공을 B, 가치의 비례 정도에 따라 동등화가 이루어진 신발을 D라고 했을 때, 만일 이런 식으로 상호주의적인 비례 관계가 이루어지지 않았더라면, 공동체는 존재하지 않았을 것이다.

수요가 사람들을 마치 하나처럼 묶어준다는 것은 교환에 참여하는 사람 둘 다 또는 어느 한쪽이 상대방의 물건을 필요로 하지 않으면 교환이 이루어지지 않는다는 데서 분명하게 드러난다. 예

---

139 "화폐"를 가리키는 '노미스마'(νόμισμα)는 "법이나 관습에 따라 인정된 것"을 뜻하는데, 법이나 관습을 가리키는 단어는 '노모스'(νόμος)이다.

컨대, 어떤 사람이 포도주를 가졌는데, 상대방은 그 포도주를 받고 곡물을 수출하게 해주겠다고 할 때 그렇다. 그런 때는 수요를 서로 10 맞추어야 한다.

화폐는 미래 교환을 위한 것이다. 우리가 지금은 어떤 물건이 필요하지 않지만, 나중에 그 물건이 필요할 때 우리가 가진 화폐와 그 물건을 교환할 수 있음을 우리에게 보증한다. 화폐를 가지고 가면 필요한 것을 얻을 수 있기 때문이다. 물론, 화폐도 다른 물건과 같은 것을 겪는다. 화폐라고 해서 언제나 같은 가치를 지니지는 않기 때문이다. 하지만 화폐 가치는 다른 물건 가치보다 안정되어 있다. 이것이 화폐를 기준으로 모든 물건에 가격을 매기는 이유다. 15 그렇게 했을 때만 언제나 교환이 존재할 것이고, 교환이 있으면 공동체도 존재할 것이기 때문이다.

화폐는 척도의 역할을 맡아 물건을 같은 척도로 평가해 동등하게 만든다. 교환이 없었다면 공동체도 없었고, 동등하게 하는 것이 없었다면 교환도 없었을 것이며, 동일 척도로 평가할 수 없었다면 동등하게 하는 것 역시 없었을 것이다. 천차만별을 동일 척도로 평가하는 것은 사실상 불가능하지만, 사람들의 수요와 관련해서는 20 충분히 가능하다.

따라서 어떤 하나의 단위가 있어야 하고, 그 단위는 규약에 따라 정해진다. 그런 이유로 화폐는 '노미스마'라고 불린다. 화폐는 모든 것을 동일 척도로 평가하게 해주고, 모든 것은 화폐로 평가되기 때문이다. 예컨대, 집을 A, 10므나를 B, 침대를 C라고 하고, 집의 가치가 5므나여서 A는 B의 절반이고, 침대 C는 B의 십분의 일 25 이라고 하자. 그런 때 몇 개의 침대가 집 한 채와 동등한지는 분명하다. 즉, 집 한 채는 침대 다섯 개와 동등하다. 화폐가 있기 전에는 그런 식으로 교환이 이루어졌을 것이 분명하다. 집 한 채를 다섯 개의 침대와 교환하든, 다섯 개의 침대와 맞먹는 화폐와 교환하든, 아무런 차이가 없기 때문이다.

30 지금까지 우리는 불의한 것과 정의로운 것이 무엇인지를 살펴보았다. 이것을 이렇게 정의하면, 정의롭게 행하는 것은 불의하게 행하는 것과 불의를 당하는 것 사이에 있는 중간임이 분명해진다. 불의하게 행하는 것은 너무 많이 갖는 것이고, 불의를 당하는 것은 너무 적게 갖는 것이기 때문이다. 정의는 일종의 중용이다. 하지만 정의는 다른 미덕과 같은 방식으로 중용이지 않고, 중간을 만들어낸다는 의미에서 중용이다. 반면, 불의는 양쪽 극단과 연결되어 있다. 정의는 정의로운 사람이 정의로운 것을 선택하게 만드는

1134a 것이다. 따라서 정의로운 사람은 자기와 남 사이 또는 남과 남 사이에서 분배할 때 사람이 선택할 만한 것을 자기에게는 더 많이 주고 남에게는 더 적게 주거나, 해로운 것을 자기에게는 더 적게 주고

5 남에게는 더 많이 주는 것이 아니라, 비례에 따라 동등하게 주고, 남과 남 사이에서 분배할 때도 동일하게 한다.

반면, 불의는 불의한 것과 연결되어 있고, 불의한 것은 유익한 것이나 해로운 것과 관련해 비례를 벗어난 지나침과 모자람이다. 이런 이유로 불의는 지나침이나 모자람과 연결되어 있으므로 지나

10 침과 모자람으로 불린다. 이것은 자기와 남 사이에서 분배할 때는 일반적으로 자기와 관련해 유익한 것에는 지나침이고 동시에 해로운 것에서는 모자람이며, 타인 사이에서 분배할 때는 둘 모두에게 비례에서 벗어난 배분을 하므로 그 행태가 자기가 관련된 경우와 전체적으로 비슷하다. 불의한 행위와 관련해 너무 적게 가지면 불의를 당하는 것과 같고, 너무 많이 가지면 불의를 행하는 것이다.

이상으로 우리는 정의와 불의의 본질이 무엇인지에 대해, 그리 15
고 정의로운 것과 불의한 것의 본질이 무엇인지에 대해서도 전체
적으로 살펴보았다.

제6장
정치적 정의

한 번 불의를 행했다고 해서 반드시 불의한 사람이라고 할 수는
없다.[140] 따라서 어떤 불의한 행위를 얼마나 많이 행했을 때 각각
의 불의에서 불의한 사람, 예컨대 도둑이나 간부(姦夫 또는 奸婦)나
강도가 되는 것인가? 아니면, 그런 식으로는 구분하지 못하는 것
인가? 한 남자는 어떤 여자가 유부녀인 줄 알면서 그녀와 동침했 20
지만, 그것은 이성적 선택이 아니라 감정에 따른 것일 수도 있기
때문이다. 그렇다면 그 남자는 불의한 행위를 저지르긴 했지만,
불의한 사람이라고 할 수는 없다. 마찬가지로, 남의 물건을 훔치
기는 했지만 도둑이 아닐 수도 있고, 간통하긴 했지만 간부는 아
닐 수 있으며, 이것은 다른 경우에도 적용된다.

상호주의와 정의로운 것이 어떤 관계에 있는지는 앞서 살펴본

---

140 여기서 아리스토텔레스는 또다시 "상태" 또는 "성품"으로서의 불의와 개별적으로
불의한 행위를 구별한다. 하나의 불의한 행위는 성품인 불의에서 나온 것일 수도
있고, 우연히 저질러진 것일 수도 있다. 전자일 때 그는 불의하다고 하고, 후자일
때는 불의한 행위를 하긴 했지만 불의한 사람이라고 할 수는 없다. 따라서 여기서
"도둑이나 간부나 강도"는 그런 행위를 한 모든 사람을 가리키는 것이 아니라, 오
직 성품에 따라 그런 행위를 한 사람들을 가리킨다.

25　바 있다.[141] 하지만 우리는 일반적으로 정의로운 것과 정치적으로 정의로운 것, 둘 다 찾고 있음을 잊어서는 안 된다. 정치적으로 정의로운 것은 한 공동체 내에서 자족적인 삶을 목표로 함께 살아가는 비례적이거나 산술적으로 동등한 자유민들 사이에서 성립한다. 따라서 그렇지 않은 사람 사이에서는 정치적으로 정의로운 것

30　은 존재하지 않고, 어떤 정의로운 것, 즉 유사성에 따라[142] 정의로운 것만이 존재한다. 정의로운 것은 서로 간의 관계가 법으로 규율되는 사람들 사이에서만 존재하기 때문이다. 그런데 법은 사람들 사이에 불의가 있는 곳에 존재한다. 법적 판결은 정의로운 것과 불의한 것을 구별하고 판정하기 때문이다. 또한, 불의가 있는 곳에는 불의를 행함이 있고(불의를 행하는 모든 곳에 불의가 있는 것은 아니다), 불의를 행하는 것이란 일반적으로 자기에게는 좋은 것을 지나치게 많이 배분하고, 나쁜 것은 너무 적게 배분하는 것이다.

35　　사람이 아니라 이성이 다스리게 해야 한다고 주장하는 이유가

1134b　거기 있다. 사람은 그런 식으로 불의를 행하다가 결국 참주까지 되기 때문이다. 하지만 통치자는 정의로운 것을 수호하고, 정의 수호자는 곧 공평함의 수호자이기도 하다. 정의로운 통치자는 결코 자

---

141 제5권 제5장 1132b21-1133b28.

142 "유사성에 따라 정의로운 것"은 그 자체로 또는 본래 정의로운 것이 아니라, 본래 정의로운 것과 유사하기에 정의롭다고 지칭된 것을 가리킨다. 따라서 이를 엄밀하게 말하면 정의로운 게 아니지만, 폭넓은 관점에서는 정의로운 것에 포함된다. 이것은 나중에 "사랑"('필리아')을 논의할 때도 적용된다. 본래적인 사랑은 어떤 이득을 얻고자 함이 아니라 그 사람 자체를 사랑하고 그가 잘되길 바라는 것이므로, 이득을 위해 사랑의 관계를 맺는 것은 본래적인 사랑이 아니다. 하지만 이득을 얻기 위한 것으로 해도 본래의 사랑과 어느 정도 유사성이 있으므로 넓은 의미에서의 사랑('필리아')에 포함된다. 전에는 "유사성에 따라"라는 표현보다는 "유비에 따라"라는 표현을 사용했다.

기가 더 많이 가지려고 하지 않는다. (비례에 따른 것이 아닌 경우, 일
반적으로 그는 좋은 것을 자기에게 더 많이 배분하지 않는다. 그런 이유에서
그는 남을 위해 수고하는 사람이다. 앞서 말했듯,[143] 사람들은 남에게 좋은 5
것이 정의라고 말한다.) 따라서 통치자에게는 보수가 주어지는데, 이
것이 예우이고 명예다. 그런데 그런 것으로는 충분하지 않다고 생
각하는 자들은 참주가 된다.[144]

주인의 정의와 아버지의 정의는 정치적 정의와 같지는 않고 유
사할 뿐이다. 자기 것과 관련해서는 불의라는 것이 존재하지 않 10
기 때문이다. 아버지에게는 자신의 소유물[145]과, 일정한 나이가 되
어 분가하기 전까지의 자녀들은 자기 일부나 다름없고, 자신에게
해악을 끼치는 것을 의도적으로 선택하는 사람은 아무도 없다. 이
런 이유에서 자신에 대해 가하는 불의는 존재하지 않는다. 따라서
거기에는 정치적 정의나 불의도 존재하지 않는다. 정치적 정의는
법으로 규율되면서, 다스리는 것과 다스림받는 일에 동등한 사람 15
들 사이에서 존재하는 것이기 때문이다. 따라서 자녀나 소유물보
다는 아내와 관련해 정의로운 것을 이야기해야 옳다.[146] 이것이 가
정에서의 정의이기 때문이다. 하지만 그런 것도 정치적으로 정의
로운 것과는 다르다.

---

143 제5권 제1장 1130a1-6.
144 "참주"에 대한 설명은 제8권 제10장 1160a35-1160b10과 아리스토텔레스의『정치
학』1266b38-1267a17에 나온다.
145 여기서 "자신의 소유물"은 일차적으로 "노예들"을 가리킨다.
146 남편과 아내 사이의 정의는 제8권 제12장 1162a16에서 설명된다.

제7장
자연적 정의와 법적 정의

정치적 정의에는 자연적 정의와 법적 정의가 있다. 자연적 정의는 사람이 어떻게 생각하든 모든 곳에서 같은 효력을 지닌다. 반면, 법적 정의는 원래는 어떻게 하든 아무런 차이가 없는 것이었지만 일단 정해진 후에는 차이가 생긴다. 예컨대, 포로 몸값이 1므나라는 것 또는 양 두 마리가 아니라 염소 한 마리를 제물로 바쳐야 한다는 것이 그렇다. 또한, 브라시다스[147]에게 제물을 바쳐야 한다는 것처럼 법과 의결[148]에 따라 정해진 개별 행위들도 그런 예다.

25 　어떤 사람은 모든 정의로운 것에 관해 언급하며, 불이 여기서도 타오르고 페르시아에서도 타오르듯 자연적 정의는 변하지 않고 어디서나 같은 효력을 지니지만, 법적 정의는 변한다고 생각한다. 하지만 그것은 절대적으로 그렇지는 않고, 부분적으로만 그럴 뿐이다. 신들에게는 아마도 전혀 그렇지 않겠지만, 우리에게는 자연적

30 정의라고 해도 어떤 것이든 변할 수 있다. 그럼에도 자연적으로 정의로운 것이 있고, 법적으로 정의로운 것이 있다.

자연적 정의나 법과 규약에 따라 정의로운 것은 둘 다 변할 수 있지만, 그렇게 변하는 것 중에서 어떤 것이 자연적 정의이고, 어

---

147 "브라시다스"는 스파르타의 유명한 장군으로, 기원전 422년에 암피폴리스에서 아테네 장군 클레온에 맞서 항전하다가 전사했다. 그러자 암피폴리스에서는 그를 해방자로 여기고, 숭배하여 그에게 제물을 바치는 것을 법으로 제정했다.

148 "의결"은 법과는 달리 그때그때 사정에 따라 국가 일을 처리하려고 민회에서 의결해 시행된 것을 가리킨다. 반면, "법"은 영속적이고 본성적으로 옳고 정의로운 것을 규정했음을 의미한다.

떤 것이 법과 규약에 따른 정의인지는 분명하게 구별된다. 그리고 이 같은 구별은 다른 것에도 적용된다. 자연적으로는 오른손 힘이 더 세지만, 그럼에도 모든 사람은 양손잡이가 될 수 있기 때문이 **35** 다. 규약과 편의성에 따라 정의롭다고 할 때는 척도들과 유사하다. **1135a** 포도주와 곡물을 계량하는 척도는 어디서나 동일하지 않고, 도매 할 때는 더 크고 소매할 때는 더 작기 때문이다.[149] 마찬가지로, 자연적 정의뿐 아니라 사람이 정한 정의도 어디서나 같지 않다. 설령 오직 하나의 정치체제가 최고의 정치체제라고 해도, 정치체제가 **5** 어디서나 같은 것은 아니기 때문이다.

정의롭고 법적인 것은 보편적인 것을 규정하여 개별 적용하고자 했다. 사람들이 실제 개별적으로 행하는 정의롭고 법적인 행위는 많아서 일일이 다 규정할 수는 없지만, 정의로운 것과 법적인 것은 각기 보편적이므로 많은 것을 하나로 규정할 수 있기 때문이다.

불의한 행위와 불의한 것은 다르고, 정의로운 행위와 정의로운 것은 다르다. 불의한 것은 자연적으로 또는 법이나 규약에 따라 불 **10** 의한 것이고, 사람이 그 불의한 것을 실제로 행했을 때는 불의한 행위가 되지만, 행하기 전에는 불의한 행위가 아직 존재하지 않고 불의만 존재한다. 정의로운 행위도 마찬가지다. 그런데 일반적으로는 사람들은 정의로운 행위를 '디카이오프라게마'라고 부르고, 정의로

---

149 도매할 때는 많은 양을 계량해야 하므로 단위가 큰 척도를 사용하고, 소매할 때는 적은 양을 계량해 팔아야 하므로 단위가 작은 척도를 사용하는 것을 가리킨다. 하지만 어떤 주석자는 "도매할 때는 더 크고 소매할 때는 더 작기 때문이다"를 편집자의 첨가로 보고, 원래 아리스토텔레스는 계량을 위한 척도가 국가마다 서로 다른 것을 염두에 둔 말이라고 주장하기도 한다. 국가마다 척도가 서로 다른 것은 국가마다 법이 서로 다른 것과 비슷하기 때문이다.

운 행위라는 뜻으로 내가 사용한 단어 '디카이오마'는 불의한 행위
를 바로잡는다는 의미로 사용한다.[150] 정의로운 것과 불의한 것으
로는 각각 어떤 종류가 있고 그 수가 얼마나 많은지 그리고 그 각각

15 이 무엇에 관여하는지는 나중에 살펴보자.[151]

제8장
자발성과 비자발성

정의와 불의가 지금까지 말한 것과 같다면, 사람이 자발적으로 그
것을 행할 때 그는 정의롭게 혹은 불의하게 행한 것이 된다. 비자
발적으로 행했다면 불의하게 혹은 정의롭게 행한 게 아니고, 우연
히 그렇게 한 것일 뿐이다. 그가 한 어떤 행위는 우연히 정의롭거
나 불의하게 행한 것이기 때문이다.

20   어떤 행위가 불의한지 또는 그렇지 않은지는 그 행위가 자발적이
냐 비자발적이냐에 따라 결정된다. 자발적일 때 그 행위는 비난을
받고, 동시에 불의한 행위가 된다. 자발적인 것이 아니라면, 그 행위
안에는 불의하긴 하지만 불의한 행위는 아닌 무엇이 존재한다.

     앞서 말했듯, 내가 말하는 "자발적"이란 단어는 어떤 행위를 할

---

150 여기서 아리스토텔레스는 "불의한 것"은 법이나 규약에 따라 이미 정해져 있고,
     그렇게 정해진 "불의한 것"을 행하면 "불의한 행위"가 된다고 말한다. 그러면서
     사람들의 일반적인 단어 사용과는 달리, 자기는 이 책에서 "불의한 행위"를 가리
     킬 때 '디카이오프라게마'(δικαιοπράγημα)가 아니라 '디카이오마'(δικαίωμα)를 사
     용하겠다고 밝힌다.
151 현존하는 아리스토텔레스의 저작들에는 이것을 다룬 작품이 없다.

지 말지가 자기에게 달린 상황에서, 어떤 사람이 자기가 누구를 상 25
대로 무엇으로, 무엇을 위해 그 행위를 하는지—예컨대, 누구를 무
엇으로 무엇을 위해 때리는지—를 알면서 행하는 것을 의미한다.
이러한 행위는 우연히 또는 강제적으로 행한 것이 아니다. (가령,
누군가가 내 손을 잡아 그 손으로 남을 때렸다면, 그 행위는 나에게 달린 것
이 아니므로, 나는 자발적으로 행한 것이 아니다.) 어떤 사람이 거기 있는
사람 중 한 명을 때렸다고 생각했는데, 사실 맞은 사람이 그의 아
버지였지만, 그는 이 사실을 몰랐을 수 있다. 마찬가지로 행위의 30
목적과 관련해서도 그리고 행위 전체와 관련해서도 그러한 구별이
이루어질 수 있다.

따라서 알지 못하고 행한 것 또는 알기는 했지만 그 행위를 할
지 말지가 자신에게 달리지 않았다거나 강제로 한 것이 비자발적
으로 행한 것이다. 늙거나 죽는 것처럼 자연적으로 일어나는 일 중
많은 것은 우리가 알면서 행하기도 하고 겪기도 하지만, 그런 것은 1135b
모두 자발적이지도 않고 비자발적인 것도 아니다.

또한, 불의한 것과 정의로운 것 중에도 우연히 이루어지는 것이
있다. 예컨대, 어떤 사람이 자기가 맡아서 갖고 있던 물건을 자발
적이 아니라 두려움 때문에 돌려주었다면, 그는 정의를 행한 것이 5
아니라, 그의 행위가 우연히 정의로운 것으로 알려졌을 따름이다.
마찬가지로, 어떤 사람이 어쩔 수 없는 사정으로 비자발적으로 자
기가 맡아 갖고 있던 물건을 돌려주지 않았다면, 그는 불의하게 행
하거나 불의한 것을 행한 것이 아니라, 그의 행위가 우연히 불의한
것으로 알려졌을 뿐이라고 해야 한다.

자발적인 행위 중에서 어떤 것은 이성적 선택에 따라 하고, 어
떤 것은 이성적 선택 없이 하는데, 이성적 선택은 미리 숙고한 것 10

이고, 이성적 선택 없이 하는 것은 숙고하지 않은 것이다.

공동체에서 이루어지는 사람 사이의 관계 속에서 발생하는 해악에는 세 가지가 있다. 어떤 사람이 누구에게 하는지도 모르고, 어떤 것으로 무엇을 하는지도 모르며, 무엇을 위해 하는지도 모른 채 어떤 행위를 했을 때, 그것은 무지에 따른 과실이다. 그 사람은 자기가 누군가를 때린다고 생각하지 않았거나, 그것으로 또는 그
15 런 목적으로 때린다고 생각하지 않았지만, 실제로는 그가 생각했던 것과 다른 행위나 수단을 사용해서 목적(예컨대, 그저 가볍게 밀칠 목적이었지만, 실제로는 그 사람이 상처를 입게 된 것)이 이루어진 경우가 그러하다.

합리적으로 예상할 수 있는 것을 벗어나 해악이 발생했을 때, 그것은 불운에 의한 것이다. 반면, 그 해악이 합리적 예상을 벗어나 발생하지는 않았지만, 악의가 함께하여 그리 되지 않았다면 그것은 과실이다. (해악을 발생시킨 원인이 가해자 안에 있다면 과실이 되고, 그 원인이 가해자 밖에 있다면 불운에 의한 것이다.)
20 어떤 사람이 알고서 어떤 행위를 했지만, 미리 숙고한 것은 아닐 때도, 그것은 불의한 행위다. 예컨대, 분노를 비롯해 인간에게 일어날 수밖에 없거나 그 밖의 다른 본성적인 감정들로 생기는 행위들이 그러하다. 그런 행위를 통해 해악을 끼치고 잘못을 저지르는 사람들은 불의하게 행하는 것이고, 그들의 그런 행위는 불의한 행위들이지만, 그 해악은 악덕으로 말미암은 것은 아니므
25 로, 그들은 아직 불의하거나 악한 사람들은 아니다. 반면, 그 해악이 이성적 선택에서 나온 것이라면 그는 불의한 사람이고 악한 사람이다.

그런 이유에서 분노로 생긴 행위는 미리 계산된 악의에서 나온

행위가 아니라고 판단하는 게 옳다. 그러한 행위들의 원인은 분노한 사람이 아니라 분노를 불러일으킨 사람에게 있기 때문이다. 우리가 여기서 살펴보려는 것은 어떤 일이 일어났느냐 일어나지 않았느냐가 아니라, 그 일이 정의로운 것인지 아닌지에 관한 것이다. 그리고 분노는 불의해 보이는 것에 생긴다. 상거래에서 어떤 일이 있었는지 여부를 놓고 다툼이 일어났을 때 어느 한쪽이 그 일을 잊 30 지 않았다면 둘 중 어느 한쪽은 반드시 악한 사람일 것이므로 어떤 일이 있었는지가 중요하다. 반면, 분노로 어떤 행위가 일어났을 때 당사자들은 그 행위가 일어났다는 사실은 다투지 않고, 한쪽은 자기가 불의를 당했다고 생각하고, 다른 쪽은 거기에 동의하지 않기에 어느 쪽이 정의로운지를 다투게 된다(계획적으로 어떤 행위를 했다면 어느 쪽이 정의로운지를 모를 수 없다).

하지만 이성적 선택으로 해악을 가했을 때, 그것은 불의하게 행 1136a 한 것이다. 그리고 그러한 이성적 선택에 따른 불의한 행위를 통해 비례나 공평함을 벗어나 불의하게 행했다면 그는 불의한 사람이다. 마찬가지로, 자신의 이성적 선택에 따라 정의롭게 행했다면 그는 정의로운 사람이다. 그러나 이성적 선택이 아니라 단지 자발적으로 정의롭게 행한 것일 뿐이라면, 그것은 단지 정의로운 행위를 5 한 것일 뿐이다.

비자발적으로 행한 불의한 행위 중에서 어떤 것은 용서받을 수 있지만, 어떤 것은 용서받을 수 없다. 모르고 했을 뿐만 아니라 무지로 한 잘못들은 용서받을 수 있지만, 모르고 했더라도 무지가 아니라 자연적이지도 않고 인간적이지도 않은 감정으로 한 잘못은 용서받을 수 없다.

제9장
자발적으로 당하는 불의의 문제

10 우리는 앞서 불의를 당하는 것과 불의를 행하는 것을 충분히 구별하고 정의했지만, 이와 관련해 여러 의문이 제기될 수 있다. 먼저 에우리피데스가 한 다음과 같은 이상한 말은 어떠한가. "내가 어머니를 죽였네. 간단히 말하면 그렇지.""두 사람 다 자발적으로

15 그런 것인가, 비자발적으로 그런 것인가?"[152] 자발적으로 불의를 당하는 것이 진정 가능한 것인가, 아니면 불의를 행하는 일이 모두 자발적이듯 불의를 당하는 것은 모두 비자발적인 일인가? 또는 불의를 당하는 것은 모두 자발적이거나 혹은 비자발적인 일인가, 아니면 어떤 경우에는 자발적이고 어떤 경우에는 비자발적인 것인가?

정당한 대우를 받는 일에서도 마찬가지다. 정의롭게 행하는 일은 모두 자발적이다. 따라서 정당한 대우를 받는 일에서도 불의를

20 당하는 것같이 자발적이거나 아니면 비자발적일 수 있다고 보는 것이 합리적이다. 즉, 불의를 당하거나 정당하게 대우받는 것 둘 다 자발적일 수도 있고 비자발적일 수 있다고 보는 게 합리적이다. 정당하게 대우받는 것이 언제나 자발적이라서, 모든 경우에 그렇다고 한다면 불합리하게 생각될 수 있다. 정당한 대접을 받으면서

---

152 "에우리피데스"는 기원전 5세기에 활동한 비극 시인으로, 고대 그리스 3대 비극 시인 중 한 사람이다. 그는 신들을 한층 인간적인 빛 아래 묘사했을 뿐만 아니라, 인간 대 인간의 갈등, 고뇌하는 인간을 그려내는 데 관심을 쏟으면서도 교훈과 위안을 시도하지는 않음으로써, 3대 비극 시인 중에서 가장 근대적인 혼의 소유자로 평가된다. 이 인용문은 『알크마이온』에 나온다.

도 내키지는 않을 수 있기 때문이다.

　다음으로, 어떤 사람은 이런 의문을 제기할 수 있다. 불의를 당한 사람은 모두 그렇게 불의를 겪은 것인가, 아니면 불의하게 행한 일에 적용한 것이 당한 일에도 그대로 적용되는가? 정의를 행하 25 거나 불의를 당하거나 둘 다 우연히 정의와 연결된 것일 수 있고, 이것은 불의한 행위와 관련해서도 마찬가지이기 때문이다. 불의한 행위를 하는 것은 불의를 행하는 것과 같지 않고, 불의한 행위를 당하는 것과 불의를 당하는 것도 같지 않다.[153] 이것은 정의로운 행위를 하는 것과 정의롭게 대우받는 일에도 그대로 적용된다. 불의를 행한 사람이 존재하지 않는데 불의를 당했다고 말하는 것 30 은 불가능하고, 정의로운 행위를 한 사람이 존재하지 않는데 정의롭게 대우받았다고 말하는 것도 불가능하기 때문이다.

　그런데 일반적으로 불의를 행한다는 것은 누군가에게 자발적으로 해악을 가하는 것이고, 여기서 자발적이란 누구에게 무엇으로 어떤 방식으로 해코지할지 알면서 그렇게 하는 것이다. 따라서 자제력 없는 사람은 자기 자신에게 자발적으로 해악을 가할 수 있고, 이것은 자발적으로 불의를 당하는 것과 동시에 자발적으로 자기 자신에게 불의를 행하는 것이다. 사람이 스스로에게 불의를 행할 수 있느냐는 풀기 어려운 문제 중 하나다. 어떤 사람은 자제력이 1136b 없어 자발적으로 나서서 해코지하는 자에게 자진해서 해악을 입을 수도 있는데, 이로써 스스로 불의를 당할 수 있다.

---

153 여기서도 아리스토텔레스는 "불의한 행위"와 "불의"를 철저하게 구별한다. 어떤 구체적인 행위 속에 불의한 것이 있어 불의한 행위가 되었다고 해도, 불의한 성품에서 나온 숙고와 이성적 선택을 따라 한 것이 아니면, 그것은 현상적 및 결과론적으로 불의한 행위가 된 것일 뿐이므로, 불의를 행한 것은 아니다.

아니면, "누구에게 무엇으로 어떤 방식으로 해코지할지 알며
5 하는 것"이라는 불의에 관한 우리의 정의(定義)에 "피해자가 바라
는 것과 다르게"를 추가해야 하는가? 그렇게 정의한다면 사람은
자발적으로 해악을 입고 불의한 행위를 겪을 수 있지만, 자발적으
로 불의를 당하지는 않는다. 불의를 당하는 것은 아무도 바라지 않
고, 이것은 자제력 없는 사람도 마찬가지이기 때문이다. 자제력 없
는 사람도 불의를 당하는 것은 바라지 않는다. 자기가 좋지 않다고
생각하는 것을 바라는 사람은 아무도 없고, 자제력이 없는 사람도
자기가 하면 안 된다고 생각하는 것을 할 뿐이다.

10   또한, 호메로스에 따르면, 글라우코스는 디오메데스에게 "황소
아홉 마리 값에 해당하는 청동 갑옷을 받고서 황소 백 마리 값에
해당하는 황금 갑옷을" 주었다고 말한 것처럼,[154] 어떤 사람이 자
기 것을 스스로 남에게 주면서 손해를 보았더라도, 자기 것을 주었
다면 불의를 당한 게 아니다. 자기 것을 주는 것은 그에게 달려 있
지만, 불의를 당하는 것은 그에게 달린 것이 아니라, 불의를 행하
는 사람이 있어야 하기 때문이다. 따라서 불의를 당하는 것은 자발
15 적인 것이 아님은 분명하다.

우리가 논의하려고 했던 것 중에서 아직 논의하지 못하고 남은
두 가지가 있다. 그중 첫 번째는 어떤 사람에게 그의 몫보다 더 많
은 것을 배분했다면 불의를 행한 것은 분배한 사람인가, 아니면 제

---

154 "글라우코스"는 그리스 신화에 등장하는 리키아의 왕이다. 트로이아 전쟁이 벌어
졌을 때 트로이아 진영에 참전했다. 그는 적장과도 서로 친분을 나누었던 옛적 선
조들의 예를 따라 트로이아 성문 앞서 그리스군에 속한 적장 디오메데스와 서로 갑
옷을 교환한 일화로 유명하다. "디오메데스"는 오디세우스와 함께 호메로스의 『일
리아스』에 등장하는 그리스군의 위대한 영웅 중 한 명이다. 이 인용문은 『일리아
스』 제6권 236행에 나온다.

몫보다 더 많은 것을 받은 사람인가 하는 것이다. 두 번째는 사람이 자기 자신에게 불의를 행하는 것이 가능한가 하는 것이다.

첫 번째에서 불의를 행한 것은 분배한 사람이고, 자기 몫보다 더 많은 것을 받아 가진 사람은 아니라면, 어떤 사람이 남에게는 그의 몫보다 더 많이 배분하고 자신에게는 더 적게 배분하는 것을 알면서도 자발적으로 그렇게 했을 때는, 그 사람은 자신에게 불의 20 를 행한 것이 된다. 중용을 행하는 사람이 그렇게 하는 듯하다. 훌륭한 사람은 자기 몫보다 더 적게 가지려고 하기 때문이다. 아니, 이것은 너무 단순하게 말하는 것은 아닐까? 훌륭한 사람이라도 다른 좋은 것, 예컨대 명성이나 일반적으로 고귀한 것은 가능한 한 더 많이 가지려고 하기 때문이다. 하지만 이 문제는 불의를 행하는 것에 앞서 우리가 정의한 것을 따르면 쉽게 해결된다.[155] 그런 때 그는 자신의 바람과 어긋나는 것을 겪지 않았고, 그런 이유에서 불의를 당하지 않았으며, 기껏해야 손해를 본 것일 뿐이다. 25

어떤 사람에게 그의 몫보다 더 많은 것을 배분한 사람이 불의를 행한 것은 분명하지만, 자기 몫보다 더 많이 받아 가진 사람이 불의를 행하지는 않았음은 언제나 분명하지는 않다. 불의한 행위를 자발적으로 행한 사람은 불의를 행한 것이고, 그렇게 불의한 행위의 결과물을 받은 사람은 불의를 행한 것은 아니다. 불의한 행위의 출처인 자가 불의를 행했다고 한다면, 그 출처는 분배받은 사람이 아니라 분배한 사람에게 있다. 또한, "행한다"라는 말은 다양한 의미로 사용되는 까닭에, 무생물이 사람을 죽였다고 할 수도 있고, 30 손이 사람을 죽였다고 할 수도 있으며, 주인의 지시를 받은 노예가

---

155 1136b3-5.

사람을 죽였다고도 할 수 있으므로 받은 사람은 어떤 의미에서는 불의를 행했더라도, 불의를 행한 것은 아니다.

또한, 분배하는 사람이 알지 못하고 판결을 내렸다면, 법적 정의에 비추어보았을 때 그는 불의를 행한 게 아니고, 그의 판결도 불의하진 않지만, 그의 판결은 어떤 의미에서는 불한 것이다. 법적 정의와 일차적 정의는 서로 다르기 때문이다. 반면, 불의한 것을 알면서도 불의하게 판결을 내린 것이라면, 보답하기 위해서든 보복하기 위해서든 자기 몫보다 더 많은 것을 가지려고 한 것이다. 따라서 어떤 사람이 불의하게 얻은 것에 참여하여 자기 몫을 챙긴 것과 마찬가지 이유에서 그런 판결을 내렸다면 불의하게 더 많이 가진 것이다. 땅에 대해 그런 판결을 내렸다면 땅을 받지는 않지만, 그 대신 돈을 받기 때문이다.

1137a

5 사람들은 불의를 행하는 것이 자신에게 달려 있듯, 정의를 행하는 것도 쉬운 일이라고 생각한다. 하지만 사실은 그렇지 않다. 이웃의 아내와 동침하고, 가까운 사람을 폭행하고, 남의 손에 돈을 쥐여주는 것은 쉽고, 그런 자에게 달려 있다. 반면, 어떤 성품을 지닌 상태에서 그런 일을 하는 것은 쉽지도 않고 그들에게 달려 있는 일도 아니다.

10 마찬가지로, 법이 말하는 것을 이해하기 어렵지 않듯, 정의로운 것과 불의한 것을 아는 데는 큰 지혜가 필요하지 않다(법이 말하는 것은 우연히 정의로운 것일 따름이다).[156] 그러나 어떻게 행하고 어떻게 분배해야 정의로울지를 아는 일은 건강에 좋은 것을 아는 일보다 큰일이다. 물론, 꿀, 포도주, 헬레보어,[157] 불로 지지고, 칼로 절개하는 것이 건강에 좋다는 사실은 쉬 알지만, 그것을 누구에게 언제 어떻게 처방해야 건강에 좋은지 아는 일은 의사 되는 것 못지않

게 어렵다.

그런 이유에서 불의한 사람만 아니라 정의로운 사람도 앞서 말한 불의한 행위를 할 수 있으므로, 사람들은 불의한 사람뿐 아니라 정의로운 사람도 불의를 행한다고 생각한다. 정의로운 사람도 여자 20 와 동침하거나 사람을 폭행할 수 있고, 용기 있는 사람도 자기 방패를 내팽개치고 어디로든 도망칠 수 있기 때문이다. 그러나 비겁하다는 것과 불의를 행한다는 것은 그런 행위를 우연히 행하는 게 아니라, 어떤 성품을 지닌 상태에서 그런 행위를 하는 것이다. 이것은 의술을 행하는 일이나 건강하게 하는 것이 칼로 절개하거나 하지 않는 것, 또는 약을 주거나 주지 않는 행위 자체가 아니라, 그런 행 25 위를 어떤 특정한 방식으로 하는 것[158]을 가리키는 것과 같다.

정의로운 행위는 사람이 "그 자체로 좋은 것"을 나누어 가지면서 더 많이 가지는 지나침과 더 적게 가지는 모자람이 생길 때 존재한다. 신들 같은 존재에게는 좋은 것과 관련해 지나침이 있을 수 없고, 구제 불능으로 나쁜 자에게는 가장 적은 수준의 좋은 것도 유익하지 않고, 모든 좋은 것이 그들에게 해로울 것이므로 모자람 30

---

156 "법이 말하는 것"은 현상적으로 정의롭다고 여겨지는 어떤 행위를 규정한 것이다. 따라서 정의로운 성품과 이성적 선택에 따라 행할 때만 그 행위는 정의로운 행위가 되고, 그렇지 않다면 그 행위들이 '우연히' 정의로운 것일 뿐이다. 그러므로 "법이 말하는 것"은 일단은 "우연히 정의로운 것일 따름"이다.

157 "헬레보어"는 유럽산 미나리아재비과 크리스마스로즈속 식물로, 정신병에 특효가 있는 약용식물이다.

158 여기서 "특정한 방식으로" 한다는 것은 절개하거나 약을 준다고 해서 그것이 모두 의술을 행하는 게 아니라, 의술을 행하는 의사가 하는 방식으로 할 때만 그렇다는 의미다. 의사가 하는 방식이 아닌 다른 방식으로 그것을 했을 때는 의술을 행한 게 아니라, 그 행위가 우연히 의술에 속한 것이 됐을 뿐이다. 여기서도 아리스토텔레스는 "상태"(성품)와 "행위"를 철저하게 구별한다.

이 있을 수 없다. 하지만 그렇지 않은 사람들에게 어느 정도까지는 좋은 것이 유익할 것이다. 이런 이유에서 정의는 인간적인 것이다.

제10장
법적 정의를 바로잡아주는 공정함

이제 공정함과 공정한 것 그리고 공정함과 정의는 어떤 관계에 있고, 공정한 것과 정의로운 것은 어떤 관계인지에 대해 말할 차례다. 자세하게 살펴보면, 공정함과 정의 또는 공정한 것과 정의로운

35 것은 같지 않지만, 종류에서 서로 다른 것은 아니다. 한편으로 우

1137b 리는 공정한 것과 공정한 사람을 칭찬하고자, 정의 이외의 다른 미덕에는 "좋다"는 표현을 사용하지만, 공정한 것과 공정한 사람에는 "훌륭한"이라는 표현을 사용함으로써, 공정한 것이 다른 미덕보다 더 나음을 보여준다.

다른 한편으로, 논리적으로 좀 더 추론해보면 공정한 것이 정의로운 것과 같지 않다면, 공정한 것을 칭찬할 만하다고 하는 게 이상해 보인다. 이 둘이 서로 다르다면, 정의로운 것은 훌륭하지 않

5 고 공정한 것은 정의롭지 않으며, 반면에 이 둘이 모두 훌륭하다면 이 둘은 같은 것이기 때문이다. 사람들은 공정한 것과 관련해 이런 식으로 주장함으로써 난관에 봉착한다.

하지만 이 두 주장은 모두 일리가 있고, 서로 대립되지 않는다. 공정한 것은 어떤 정의로운 것보다 더 나으면서도 여전히 정의롭고, 정의로운 것과는 다른 종류에 속한 것이어서 정의로운 것보다

10 더 낫다고 할 수 없기 때문이다. 따라서 정의로운 것과 공정한 것

은 동일하고 둘 다 훌륭하지만, 공정한 것이 더 우월하다.

여기서 우리를 당혹스럽게 하는 것은 공정한 것은 정의롭긴 하지만, 법을 따른다는 의미에서가 아니라, 법을 바로잡는다는 의미에서 정의롭다는 사실이다. 모든 법은 보편적이지만, 어떤 것은 보편적인 것을 바르게 표현하기가 불가능하기 때문이다. 따라서 보편적인 것을 바르게 표현해야 하지만 그렇게 할 수 없으면, 법은 15 결함임을 알면서도 대부분 적용될 만한 것을 취한다. 그렇다고 해서 법이 바르지 않은 것은 아니다. 결함은 법이나 입법자에게 있는 것이 아니라, 인간사 본질에 있기 때문이다. 인간이 하는 일이나 행위는 원래부터 그렇게 결함이 있는 것이다.

따라서 법이 보편적으로 규정함에도, 그러한 보편 규정에서 벗 20 어난 일이 발생한다면, 입법자가 간과했거나 간단하게 규정함으로써 빠진 것들, 즉 입법자가 거기 있었다면 말했으리라 생각되거나 미리 알았다면 그렇게 입법했으리라 생각되는 것을 보충하고 바로잡는 게 옳다. 그런 이유에서 공정한 것은 정의로운 것이면서, 어떤 종류의 정의로운 것보다 더 낫다. 즉, 공정한 것은 절대적인 정 25 의보다 더 낫진 않지만, 법에서 규정했으므로 정의롭지만 결함을 지닌 것보다는 더 낫다. 그리고 공정한 것의 본질은 보편적으로 규정하는 데서 결함이 생기는 법을 바로잡는 데 있다.

모든 것을 법으로 정하지 않는 이유도 거기에 있다. 어떤 것은 법으로 정하는 것이 불가능하므로 그때그때 의결이 필요하다. 어떤 것이 일정하지 않으면 그것을 재는 잣대도 일정할 수 없다. 레 30 스보스섬 건축술에는 납으로 된 자가 사용되는데, 그 자는 일정하지 않고, 돌의 형태에 따라 자기 모양을 바꾼다. 마찬가지로, 의결도 그때그때 어떤 일이 발생할 때마다 거기 맞춰 다르게 이루어진

다.[159]

이렇게 해서 공정한 것이 무엇인지 그리고 공정한 것은 정의로 우면서도 어떤 종류의 정의보다 더 나은 것임이 분명해졌다. 또한, 이것으로부터 공정한 사람이 어떤 자인지도 분명해졌다. 공정한 사람은 공정한 것을 의도적으로 선택해 행하는 사람이고, 나쁜 의미에서는 자기 권리에 집착하는 사람이 아닌, 자기 몫을 보장해주는 법이 존재하는데도 자기 몫보다 더 적게 가지려는 사람이다. 이러한 사람이 공정한 사람이고, 그러한 성품이 공정함이다. 공정함은 일종의 정의이고, 정의와 다른 어떤 성품은 아니다.

35

1138a

제11장
자신에게 불의를 행함이 가능한가

사람이 자신에게 불의를 행할 수 있는지 없는지는 지금까지 말한 것에서 분명하게 드러난다. 정의로운 것 중에는 법에서 정한 대로 모든 미덕을 따라 행하는 것이 있다. 예컨대, 법은 자살하라고 명하지 않는데, 법이 명하지 않는다 함은 금하는 것이다. 또한, 어떤 사람이 자신이 입은 해악에 보복하려 함이 아닌, 단지 법을

5

---

159 "레스보스섬"은 그리스 남동쪽 에게해 북동부에 있는 섬이고, 레스보스의 건축 술은 다각형의 거대한 돌들을 쌓아 올려 짓는 건축 방식을 지칭한다. 이 돌들은 표면이 울퉁불퉁했기에, 납으로 된 자를 사용해 그 위에 올려놓기 적절한 돌을 골랐던 것 같다. 이 건축술은 그리스인 이전 시대에 에게해 주변에 살았던 원주민 "펠라스고이"인에게서 유래했다. 아리스토텔레스는 레스보스섬에 여러 해 머문 적이 있었다.

어기고서 자발적으로 남에게 해악을 끼쳤다면, 그는 불의를 행했다고 볼 수 있다. 여기서 자발적이란 누구를 무엇으로 해악을 가하는지를 알고서 그렇게 하는 것이다. 또한, 분노를 참지 못하고 스스로 목숨을 끊은 사람은 바른 이치를 거슬러 자발적으로 그렇게 한 것이고, 그런 일은 법이 허용하지 않는 일이므로, 그는 불의를 행한 것이다. 하지만 이는 누구에게 불의를 행한 것인가? 국가에 대해 불의를 행했고, 자신에 대해 그런 것은 아니다. 그는 자발적으로 고통을 겪었지만, 자발적으로 불의를 당한 것은 아니기 때문이다. 그런 이유에서 국가는 그런 사람을 처벌한다. 자살하는 사람은 국가에 불의를 행한 것이므로, 국가는 그런 사람에게 어떤 불명예를 준다.

또한, 자신에게 불의를 행한 사람은 불의한 행위를 했다는 점에서만 불의할 뿐이고, 전체적으로 나쁜 사람은 아니므로, 자신에게 불의를 행하는 것은 불가능하다. (이런 종류의 불의는 앞서 말한 불의와는 다르다. 이런 종류의 불의한 사람은 비겁자와 마찬가지로 그 한 가지 측면에서만 나쁜 사람일 뿐이고, 모든 나쁜 것을 다 지닌 그런 나쁜 사람은 아니다. 따라서 그가 불의를 행한 것도 그가 지닌 모든 나쁜 것을 따른 게 아니다.) 만일 자신에게 불의를 행하는 것이 가능하다면, 같은 것을 동시에 같은 사람에게 빼고 더하는 것이 가능해야 한다. 하지만 이는 불가능하다. 정의로운 것과 불의한 것이 생기려면 언제나 두 사람 이상이 관여되어야 하기 때문이다.

또한, 불의를 행하는 것이 되려면 자발적이고, 이성적 선택에 따르며, 먼저 하는 것이어야 한다. 남에게 불의를 당한 만큼 같은 것으로 되갚는 것은 불의를 행하는 일로 보이지 않기 때문이다. 하지만 어떤 사람이 자신에게 불의를 행한다면, 불의를 행한 것

10

15

20

인 동시에 불의를 당한 것이기도 하다. 그런 때는 자발적으로 불의를 당하는 일도 가능할 것이다.

이렇게 불의를 행할 때는 반드시 어떤 구체적인 불의한 행위를
25　수반한다. 아무도 자기 아내와 간통하지 않고, 자기 집에 몰래 침입하지 않으며, 자기 재산을 훔치지 않는다. 그리고 일반적으로 자신에게 불의를 행하는 것에 관한 문제는 자발적으로 불의를 당하는 것과 관련된 문제를 해결할 때와 같은 방식으로 풀 수 있다.[160]

불의를 당함과 불의를 행함이 둘 다 나쁘다는 것은 분명하다.
30　(불의를 당하는 것과 불의를 행하는 것은 중간보다 더 적게 또는 더 많이 갖는 것이고, 의술에서 중간은 건강하게 해주는 것, 체육에서는 좋은 몸 상태를 유지하는 것과 같다.) 그럼에도 불의를 행하는 것이 더 나쁘다. 불의를 행하는 것은 악덕을 수반하며 비난받아 마땅한 것인데, 그 악덕은 완전하고 절대적인 악덕이거나 거기에 가깝다면(모든 자발적인 불의한 행위가 불의를 수반하는 것은 아니다), 불의를 당하는 것은
35　악덕과 불의를 수반하지 않기 때문이다.

따라서 그 자체만을 보았을 때는 불의를 당하는 것이 덜 나쁘
1138b　지만, 우연에 따라 더 나빠질 수도 있다. 하지만 그런 우연은 이론에서는 다루지 않는다. 이론적으로는 늑막염이 넘어지는 것보다 큰 병이라고 말한다. 하지만 우연에 따라 어떤 때는 정반대가
5　된다. 넘어지는 바람에 적에게 잡혀 포로가 되거나 죽임을 당하는 일이 생길 수도 있기 때문이다.

원래 자신과 자신 사이에는 정의로운 것이 성립하지 않지만, 비유적으로나 유사성에 따라 말할 때는 자신의 어떤 부분 사이에

160　제5권 제8장 1136a31-1136b5.

서 성립하는 정의로운 것이 존재한다. 하지만 이때 정의로운 것
은 원래 의미에서 정의로운 것은 아니고, 주인의 정의이거나 가
정에서의 정의다.[161] 이런 것을 다루는 논증에서는 혼을 이성적인
부분과 비이성적인 부분으로 구분해 서로 대립시켜 왔다.[162] 그리
고 사람은 이 두 부분이 각각 바라는 것과 어긋나는 일을 겪는데, 10
그런 때 그는 자신에게 불의하게 행한다고 본다. 통치자와 피치
자 사이에 어떤 정의로운 것이 있듯, 이 두 부분 사이에도 정의로
운 것이 있다는 것이다.[163]

정의와 그 밖의 다른 도덕적인 성품과 관련한 미덕에 대한 분
석은 이 정도로 해두자.

---

161 제5권 제6장 1134b15-17. 이것은 주인과 종, 남편과 아내, 아버지와 자녀 사이에
     서의 정의다.
162 플라톤, 『국가』 351e-352a, 430e-431e, 441d-442d, 443c-444a ; 『법률』 626d-e.
163 제9권 제4장 1166b19 ; 플라톤, 『국가』 442d-444e.

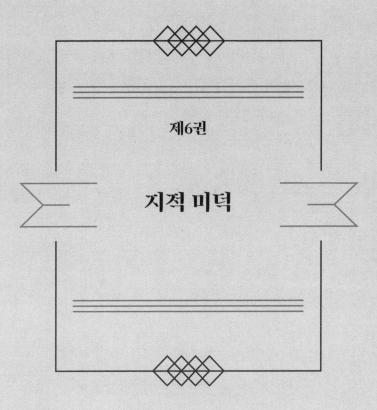

제6권

지적 미덕

제1장

바른 이성

앞서 우리는 지나침이나 모자람이 아니라 중간을 선택해야 하고,[164] 그 중간은 바른 이성이 말해준다고 했으므로,[165] 이제 이 바 20
른 이성에 대해 살펴보자. 우리가 지금까지 말한 모든 성품[166] 속
에는 다른 것과 마찬가지로 어떤 기준이 있어, 이성을 지닌 사람
은 그것을 보면서 조이거나 푼다.[167] 즉, 우리가 지나침과 모자람
의 중간이라고 말하는 중용 상태라는 기준이 존재하고, 이 중용의 25
상태는 바른 이성을 따른다. 하지만 이렇게 말하면 맞긴 하지만 분
명하게 다가오지는 않는다. 학문적인 지식을 얻기 위한 그 밖의 다
른 활동[168]에서도 애씀이나 풀어짐이 너무 많거나 너무 적지 않은
수준에서 바른 이성을 따라 중간을 추구해야 한다고 말하지만, 단
지 그것만 아는 것으로는 충분히 안다고 볼 수 없기 때문이다. 예 30

---

164 제2권 제2장 1104a11-27, 제6장 1106a26-1107a27.

165 제2권 제2장 1103b32, 제3권 제5장 1114b29 ; 『에우데모스 윤리학』 제2권 제5장
1222a6-10.

166 제3권 제6장부터 제5권 11장에 걸쳐 다루어진 미덕들을 가리킨다.

167 "어떤 기준"으로 번역한 '스코포스'(σκοπός)의 기본 의미는 "어떤 것을 감시하는
것"이고, 일반적으로는 초소에서 감시하는 "초병"을 가리키는 단어다. 모든 미덕
에서 이러한 초병 역할을 하는 것이 이성이다. "조이거나 푼다"라는 표현은 키타
라 현을 조율하는 것에 빗댄 것이다.

168 학문적인 지식 습득을 비롯한 활동은 "지적 미덕"과 관련된 활동을 가리킨다.

컨대, 그것은 신체에 의술이 명령하는 것들, 즉 의술을 지닌 의사가 명하는 이런저런 것을 처방하자고 말하는 사람과 같다.

그런 이유에서 혼의 상태와 관련해 단지 바른 이성을 따르라고 말하는 데 그쳐서는 안 되고, 바른 이성이 무엇이고, 바르다는 기준이 무엇인지도 밝혀내야 한다.

1139a 우리는 혼의 미덕을 둘로 구분해, 도덕적 성품에 따른 미덕과 지성의 미덕이 있다고 한 바 있다.[169] 도덕적 성품의 미덕에 관해서는 이미 살펴보았으므로, 이제는 나머지 미덕을 살펴볼 차례이지만, 먼저 혼에 관해 얘기한 후에 지적인 미덕들을 살펴보자.

앞서 우리는 혼에 두 부분, 즉 이성을 지닌 부분과 이성을 지니
5 지 않은 부분이 존재한다고 말했다.[170] 이제 이성을 지닌 부분도 같은 방식으로 둘로 구분할 수 있다. 둘 중 하나로는 최초 원인이 불변하는 것을 고찰하고, 다른 하나로는 최초 원인이 가변하는 것을 고찰한다. 인식은 자신이 관여하는 대상과 어떤 유사성과 동족
10 성이 있는지를 따라 이루어지므로,[171] 종류가 서로 다르면 혼에서도 각 대상과 대응되는 부분이 별도로 인식된다.

혼의 이성적인 두 부분에서 전자를 학문적 인식을 담당하는 부분으로, 후자를 이성적 추론을 담당하는 부분이라고 부르자. 숙고와 이성적 추론은 같은 것이고, 불변하는 것을 숙고하는 사람은 아
15 무도 없으므로, 이성적 추론은 이성이 지닌 것의 한 부분이다.[172]

---

169 제1권 제13장 1103a3-7.

170 제1권 제13장 1102a26-28.

171 "유사성"으로 번역한 '호모이오테스'(ὁμοιότης)는 말 그대로 유사함을 지닌 것을 의미하고, "동족성"으로 번역한 '오이케이오테스'(οἰκειότης)는 같은 집안이나 가문에 속한 것을 의미한다.

따라서 우리는 이 두 부분 각각에서 최선의 상태가 무엇인지를 알아내야 한다. 이 최선의 상태가 각 부분의 미덕이고, 미덕은 각 부분이 하는 고유한 일과 관련된다.

제2장
미덕은 지성과 욕망의 결합체

혼에서 행위와 참을 주관하는 것으로는 감각, 지성, 욕망,[173] 이렇게 세 가지가 있다. 이것 중에서 감각은 어떤 행위의 최초 원인이 아니다. 동물들에게도 감각은 있지만, 행위는 없다는 것에서 이것 이 분명하게 드러난다.   20

사고와 관련한 긍정과 부정은 욕망에서는 추구와 회피로 나타난다. 따라서 도덕적 성품의 미덕은 이성적 선택과 관련되어 있고, 이성적 선택은 숙고된 욕망이므로, 이성적 선택이 훌륭하려면, 이   25

---

172 아리스토텔레스는 절대적이고 불변하는 대상에 관한 지식을 얻는 활동을 "학문적 인식"으로 지칭하고, 상대적이고 가변하는 대상에 대한 숙고와 추론을 "이성적 추론"으로 지칭한다. 우리는 일반적으로 이성적 추론이 곧 학문적 인식이라고 생각하지만, 아리스토텔레스는 이성적 추론을 앞서 말한 도덕적 성품과 관련된 미덕과 연결해 그 미덕들과 관련한 숙고와 이성적 선택을 지칭하는 것으로 국한한다. 그리고 학문적 인식도 이성적 추론을 수반하긴 하지만, 그 대상이 절대적인 진리인 경우에만 학문적 인식이 되고, 그 활동의 결과물 역시 절대적이고 불변하는 학문적 지식이다. 이렇게 아리스토텔레스는 이론적 이성과 실천적 이성을 구별한다.

173 "감각"으로 번역한 '아이스테시스'(αἴσθησις)는 좀 더 정확히는 "감각을 통한 지각"을 가리킨다. "지성"으로 번역한 '누스'(νόος)는 "사고, 사유, 지성"을 의미하고, "욕망"으로 번역한 '오렉시스'(ὄρεξις)는 "뻗다"(reach out)를 뜻하는 동사에서 나온 명사다.

성도 참되고 욕망도 바른 것이어서, 이성이 말해주는 것을 욕망이 추구해야 한다. 이것이 실천적인 사고이며 실천적인 참이다. 행위나 제작[174]과 관련되지 않은 이론적 사고에서 좋음은 참이고, 나쁨은 거짓이다(모든 이론적 사고는 참과 거짓을 구별하는 일을 한다). 반면,

30 실천적인 사고는 바른 욕망과 일치하는 참에 도달하려 한다.

따라서 행위의 최초 원인은 이성적 선택이지만, 그것은 그 행위의 목적이라는 의미가 아닌, 행위를 개시한다는 의미에서만 최초 원인일 뿐이고, 이성적 선택의 최초 원인은 욕망과 어떤 목적을 지향하는 이성에 있다. 그런 이유로 이성적 선택은 지성과 사고 없이 생기지 않고, 도덕적 성품 없이 생기지도 않는다. 행위에 있어 잘

35 행함과 그 반대인 잘못 행함은 사고와 성품 없이는 존재할 수 없기 때문이다.

사고 자체는 아무것도 움직이지 못하지만, 목적을 지향하는 실

1139b 천적인 사고는 그렇지 않다. 이는 제작과 관련된 사고도 주관한다. 무엇인가를 제작하는 사람은 모두 어떤 목적을 위해 제작하고, 제작 자체가 목적이 아니고(제작이란 무엇을 지향하거나 무엇을 위하는 것이므로), 제작하는 행위에 따른 결과물이 목적이다. 실천적 사고에서는 잘 행하는 것이 목적이고, 욕망도 그 목적을 지향한다. 그런

5 이유로 이성적 선택이란 욕망을 추구하는 지성 또는 사고를 수반하는 욕망이고, 이성적 선택의 최초 원인은 인간이다.

---

174 아리스토텔레스는 집을 짓는 것같이 인간의 어떤 행위의 목적이 행위 자체가 아니라 그 결과물에 있을 때 그 행위를 "제작"이라고 부르고, 행위 자체가 목적일 때만 "행위"라고 부른다. 모든 미덕은 "행위"와 관련되고, "제작"은 미덕과는 직접적인 관련이 없다. "행하다"는 '프락소'($\pi\rho\acute{\alpha}\sigma\sigma\omega$)이고, "제작하다"는 '포이에오'($\pi\sigma\iota\acute{\epsilon}\omega$)로 엄격하게 구별된다.

그런데 이미 일어난 것은 이성적 선택의 대상이 아니다. 예컨대, 트로이아가 함락된 것을 의도적으로 선택하는 사람은 아무도 없다. 사람들은 이미 일어난 것이 아닌, 장래에 올 것이므로 이럴 수도 있고 저럴 수도 있는 것을 숙고한다. 이미 일어난 것은 일어나지 않게 할 수 없기 때문이다. 따라서 아가톤[175]이 이렇게 말한 것은 옳다. "이미 일어난 것을 일어나지 않은 것으로 만드는 것은   10 신도 할 수 없다." 지성의 두 부분은 참에 도달하는 일을 한다. 따라서 지성의 각 부분이 참에 가장 잘 도달하게 하는 성품이 바로 각 부분의 미덕이다.

제3장
학문적 인식

그러므로 처음으로 다시 돌아가 참을 인식하게 하는 성품들에 대해 살펴보자. 긍정이나 부정을 통해 혼을 참에 도달하게 해주는 것   15 으로는 다섯 가지가 있다. 기술, 학문적 인식, 실천적 지혜, 철학적 지혜, 직관적 지성.[176] 추측과 의견은 오류를 범할 수 있다.

학문적 인식이 무엇인지에 대해[177] 대충 비슷한 수준이 아니라 정확하게 말하고자 한다면, 다음과 같은 것을 생각해보면 분명해   20

---

175 "아가톤"은 기원전 5세기 아테네에서 활동한 비극 시인으로, 고대 그리스의 3대 비극 시인 아이스킬로스, 소포클레스, 에우리피데스의 계승자다. 기원전 416년 레나이아 제전에서 처음으로 우승했는데, 플라톤의 『향연』은 이 승리를 축하하기 위해 그의 집에서 있었던 잔치를 무대로 소크라테스가 여러 사람들과 대화하는 내용으로 되어 있고, 거기에 아가톤도 등장한다. 이 인용문은 아가톤, 『단편』 5(TGF)에 나온다.

진다. 즉, 우리는 모두 학문적 인식은 변할 수 없다고 여긴다. 그리고 가변하는 것이 우리 시야 밖에 있을 때 현재와 같은 모습일지 아닐지를 우리는 모른다. 따라서 학문적 인식 대상들은 필연적이고, 따라서 영원하다. 필연적인 것은 모두 영원하고, 영원한 것은 생성되지도 않고 사멸되지도 않기 때문이다.

25   또한, 모든 학문적 인식의 대상은 가르칠 수 있고, 또한 배울 수도 있는 것들로 보인다. 『분석론』에서도 말했듯,[178] 모든 가르침은 이미 아는 것에서 시작된다. 어떤 때는 귀납법적 추론을 통해, 어떤 때는 연역법적 추론을 통해 가르침이 이루어지기 때문이다. 귀납법적 추론은 보편적인 것에 관한 지식을 얻기 위한 출발점이고, 연역 30 법적 추론은 보편적인 것을 아는 지식에서 출발한다. 그런데 연역법적 추론은 보편적인 것에서 출발하지만, 그 보편적인 것은 연역법적 추론에 따라 얻은 것이 아니고 귀납법적 추론으로 얻은 것이다.

따라서 학문적 인식은 증명할 수 있고, 우리가 『분석론』에서 구체적으로 제시한 그 밖의 다른 특징을 지닌다.[179] 즉, 어떤 사람이 특정한 방식으로 확신이 있고, 그 확신의 출발점이 보편적인 것임을 알고 있다면, 그는 학문적 인식을 가진 것이다. 하지만 결론은

---

176 "기술"로 번역한 '테크네'(τέχνη)는 제작과 관련되고, "학문적 인식"으로 번역한 '에피스테메'(ἐπιστήμη)는 절대적인 진리를 인식하는 것과 관련되며, "실천적 지혜"로 번역한 '프로네시스'(φρόνησις)는 절대적 진리를 현실에 적용할 때 사용되는 실천적 지식과 관련되고, "직관적 지성"으로 번역한 '누스'(νοῦς)는 절대적 진리들 중에서 논리적 추론으로는 도달할 수 없는 제1원리에 대한 지식과 관련되며, "철학적 지혜"로 번역한 '소피아'(σοφία)는 학문적 지식과 직관적 지성이 결합된 것이다. "추측"은 '휘폴렙시스'(ὑπόληψις)를, "의견"은 '독사'(δόξα)를 번역한 것이다.

177 『분석론 후서』 제1권 제2장 71b 이하.

178 『분석론 후서』 제1권 제2장 71b 이하.

알지만, 그 출발점인 보편적인 것을 제대로 모른다면, 그는 단지 35
우연히 학문적 지식을 갖게 된 것뿐이다. 학문적 인식에 대해서는
이 정도로 해두자.

제4장

기술

변할 수 있는 것에는 제작되는 것과 행위가 있다. 제작과 행위는 서 1140a
로 다르다(굳이 여기서 말하지 않고 외부 논의를 통해서도 충분히 알 수 있
다). 이성을 수반한 행위와 관련된 성품은 이성을 수반한 제작과 관
련된 성품과 다르다. 그러므로 이 둘은 어느 쪽도 다른 쪽에 포함되 5
지 않는다. 행위는 제작이 아니고, 제작은 행위가 아니기 때문이다.

건축술은 일종의 기술이고, 따라서 이성을 수반한 제작과 관련
된 어떤 성품이다. 그리고 모든 기술은 이성을 수반한 제작과 관련
된 성품이고, 그러한 성품은 모두 기술이다. 그러므로 기술은 참된 10
이성을 수반한 제작과 관련된 성품이다.

모든 기술은 생성과 관련되며, 존재할 수도 있고 존재하지 않을
수도 있는 것들, 즉 최초 원인이 제작 결과물에 있지 않고 제작자에
게 있는 것을 존재하도록 궁리하는 일이다. 기술은 필연적으로 존
재하는 것이나 생성되는 것들, 자연적으로 존재하는 것이나 생성되 15
는 것과 관련되지 않는다. 그런 것의 최초 원인 그것 자체 안에 있
기 때문이다.

---

179 『분석론 후서』 제1권 제3장 71b9-23.

제작과 행위는 서로 다르므로, 필연적으로 기술은 제작과 관련되고, 행위와는 관련이 없다. 아가톤이 "기술은 운을 사랑했고, 운은 기술을 사랑했다"[180]라고 한 것처럼, 어떤 의미에서 운과 기술은 같은 것과 관련된다.

20   따라서 앞서 말했듯, 참된 이성을 수반한 제작과 관련된 성품이 기술이라면, 기술 없음은 거짓된 이성을 수반한 제작과 관련된 성품이고, 둘 다 변할 수 있는 것에 관여한다.

제5장
실천적 지혜

25 어떤 사람을 실천적 지혜를 지닌 사람이라고 부르는지 살펴보며 실천적 지혜가 무엇인지 파악해보자. 건강이나 체력같이 부분적인 것이 아니라, 전체적으로 잘 살아가는 것과 관련해 자신에게 좋고 유익한 것이 무엇인지를 숙고함이 실천적 지혜를 지닌 사람의 특징이다.

어떤 기술에도 속하지 않은 일을, 진지한 목적을 성취하기 위해
30 잘 헤아리는 사람을 그 일에 실천적 지혜가 있다고 부른다. 따라서 모든 일에 있어 잘 숙고하는 사람이 실천적 지혜를 지닌 사람이다. 하지만 변할 수 없는 것은 아무도 숙고하지 않고, 자기가 행할 수 없는 것도 숙고하지 않는다. 또한, 학문적 인식은 증명을 수반

---

180 "운"은 필연적이거나 자연적으로 생기지 않고, 말 그대로 우연히 생기므로, 존재할 수도 있고 존재하지 않을 수도 있다. 그런 의미에서 "기술"과 "운"은 같은 것과 관련된다. 이 인용문은 아가톤, 『단편』 6(TGF)에 나온다.

하지만, 최초 원인이 변할 수 있는 것은 증명이 성립하지 않고(그 35
것은 모두 변할 수 있으므로), 필연적으로 존재하는 것도 숙고할 수 없 1140b
다면, 실천적 지혜는 학문적 인식도 아니고 기술도 아니다. 실천적
지혜는 변할 수 있는 것을 행위의 대상으로 삼는다는 점에서 학문
적 인식이 아니고, 제작하는 것이 아니라 행하는 것과 관련되어 있
다는 점에서 기술이 아니다.

이제 남은 가능성은, 실천적 지혜가 인간에게 좋고 나쁜 것과 5
관련해 이성을 수반한 참된 실천적 성품이라는 부분이다. 제작은
그 자체와 다른 목적을 지니지만, 행위는 그렇지 않고 좋은 행위
자체가 목적이기 때문이다.

우리가 페리클레스[181]와 비슷한 사람들이 실천적 지혜를 지녔
다고 생각하는 것은, 그들 자신과 사람들을 위해 무엇이 좋은 것인
지를 아는 사람이었기 때문이다. 가정을 잘 다스리거나 국가를 잘 10
다스리는 정치가도 그런 사람이다.

우리가 절제를 '소프로쉬네'(σωφροσύνη)라고 부르는 이유가
거기 있다. 절제란 "실천적 지혜(φρόνησις)를 유지시켜주는 것
(σώζειν)"이기 때문이다. 절제는 실천적 지혜가 담긴 판단을 계속
할 수 있도록 유지하는 역할을 한다. 즐거움과 고통은 모든 판단—
예컨대 삼각형의 내각의 합이 180도인지 아닌지에 대한 판단—이 15
아니라, 오직 행위와 관련된 판단만을 파괴하거나 왜곡한다. 어떤
행위의 목적은 그 행위의 출발점이 되지만,[182] 즐거움이나 고통으

---

181 "페리클레스"(기원전 495-429년)는 고대 아테네의 최고 정치가로, 내적으로는 가난
한 사람들에게 여러 혜택을 주는 정책을 채택하여 아테네 민주 정치를 절정에 이
르게 했고, 외적으로는 여러 군사적 업적을 세워 아테네의 위상을 반석에 올려놓
아 아테네가 최전성기를 구가할 수 있게 했다.

로 파괴된 사람에게는 그 출발점이 제대로 보이지 않고, 이 목적을
위해 그리고 이 목적에 따라 자기가 모든 것을 선택하고 행해야 한

20 다는 사실이 제대로 보이지 않는다. 악덕은 그 출발점을 파괴한다.
따라서 실천적 지혜는 인간에게 좋음과 관련해 이성을 수반한 참된
실천적 성품일 수밖에 없다.

기술은 좋은 일에도, 나쁜 일에도 사용할 수 있지만, 실천적 지
혜는 그렇지 않다. 즉, 기술에서는 어떤 나쁜 목적을 달성하려고
의도적으로 잘못을 저지르는 일을 선택할 수 있지만, 실천적 지혜
는 다른 미덕과 마찬가지 방식으로 선택할 만한 것이 아니기 때문

25 이다.[183] 따라서 실천적 지혜는 기술이 아니고 일종의 미덕이다.
이성을 지닌 혼은 두 부분으로 되어 있는데, 실천적 지혜는 학

---

182 인간이 어떤 행위를 하는 것은 목적이 있기 때문이다. 따라서 목적이 그 행위의
출발점이 된다. 앞서 아리스토텔레스는 "행위의 최초 원인은 이성적 선택이지만,
그것은 그 행위의 목적이라는 의미가 아닌, 그 행위를 개시한다는 의미에서만 최
초 원인일 뿐이고, 이성적 선택의 최초 원인은 욕망과 어떤 목적을 지향하는 이
성이다"(1139a32-33)라고 말했다. 여기서 "최초 원인" 혹은 "출발점"으로도 번역
한 단어는 '아르케'(ἀρχή)이다. '아르케'는 어떤 행위가 있을 때 그 행위가 있게 된
원인을 거슬러 올라가 보았을 때 가장 시초에 있는 것을 가리키는 단어로, 문맥에
따라 "최초 원인," "출발점," "제1원리" 등으로 번역했다.

183 기술을 나쁜 데 사용한다고 해서 "기술"이 아닌 것이 아니지만, 나쁜 일에 실천적
지혜를 사용한다면 이미 실천적 지혜가 아니라는 뜻이다. 좋음을 이루어내는 것
이 실천적 지혜의 본질인데, 나쁜 일은 그 자체 속에 해악을 지니고 있어 좋음을
이룰 수 없기 때문이다. 아리스토텔레스는 『수사학』에서 확실한 증거가 있는 경
우를 제외하고는 모든 일에는 서로 반대되는 두 부분이 함께 존재하므로, 변론할
때는 자기에게 유리한 부분을 선택해 그 부분을 강조함으로써 자기 목적을 달성
해야 한다고 말한다. 예컨대, 범죄자를 변론할 때는 그가 죄를 지은 것이 아니라
거나 그 죄가 가벼운 것임을 강조하는 일이 그러하다. 그리고 그렇게 했을 때 훌
륭한 변론가로 칭찬을 받는다. 이렇게 할 수 있는 것은 "수사학," 즉 변론은 "기
술"이고, "기술"은 도덕적 미덕이 아니어서 도덕적인 선악을 구분해 적용하는 것
이 아니기 때문이다.

문적 인식과 관련된 부분과는 다른 부분, 즉 의견을 만들어내는 부분에 따른 미덕이다.[184] 의견과 실천적 지혜는 둘 다 변하는 것에 관여하기 때문이다. 하지만 실천적 지혜는 단지 이성을 수반한 성품은 아니다. 성품은 망각될 수 있지만, 실천적 지혜는 망각되지 않는다는 것이 그 증거다.[185]

30

제6장
직관적 지성

학문적 인식이란 보편적인 것과 필연적인 것에 대한 판단이고, 증명할 수 있는 것과 모든 학문적 인식은 제1원리에서 출발한다. 학문적 인식은 이성을 수반하기 때문이다. 학문적 진리의 제1원리는 학문적 인식이나 기술, 실천적 지혜의 대상이 아니다. 학문적 진리 35 를 논증으로 증명할 수 있고, 기술과 실천적 지혜가 관여하는 것은 1141a 가변적이기 때문이다. 그렇다고 해서 철학적 지혜가 제1원리에 관여하는 것도 아니다. 어떤 것을 논증으로 증명하는 것이 철학적 지혜가 하는 일이기 때문이다.

따라서 변할 수 있는 것에 대해서든 변할 수 없는 것에 대해서

---

184 학문적 인식은 변할 수 없는 것을 아는 수단이고, 실천적 지혜는 변할 수 있는 것을 아는 수단이다. 따라서 학문적 인식에 따라 도달하는 것은 절대적으로 참이라면, 실천적 지혜에 따라 도달하는 것은 어떤 상황에서 가장 좋음이라 할 수 있다.

185 성품은 변할 수 있으므로 망각되어 변질되거나, 파괴되어 상실될 수 있다. 반면, 실천적 지혜는 구체적인 상황 속에서 가장 좋은 것을 분별하고 선택하는 능력이기에 파괴되거나 상실되지 않는다는 점에서 성품과 다르다. 아리스토텔레스는 1100b16에서도 이 말을 한 바 있다.

5   든, 우리를 참에 도달하게 하고 잘못 알지 않게 하는 것이 학문적
    인식과 실천적 지혜, 철학적 지혜, 직관적 지성이라고 가정했을 때,
    그중에서 셋, 즉 학문적 인식, 실천적 지혜, 철학적 지혜로는 앞서
    보았듯 제1원리를 알 수 없으므로, 나머지 직관적 지성이 제1원리
    에 관여할 수밖에 없다.

제7장
철학적 지혜

10 기술과 관련해 우리는 특정 기술에 가장 정통한 사람들에게 지혜
    를 돌린다. 예컨대, 페이디아스를 지혜로운 석공이라고 부르고, 폴
    리클레이토스를 지혜로운 동상제작자라고 부른다.[186] 따라서 여기
    서 지혜는 기술의 탁월함을 나타내는 것 외에 다른 게 아니다. 하
    지만 특정 분야에서만 지혜롭거나 특정 관점에서만 지혜로운 것이
    아니라 전체적으로 두루 지혜롭다고 생각되는 사람도 있다. 그래
15 서 호메로스는 『마르기테스』에서 이렇게 말했다. "신들은 그를 땅
    을 파는 사람이나 농부나 어떤 다른 일에 지혜로운 사람으로 만들
    지 않았다."[187]

---

186 "페이디아스"는 기원전 5세기에 활동한 고대 그리스의 조각가로, 고전 전기의 숭
     고미를 대표하는 거장이다. 뛰어난 재능으로 우수한 신상을 많이 제작했는데, 어
     느 것이나 단순·명료하면서도 인간의 감성을 뛰어넘는 높은 정신 수준을 보였
     다. "폴리클레이토스"는 기원전 5세기에 활동한 고대 그리스 고전 전기를 대표
     하는 조각의 거장으로 이상적인 남성입상을 만들어냈다. 인체 각 부분의 가장 아
     름다운 비례를 수적으로 산출한 『카논』의 저자이기도 하다.

그러므로 학문적 인식 중에서 최고 형태가 곧 철학적 지혜일 것이 분명하다. 철학적 지혜를 지닌 사람은 제1원리로부터 도출된 것만 알아서는 안 되고, 제1원리에 대해서도 참되게 알아야 한다. 그러므로 철학적 지혜는 직관적 지성이면서 동시에 학문적 인식이 20고,[188] 가장 고귀한 것에 대한 최고의 학문적 인식이다. 인간이 이 우주 안에 존재하는 가장 고귀한 존재가 아니라면, 정치학이나 실천적 지혜를 가장 훌륭하다고 여기는 것은 이상한 일이다. 인간과 물고기에게는 건강과 좋은 것의 의미가 서로 다르겠지만, 흰 것과 곧은 것은 인간에게나 물고기에게나 언제나 같다면, 사람들은 철학적으로 지혜로운 것은 언제나 같지만, 실천적으로 지혜로운 것은 각각 다르 25다고 말할 것이다. 자신과 관련된 각각의 일을 잘 헤아리는 것은 실천적으로 지혜롭다고 불리고, 사람들은 그런 일을 실천적 지혜에 맡긴다. 그런 이유에서 사람들은 몇몇 동물에게도 실천적 지혜가 있다고 말한다. 즉, 살아남기 위해 앞을 내다보는 능력을 지닌 것처럼 보이는 동물들에게 그런 실천적 지혜가 있다고 할 수 있다.

또한, 철학적 지혜와 정치학이 같지 않다는 것도 분명하다. 철학 30적 지혜가 각자에게 유익한 것을 다루는 지혜라면, 그런 지혜는 하나가 아니라 아주 많을 것이다. 모든 동물에게 좋은 것을 다루는 유

---

187 『마르기테스』는 호메로스가 지었다는 희극 작품으로 지금은 단편 몇 편만 전해진다. 이 작품의 주인공은 "마르기테스"로, 그는 세상에서 가장 미련한 자로 등장한다. 이 인용문은 이 주인공에 대해 서술한 것이다. 즉, 그는 어떤 것에도 지혜롭지 못한 사람이었다. 아리스토텔레스는 이 인용문과는 정반대로 어느 특정한 분야에서 지혜로운 것이 아니라, 전체적으로 두루 지혜롭게 생각하는 사람에 관해서도 말한다. 이 인용문은 호메로스, 『단편』 2(Allen)에 나온다.
188 직관적 지성은 제1원리를 담당하고, 학문적 인식은 제1원리에서 무엇을 도출해내는 것을 담당한다. 철학적 지혜는 이 둘 모두를 합한 것이다.

일한 지혜란 없고, 각각의 종에게 좋은 것을 다루는 수많은 지혜는 존재한다. 이것은 모든 존재하는 생명체에 적용되는 단 하나의 의술 같은 게 없는 것과 같다. 인간이 모든 동물 중에서 최고라고 하더라도, 이것은 전혀 달라지지 않는다. 인간보다 훨씬 더 신적인 다른 것이 있기 때문이다. 예컨대, 그런 것 중에서 가장 분명하게 드러나는 것은 우주를 조직한 존재들이다.

1141b

지금까지 논의에서 분명한 것은 철학적 지혜가 본성적으로 가장 고귀한 것에 관한 학문적 인식이면서 동시에 직관적 지성이라는 부분이다. 그래서 사람들은 아낙사고라스나 탈레스[189] 같은 사람이 비범하고 놀라우며 난해하고 신적인 것을 알고 있지만, 그들 자신에게 유익한 것이 무엇인지에는 무지한 것을 보고는, 그들이 추구하는 것이 인간에게 좋은 것이 아니므로 유용하지 않다고 말했고, 그들에게는 철학적 지혜는 있었지만 실천적 지혜를 지녔다고는 부르지 않는다.

5

반면, 실천적 지혜는 인간의 일들과 숙고가 가능한 것에 관여한다. 우리는 다른 무엇보다도 그러한 일, 즉 숙고를 잘하는 것이 실천적 지혜를 지닌 사람의 특징이라고 말한다. 그러나 변할 수 없거나 행위를 통해 이루어낼 만한 목적을 지니지 않은 것은 아무도 숙

10

---

189 "아낙사고라스"는 기원전 5세기경에 활동했던 고대 그리스 철학자다. 천체 현상을 비롯한 세상 만물을 자연학적인 방법으로 이해하려고 했는데, 원소들의 혼돈에 질서를 부여하여 만물을 이루게 하는 정신이자 운동 원리인 '누스'(지성)를 강조했다. "탈레스"는 기원전 7-6세기에 활동한 고대 그리스의 식민지 소아시아 이오니아 지방인 밀레토스 사람으로, 최초의 유물론 학파인 밀레토스학파의 시조다. 그는 세계를 구성하는 자연적 물질의 근원을 제시한 최초 인물이었고, 그 근원은 '물'이라고 주장했다. 아리스토텔레스는 이 두 사람을 철학적 지혜를 대표하는 인물로 제시한다.

고하지 않는다. 일반적으로 숙고를 잘하는 사람은 인간 행위를 통해 이루어낼 수 있는 것 중에서 최고의 것을 잘 헤아려서 이루어내는 사람이다.[190]

또한, 실천적 지혜는 보편적인 것뿐만 아니라 개별적인 것도 관 15 여하여 알려고 한다. 실천적 지혜는 행위와 관련되고, 행위는 개별적인 것을 다루기 때문이다. 그러므로 보편적인 것을 모르고 어떤 분야에서 경험 있는 사람이, 보편적인 것을 아는 사람들보다 더 실천적인 지혜를 가진 경우가 종종 있다. 연한 고기가 소화도 잘되고 건강에도 좋다는 것은 알지만, 어떤 고기가 연한 고기인지를 모른 다면, 그는 건강을 세우지는 못할 것이다. 반면, 닭고기 같은 조류 20 에 속한 고기가 건강에 좋다는 것을 아는 사람은 도리어 건강을 세워갈 것이다. 실천적 지혜는 행위를 다룬다. 따라서 보편적인 것과 개별적인 것을 둘 다 알아야 하지만, 그중에서 특히 후자를 알아야 한다. 하지만 이런저런 온갖 실천적 지혜를 총괄하는 최고의 실천적 지혜가 있다.

제8장
실천적 지혜와 정치

정치와 실천적 지혜는 같은 성품이지만, 둘의 핵심은 서로 다르다.

---

190 여기서 "숙고"는 변할 수 있는 것과 관련해 어떤 선택을 하려고 하는 논리적 추론을 의미한다. 따라서 변할 수 없는 것을 대상으로 논리적 추론을 통해 참인 것을 도출해내는 학문적 인식과 다르다. 즉, 후자를 "숙고"라고 하지 않는다. 숙고는 여러 가능성 중에서 어떤 것을 선택하는 이성적 선택을 위한 것이기 때문이다.

25 국가에 관한 실천적 지혜를 총괄하는 최고의 지혜는 입법과 연관
되고, 다른 하나는 개별적인 것을 다루는 실천적 지혜와 연관되는
데, 일반적으로 후자가 "정치"라는 이름으로 불린다. 그리고 이 후
자는 행위와 관련되고 거기서 숙고가 이루어진다. 후자는 자기 행
위를 통해 최종적으로 의결을 이루어낸다. 그래서 사람들은 개별
적인 것을 다루는 이들에 대해서만 정치하고 있다고 말한다. 그들
만이 기술자들이 일하는 방식으로 정치라는 일을 한다.

30   실천적 지혜는 무엇보다도 개인과 관련되어 있다. 그리고 그것
은 '프로네시스', 즉 실천적 지혜라는 공통의 명칭을 갖고 있다. 이
것의 다른 형태는 가정경제, 입법, 정치가 있고, 정치는 다시 행정
적인 것과 법적인 것으로 구분된다.

자신에게 좋은 것을 아는 것도 일종의 지식이지만, 정치는 그런
1142a 종류의 지식들과는 큰 차이가 있다. 자기 자신과 관련된 것을 알고
애쓰는 사람은 실천적 지혜를 지녔다고 생각되지만, 정치가들은
남을 위해 많은 일을 하느라 바쁜 사람들이다. 그래서 에우리피데
스는 이렇게 말했다.[191]

수많은 병졸 중 한 명으로
하는 일 없이 빈둥거리며 살아가는데,
5   어떻게 실천적 지혜를 발휘하겠는가?

---

191 이 인용문은 에우리피데스, 『필록테테스』 단편 787~788(Nauck)에 나온다. 여기서
"특별한 일을 더 많이 하려는 저 사람"은 정치가를 가리키고, "특별한 일"은 실천
적 지혜를 사용해 많은 사람에게 좋은 것을 주려는 정치가의 일을 가리킨다. 일반
적으로 실천적 지혜는 개인이 자신과 관련해 좋은 것을 행하려고 사용하는 것인
데, 정치는 남을 위해 실천적 지혜를 사용한다는 점에서 "특별한 일"이다.

특별한 일을 더 많이 하려는 저 사람은….

사람들은 자신에게 좋은 것을 추구하고, 그렇게 하는 것이 마땅하다고 생각한다. 그런 생각이 발전하면서 그들을 실천적 지혜를 지닌 자로 여기기 시작했다. 하지만 가정경제나 정치체제 없이는 자신에게 좋은 일도 없다. 게다가 자기 일을 어떤 식으로 해나가야 10 하는지도 분명하지 않아 깊이 검토할 필요가 있다.

지금까지 말한 것이 옳다는 것을 확증하는 증거는, 나이가 젊어도 기학학자나 수학자는 될 수 있고, 그 분야에서 철학적 지혜를 지닌 사람은 될 수 있지만, 실천적 지혜를 지닌 사람은 될 수 없다는 데 있다. 실천적 지혜는 개별적인 것을 다루고, 개별적인 것은 경험을 통해 알게 되는데, 경험을 충분히 쌓으려면 많은 시간이 필 15 요하고, 나이가 젊으면 경험이 부족하기 때문이다.

또한, 소년이 수학자가 될 수는 있어도 철학자나 자연철학자가 될 수는 없는 이유를 곰곰이 생각해보는 것도 좋다. 수학은 추상적 사고를 통해 이루어지지만, 철학이나 자연철학의 출발점은 경험에서 오기 때문이다. 그래서 젊은이들이 수학의 핵심에 관해서는 충 20 분히 분명하게 알지만, 철학이나 자연철학에 대해서는 말만 할 뿐 확신은 갖지 못한다.

게다가 숙고와 관련해 보편적인 것에서도, 개별적인 것에서도 오류를 범할 수 있다. 무거운 물이 나쁘다고 생각해 오류를 저지를 수도 있고, 어떤 물이 무겁다고 생각해 오류를 저지를 수도 있기 때문이다.

실천적 지혜가 학문적 인식이 아님은 분명하다. 앞서 말했듯, 25 실천적 지혜는 최종적인 것을 다루기 때문이다. 행위의 대상은 그러하다. 따라서 실천적 지혜는 직관적 지성과 대립한다. 직관적 지성은 논증을 통한 증명이 불가능한 것을 다루지만, 실천적 지혜는 학문적 인식 대상이 아닌, 오직 지각으로 파악되는 최종적인 것을 다루기 때문이다. 여기서 말하는 지각은 개별적인 감각이 수행하는 지각이 아니라, 앞에 놓인 도형을 최종적이고 구체적으로 삼각형으로 인식하는 그런 종류의 것이다. 거기서 학문적 인식이 멈추기 때문이다.[192] 하지만 그런 것은 실천적 지혜라기보다는 지각이다. 물론, 이 지각은 개별 감각이 행하는 지각과는 다른 종류이기는 하다.

30

제9장
잘 숙고함

탐구와 숙고는 서로 다르다. 숙고는 탐구의 한 종류다. 또한, 우리는 숙고를 잘한다는 것이 무엇인지도 알아야 한다. 그것이 일종의 학문적 인식인지 또는 의견인지, 추측인지, 아니면 그 밖의 다른 무엇인지를 알아야 한다.

심사숙고는 학문적 인식이 아니다. 사람들은 학문적 인식을 통해 자기가 이미 아는 것은 탐구하지 않는데, 심사숙고는 숙고의 한 종류이며, 숙고하는 사람은 탐구하고 추론하기 때문이다. 또한, 심

1142b

---

192 학문적 인식은 일반적이고 추상적인 "삼각형"을 다루고 거기서 멈추며, 형태나 각이나 변이 구체적으로 정해진 "최종적이고 구체적인 삼각형"을 다루지는 않는다. 반면, 실천적 지혜는 전자가 아니라 후자를 다룬다. 또한, 감각적 지각은 최종적이고 구체적인 삼각형을 지각하는 데서 멈추고, 더 나아가 어떤 논리적 추론을 발전시키지 않는다는 점에서 실천적 지혜에서 말하는 지각과 다르다.

사숙고는 추측하는 것도 아니다. 추측은 추론 없이 신속하게 수행되지만 숙고는 오랜 시간 수행되고, 사람들은 숙고해 결정한 후 신속하게 실행하면서도 숙고 자체는 천천히 해야 한다고 말한다. 또 5
한, 민첩한 생각도 심사숙고와 다르다. 민첩한 생각은 추측하는 능력의 한 종류이기 때문이다.

또한, 심사숙고는 어떤 의견도 아니다. 숙고에 실패하면 잘못을 저지를 수 있지만, 심사숙고하는 사람은 바르게 숙고하므로 심사숙고 자체는 바른 것의 일종이다. 그런데 학문적 지식에 속하는 바른 것이나 의견에 속하는 바른 것도 아님은 분명하다. 학문적 지식 10
에는 잘못된 것도 바른 것도 없으며, 의견에 속하는 바른 것은 참이기 때문이다. 게다가 의견의 대상이 되는 모든 것은 이미 결정되어 있다.[193]

그런데 논리적 추론 없이는 심사숙고도 있을 수 없다. 따라서 우리에게 남은 선택지는 심사숙고가 사유에 속한다는 것이다. 사유는 아직 주장이 아니고, 의견은 탐구가 아니라 일종의 주장이라 15
면, 숙고하는 사람은 숙고를 잘하든 못하든 무엇인가를 탐구하고 논리적으로 추론하기 때문이다.

이렇게 심사숙고는 일종의 올바른 숙고다. 그러므로 우리는 먼저 숙고가 무엇이고, 무엇을 다루는 것인지를 탐구해야 한다. 그런데 '올바름'은 여러 의미로 사용되므로, 심사숙고와 관련해 바르다고 해서 모든 의미에서 바른 것이 아님은 분명하다. 자제력이 없거나 악인도 자기가 하기로 마음먹은 것에 대해선 논리적 추론을 통

---

193 사람들은 이미 결정된 것에 대해서는 어떤 의견을 제시하지만, 아직 결정되지 않은 것에 대해서는 숙고한다는 의미에서 한 말이다.

20 해 도달할 것인데, 그는 이렇게 바르게 숙고했지만 자신에게 큰 해
악을 입힐 수도 있기 때문이다. 하지만 심사숙고 자체는 좋은 것이
다. 숙고와 관련해 그런 종류의 바른 것, 즉 좋은 것에 도달하게 하
는 바른 것이 바로 심사숙고이기 때문이다.

　잘못된 추론을 통해서도 좋은 것에 도달할 수 있고, 마땅히 거
쳐야 하는 과정이 아니라 잘못된 과정을 거쳐서도 좋은 것에 도달
25 할 수 있지만, 마땅히 거쳐야 할 과정을 거치지 않은 것은 심사숙
고가 아니다.

　또한, 어떤 사람은 오랜 시간 숙고해 목표에 도달하고, 어떤 사
람은 짧은 시간 숙고해 도달한다. 오래 숙고한다고 해서 심사숙고
는 아니다. 심사숙고는 오히려 유익함과 동시에, 도달해야 할 것,
거쳐야 하는 과정, 지켜야 할 시간과 관련해서도 바른 것이어야 하
기 때문이다.

　또한, 절대적인 차원에서 혹은 어떤 목적과 관련해 심사숙고할
30 수도 있다. 절대적 차원에서 잘 숙고한 것은 절대적 목적을 제대로
이룬 것이고, 어떤 목적과 관련해 잘 숙고한 것은 그 목적을 제대
로 이룬 것이다. 따라서 심사숙고는 실천적 지혜를 지닌 사람에게
속한 것이므로, 이는 목적을 이루는 데 유익한 것과 관련해 바른
것이고, 이 목적을 제대로 파악하는 것이 곧 실천적 지혜다.

제10장

이해력

1143a　'이해력이 있다' 또는 '이해력이 좋다'라고 말할 때, 이해력이나 좋

은 이해력[194]은 학문적 인식이나 의견과 전적으로 같은 말은 아니다. (만일 그 둘이 같다면, 모든 사람이 이해력이 있는 사람들일 것이다.) 또한, 이해력이 있다는 것은 건강을 다루는 의술이나 공간의 크기를 다루는 기하학 같은 개별 학문적인 인식 중 하나인 것도 아니다. 이해력은 언제나 그대로여서 변하지 않는 것이나 생성되는 어떤 것을 다루는 것이 아니라, 의심을 품게 해 숙고하게 하는 것을 다루기 때문이다. 그래서 이해력이 다루는 대상은 실천적 지혜가 다루는 대상과 동일하다. 하지만 이해력과 실천적 지혜가 같은 것은 아니다. 실천적 지혜는 무엇을 행해야 하고 무엇을 행하지 말아야 하는지에 대해 명령하는 것이고, 이것이 실천적 지혜의 목적이라면, 이해력은 오직 판단하는 것일 뿐이다. 이해력이 있다는 것은 이해력이 좋다는 것이고, 이해력이 있는 사람은 이해력이 좋은 사람이다.

그런데 이해력은 실천적 지혜를 지닌 것도, 혹은 획득하는 것도 아니다. 학문적 인식을 사용해 배워 알 때도 이해력이 있다고 말하고, 실천적 지혜의 대상들에 관해 남이 말한 것을 놓고 의견을 사용해 판단할 때도 훌륭한 판단이라면 이해력이 있다고 말한다. 잘 판단하는 것과 훌륭하게 판단하는 것은 같기 때문이다. 게다가 이해력이 좋은 사람이라고 할 때 그런 이해력이라는 명칭도 배워 알게 됨으로써 생기는 이해력에서 유래한 것이다. 흔히 우리는 배워 알게 된 것을 이해했다고 말하기 때문이다.

---

194 "이해력"으로 번역한 '쉬네시스'(σύνεσις)의 기본 의미는 "종합하는 것"이고, 그 비유적인 의미는 "빠르게 이해하는 것"이다. "좋은 이해력"은 "잘, 좋은"을 뜻하는 '에우'가 덧붙여진 '에우쉬네시스'(εὐσυνεσίς)이다.

제11장
통찰력

20 공감을 통해 분별할 수 있게 해주어 우리에게 이해력을 갖게 해준
다는 통찰력[195]은 훌륭한 사람들이 지닌 바른 판단력을 뜻한다. 훌
륭한 사람은 공감을 통해 분별하는 사람이고, 어떤 것을 공감함으
로써 분별한 것에 대해 우리가 훌륭하다고 말하는 것이 그 증거다.
공감을 통한 통찰력은 바른 판단을 가져다주는 훌륭한 사람들의 통
찰력이고, 여기서 바른 판단이란 참을 알아내는 판단을 의미한다.

25   그런데 우리가 말한 이 모든 것이 같은 방향을 지향하는 것에는
그럴 만한 이유가 있다. 우리는 통찰력과 이해력과 실천적 지혜와
직관적 지성을 같은 사람들에게 돌리고서는, 그들을 통찰력 있고
직관적 지성이 있으며 실천적 지혜를 지녔고 이해력이 있는 사람
이라고 말한다. 이 모든 능력은 최종적인 것, 즉 개별적인 것을 다

30 루기 때문이다. 또한, 누군가가 실천적 지혜를 지닌 사람이 다루는
것에 관해 제대로 판단한다면, 우리는 그에게 이해력이 있고 통찰
력이 좋으며 공감을 통한 통찰력이 있다고 말한다. 타인과의 관계
에서 공정한 것은 좋은 사람들의 공통 관심사이기 때문이다.

    그런데 행위에 속한 것은 모두 개별적이고 최종적인 것이다. 실
천적 지혜를 지닌 사람이 알아야 하는 것도 그렇고, 이해력과 통

35 찰력도 행위에 속한 것을 다루는데, 그런 것은 최종적이다. 직관

---

195 여기서 "통찰력"으로 번역한 '그노메'(γνώμη)의 기본 의미는 "사람이 알게 하는
    것"이다. '그노메'는 바른 판단력의 통로가 되므로 논리적 추론에서 어떤 것을 꿰
    뚫어보는 능력인 통찰력으로 옮겼다.

적 지성도 양방향으로 최종적인 것을 다룬다. 최초 명제와 최종 명제에는 논리적 추론이 아니라 직관적 지성이 관여한다. 직관적 지 1143b
성은 추론을 통한 증명과 관련해서는 불변하는 최초 명제들에 관여하고, 행위에 속한 것과 관련해서는 최종적이고 가변적인 것, 즉 소전제들에 관여한다. 직관적 지성이 관여하는 이런 것은 행위의 목적에 도달하기 위한 출발점이다. 보편적인 것은 개별적인 것에 5
서 나오기 때문이다. 따라서 이 개별적인 것에 대한 지각이 있어야 하는데, 이 지각이 직관적 지성이다.

그런 이유에서 이런 것은 자연적인 것으로 보인다. 자연적으로 지혜로운 사람은 아무도 없다고 생각하면서도, 통찰력과 이해력과 직관적 지성은 자연적으로 주어진다고 사람들은 생각한다. 우리는 어느 정도 나이를 먹으면 이런 것이 저절로 따라온다고 생각하고, 일정한 나이가 되면 마치 자연이나 본성이 그 원인이라는 듯이 직관적 지성과 이해력이 생긴다고 여긴다. (따라서 직관적 지성이 처음 10
이자 마지막이다. 추론을 통한 증명은 그것에서 시작해 그것에 도달하기 때문이다.) 그러므로 우리는 경험 많고 나이 많은 사람이나 실천적 지혜를 지닌 사람들에게 있는 증명되지 않은 말과 의견도 추론을 통한 증명 못지않게 경청해야 한다. 그들은 경험으로부터 생긴 눈을 지니고 있어 바르게 보기 때문이다.

이상으로 우리는 실천적 지혜와 철학적 지혜가 무엇이고, 각각 15
의 지혜가 어떤 것을 다루는지 보았으며, 이 둘이 혼의 서로 다른 부분과 관련된 미덕들임을 말했다.

제12장
실천적 지혜와 영리함

누군가는 이러한 혼의 미덕들이 무슨 쓸모가 있는지 의문을 제기할 것이다. 철학적 지혜는 생성[196]과 변화에는 전혀 관여하지 않으
20 므로 인간을 행복하게 만드는 일은 거들떠보지도 않기 때문이다. 실천적 지혜는 그런 것을 다루지만, 어떤 목적을 위해 그렇게 하는가? 실천적 지혜는 인간에게 정의롭고 고귀하며 좋은 것을 다루지만, 그것은 훌륭한 사람에게 속한 것이고 그것을 안다고 해서 우리
25 가 행하는 데 더 적합한 사람이 되진 않는다. 미덕은 성품인데, 그것은 건강함이나 좋은 몸 상태처럼 성품이라는 상태를 만들어내는 게 아니라 성품이라는 상태로부터 나온다. 이것은 우리가 의술이나 체육학을 안다고 해서 건강하거나 좋은 몸 상태가 되는 것이 아님과 같다.

따라서 실천적 지혜는 그런 것을 알기 위해서가 아니라, 훌륭한 사람이 되기 위해 필요한 것이라고 한다면, 정작 훌륭한 사람들에게
30 게는 실천적 지혜가 쓸모없을 것이고, 실천적 지혜를 지니고 있지 않은 사람에게도 그것은 쓸모없을 것이다. 사람이 스스로 실천적 지혜를 지녔든 그런 지혜를 지닌 사람에게서 듣든, 아무 차이가 없는 것은 마찬가지이므로, 건강과 관련해 우리가 행하는 듯이 하면 그것으로 충분하다. 건강하기를 바란다고 해서 의술을 배우지는

---

196 이 책에서 "생성"으로 번역한 '게네시스'(γένεσις)는 단지 생기는 것만이 아니라 생성되어 계속 이루어지는 "과정"까지 포함한다. 생성되는 것은 끊임없이 변할 수밖에 없기 때문이다. 생성되는 것 중에서 변하지 않는 것은 없고, 반대로 변하지 않는 것은 생성되지 않는다.

않기 때문이다.

이 외에도 실천적 지혜는 철학적 지혜보다 열등한데도 더 주된 것이라고 한다면, 그것도 이상해 보인다. 만든 쪽이 만들어진 것을 35 지배하고 명령하는 게 정상이기 때문이다.

이제 이 부분을 살펴보자. 지금까지는 이런 것에 관해 단지 문제제기만 했기 때문이다.

첫째로, 철학적 지혜와 실천적 지혜는 혼의 두 부분에 고유한 1144a 미덕들이므로, 설령 이 둘이 아무것도 만들어내지 않았더라도, 그 자체로 선택해야 한다고 우리는 말해야 한다.

둘째로, 철학적 지혜와 실천적 지혜는 어떤 것을 만들어내지만, 의술이 건강을 만들어내는 것과 같은 방식이 아니라, 건강한 상태가 건강을 만들어내는 것과 같은 방식으로 무엇을 만들어낸다. 즉, 철학적 지혜는 행복을 만들어내는데, 미덕 전체의 한 부분인 지혜를 활성화하는 방식으로 행복을 만들어낸다.

또한, 인간이 해야 할 고유한 일은 실천적 지혜와 도덕적 미덕을 통해 이루어진다. 미덕은 목표를 바르게 설정하게 해주고, 실천적 지혜는 그 목표에 바르게 도달하게 해주기 때문이다. 자양분을 섭취하는 것과 관련된 혼의 네 번째 부분[197]에는 그런 종류의 미덕 10 이 존재하지 않는다. 그 부분은 행위를 하거나 하지 않는 것에 전

---

197 혼의 다른 세 부분은 "학문적 인식," "이성적 추론," "욕망"이다. 이 세 부분은 이
성과 직간접적으로 관련된 부분이다. 제1권 제13장 1102a32-1102b12, 제6권 제
1장 1139a3-15에서 아리스토텔레스는 먼저 혼에서 이성을 지닌 부분과 이성을
지니지 않은 부분으로 구별하고, 그런 후에 다시 각 부분을 둘로 구분했다. 이렇
게 구분했을 때 오직 자양분을 섭취하는 것과 같은 부분만이 이성과 전혀 관련이
없다.

혀 관여하지 않기 때문이다.

　고귀하고 정의로운 것을 아는 실천적 지혜가 있다고 해서 그런 것을 조금이라도 더 잘 행하는 것은 아님과 관련해서는, 조금 더 위로 거슬러 올라가 다음을 출발점으로 삼아야 할 부분이 있다. 우리는 어떤 사람이 정의로운 것을 행한다고 해서 그 사람이 반드시
15　정의로운 것은 아니라고 했다. 예컨대, 어떤 사람이 법이 정한 것을 행하긴 했지만, 비자발적으로 행하거나 무지함 속에서 행하거나 그 밖의 다른 어떤 이유로 행했을 뿐이고, 그 행위 자체만을 보고 한 것이 아니었다면, 설령 그들이 마땅히 행해야 할 모든 것, 즉 훌륭한 사람이라면 반드시 했을 모든 것을 행했더라도, 그들은 정의로운 사람이 아닌 것이다. 어떤 성품 속에서, 즉 이성적 선택을 통해 그 행위 자체를 목적으로 삼고 그 각각의 행위를 행한 사람만
20　이 좋은 사람이기 때문이다.

　따라서 미덕은 이성적 선택을 바른 것으로 만들지만, 그 선택을 실현하기 위해 행해야 하는 것을 주관하는 것은 미덕이 아니라 다른 능력이다. 다음으로 넘어가기 전에 먼저 이에 대해 좀 더 분명하게 해두자.

　사람에게 영리함이라고 부르는 능력이 있다. 이것은 자신이 설정한 목표에 다가갈 수 있게 하여서 결국 그 목표에 도달하게 하는
25　능력이다. 이때 그 목표가 고귀하다면 영리함은 칭찬받을 것이 되고, 그 목표가 나쁜 것이라면 그 영리함은 교활함이 된다. 그래서 실천적 지혜를 지닌 사람과 교활한 사람은 둘 다 영리한 사람이라 불린다.

　실천적 지혜 자체는 영리함이라는 능력이 아니지만, 그런 능력
30　없이는 존재할 수 없다. 앞서 말했고 실제로도 분명한 것처럼, 미

덕 없이는 혼의 눈[198]에 성품이 생기지 않는다. 행위와 관련한 추론들은 목적과 최고선에 관해 이러저러한 것이라고 하며 출발점으로 삼기 때문이다. 그 명제들이 어떤 것이라도 좋다. (논증을 위해서는 어떤 것으로 해도 상관없다.) 최고선은 좋은 사람에게만 그렇게 보일 뿐이다. 악은 사람들을 왜곡시켜서 행위의 최초 출발점[199]과 관 35 련해 속이는 일을 한다. 따라서 좋은 사람이 아니고서는 실천적 지혜를 지닐 수 없음은 분명하다.

제13장
실천적 지혜와 미덕의 관계

따라서 미덕에 관해 다시 살펴보지 않으면 안 된다. 실천적 지혜와 1144b
영리함은 서로 비슷하지만 같지는 않은 것처럼, 미덕과 관련해서도 자연적 미덕과 엄밀한 의미에서의 미덕 역시 서로 비슷하지만 같진 않다. 각각의 성품은 모든 사람에게 어떤 식으로든 자연적으로 존재하는 것으로 생각되기 때문이다. 우리는 태어나자마자 곧 5
정의롭거나, 절제 있거나, 용기 있거나 하는 등의 성품을 지닌다. 하지만 우리는 그런 것과는 다른, 엄밀한 의미에서의 좋음을 얻길

---

198 아리스토텔레스는 "혼"을 한 사람을 이끌어가는 것이라는 점에서 "눈"이라는 비유를 사용한다. 이 눈으로 정확한 방향을 보게 하는 것이 "미덕"이다. 이 미덕이 한 사람 속에서 하나의 상태 또는 "성품"을 만들어내, 혼이 지속적이고 안정적으로 한 사람을 이끌어나갈 수 있게 해준다.

199 "행위의 최초 출발점"은 앞서 말한 대로 "명제들," 즉 대전제들이다. 행위는 이 대전제에 의거한 이성적 추론과 숙고 그리고 선택을 거쳐 이루어진다.

바라고, 그런 것을 자연적이 아닌 다른 방식으로 얻길 바란다. 아이나 동물도 자연적인 성품을 지니고 있지만, 지성 없이는 그런 것
10 도 해로울 수밖에 없다. 어쨌든, 건강한 신체가 눈 없이 움직인다면 앞을 볼 수 없어 크게 넘어질 수 있듯, 미덕과 관련해서도 그런 일이 일어날 수 있다는 것쯤은 우리도 안다.

반면, 지성을 갖추면 행하는 것이 달라진다. 성품 자체는 이전과 비슷하겠지만, 이제는 엄밀한 의미에서 미덕이 된다. 따라서 혼
15 에서 의견을 만들어내는 부분에 영리함과 실천적 지혜라는 두 종류가 있듯, 도덕적 성품과 관련된 부분에도 자연적 미덕과 엄밀한 의미에서의 미덕이라는 두 종류가 존재하고, 이 둘 중에서 엄밀한 의미에서의 미덕은 실천적 지혜 없이는 생기지 않는다.

그러므로 어떤 사람은 모든 미덕이 실천적 지혜라고 말했고, 소크라테스도 어떤 것은 바르게 탐구했지만 어떤 것에서는 잘못을
20 저질렀다. 모든 미덕은 실천적 지혜라고 생각한 것은 그가 잘못한 것이고, 실천적 지혜 없이는 미덕이 있을 수 없다고 한 것은 옳게 말한 것이다. 지금도 모든 사람이 미덕을 정의할 때는 그 미덕이 어떤 성품이고 무엇과 관련된 것인지를 말하고 나서, 미덕은 바른 이성을 따른 성품이라는 말을 덧붙인다는 것이 그 증거다. 여기서 바른 이성이란 실천적 지혜를 따른 이성이라는 것이다. 따라서 사
25 람들은 실천적 지혜를 따른 그런 성품이 미덕이라는 것을 어떤 식으로든 짐작한다.

하지만 그런 생각은 조금 수정할 필요가 있다. 미덕은 단지 바른 이성과 어울리는 성품일 뿐만 아니라, 바른 이성을 수반한 성품이기도 하기 때문이다. 이러한 것과 관련된 바른 이성이란 실천적 지혜에 따른 이성을 말한다. 그래서 소크라테스는 미덕들이 이성

이라고 생각했지만(그에게는 모든 미덕이 학문적 인식이었다), 우리는   30
미덕이 이성을 수반한다고 생각한다.**²⁰⁰**

따라서 지금까지 말한 것에서, 실천적 지혜 없이는 엄밀한 의미
에서 좋은 사람이 될 수 없고, 도덕적 미덕 없이는 실천적 지혜를
지닌 사람이 될 수 없음이 분명하다.

또한, 미덕들이 서로 분리되어 있다고 주장하려고 사용되는 논
증도 그런 식으로 반박할 수 있다. 즉, 그들은 한 사람이 모든 미덕
을 갖추고 태어나진 않으므로, 어떤 미덕을 이미 갖고 있더라도 다   35
른 미덕은 아직 없다고 주장한다. 그런 주장은 자연적 미덕과 관련
해서는 가능하겠지만, 일반적으로 좋은 사람이 되게 하는 그런 미   1145a
덕들과 관련해서는 불가능하다. 하나의 실천적 지혜를 갖추면, 다
른 모든 미덕도 갖추게 되기 때문이다.**²⁰¹**

또한, 설령 실천적 지혜가 실천적인 것이 아니더라도, 실천적
지혜는 혼의 한 부분을 차지하는 미덕이므로 반드시 있어야 하며,
실천적 지혜나 미덕 없이는 이성적 선택이 바를 수 없음도 분명하

---

200 소크라테스는 절대적이고 불변하는 진리를 따라 행하는 것이 미덕이라고 생각했
으므로, 미덕은 오직 학문적 인식을 담당하는 이성을 따른 성품이라고 말했다. 반
면, 아리스토텔레스는 미덕을 학문적 인식과 실천적 지혜가 결합된 성품으로 이
해했으므로, 학문적 인식을 담당하는 이성에 따른 성품일 뿐만 아니라, 실천적 지
혜에 속하는 이성적 추론이 수반된 성품이기도 하다고 말했다. 이렇듯 실천적 이
성에 대한 강조는 아리스토텔레스가 소크라테스나 플라톤과 어떤 부분에서 차별
성이 있는지 보여준다.

201 자연적 미덕들과 관련해서는 어떤 사람이 이런 미덕을 지닌 채 태어났지만 저런
미덕은 가지고 태어나지 못했다고 말하는 것이 가능하다. 하지만 실천적 지혜를
갖추었을 때는 모든 미덕, 즉 엄밀한 의미에서 미덕 전체를 갖출 수밖에 없다. 만
일 그렇지 않다면, 그는 실천적 지혜를 갖춘 것이 아니다. 실천적 지혜는 사람이
한두 가지 미덕이 아니라 모든 미덕을 통해 좋음을 얻도록 하는 성품이자 상태이
기 때문이다.

5 다. 미덕은 목적을 바르게 설정할 수 있게 하고, 실천적 지혜는 그 목적을 이루게 하는 행위를 바르게 선택해 행할 수 있게 하기 때문 이다.

하지만 실천적 지혜는 철학적 지혜, 즉 혼의 더 우월한 부분을 지배하지는 않는다. 이것은 의술이 건강함을 지배하지 않는 것과 같다. 의술은 건강함을 사용하는 것이 아니라, 건강하게 되도록 돌 보는 것일 뿐이기 때문이다. 의술은 건강함에 대해 명령하는 것이
10 아니라, 건강함을 위해 명령하는 것이다. 실천적 지혜가 철학적 지 혜를 지배한다고 주장하는 것은 정치학은 국가와 관련된 모든 것 에 명령하므로 신들을 지배한다고 주장하는 것과 같다.

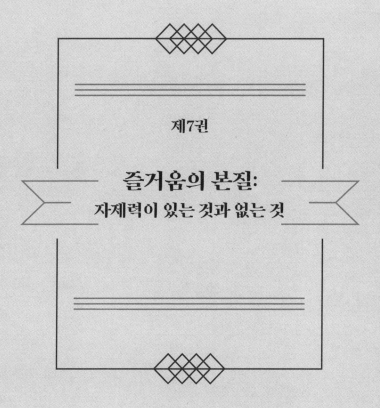

제7권

즐거움의 본질:
자제력이 있는 것과 없는 것

제1장
절제와 자제력과 인내심에 관한 통념

이제는 다른 출발점에 서서 새롭게 시작해보자. 사람이 피해야 할 15
세 종류의 성품에는 "악덕"과 "자제력 없음"과 "짐승 같은 것"이
있다.[202] 첫 번째나 두 번째와 반대되는 것이 어떤 것인지는 분명
하다. 우리는 첫 번째와 반대되는 것을 미덕이라고 부르고, 두 번
째와 반대되는 것을 자제력 있다고 부르기 때문이다. 그리고 짐승
같은 것과 반대되는 것은 인간을 넘어서는 미덕, 즉 영웅적이고 신 20
적인 미덕이라고 부르면 가장 적절할 것 같다. 그래서 호메로스는
자기 작품 속에서 프리아모스로 하여금 헥토르가 아주 좋은 사람
이었다고 하게 하려고, "그는 죽을 수밖에 없는 인간의 자손이 아
니라 신의 자손처럼 보였어"라고 말하게 했다.[203] 따라서 사람들이
흔히 말하듯, 일반 사람들보다 월등하게 뛰어난 미덕을 지닌 자가
신들이 되는 일이 있다면, 그런 미덕은 짐승 같음과 반대되는 성품 25
일 것이다. 짐승에게는 악덕이나 미덕이 없고, 신에게도 그런 것이

---

202 "악덕"으로 번역한 단어는 '카키아'(κακία)이고, "자제력 없음"으로 번역한 단
어는 '아크라시아'(ἀκρασία)이며, "짐승 같은 것"으로 번역한 단어는 '테리오테
스'(θηριότης)이다.
203 "프리아모스"는 호메로스의 『일리아스』에 나오는 트로이아 왕이고, "헥토르"는
그의 아들로 트로이아군에서 가장 용맹한 장군이자 영웅이었다. 이 인용문은 『일
리아스』 제24권 258행에 나온다.

없지만, 영웅적이고 신적인 미덕은 일반적인 미덕보다 더 존경할
만하고, 짐승 같은 것은 악덕과는 다른 어떤 종류이기 때문이다.

스파르타 사람들 사이에서 어떤 사람을 최고로 칭송할 때 "그
는 신적인 사람이지"라고 말하는 것이 관행이라는 데서 볼 수 있
듯,[204] 사람들 가운데서 신적인 사람도 아주 드물고, 마찬가지로
30 짐승 같은 사람도 아주 드물다. 짐승 같은 사람은 주로 야만인 가
운데 있는데, 그중 일부는 질병이나 장애 때문에 생긴다. 그리고
보통을 한참 뛰어넘는 악덕을 지닌 자들을 비난할 때 "짐승 같은
자"라고도 한다.

35 하지만 이런 종류의 성품은 나중에 다시 살펴보기로 하고,[205] 악
덕은 앞서 살펴본 바 있다.[206] 이제 여기서는 자제력 없는 것과 나
약하여 인내심 없는 것 그리고 자제력 있는 것과 강인하여 인내심
1145b 있는 것을 살핀다.[207] 우리는 자제력이 있거나 없는 것을 각각 미
덕이나 악덕과 관련된 성품으로 여겨서도 안 되고, 미덕이나 악덕
과 다른 종류로 여겨서도 안 된다.[208]

---

204 플라톤,『메논』99d.
205 "짐승 같은 것"과 관련된 성품은 제7권의 제5장에서 다룬다.
206 악덕들은 도덕적 성품과 관련한 미덕을 다룬 제2~5권에서 함께 다뤘다.
207 "나약하여 인내심 없는 것"으로 번역한 '말라키아'(μαλακία)의 기본 의미는 "나약
함"이고, "강인하여 인내심 있는 것"으로 번역한 '카르테리아'(καρτερία)의 기본
의미는 "강인함"이다. 소크라테스는 이 두 단어를 인내심이 있는 것 및 없는 것과
관련해 사용하고 있으므로, 이후로는 "인내심 없는 것"과 "인내심 있는 것"으로
번역했다.
208 "절제"는 모든 욕망이 적절하게 다스려진 상태를 가리키므로 성품이고 미덕이지
만, "자제력 있는 것"은 모든 욕망이 제대로 다스려지지 않은 것을 전제하고 그
욕망들을 억제하려는 것이므로 성품도 아니고 미덕도 아니다. 하지만 그 욕망들
을 자제하는 어떤 능력이라는 점에서는 성품이나 미덕과 비슷하다.

다른 모든 것을 다룰 때처럼, 여기서도 우리는 이와 관련된 표면적인 현상들을 우리 앞에 갖다 놓고, 그것을 경험한 사람들의 모든 통념—이것이 불가능하다면 대부분의 통념과 가장 중요한 통념 5 들—의 진위를 드러내고 의문점들을 찾아내야 한다. 그렇게 해서 의문점을 해결함과 동시에 그 통념들도 해명된다면, 그와 관련해 경험의 실체가 충분히 밝혀졌다고 보기 때문이다.

자제력 있는 것과 인내심 있는 것은 훌륭하고 칭찬할 만해 보이지만, 자제력 없는 것과 인내심 없는 것은 나쁘고 비난받아 마땅하 10 게 보인다. 그리고 자제력 있는 사람은 이성적으로 추론해낸 것을 끝까지 견지하고, 자제력 없는 사람은 이성적으로 추론해낸 것을 쉽게 포기하는 듯하다.

또한, 자제력 없는 사람은 자기가 행하는 것이 나쁘다는 것을 알면서도 감정에 사로잡혀 행하지만, 자제력 있는 사람은 자기 욕망이 나쁘다는 것을 알면 이성에 근거해 그 욕망을 따르지 않는다.

사람들은 절제 있는 사람이 자제력과 인내심도 있다고 생각한 15 다. 하지만 자제력과 인내심이 있으면 모두 절제 있다고 생각하기도 하는 반면, 누군가는 그렇지 않다고 여긴다. 또한, 무절제한 사람은 자제력도 없고, 자제력 없는 사람은 무절제하다고 말하며 이두 부류의 사람을 딱히 구별하지 않지만, 어떤 사람은 이 둘을 구별한다.

또한, 실천적 지혜를 지닌 사람이 자제력이 없다는 것은 불가능하다고 하고, 실천적 지혜가 있고 영리한 사람 중에도 자제력 없는 사람이 있다고도 말한다. 또한, 사람들은 분노, 명예, 이득과 관련 20 해서는 자제력이 없다고 하기도 한다. 따라서 이런 것이 사람이 하는 말들이다.[209]

제2장
자제력 없는 것과 관련된 통념과 난제

여기서 바르게 아는 사람이 어떻게 자제력이 없겠는가 하고 의문을 품을 수 있다. 그래서 어떤 사람은 제대로 아는 사람이라면 그럴 수 없다고 반박한다. 어떤 사람 안에 학문적 지식이 있는데도 다른 무언가가 그 지식을 지배해 노예처럼 이리저리 끌고 다닌다는 것은 이상한 일이기 때문이다. 실제로 소크라테스가 그렇게 생
25 각했는데,[210] 학문적 지식이 있는 사람에게 자제력이 없다는 것은 있을 수 없는 일이라고 생각해 그런 주장에 전면적으로 맞서 싸웠다. 그는 최선의 것이 무엇인지를 잘 알면서도 거기서 벗어나는 행위를 하는 사람은 아무도 없고, 오직 최선의 것이 무엇인지를 알지 못하는 무지로 그렇게 하는 것일 뿐이라고 생각했다.

하지만 그런 견해는 사람의 경험과 분명하게 상충하므로, 제대로 알면서도 무지로 자제력 없는 행위를 하는 것이라면, 우리는 이 경험과 관련해 그런 무지가 어떤 식으로 생기는지를 살펴보아야
30 한다.[211] 자제력 없는 행위를 하는 사람이라도 그런 식으로 무지 상태에 들어가지 않는다면 그런 행위를 할 생각을 품지 않을 게 분

---

209 앞서 "표면적인 현상들을 우리 앞에 갖다놓고 그것을 경험한 사람들의 모든 통념"을 살펴보자고 했는데, 이렇게 "사람이 하는 말들"이 그런 통념들이다.

210 플라톤, 『프로타고라스』 352b~c.

211 학문적 지식이 있어 제대로 알고 있기에 자제력 없는 행위를 하는 게 불가능하다면, 지식이 있는데도 그 지식이 무력화되는 상황이 존재한다고 보아야 합리적이다. 따라서 알고 있으면서도 그 지식이 무력화되어 무지의 상태가 발생하는 일이 어떤 식으로 일어날 수 있는지를 살펴보자는 것이다.

명하기 때문이다.

그런데 어떤 사람은 그런 견해 중에서 일부 동의하면서도 어떤 것에는 동의하지 않는다. 즉, 학문적 지식보다 더 힘 있는 것은 없다는 데는 동의하지만, 자기가 최선이라고 생각하는 것과 어긋나게 행하는 사람은 없다고 한 것에는 동의하지 않는다. 그래서 자제력 없는 사람은 학문적 지식이 아니라 의견을 지니고 있으므로 즐 35 거움에 따라 지배된다고 사람들은 말한다.

자제력 없는 사람은 학문적 지식이 아니라 단지 의견을 가진 것 1146a 이라면, 그 의견은 즐거움을 물리칠 만한 강한 확신이 아니라, 주저하고 망설이는 사람의 의견처럼 허약한 것이므로, 그들이 강력한 욕망에 대항해 자기 의견을 고수하지 못하는 것을 우리는 용서할 수 있다. 반면, 악덕이나 그 밖의 다른 모든 비난받아 마땅한 것이 그들 속에 있어 자제력 없는 행위를 하는 자들은 용서받을 수 없다.

그렇다면 실천적 지혜는 즐거움에 대항할 수 있지 않겠는가? 이는 가장 힘 있고 강력한 성품이기 때문이다. 하지만 그런 주장은 5 불합리하다. 그러려면 같은 사람이 실천적 지혜를 지녔으면서, 동시에 자제력 없는 사람이어야 하는데, 그런 지혜를 가진 이가 가장 나쁜 것을 자발적으로 행한다고 할 사람은 아무도 없기 때문이다. 게다가 실천적 지혜를 지닌 사람은 행위를 다루는 사람이고(그는 최종적인 것을 다룬다), 실천적 지혜 말고도 다른 미덕을 지니고 있음은 이미 증명된 바 있다.[212]

또한, 자제력 있다고 하려면 그 사람에게 강력하고 나쁜 욕망이 10

---

212 제6권 제13장 1144b30-1145a2.

있어야 하는데, 절제 있는 사람은 자제력 있는 사람이 아닐 것이고, 자제력 있는 사람은 절제 있는 사람이 아닐 것이다. 절제 있는 사람은 지나침이나 나쁜 것이 없는 반면, 자제력 있는 사람이 되려면 적어도 지나침이 있거나 나쁜 것이 있어야 한다. 만일 자제력 있는 사람 안에 있는 욕망이 유용한 것이라면, 그러한 욕망을 따르지 못하게 막는 성품은 나쁜 것이 되고, 자제력 있다고 해서 모두
15 훌륭한 것은 아니기 때문이다. 또한, 자제력 있는 사람의 욕망이 나쁘지 않고 약한 것이라면, 자제력 있다는 것이 우러러볼 만큼 굉장한 게 아닐 것이고, 그 욕망이 나쁘면서 약하다면, 자제력 있음이 대단한 게 아닐 것이다.

또한, 자제력이 있어서 어떤 의견을—그것이 잘못되었더라도—고수하게 된다면, 자제력이 있음이 좋지 못한 것이 된다. 마찬가지로, 자제력 없는 것이 어떤 의견이든 그 의견을 포기하게 한다면, 그것이 도리어 훌륭한 일인 경우도 있다. 소포클레스의 『필록테테
20 스』에서 네오프톨레모스가 그렇다. 그는 거짓말하는 것이 괴로워, 오디세우스가 그에게 하라고 한 것을 결국 포기했는데, 그런 행동은 칭찬받아 마땅한 일이다.[213]

또한, 소피스트들의 논증도 문제가 된다. 소피스트들은 언제 어

---

213 "필록테테스"는 그리스군의 장군이었지만, 트로이아 전쟁에 참전하기 위해 항해하다가 상처에서 나는 악취로 렘노스 섬에 버려지자, 전에 헤라클레스에게서 받은 활로 사냥하며 연명한다. 그런데 트로이아를 함락하려면 헤라클레스의 활이 꼭 필요하다는 신탁을 받고, 오디세우스는 자기 아들 "네오프톨레모스"를 렘노스 섬으로 보내, 자기도 그리스군에게 버림을 받아 고향으로 돌아가는 중이라고 거짓말을 하고 필록테테스에게 함께 배를 타고 집으로 돌아가자고 유인한 후에 그를 결박해 트로이아로 데려오라고 말했다. 하지만 네오프톨레모스는 결정적인 순간에 거짓말을 이어가지 못하고 결국 그 사실을 필록테테스에게 고백하고 만다. 이 이야기는 소포클레스, 『필록테테스』 54-122, 895행 이하에 나온다.

디서든 자신이 영리한 사람임을 과시하기 위해 반박할 때 역설을 사용하는데, 그들이 제시하는 삼단논법적인 추론은 난제가 된다. 그리고 상대방은 그 결론에 만족하지 않기에 거기 머물지 않고 더 25 앞으로 나아가길 바라지만, 난제가 된 그들의 논증을 반박할 수 없으므로 더 이상 앞으로 나아가질 못하고 꼼짝없이 당하고 만다. 소피스트들의 논증 중에는 자제력 없는 것과 어리석음의 결합이 미덕이라는 논증도 있다. 즉, 그들은 자제력 없는 사람은 자기가 좋다고 판단한 것과 반대되는 것을 행하게 될 텐데, 그는 어리석은 사람이어서, 그가 좋은 것으로 판단한 것이 사실은 나쁘고 하지 말 30 아야 할 것이었으므로, 결국 그는 좋은 것을 행하고 나쁜 것을 행하지 않기 때문이라고 말한다.

또한, 이성적인 추론에 따른 확신으로 즐거운 것을 행하고 추구하며 선택하는 사람이, 자제력이 없어 그렇게 하는 사람보다 더 낫다고 생각될 수 있다. 전자는 자기 확신을 바꾸기만 하면 쉽게 치료되지만, 자제력 없는 사람에게는 "물을 마시고 체했다면 어떻게 35 다시 물을 마셔서 체한 것을 해결할 수 있겠는가"라는 속담이 딱 들어맞는다. 확신 있게 어떤 행위를 하는 사람은 확신이 바뀌면 그 1146b 행위를 그만두겠지만, 자제력 없는 사람은 확신이 달라지더라도 계속 자제력 없이 행할 것이다.

또한, 자제력 없는 것과 있는 것이 모든 행위에 관여한다면, 자제력 없는 사람은 일반적으로 어떤 사람인가? 모든 것에서 자제력 없는 사람은 아무도 없지만, 어떤 사람은 일반적으로 자제력이 없다고 하기 때문이다.

이런 것이 자제력 없음과 관련하여 생기는 난제들이다. 그런 난 5 제 중 어떤 것은 버리고, 어떤 것은 받아들여야 한다. 그러한 난제

해결로 우리가 원하는 것을 찾아낼 수 있다.

제3장
자제력 없는 것과 무지

따라서 먼저 자제력 없는 사람은 알고 행동하는지 모르고 행동하는지, 알고 있다면 어떤 식으로 아는지를 살펴야 한다. 다음으로는 자제력 없는 사람과 자제력 있는 사람이 어떤 것에 관여하는지, 즉 그들이 모든 즐거움과 고통에 관여하는지, 아니면 특정한 즐거움과 고통에 관여하는지를 살펴야 하고, 또한, 자제력 있는 사람과 인내심 있는 사람은 같은지, 아니면 서로 다른지를 살펴야 한다. 그리고 이런 것과 관련 있는 다른 모든 것도 살펴야 한다.

이것과 관련해 탐구의 출발점은 자제력 있는 사람과 자제력 없는 사람은 각자가 관여하는 것이 서로 달라 구별되는지, 아니면 어떻게 관여하는가가 달라 구별되는지를 살펴보는 데 있다. 다시 말해서, 자제력 없는 사람은 그가 관여하는 것에 대해서만 자제력이 없는지, 아니면 어떤 것이든 어떻게 관여하는가에 따라 자제력이 없는지, 아니면 이 둘 모두에 따라 자제력이 없는지를 알아보는 것이다.

다음으로 문제 되는 것은 자제력 없는 것과 자제력 있는 것은 모든 것에 관여하는가, 그렇지 않은가이다. 일반적으로 자제력 없는 사람은 모든 것에 관여하지는 않고, 무절제한 사람이 관여하는 것에만 관여하며, 그러한 것에 대해서도 일반적으로 관여하지는 않고(그렇지 않다면 자제력 없는 것과 무절제한 것은 같은 것이 된다), 특

10

15

20

정한 방식으로만 관여한다. 무절제한 사람은 언제나 눈앞에 있는 즐거움을 추구해야 한다고 생각해 이성적 선택에 따라 그렇게 하지만, 자제력 없는 사람은 언제나 눈앞에 있는 즐거움을 추구해야 한다고 생각하지는 않으면서도 자제력이 없어 실제로는 눈앞에 있는 즐거움을 추구하기 때문이다.

따라서 어떤 사람이 자제력 없이 행하는 이유는 그가 아는 것이 25 학문적 지식이 아니라 단지 의견일 뿐이기 때문이라는 주장은 우리 논의와 관련해 아무런 차이를 만들어내지 못한다. 어떤 사람은 의견이 있을 뿐인데도 전혀 의심하지 않고, 도리어 자신이 정확히 안다고 생각하기 때문이다.

따라서 의견을 지닌 사람들은 학문적 지식을 지닌 사람들보다 확신이 더 약하므로 자기 확신에 어긋나게 행하는 것이라는 주장에 대한 우리의 대답은 학문적 지식이나 의견을 지닌 것은 자제력 없음과는 아무 상관이 없다는 것이다. 어떤 사람이 자기 의견을 확 30 신하는 정도는 어떤 사람이 자신의 학문적 지식을 확신하는 정도에 절대 뒤지지 않기 때문이다. 우리는 헤라클레이토스[214]에게서 이것을 분명하게 볼 수 있다.

하지만 우리는 "안다"라는 말을 두 가지 의미로 사용하므로, 즉 학문적 지식이 있으면서도 활용하지 않는 사람과 활용하는 사람

---

214 "헤라클레이토스"는 기원전 6-5세기에 활동한 고대 그리스의 철학자로 소크라테스 이전 시기의 주요 철학자 중 한 명으로 꼽힌다. 만물의 근원을 '불'이라고 주장했고, 대립물의 충돌과 조화로 만물이 생성되며, 다원성과 통일성은 만물을 하나로 묶어주는 '로고스'에 따라 결국 하나라고 주장했다. 여기서 아리스토텔레스는 자기 견해에 관한 헤라클레이토스의 확신은 학문적 지식에 대한 다른 사람의 확신에 비해 절대 뒤지지 않았다고 말한다.

35 을 둘 다 안다고 말하므로, 해서는 안 될 것을 알면서도 그 지식을 활용하지 않는 것과 활용하는 것에는 서로 차이가 있다. 해서는 안 될 것을 알고 그 지식을 활용하는데도 그런 것을 행함은 이상한 일이지만, 그 지식을 활용하지 않아 그런 것을 하지 않음은 이상하지 않기 때문이다.

1147a   또한, 전제에는 두 종류가 있는데, 두 전제를 다 가졌으면서도 오직 보편적인 것을 다루는 전제만 활용하고 개별적인 것을 다루는 전제를 활용하지 않는다면 학문적 지식에 어긋나게 행히는 게 얼마든지 가능하다. 사람은 실제로 개별적으로 행하기 때문이다.

5   또한, 보편적인 것도 두 종류로 구분된다. 하나는 행위자와, 다른 하나는 대상과 관련된다. 예컨대, "말린 음식은 모든 사람에게 유익하다", "자기는 사람이다", "이러저러한 것이 말린 음식이다"라는 명제 중에서 사람이 "이러저러한 것이 말린 음식이다"라는 것을 모르거나, 알기는 해도 활용하지 않을 때가 그렇다. 따라서 어떤 방식으로 알고 있느냐에 따라 엄청난 차이가 난다. 이런 방식으로 알고 있으면 자신의 앎과 어긋나게 행하더라도 전혀 이상해 보이지 않지만, 저런 방식으로 아는데도 자신의 앎과 어긋나게 행한다면 정말 이상해 보이기 때문이다.

10   또한, 사람들은 우리가 지금까지 말한 것과는 다른 방식으로 학문적 지식을 갖고 있을 수 있다. 그런 지식이 있으면서도 활용하지 않고 있다면 앞서 말한 것과는 다른 어떤 상태가 존재한다. 예컨대, 자거나 미쳤거나 술에 취한 사람은 학문적 지식을 지녔더라도 그렇지 않은 것 같은 상태이기 때문이다. 감정에 사로잡힌 사람도 15 그런 상태에 놓인다. 분노나 성적 욕망을 비롯해 그런 비슷한 감정은 신체 상태까지 변화시키고, 어떤 사람에게는 광기를 불러일으

키기도 하기 때문이다. 따라서 자제력 없는 사람은 이런 자들과 비슷한 상태에 있다고 해야 한다.

그런 사람이 학문적 지식에 근거해 논리정연하게 말하더라도 그런 것은 우리 논의와 관련해 아무것도 증명하지 않는다. 앞서 말한 감정들에 사로잡힌 사람도 엠페도클레스[215]가 사용한 논리적   20
추론들과 시구들을 말하고, 그런 것을 배운 지 얼마 안 된 사람들도 그런 논증들을 줄줄이 엮어내기 때문이다. 하지만 그렇다고 해서 그런 사람이 그것을 진정으로 아는 것은 아니다. 알았다고 하려면 지식과 혼이 하나가 되어야 하는데, 그렇게 되는 데는 시간이 걸리기 때문이다. 따라서 자제력 없는 사람이 그런 논증이나 말들을 했다면, 그들은 무대 위에서 배우들이 대사를 읊듯이 그렇게 말하는 것으로 보아야 한다.

또한, 자제력 없는 원인을 다음과 같이 자연학적으로 고찰할 수도 있다. 어떤 의견은 보편적인 것을, 어떤 의견은 개별적인 것을   25
말하는데, 후자에서는 감각에 따른 지각이 주도적인 힘을 발휘한다. 이 둘이 결합해 하나의 의견이 나올 때마다, 혼은 거기서 도출된 결론을 긍정해야 하고, 거기서 행동으로 옮길 것은 즉시 실행해야 한다. 예컨대, "모든 단것은 맛보아야 한다", "이것이 개별적으로 단것 중 하나다"라는 의견이 나왔다면, 그것을 맛볼 능력이 있   30
으면서 그것을 방해하는 게 없는 사람은 반드시 즉시 그것을 맛보는 행동을 실행하려 한다. 따라서 어떤 사람에게 한편으로는 단것

---

215 "엠페도클레스"는 기원전 5세기경에 활동한 고대 그리스 철학자, 정치가, 시인, 종교 교사, 의학자다. 세상 만물이 동등한 근원 물질들인 4원소(물, 공기, 불, 흙)의 사랑과 다툼 속에서 생겼다고 주장했다.

을 맛보면 좋지 않다는 보편적인 의견이 있지만, 다른 한편으로는 "모든 단것은 즐거움을 주는데, 이것이 단것이다"라고 하는 의견 (이것이 행위를 가져온다)이 있고, 게다가 단것을 맛보려는 욕망이 그 사람 내면에 있다면, 한 의견은 그것을 맛보지 말라고 하는데도,

35 그 사람은 욕망을 따라 그것을 맛보게 된다. 욕망은 신체의 모든 부분을 움직일 수 있기 때문이다.

1147b   따라서 어떤 의미에서 사람은 이성적인 추론과 의견을 통해 자제력 없게 행할 때도 있다. 하지만 이때 이성적인 추론과 의견은 그 자체로 바른 이성과 반대되는 게 아니라, 우연히 반대되는 것뿐이다. 바른 이성과 반대되는 것은 욕망이지 의견은 아니기 때문이다. 그러므로 자제력 없다는 말은 동물에게는 사용하지 않는다. 동

5 물들에게는 보편적인 의견이 없고, 오직 개별적인 것에 대한 인상과 기억만 있기 때문이다.

그렇다면 자제력 없는 사람의 무지는 어떤 식으로 해소되고, 다시 학문적 지식을 지니게 되는가? 이에 대한 설명은 술 취한 사람이나 자는 사람에게도 그대로 적용되므로, 자제력 없는 상태에 고유한 것은 아니다. 이에 대한 설명은 자연학자들에게 들어야 한다.

10   이성적 추론 과정에서 행위와 관련한 마지막 명제는 감각적 지각에 관한 의견이다. 이 의견이 사람의 행위를 주도하는데, 자제력 없는 사람은 감정에 사로잡혀 이 의견이 없거나, 있더라도 진정으로 안다고 할 정도는 아니고, 술 취한 사람이 엠페도클레스 시구를 읊는 정도로만 지닌다. 그리고 이 마지막 명제는 보편적인 것도 아

15 니고 학문적 인식 대상도 아니므로, 소크라테스가 정립하고자 했던 견해가 나온 듯하다.[216] 자제력 없는 사람에게 있는 지식은 본래의 참된 지식이 아니어서 자제력 없게 만드는 감정이 생기는 것

이고, 이렇게 감정에 휘둘려 이리저리 끌려다니는 것을 가능하게 하는 지식은 본래의 참된 지식이 아니라 감각적 지각에 따른 지식이기 때문이다.

이상으로 우리는 사람이 알면서도 왜 자제력 없게 행하는지, 아니면 알지 못해 자제력 없게 행하는지 그리고 어떤 방식으로 알고 있기에 자제력 없게 행하는지에 대해 살펴보았다. 이것은 이 정도로 해두자.

제4장
자제력이 없다는 것이란

다음으로 살펴볼 것은 어떤 사람이 모든 면에서 자제력이 없는지, 20
아니면 자제력 없는 모든 사람은 어떤 부분에서만 그러한지 그리고 일반적으로 자제력이 없다면, 무엇과 관련해 자제력이 없는지에 관한 것이다. 자제력 있는 사람과 인내심 있는 사람 그리고 자제력 없는 사람과 나약해서 인내심이 없는 사람은 모두 즐거움이나 고통과 관련되어 있음이 분명하다.

그런데 즐거움을 만드는 것 중에서 꼭 필요한 것도 있고, 그 자 25

---

216 제2장 1145b22-24. 소크라테스가 정립하고자 했던 견해는 이런 것이다. "바르게 아는 사람이 자제력이 없다는 것은 불가능하다. 학문적 지식이 어떤 사람 안에 있는데도 다른 어떤 것이 그 지식을 지배해 노예처럼 이리저리 끌고 다닌다는 것은 이상한 일이기 때문이다."

217 "선택할 만한 것"으로 번역한 '아이레토스'(αἱρετός)는 좋음이나 즐거움처럼 사람이 바라는 어떤 것을 지니고 있어 선택할 만하다는 뜻이다. 아리스토텔레스는 이 책 전체에 걸쳐 이 단어를 그런 뜻으로 일관되게 사용한다.

체로는 선택할 만한 것[217]이지만 지나침이 있을지도 모르는 것도 있다. 신체와 관련된 것(음식이나 성생활, 신체와 관련해 무절제나 절제의 영역에 속한 것)은 반드시 필요하다면, 다른 것(예컨대, 승리, 명예,

30 부 그리고 좋고 즐거움을 주는 종류들)은 반드시 필요하진 않지만 그 자체로 선택할 만하다.

그러므로 후자에 속한 것과 관련해 바른 이성을 벗어나 지나친 사람들을 우리는 자제력 없는 사람이라고 말하지 않고, 돈이나 이익이나 명예나 분노에서 자제력이 없다고 단서를 달아 부른다. 그들은 자제력 없는 사람들과는 다르고, 단지 유사성에 따라 그렇게

35 부를 뿐이므로, 그들을 자제력 없는 사람이라고 하지는 않는다. 이는 올림픽 경기에서 우승한 사람을 '안트로포스'(사람)라고 부르는

1148a 것과 같다. 일반적인 사람을 가리키는 '안트로포스'와 올림픽 경기에서 우승한 사람을 가리키는 '안트로포스'에 대한 설명은 조금밖에 차이가 안 나지만, 그럼에도 서로 다르기 때문이다. 자제력 없는 것과 이렇게 단서를 달아 자제력이 없다는 것이 서로 다른 것임을 보여주는 증거는 무엇인가? 전자는 일반적으로 자제력 없든 부분적으로 자제력 없든 하나의 잘못뿐 아니라 일종의 악덕으로도 비난받지만, 후자는 그런 비난을 받지 않는다는 데 있다.

5 하지만 절제 있는 사람과 무절제한 사람이 관여하는 신체 향락들과 관련해서, 자신의 이성적 선택에 따르지 않고 그와 어긋나게 지나친 즐거움을 추구하는 사람—그리고 허기나 갈증, 더위나 추위, 촉각이나 미각과 관련해 고통을 주는 것을 피하는 사람—에 대해서는, 분노나 그 밖의 다른 이런저런 것과 관련해 자제력이 없다

10 고 단서를 달지 않고, 전반적으로 자제력 없다는 의미에서 그냥 자제력 없는 사람이라고 부른다. 신체적인 향락과 관련해 지나침이

있는 것에는 나약하고 인내심이 없다고 말하지만, 반드시 필요한 게 아니고 단지 선택할 만한 것과 관련해 지나침이 있으면 그렇게 말하지 않는 것이 그 증거다.

그러므로 우리는 자제력 없는 사람과 무절제한 사람을 같은 부류로 묶고, 자제력 있는 사람과 절제 있는 사람을 같은 부류로 묶지만, 꼭 필요하지 않은 즐거움과 관련해 자제력 없는 사람을 여기 15 에 포함하지 않는다. 이들도 어떤 식으로든 같은 즐거움과 고통에 관여하지만, 같은 방식으로 관여하는 것은 아니다. 즉, 자제력이 있거나 없는 사람은 자신의 이성적 선택을 어기는 방식으로 관여하지만, 절제가 있거나 없는 사람은 이성적 선택을 따르는 방식으로 관여한다. 이런 이유에서 욕망이 없거나 약한데도 지나친 즐거움을 추구하고 일상적인 수준의 고통을 피하는 사람이 강한 욕망들로 그렇게 행하는 사람보다 더 무절제하다고 할 수 있다.[218] 전 20 자에게 왕성한 욕망이 추가되고, 반드시 필요한 것이 부족해 극심한 고통까지 더해진다면, 그는 무슨 짓을 하겠는가?

욕망과 즐거움 중에서 어떤 것은 고귀하고 훌륭한 부류에 속하지만(즐거운 것 중에는 본성적으로 선택할 만한 것도 있다), 어떤 것은 그와는 정반대로, 가령 앞서 언급했던 돈과 이익, 승리와 명예 같은 25 것은 그 중간에 속한다. 첫 번째와 중간에 속한 모든 것에 따라 영

---

218 "절제"는 모든 욕망이 적절한 수준으로 다스려지는 성품이고, "무절제"는 그 반대이므로, 무절제한 사람은 "욕망이 없거나 약한데도" 자신의 성품과 이성적 선택을 따라 "지나친 즐거움을 추구하고 일상적인 수준의 고통을 피하는 사람"이다. 반면, 자제력 없는 사람은 자신의 성품과 이성적 선택에 따라 자기가 하고 싶어 하는 것을 하려 하지만, "강한 욕망으로 말미암아" 그 욕망에 져서 반대로 행하는 사람이다.

향을 받거나 그것을 바라고 사랑한다고 해서 비난받지 않으며, 다만 어떤 방식으로 지나침이 있을 때만 비난을 받는다. (그러므로 본성적으로 고귀하고 좋더라도 바른 이성에 어긋나게 추구하거나 그에 따라 지 30 배당하는 사람들, 예컨대 적절한 수준 이상으로 지나치게 명예 또는 자녀나 부모에 대해 열심을 내는 사람들은 누구나 비난을 받는다. 그런 것은 좋은 일이고 거기에 열심을 내는 사람들은 칭찬을 받지만, 지나침이 있기 때문이다. 어떤 사람이 심지어 니오베처럼 신들과 맞서 싸우거나,[219] "아버지를 사랑하 1148b 는 자"라는 별명까지 붙은 사티로스처럼 터무니없이 어리석어 보일 정도로 사기 아버지를 섬긴다면,[220] 거기에는 지나침이 있는 것이다.)

따라서 이것과 관련해서는 앞서 언급한 이유로, 즉 지나침이 있는 것은 나쁘고 피해야 하겠지만, 그것은 그 자체로는 본성적으로 선택할 만한 것이므로 어떤 악덕도 존재하지 않는다. 마찬가지로, 5 이와 관련해서는 자제력 없는 것도 존재하지 않는다. 자제력 없음은 피해야 하는 것이고 비난받아 마땅한 것이기도 하기 때문이다. 하지만 여기서 지나침 있는 것과 자제력 없는 것 사이의 감정적 상

---

219 "니오베"는 탄탈로스의 딸로서 테바이의 왕 암피온의 아내였는데, 7명의 아들과 7명의 딸을 둔 자신이 남매만 낳은 티탄 신족의 레토 여신보다 더 훌륭하다고 자랑한다. 신과 겨루는 일은 인간에게 허용되지 않았고, 게다가 신보다 더 훌륭하다고 뽐내는 것은 더더욱 안 되는 일이었다. 분개한 레토 여신은 자식인 태양신 아폴론과 사냥의 신 아르테미스에게 오만방자한 니오베가 자신을 능멸한 것에 울분을 터뜨렸다. 그러자 아폴론은 니오베의 자식 중에서 아들들에게 살을 쏘아 모두 죽였고, 아르테미스는 화살을 쏘아 딸들을 죽였다.

220 여기에 언급된 "사티로스"(기원전 407-393년)는 고대 그리스의 수사학자인 이소크라테스(기원전 436-338년)의 작품에 나오는 보스포로스의 왕을 가리킨다. 그는 자신의 아버지가 죽었다는 소식을 접하고는 절벽에서 뛰어내려 스스로 자결했을 정도로 지나치게 아버지를 사랑했다. 일반적으로는 그리스 신화에 나오는 반인 반수의 숲의 정령을 "사티로스"라고 한다.

태의 유사성 때문에, 사람들은 각각의 것을 단서로 붙여 자제력 없다고 말한다. "나쁜 의사"라거나 "나쁜 배우"라고 말함으로써, 그 사람 자체가 나쁜 게 아니라 의사나 배우로서 나쁘다는 것을 표현하는 것과 같다. 여기서 각각의 나쁜 것은 악덕이 아니라, 단지 유 10 사성에 따라서만 악덕과 비슷한 나쁜 것이므로, 거기에 악덕은 존재하지 않는다. 마찬가지로, 자제력 없는 것과 자제력 있는 것은 절제와 무절제에 관여함과 관련해서만 존재하는 것으로 보아야 한다. 분노와 관련해 자제력 없다고 말하는 것은 유사성을 따라 그렇게 표현하는 것일 뿐이기 때문이다. 그래서 사람들은 '명예와 관련해' 또는 '이익과 관련해' 자제력이 없다는 식으로 단서를 붙여 자제력 없음을 표현한다.

제5장
짐승 같은 성품

어떤 것은 자연적이고 본성적으로 즐겁다. 그런 것 가운데는 일반 15 적으로 즐거운 것도 있고, 동물과 사람의 특정한 부류에게만 즐거운 것도 있다. 심신장애나 습관 때문에 생기기도 하고, 악한 본성 때문에 자연적이고 본성적이지 않은 즐거움이 생기는 것도 있다. 그러므로 자연적이고 본성적으로 즐거운 것에 상응하는 성품들이 있듯, 자연적이고 본성적이지 않은 각각의 즐거움과 관련해서도 비슷한 성품들이 존재한다. 내가 짐승 같은 성품이라고 할 때 그것은 다음과 같은 것과 관련된다. 임신부의 배를 가르고 태아를 먹어치 20 운다는 마녀, 인육이나 생고기를 좋아하고 부족 연회를 위해 자기 자녀를 번갈아 내놓는다는 흑해 연안의 어떤 야만족, 팔라리스가 자행했다는 일들.[221] 이런 것은 짐승 같은 성품을 보여준다.

25　　어떤 사람에게는 짐승 같은 성품이 질병이나 광기로 생기기도 한다. 예컨대, 자기 어머니를 제물로 바친 후 그 인육을 먹는 자, 자기 동료의 간을 먹어치우는 자가 그렇다. 또한, 병적 본성들이나 습관에서 생긴 짐승 같은 성품도 있다. 예컨대, 머리카락을 쥐어뜯는 것, 손톱이나 석탄이나 흙덩어리를 갉아먹는 것, 동성애가 그렇

30　다. 이런 것은 어떤 사람에게는 병적인 상태에서 생기고, 어떤 사람, 예컨대 어렸을 때부터 성적 학대를 받아 온 사람들에게는 습관으로부터 생긴다.

그가 이렇게 하는 것은 본성이 원인이므로, 이들을 자제력 없다고 하는 사람은 아무도 없다. 이것은 여자들이 성관계에서 능동적이 아니라 수동적이라고 해서 자제력 있다고 하는 사람이 아무도 없는 것과 같다. 마찬가지로, 습관으로 병적인 상태에 있는 사람들에 대해서도 아무도 자제력 없다고 말하지 않을 것이다.

1149a　　각 상태는 악덕의 경계 밖에 있고, 이는 짐승 같은 성품에도 적용된다. 이런 성품을 지닌 자가 그런 성품을 발휘하거나 그런 성품에 지배당하는 것은 본래 의미에서 자제력이 없다고 하지 않고, 유사성에 따라 자제력이 없다고 말하는데, 이는 분노와 관련해 자제력 없는 사람을 놓고 분노라는 감정과 관련해 유사성에

221　"팔라리스"는 기원전 6세기에 아크라가스의 참주로, 청동 황소를 만들어 그 속에 사람들을 집어넣고 산 채로 태워 죽여, 사람들의 처절한 울부짖는 소리가 그 청동 황소의 입으로 터져 나오게 함으로써, 진짜 황소가 우는 것처럼 해놓고, 그 소리를 즐기는 등 많은 잔인한 짓을 자행했다고 한다. 이런 일들로 그는 잔인무도한 참주의 대명사가 되었다.

따라 자제력 없다고 할 뿐, 본래 의미에서 자제력 없다고 하지 않는 것과 같다.[222]

어리석은 것, 겁이 많은 것, 방종한 것, 고약한 성미와 관련해 5
모든 지나친 것 중에서 어떤 것은 짐승 같고, 어떤 것은 병적이다.
본성적으로 모든 것을 무서워해 쥐가 찍찍거리는 소리만 들어도
무서워하는 사람은 짐승 같은 데 속한 겁쟁이이고, 족제비를 보고
겁을 내는 사람은 병적인 것이다. 또한, 어리석은 사람 중에서 본
성적으로 이성적인 사고를 할 줄 모르고 오직 감각적인 지각에 의 10
해서만 살아가는 사람들, 예컨대 오지에서 살아가는 야만족 중 어
떤 부족은 짐승 같은 것에 속하는 어리석음이고, 간질 같은 질병이
나 광기 때문에 그런 식으로 어리석게 행하는 자들은 병적인 것에
속하는 어리석음이다.

종종 이런 것을 지녔으면서 지배당하지 않는 것도 가능하다. 예
컨대, 팔라리스가 아이 인육을 먹고 싶은 욕망이나 변태적인 성욕 15
을 억제하곤 했던 것이 그렇다. 하지만 그런 것을 지닐 뿐만 아니
라 지배당하는 것도 얼마든지 가능하다.

사악함을 말하면서 한 사람 전체가 사악한 것은 본래 의미에서
사악함이지만, 어떤 것은 짐승 같은 사악함이나 병적인 사악함처럼
어떤 단서를 달아 사악함이라고 할 뿐, 본래 의미에서의 사악함이라

---

222 "자제력"이 있거나 없다고 말할 때는 이성적 선택이 존재함을 전제한다. 그런 후
이성적 선택을 그대로 행하는 것을 방해하는 욕망을 이겨낼 때 자제력이 있다고
말하고, 욕망에 져서 이성적 선택과 다른 것을 행할 때는 자제력이 없다고 한다.
반면, 짐승 같은 성품에 지배당하거나 분노하는 경우에는 이성적 선택 자체가 존
재하지 않으므로 자제력이 없다고 하지 않아야 하지만, 그런 경우라도 자제력 없
는 경우와 '유사한 모습'을 보이므로 '유사성에 따라' 자제력 없다고 부를 뿐이다.

고 하지는 않는다. 마찬가지로, 자제력 없는 것과 관련해서도 짐승 20 같은 자제력 없음과 병적인 자제력 없음이 있지만, 오직 인간적으로 자제력 없는 경우에만 본래 의미에서 자제력이 없다고 말한다.

따라서 자제력 없다는 것과 자제력 있다는 것은 오직 무절제나 절제와 관련된 것에 대해서만 사용되고, 다른 것과 관련해 자제력 없다고 했을 때는, 그것은 본래 의미에서 자제력 없다는 것이 아니라 단지 유사성에 따라서만 자제력 없다는 뜻임이 분명하다.

제6장
여러 종류의 자제력 없음

25 이제 분노와 관련한 자제력 없음이 욕망과 관련해 자제력 없음보다 덜 수치스럽다는 것을 살펴보자. 분노는 이성에 어느 정도 귀를 기울이지만 잘 못 알아듣는 것처럼 보인다. 이것은 성미 급한 하인들이 주인의 지시를 끝까지 듣지 않고 달려나가 그 지시와는 다르게 행함으로써 실수하거나, 개들이 인기척이 나면 자기가 아는 사 30 람인지를 확인하지도 않고 일단 짖고 보는 것과 같다. 이렇게 분노는 본성적으로 뜨겁고 성급하므로 이성이 말하는 것을 듣긴 하지만 그 지시를 제대로 듣지도 않고 복수를 위해 돌진한다. 이성이나 감각적 지각이 우리가 모욕이나 멸시를 당했다고 알려주면, 그런 때는 당연히 싸워야 한다고 분노는 추론하고 즉시 화를 낸다. 반면, 35 욕망은 단지 이성이나 감각적 지각이 어떤 것을 즐겁다고 말해주기 1149b 만 하면 그것을 향유하기 위해 돌진한다. 이렇게 분노는 어떤 의미에서는 이성을 따르지만, 욕망은 이성을 따르지 않는다. 따라서 욕

망과 관련해 자제력 없는 것이 더 수치스러운 것이다. 분노와 관련해 자제력 없는 사람은 이성을 따르지만, 욕망과 관련해 자제력 없는 사람은 이성이 아니라 욕망을 따르기 때문이다.

게다가 우리는 본성적인 욕구를 따르는 것을 좀 더 쉽게 용서한다. 모든 사람에게 공통적인 욕망을 따르는 일은 좀 더 쉽게 용서 5 되고, 그 욕망이 공통적일수록 용서는 더욱 쉽다. 그런데 분노와 성미가 급한 것은 반드시 필요하지 않은 것에 대한 욕망보다 더 본성적이다. 예컨대, 어떤 사람이 자기 아버지를 때려놓고서는 "아버지도 자기 아버지인 할아버지를 때렸고, 할아버지도 자기 아버지를 때렸다"라고 말하고, 자기 아들을 가리키면서 "이 아이도 어 10 른이 되면 나를 때릴 것인데, 이것이 우리 집안의 내력이기 때문이다"라고 변명하는 것이 그렇다. 또한, 어떤 사람이 아들에게 끌려나가다가 대문 앞에 이르러서는, 자기도 자기 아버지를 거기까지만 끌고 나갔으므로 아들도 자기를 거기까지만 끌고 나가라고 명령하는 것이 그렇다.

또한, 미리 계획한 것일수록 더 불의한데, 분노하는 사람은 분노하기로 미리 계획하지 않고, 분노 자체도 미리 계획된 게 아니라 있는 것을 그대로 다 드러내는 일이기 때문이다. 반면, 욕망이 어 15 떤 것인지는 시인들이 욕망의 여신 아프로디테를 "키프로스 섬에서 태어난 간계에 능한 딸"이라고 한 데서 잘 드러난다.[223] 호메로스도 아프로디테의 수놓은 허리띠에는 "가장 사려 깊은 사람의 혼조차도 호리는 말"이 들었다고 말했다.[224] 따라서 분노와 관련해 자제력 없는 것보다 더 나쁘고 수치스러운 욕망과 관련해 자제력 없는 것은 본래 의미에서 자제력 없는 것이고, 어떤 의미에서는 악 20 덕이다.[225]

또한, 남을 모욕하면서 고통스러워하는 사람은 없다. 즉, 분노하는 사람은 누구나 고통을 느끼지만, 남을 모욕하는 사람은 즐거움을 느낀다. 분노는 어떤 불의한 행위에 분노하는 것이므로, 더 정의로운 것에 분노할수록 분노를 일으킨 그 특정한 행위는 더 불의하다. 따라서 욕망과 관련해 자제력 없는 것이 분노와 관련해 자제력 없는 것보다 더 불의한 것이다. 분노에는 모욕이 들어 있지 않기 때문이다.

이렇게 해서 욕망과 관련해 자제력 없는 것이 분노와 관련해 자
25 제력 없는 것보다 더 수치스럽고, 자제력이 있고 없고는 신체적인 욕망 및 즐거움과 관련되어 있음이 분명해졌다. 이제 우리는 신체적인 욕망이나 즐거움에 있는 차이를 살펴야 한다. 앞서 말했듯,[226] 신체적인 욕망과 즐거움을 종류와 정도에 따라 구분하자면, 어떤 것은 인간적이거나 본성적이고, 어떤 것은 짐승 같고, 어떤 것은

---

223 "아프로디테"는 그리스 신화에 나오는 올림포스 열두 신 중 하나로 미와 사랑의 여신이다. 여성의 성적 아름다움과 사랑의 욕망을 관장한다. 헤시오도스의 『신들의 계보』에 의하면, 이 여신은 크로노스(대지의 여신 가이아와 하늘의 신 우라노스 사이에서 태어난 티탄 신족 중 티탄 열두 신의 막내)의 낫에 잘린 우라노스의 성기가 바다에 떨어져 그의 정액과 바닷물이 섞이면서 생긴 거품에서 태어났다고 한다. 즉, 아프로디테는 "거품에서 나온 여인"이라는 뜻이다. 우라노스의 정액에서 생긴 바다 거품은 펠로폰네소스 남쪽 키테라 섬에 닿았다가 다시 키프로스 섬으로 밀려갔는데 아프로디테는 그곳에서 태어났다. 그래서 아프로디테는 "키테레이아"('키테라의 여인') 또는 "키프리스"('키프로스의 여인')라고도 불린다.

224 호메로스, 『일리아스』 제14권 217행.

225 앞서 설명했듯이, "절제"는 모든 욕망이 적절한 수준에서 다스려지는 상태이자 성품이므로 미덕이라고 부른다면, "자제력 있는 것"은 지나친 욕망이 존재한다는 것을 전제하고 그 욕망을 자제하는 것이므로 미덕이 아니고 미덕과 유사한 것이다. 마찬가지로 "자제력 없는 것"도 악덕은 아니고, 단지 악덕과 유사한 것일 뿐이다.

226 제5장 1148b15-31.

심신장애와 질병으로 생긴 것인데, 이 중에서 절제 및 무절제는 오 30
직 첫 번째와 관련 있다. 그러므로 짐승들에 대해서는 절제력 있다
거나 없다는 표현을 사용하지 않는다. 설령 그런 표현을 사용하더
라도, 어떤 동물이 제멋대로 날뛰거나 닥치는 대로 파괴하거나 모
조리 먹어치우는 등 다른 동물과 완전히 다른 행동을 보일 때 비유
적인 의미로 그렇게 할 뿐이다. 즉, 그런 동물은 이성적으로 선택
하거나 추론할 능력도 없고, 마치 미친 사람들처럼 순리에서 벗어 35
나 행하므로, 비유적으로 그렇게 말하는 것뿐이다.

　짐승 같은 것은 악덕보다 더 큰 두려움을 불러일으키긴 하지만, 1150a
나쁜 정도에 있어서는 악덕보다 덜하다. 짐승 같은 것은 인간의 더
나은 부분[227]이 왜곡되고 변질된 것이 아니라 아예 없기 때문이다.
따라서 짐승 같은 것과 악덕 중에서 어느 쪽이 더 나쁜지를 비교하
는 것은 무생물과 생물 중에서 어느 쪽이 더 나쁜지를 비교하는 것
과 같다. 최초 원인이 없는 나쁜 것은 최초 원인이 있는 나쁜 것보 5
다 언제나 덜 해로운데, 여기서 최초 원인은 지성이기 때문이다.
그러므로 이는 불의를 불의한 사람과 비교하는 것과 같다. 어떤 의
미에서는 짐승 같은 것이 더 나쁘고, 어떤 의미에서는 불의한 사람
이 더 나쁘다. 나쁜 사람은 짐승보다 천 배나 더 나쁜 짓을 할 수도
있기 때문이다.

---

227 인간에게는 한편으로 이성이 개입되지 않는 부분, 즉 자양분을 섭취하거나 감각
　　적 지각 같은 동물적인 부분이 있고, 다른 한편으로는 이성이 개입되는 부분이 있
　　는데, "인간의 더 나은 부분"은 후자를 가리킨다. 감각적 지각은 동물적인 것이지
　　만, 감각적 지각을 처리하는 과정은 이성이 개입되는데, 후자가 행위의 "최초 원
　　인"이 된다.

제7장

자제력 없는 것, 무절제, 인내심 없는 것

10 촉각과 미각에서 즐거움과 고통, 욕망과 회피가 생긴다는 것 그리고 이와 관련된 무절제와 절제에 대해서는 이미 앞서 살펴본 바 있다.[228] 이와 관련해 누구든지 대부분이 이기는 데서 질 수도 있고, 대부분이 지는 것에서 이길 수도 있다. 그런 것 중 자제력이 있거나 없다면 즐거움과 관련되고, 인내심이 있거나 없다면 고통과 관

15 련된다. 대부분의 성품은 중간에 속한다. 나쁜 쪽으로 더 기울어져 있지만.

그런데 즐거운 것 중에서 꼭 필요한 것이 있는 반면, 어떤 것은 꼭 필요하지는 않으며, 어떤 것은 반드시 필요하나 일정 정도까지만 그렇고 지나칠 필요가 없다. 이것은 욕망과 고통도 마찬가지다. 여기서 즐거운 것을 추구하며 지나친 사람, 즉 이성적 선택에 따라

20 즐거운 것을 지나치게 추구하는 사람, 즐거운 데서 생기는 어떤 것 때문이 아니라 즐거운 것 자체를 추구하는 사람이 무절제한 사람이다. 그런 사람에게는 후회하는 것이 없고, 따라서 그런 사람의 무절제는 고칠 수 없다. 후회하지 않는 사람을 고치는 것은 불가능하기 때문이다. 즐거운 것을 추구하면서 모자람이 있다면 무절제한 사람과 반대되고, 그 중간에 있는 사람이 절제 있는 사람이다. 마찬가지로, 신체적으로 고통스러운 것을 견딜 수 없어서 고통을 회피하는 것이 아니라 이성적 선택에 따라 고통을 회피하는 사람도 무절제한

25 사람이다. 즐겁거나 고통스러운 것과 관련해 이성적 선택에 따라

---

228 제3권 제10장 1118a26-1118b3, 제7권 제4장 1148a4-11.

행하는 게 아니라면, 즐거움 때문에 즐거운 것에 이끌리는 사람이 있고, 충족되지 않은 욕망으로 생기는 고통을 피하려고 하므로 즐거운 것에 이끌리는 사람이 있다. 따라서 이 둘은 서로 다르다.

그런데 어떤 사람은 욕망이 전혀 없거나 약한데 수치스러운 짓을 하고, 어떤 사람은 강력한 욕망이 있어 수치스러운 짓을 한다면, 누구나 다 전자가 후자보다 더 나쁘다고 생각할 것이다. 마찬가지로, 화가 나지도 않았는데 남을 때린 것은 화가 나서 남을 때 30 린 것보다 더 나쁘다고 생각할 것이다. 감정에 사로잡히지 않았는데도 그렇게 하는 사람이라면 감정에 사로잡히게 된 경우에는 무슨 짓을 저지르겠는가? 그러므로 무절제한 사람은 자제력 없는 사람보다 더 나쁘다. 방금 앞서 든 두 사례 중에서 후자에 속한 사람들은 일종의 인내심이 없는 것이고, 전자에 속한 사람들은 무절제한 사람이다.

자제력 없는 사람은 자제력 있는 사람과 반대되고, 인내심 없는 사람은 인내심 있는 사람과 반대된다. 인내심은 견뎌내는 것에 있고, 자제력은 극복해내는 것에 있다. 지지 않는 것과 이기는 것이 35 서로 다르듯, 견뎌내는 것과 극복해내는 것은 서로 다르다. 그래서 자제력 있는 것이 인내심 있는 것보다 더 선택할 만한 것이다.

대부분이 견뎌내고 극복해내는데도 여기에 모자람이 있다면 인 1150b 내심 없고 나약한 사람이다. 나약함도 일종의 인내심 없음이다. 그런 사람은 겉옷을 팔에 걸치는 것을 고통스럽다고 생각해 그런 고통을 피하려고 병자처럼 겉옷을 땅에 질질 끌고 다닌다. 자기는 불쌍한 사람이 아니라고 생각하지만 사실은 불쌍한 사람이다. 5

자제력 있는 것과 없는 것도 이와 비슷하다. 어떤 사람이 강력하고 압도적으로 즐겁거나 고통스러운 것에 직면해 그것을 끝까지

극복해보려다가 결국 극복하지 못했다면, 이상한 일도 아니고 충
분히 납득할 만하다. 예컨대, 테오덱테스의 비극에 등장하는 필록
10 테테스가 독사에 물렸을 때 보인 반응이나,[229] 카르키노스의 비극
『알로페』에 등장하는 케르키온이 한 일이나,[230] 크세노판토스에게
일어났던 일처럼[231] 사람이 웃음을 참다가 폭소를 터뜨리고 마는
것이 그러하다. 반면, 대부분이 견뎌낼 수 있는 즐겁거나 고통스러
운 것을 극복하지 못하고 견뎌내지 못한다면, 그것이 가문의 내력
15 때문에 나약하여 인내심이 없었던 스키타이 왕들[232]이나 남자와
여자의 성별에 따른 차이같이 선천적인 본성과 질병으로 말미암은
것이 아닌 경우에는 이상한 일이다.

노는 것을 좋아하면 무절제한 사람처럼 보이지만 사실은 나약
하여 인내심이 없는 것이다. 노는 것은 일에서 놓여나 쉬면서 긴장
을 푸는 것인데, 노는 것을 좋아한다면 이와 관련해 지나침이 있기

---

229 "테오덱테스"는 기원전 4세기에 주로 아테네에서 활동한 수사학자이자 비극 시인
이다. 처음에는 이소크라테스의 제자였다가 나중에는 아리스토텔레스의 제자가
되었다. 그의 작품에 나오는 "필록테테스"는 그리스군을 피해 숨어 있다가 독사
에 물렸는데, 처음에는 이를 악물고 참았지만 결국 고통을 견디지 못하고 비명을
질러 그리스군에게 발각되었다. 이 일은 테오덱테스, 『단편』 5b(TGF)에 나온다.

230 "카르키노스"는 기원전 4세기에 활동한 비극 시인이다. 그의 작품 『알로페』에 대
해서는 제대로 알려진 것이 없다. 거기에 나오는 "케르키온"은 미혼의 여주인공
"알로페"의 아버지로, 알로페가 강간당하자 벌하지 않겠다고 약속하고서는 범인
이 누구인지를 밝힐 것을 요구한다. 하지만 막상 범인이 나타나자 케르키온은 격
분해 그를 살해한다. 이 일은 카르키노스, 『단편』 1b(TGF)에 나온다.

231 "크세노판토스"에 관한 일화는 알려진 것이 없지만, 세네카의 『분노』에 알렉산드
로스 대왕이 그의 음악을 듣다가 분노했다는 내용이 나오는 것으로 보아, 궁정 음
악가였던 듯하다.

232 스키타이 왕들의 "나약함"은 헤로도토스가 『역사』(1.105)에서 언급한 것을 가리키
는 듯하다. 그는 스키타이인에게는 "여성 같은 나약함"을 보이는 유전병이 있었
다고 말한다.

때문이다.

자제력 없는 사람은 성급하고 심약한 부류다. 심약한 사람은 숙 20
고를 통해 결심하긴 하지만 감정에 휘둘려 그 결심을 고수하지 못
한다. 반면, 성급한 사람은 숙고하지 않아 감정에 휘둘린다. 스스
로 간질여서 간지럼에 익숙해진 사람은 간지럼을 겁내지 않듯, 앞
으로 있게 될 일을 먼저 알아차리고 어떻게 처신해야 할지를 미리
생각하고 마음의 준비를 해둔 사람은 그 감정이 즐겁든 고통스럽
든 감정에 굴복당해 휘둘리지 않기 때문이다. 25

조급한 사람들과 우울질적인 사람들[233]은 어떤 사람보다도 더
성급한 나머지 자제력이 없는 사람이다. 조급한 사람들은 빨리 해
야 한다는 생각에서, 우울질적인 사람들은 격정 때문에 이성적 추
론을 기다리지 않고 눈앞에 보이는 것을 따라 행하기 때문이다.

제8장
자제력 없는 것과 무절제

앞서 말했듯,[234] 무절제한 사람은 자신의 이성적 선택에 따라 행하 30

---

233 "우울질적인 사람들"로 번역한 '멜랑콜리코스'(μελαγχολικός)는 고대 그리스의 의
학자 히포크라테스가 구분한 기질 중 하나인 우울질을 지닌 사람들을 가리킨다.
히포크라테스는 체액을 혈액, 점액, 담즙, 흑담즙으로 분류하고 이 체액이 적당한
비율로 섞여 있지 않고 어느 하나가 너무 많거나 적으면 지배적인 체액에 따라 기
질이 결정된다고 보았다. 담즙이 지나치게 뜨겁거나 차가우면 흑담즙이 되는데,
지나치게 뜨거우면 격정에 휩싸여 광기로 흐르고, 지나치게 차가우면 닥쳐올 위
험이나 고통을 과대평가해 우울감과 소심함에 사로잡혀 심하면 자살하기도 한다.
234 제7장 1150a21.

므로 후회하지 않는다. 반면, 자제력이 없는 사람은 누구나 후회한다. 그러므로 앞서 우리가 난제로 제기했던 것, 즉 확신에 따라 즐거운 것을 행하고 추구하며 선택하는 무절제한 사람이 자제력 없는 사람보다 더 낮고 고치기도 쉽다는 주장은 사실이 아니다. 도리어 무절제한 사람은 고칠 수 없지만, 자제력 없는 사람은 고칠 수 있다. 무절제라는 악덕은 부종이나 폐결핵 같은 만성병이라면, 자제력 없는 것은 간헐적으로 나타나는 간질 발작 같은 것이기 때문이다.[235]

35   또한, 자제력 없는 것과 무절제라는 악덕은 질적으로도 완전히 다르다. 자제력 없는 사람은 자신이 나쁘다는 것을 알지만, 무절제라는 악덕이 있으면 자신이 나쁘다는 것도 모른다.

1151a   자제력 없는 사람 중에서는 성급한 사람이, 이성적인 결정을 하고도 고수하지 못하는 심약한 사람보다 더 낫다. 후자에 속한 사람들은 더 약한 감정에도 굴복당해 휘둘리고, 전자에 속한 사람들과는 달리 미리 숙고해 결정하고도 그렇게 행하기 때문이다. 자제력 없는 사람은 대부분이 마셔도 전혀 취하지 않을 도수 약한 포도주

5 또는 양이 적은 포도주에 취하는 사람과 같다. 따라서 자제력 없는 것이 악덕이 아님은 분명하다(어떤 의미에서는 악덕이지만). 자제력 없음이 이성적 선택과 다르게 행하는 것이라면, 악덕은 이성적 선택에 따라 행하기 때문이다. 그럼에도 자제력 없게 행하는 것은 악덕과 비슷한 현상으로 나타난다. 그래서 데모도코스가 밀레토스 사람들에 대해 "밀레토스 사람들은 어리석은 자들이 아닌데도

---

235 "무절제"는 성품이자 상태이고 악덕이므로 "만성병"에 비유되고, "자제력 없는 것"은 성품이나 상태는 아니고, 종종 자제력을 발휘해야 할 때 자제력을 발휘하지 못하는 것이므로 "간헐적으로 나타나는" 병에 비유된다.

어리석은 자들처럼 행한다"라고 말했듯,[236] 자제력 없는 사람 역시 10
불의한 자가 아닌데도 불의한 행위를 한다.

　자제력 없는 사람은 바른 이성에 어긋나는 지나친 신체적인 즐거움을 추구하긴 하지만 그것이 옳다고 확신하고 추구하는 것이 아니라면, 무절제한 사람은 그 자체가 본래 지나친 즐거움을 추구하므로 그렇게 하는 것이 옳다고 확신하고 추구한다. 그래서 자제력 없는 사람에게는 그렇게 하지 말라고 설득하기 쉽지만, 무절제한 사람을 설득하기는 쉽지 않다. 미덕은 최초 원인을 보전하지만, 15
악덕은 최초 원인을 파괴한다. 수학에서 가설들이 최초 원인이듯, 그 최초 원인이 곧 행위의 목적이기 때문이다. 그런데 이성은 행위에서나 수학에서나 그 최초 원인을 가르쳐주지 않는다. 본성적인 미덕이든 습관에 따라 획득된 미덕이든 미덕이 그 최초 원인에 대해 바르게 판단하도록 가르쳐준다.[237] 따라서 그런 사람이 절제 있는 사람이고, 그런 사람과 반대되는 사람은 무절제한 사람이다.

　그런데 감정 때문에 바른 이성에서 벗어나 행하는 사람이 있다. 그는 감정에 지배당해 바른 이성에 따라 행하지 못하지만, 그러한 즐거움을 아무런 제한 없이 추구할 정도까지는 가지 않는데, 그런

---

236 "데모도코스"는 기원전 6세기에 활동한 고대 그리스의 풍자 시인으로, 에게해의 작은 섬 레로스 섬 출신이다. 밀레토스 사람들은 어리석은 자들이 아니어서 이성적으로는 무엇이 옳고 그른지를 잘 알았지만, 자제력이 없어 결과적으로는 어리석은 행위를 한다는 말이다. 이 인용문은 데모도코스, 『단편』 1(Diehl)에 나온다.

237 "바른 이성"이 아니라 "이성"이라고 했을 때 그 "이성"은 인간 안에 있는 사고하고 추론하는 능력을 가리킨다. 그런데 "미덕"이 행위의 최초 원인을 이성에게 가르쳐주므로, 그 "이성"을 "바른 이성"이 되게 하는 것은 "미덕"이다. 따라서 어떤 사람에게 절제의 미덕이 없다면, 그 사람은 자기 이성의 선택에 따라 지나친 신체적인 즐거움에 탐닉하는 무절제한 사람이 된다.

사람이 자제력 없는 사람이다. 이런 자제력 없는 사람은 무절제한

25 사람보다 더 낫고 철저하게 나쁜 것도 아니다. 그런 사람에게는 최

상의 것인 제1원리가 보전되어 있기 때문이다.

이렇게 자제력 없는 사람과 반대되는 이가 자제력 있는 사람이

다. 그는 바른 이성을 따라 옳다고 판단한 것을 고수하고, 적어도

감정 때문에 그 판단에서 벗어나 행하지 않는다. 지금까지 살펴본

것을 통해 자제력이 훌륭한 성품이라면, 자제력 없음은 나쁜 성품

이라는 것이 분명하다.[238]

제9장
자제력 있는 것

30 그렇다면 이성적 판단과 이성적 선택을 고수하기만 하면, 그것이

어떠한 판단이고 어떠한 선택이든 자제력이 있는 것인가, 아니면

바른 선택인 경우에만 자제력 있는 것인가? 반대로, 이성적 선택

과 이성적 판단을 따르지 않는다면, 그것이 어떠한 선택이고 어떠

한 판단이든 자제력이 없는 것인가, 아니면 바른 이성과 바른 선택

을 따르지 않는 경우에만 자제력 없는 것인가? 이것이 우리가 앞

서 제시했던 난제다.[239]

하지만 여기서 어떠한 판단이나 선택을 고수하거나 고수하지

---

238 자제력이 있거나 없는 것은 엄밀한 의미에서는 성품이 아니지만, 성품과 유사하므로 아리스토텔레스는 이를 "성품"이라고 말한다. 이 책 전체에 걸쳐 그는 "성품"이나 "사랑"이나 "즐거움"과 관련해 본래 그런 것만이 아니라 유사성에 따라 그러한 것도 함께 포함한다.

않는 것은 단지 표면적이거나 우연한 것일 뿐이고, 실제로는 자제 35
력 있는 사람과 자제력 없는 사람은 바른 이성과 바른 선택을 고
수하거나 그러하지 않는 게 아니겠는가? 어떤 사람이 이것 때문에
저것을 선택하거나 추구한다면, 그는 표면적이고 우연하게는 저것 1151b
을 선택하고 추구하는 것이지만, 실제로는 이것을 추구하고 선택
하기 때문이다. 우연히 추구하고 선택하는 것은 표면적인 것일 뿐,
실제로 추구하고 선택하는 것이 진정으로 추구하고 선택하는 것이
다. 따라서 표면적으로는 어떤 의견이든 고수하거나 고수하지 않
는 사람이 자제력 있거나 없다고 할 수 있겠지만, 실제로는 참된
의견을 고수하거나 고수하지 않는지가 문제다.

그런데 참된 의견이 아니라 자기 의견을 고수하려는 사람들도 5
있다. 우리는 그런 사람들을 고집 센 사람이라고 부른다. 이런 사
람들은 설득 자체가 어렵고, 설득한다고 해서 자기 의견을 쉽게 바
꾸지도 않는다. 이런 사람들은 자제력 있는 사람들과 비슷한 데가
있다. 이것은 낭비가 심한 사람이 후한 사람과 비슷한 데가 있고,
무모한 사람이 용기 있는 사람과 비슷한 데가 있는 것과 같다. 하
지만 이 두 부류는 많은 점에서 서로 다르다. 자제력 있는 사람은
감정과 욕망에 휘둘려서 자기 판단과 선택을 바꾸지는 않지만, 이 10
치에 맞게 설득한다면 그 설득을 잘 받아들인다. 반면, 고집 센 사
람들은 욕망에 집착하고, 그들 대부분은 즐거움에 사로잡혀 행하
므로 이치에 맞게 설득해도 받아들이지 않는다.

고집 센 사람에는 독선적인 사람, 무지한 사람, 촌사람이 있다.
독선적인 사람은 즐거움과 고통 때문에 고집이 세진다. 그들은 자신

---

239 제2장 1146a16-31.

이 설득되지 않고 마음을 바꾸지 않으면 이겼다고 생각해 기뻐하고,
15 자기 견해가 묵살되면 마치 민회에서 자기가 투표한 대로 되지 않을
때 고통을 느끼듯 힘들어하기 때문이다. 그래서 독선적인 사람들은
자제력 있는 사람이 아니라 자제력 없는 사람과 더 비슷하다.

자제력이 없는 것이 아닌데도 자기 의견을 고수하지 못하는 사
람도 있다. 예컨대, 소포클레스의 비극『필록테테스』에 등장하는
네오프톨레모스가 그런 사람이다. 그는 자신이 결심한 것을 고수
20 하지 못했지만, 대신 고귀한 즐거움을 지켰다. 그는 오디세우스의
설득을 받아들여 거짓말을 하기로 마음먹었지만, 그에게는 진실을
말한다는 것이 더 고귀한 것이었다. 즐거움을 위해 어떤 것을 하는
사람이 모두 무절제하거나 나쁘거나 자제력 없는 것은 아니고, 수
치스러운 즐거움을 위해 그렇게 하는 사람이 그러하다.

신체적인 것에서 적절한 수준보다 더 적게 기쁨을 느끼면서도
25 바른 이성을 고수하지 않는 사람도 있다. 이런 사람과 자제력 없는
사람의 중간이 자제력 있는 사람이다. 자제력 없는 사람은 즐거움
과 관련해 지나쳐서 바른 이성을 고수하지 않고, 이런 사람은 즐거
움과 관련해 모자람으로 바른 이성을 고수하지 않지만, 자제력 있
는 사람은 어느 쪽에 따라서도 흔들림 없이 바른 이성을 고수한다.
자제력 있는 것이 훌륭한 것이라면, 그와 반대되는 두 성품은 나쁜
30 게 틀림없고, 실제로도 그렇게 보인다. 하지만 자제력 있는 것과
반대되는 두 성품 중 한쪽은 소수의 사람에게서만 아주 드물게 나
타나므로, 절제와 반대되는 것이 오직 무절제로 보이듯, 오직 자제
력 없는 것만이 자제력 있는 것과 반대되는 듯하다.

사람들은 많은 것을 유사성에 따라 말하므로, 절제 있는 것을
35 자제력 있다고 말하는 것도 유사성에 따른 것이다. 자제력 있는 사

람은 신체적인 즐거움을 얻으려고 바른 이성을 거슬러 행하지 않는 사람이고, 절제 있는 사람도 그런 사람이다. 하지만 자제력 있 1152a
는 사람은 나쁜 욕망을 지니고 있으면서 그렇게 하는 사람이라면, 절제 있는 사람은 그런 나쁜 욕망을 지니고 있지 않으면서 그렇게 하는 사람이다. 절제 있는 사람은 바른 이성을 거슬러 즐거움을 느끼는 사람이 아닌 반면, 자제력 있는 사람은 즐거움을 느끼면서도 그 즐거움에 이끌려 바른 이성을 거스르지는 않는 사람이다.

자제력 없는 사람과 무절제한 사람도 서로 비슷하다. 이 두 사람은 서로 다른 부류지만, 둘 다 신체적인 즐거움을 추구한다. 무 5
절제한 사람은 그렇게 하는 것이 옳다고 생각한다면, 자제력 없는 사람은 그렇게 해서는 안 된다고 생각한다.

제10장
자제력 없는 것과 성품

누군가가 실천적 지혜를 지녔으면서 동시에 자제력이 없을 수는 없다. 앞서 증명했듯이,[240] 실천적 지혜를 지녔다면 훌륭한 성품도 지녔기 때문이다. 게다가 단지 아는 것만으로는 실천적 지혜를 지닐 수 없고, 행동으로 옮길 수 있어야 한다. 하지만 자제력 없는 사람은 그렇게 할 수 없다.

물론, 영리한 사람이라고 해서 모두가 자제력 있는 것은 아니 10
다. 그래서 종종 실천적 지혜를 지닌 사람인데도 자제력이 없기도

---

240 제6권 제12장과 제13장 1144a11-1144b32.

하다. 이는 앞서 얘기했듯,[241] 영리한 것과 실천적 지혜는 서로 다르기 때문이다. 즉, 이 둘은 이성적 추론이라는 측면에서는 서로 비슷하지만, 이성적 선택이라는 측면에서는 서로 다르다.

게다가, 자제력 없는 사람은 어떤 것을 알고 의식하면서 행하는 사람이 아니라, 알지만 자거나 술 취한 사람처럼 행한다. 자제력 없는 사람은 자기가 무엇을 행하고 왜 행하는지를 어쨌든 알고 있어서 자발적으로 행하지만, 그의 이성적 선택은 훌륭한 것이므로 완전히 나쁜 사람은 아니고 절반 정도만 나쁘다. 또한, 자제력 없는 사람은 계획적으로 그렇게 하는 것이 아니므로 불의하지도 않다. 자제력 없는 사람 중에서 어떤 사람은 자신이 숙고해 결정한 것을 고수하지 못하거나, 어떤 사람은 우울질적인 기질을 지니고 있어 전혀 숙고하지 않는다.

따라서 자제력 없는 사람은 있어야 할 모든 법을 통과시켜 훌륭한 법들을 가진다 해도 그 법들을 활용하지 않는 국가와 같다. 그래서 아낙산드리데스[242]는 이렇게 비꼬았다. "국가는 법을 원하기는 했지만, 그 법을 집행하는 데는 아무런 관심이 없다." 반면, 나쁜 사람은 나쁜 법을 만들어 실제로 활용하는 국가와 같다.

자제력이 없는 것과 있는 것은 대부분의 사람이 지닌 성품을 넘

---

241 제6권 제12장 1144a23-1144b4. "영리함"은 자신이 설정한 목표에 다가가게 하도록 행하여 결국 그 목표에 도달하게 하는 능력이다. 따라서 영리함 없이는 실천적 지혜가 있을 수 없다. 실천적 지혜는 영리함이라는 능력을 사용해 바른 이성에 따라 추론하지만, 영리함의 역할은 거기까지이고, 이성적 선택은 실천적 지혜의 몫이므로, 둘은 서로 다르다.

242 "아낙산드리데스"는 기원전 4세기에 활동한 로도스 섬 출신의 고대 그리스의 중기 희극시인이다. 경연대회에서 열 번이나 우승했다고 한다. 이 인용문은 아낙산드리데스, 『단편』 66(PCG)에 나온다.

어서는 무엇과 관련된다. 즉, 자기 결심을 고수하는 것과 관련해 대다수보다 더 잘하는 사람은 자제력 있는 사람이고, 더 못하는 사람은 자제력 없는 사람이다.

자제력 없는 것에는 여러 종류가 있고, 그중 우울질적인 기질을 지닌 사람에게서 나타나는 자제력 없음은 자신이 스스로 숙고해 결정하는데, 결정을 고수하지 못하는 사람에게서 나타나는 자제력 없음보다는 더 고치기가 쉽다. 또한, 습관에 따라 자제력이 없어진 사람은 본성적으로 자제력 없는 사람보다 더 고치기가 쉽다. 습관 30 을 바꾸는 것이 본성을 바꾸는 것보다 더 쉽기 때문이다. 사실 습관을 바꾸는 것이 어려운 것은 습관이 본성을 닮았기 때문이다. 그래서 에우에노스는 이렇게 말했다. "친구여, 오랜 시간에 걸쳐 행해온 것, 그것이 결국에는 사람의 본성이 되는 것이라네."[243]

이상으로 우리는 자제력 있는 것과 없는 것이 무엇이고, 강인하 35 여 인내심 있는 것과 나약하여 인내심이 없는 것이 무엇이며, 이러한 성품들이 서로 어떤 관계인지에 대해 살펴보았다.

제11장
즐거움과 좋음에 관한 통념

정치철학자는 즐거움과 고통에 대해 탐구한다. 우리가 어떤 것을   1152b

---

243 "에우에노스"는 기원전 5세기에 활동한 파로스 출신의 철학자이자 시인이다. 플라톤 저작에 여러 번 언급되는데, 소크라테스와 거의 동시대에 살았던 인물이다. 이 인용문은 에우에노스, 『단편』 9(Diehl)에 나온다.

본래 의미에서 좋은 것으로, 어떤 것을 본래 의미에서 나쁜 것으로 말할 때 그 기준이 되는 것을 설계하는 사람이 정치철학자다. 우
5 리 논의와 관련해서 즐거움과 고통에 대해 살펴보자. 도덕적 미덕과 악덕은 고통이나 즐거움과 관련되어 있는 데다, 행복을 대부분 즐거움과 결부시키기 때문이다. 그래서 사람들은 복된 사람이라고 말할 때 "즐거워하다"를 뜻하는 '카이레인'에서 유래한 '마카리오스'라는 단어를 사용한다.[244]

그런데 어떤 사람은 즐거움과 좋음은 다르므로, 그 자체로 즐겁든 우연히 즐겁든, 즐거운 것이 언제나 좋은 것은 아니라고 생각한
10 다. 어떤 사람은 몇몇 즐거운 것은 좋지만, 대부분 즐거운 것은 나쁘다고 생각한다. 세 번째 견해도 있는데, 즐거운 것이 다 좋더라도, 즐거움이 최고선일 수는 없다고 한다.

일반적으로 즐거움이 곧 좋음은 아니라고 생각하는 사람들은 모든 즐거움은 원래 본성적인 상태로 나아가는 과정에서 생기는 감각인데, 집을 짓는 과정이 그 목적인 집과 질적으로 같은 것일 수 없는 것처럼, 과정에서 생기는 것은 그 목적과 질적으로 같지
15 않기 때문이라고 한다.[245] 그들은 절제 있는 사람은 즐거운 것을 피한다는 것과 실천적 지혜를 지닌 사람은 즐거운 것이 아니라 고통 없음을 추구한다는 것도 근거로 든다. 또한, 즐거운 것은 실천적 지혜를 따라 사고하는 데 방해가 되고, 성적인 즐거움처럼 즐거움을 많이 주는 것일수록 방해 정도가 큰데, 성적인 즐거움을 느끼

---

244 "복된 사람"으로 번역되는 '마카리오스'(μακάριος)는 "크게"를 뜻하는 '마카'와 "기뻐하다"를 뜻하는 '카이레인'(χαίρειν)이 결합한 단어다.

245 목적이자 최종 결과물인 "집"은 좋으며 즐거운 것이지만, 그 목적을 이루는 과정에서 행하는 것은 즐거울 수 없다는 뜻이다.

면서 실천적 지혜를 따라 깊이 사고할 사람은 아무도 없기 때문이라고 한다. 또한, 즐거운 것은 기술과 아무런 상관이 없지만, 모든 좋은 것은 기술이 만들어내고, 아이들과 짐승들도 즐거움을 추구 20한다는 것도 근거로 제시한다.

모든 즐거움이 다 훌륭함은 아니라는 의견에 대해서는, 즐거운 것 중에는 수치스럽고 비난받는 것도 있고, 해로운 것도 있다고 전해진다. 그리고 가장 좋은 것은 즐거움이 아니라는 의견에 대한 근거로는 즐거움은 목적이 아니라 생성이라는 주장이 있다.[246]

개략적으로 이런 것이 즐거움과 좋음의 관계에 대해 사람이 말하는 것이다.

제12장
즐거움과 관련된 통념에 대한 검토

사람이 하는 이런 말들이, 즐거움은 좋은 것이 아니고 적어도 가장 25좋은 것은 아님을 증명해주지 않음은 다음과 같은 고찰에 따라 분명하게 드러난다.

먼저 좋은 것은 두 방식으로, 즉 그 자체로 좋거나 특정 사람에게 좋으므로, 본성과 성품도 그럴 것이고, 운동과 과정도 그럴 것이다. 따라서 나쁘다고 생각되는 것 중에도 그 자체로 나쁜 것이 있

---

246 "즐거움"은 목적이 아니라 그 목적에 도달했을 때 생성되는 것이다. 따라서 "목적"인 가장 좋은 것으로부터 즐거움이 생성되지만, 가장 좋은 것이 곧 즐거움은 아니라는 논리다.

30 지만, 특정인에게는 나쁘지 않고 도리어 선택할 만한 것일 수 있고, 어떤 것은 특정인에게도 일반적으로는 선택할 만하지 않지만, 특정한 때 짧은 시간은 괜찮을 수 있다. 또한, 환자가 치료받는 과정처럼 고통이 따르지만 치료를 목적으로 하는 모든 운동과 과정[247]은 전혀 즐거운 게 아닌데도 즐겁게 보이기도 한다.

또한, 좋음에는 활동과 성품이 있기에, 원래의 본성적인 상태로 35 회복시키는 그런 과정들은 우연적이지만 즐거울 뿐이다. 이때 회복을 위한 욕망을 따르는 활동에는, 손상되지 않고 아직 남아 있는 성품과 본성이 작동한다. 따라서 고통과 욕망을 수반하지 않는 즐 1153a 거움이 존재하는데, 관조 같은 활동이 그러하다. 그런 활동에서는 본성에 어떤 결핍도 없기 때문이다.[248]

본성이 회복되는 과정에서 느끼는 즐거움과 본성이 회복된 상태에서 느끼는 즐거움이 같지 않음이 그 증거다. 본성이 회복된 상태에서는 그 자체로 즐거운 데서 즐거움을 느낀다. 반면, 본성이 회복되는 과정에서는 그 자체로 즐거운 것과 반대되는 데서도 즐

---

247 여기서 "과정"으로 번역한 '게네시스'(γένεσις)는 앞서 "생성"으로 번역한 것과 같은 단어다. 생성과 과정은 둘 다 변화에 속하지만, 생성은 처음 만들어지는 것을 가리키는 반면, 과정은 그 후에 목적을 향해 나아가는 것을 가리킨다. 그리고 이 과정은 여러 "운동"으로 이루어진다.

248 미덕이라는 "성품"이나 그 성품의 "활동"은 좋은 것이다. 반면, 그 미덕이 아직 존재하지 않아 단지 그것을 이루기 위한 과정들은 "성품"도 아니고 성품의 "활동"도 아니므로, 비록 거기에 즐거움이 있더라도, 그것은 본성적으로 즐겁지 않고 단지 "우연적으로" 즐거울 뿐이다. 아리스토텔레스는 그러한 과정은 "회복을 위한 욕망을 따르는 활동"으로, "손상되지 않고 아직 남아 있는 성품과 본성이 작동"하는 활동이라고 말한다. 하지만 지성의 관조적 활동은 본성의 어떤 결핍으로 인한 욕망에 따라 생기는 것이 아니어서 고통도 수반하지 않고, 거기에는 온전한 즐거움만 존재한다.

거우므로, 신 것이나 쓴 것에서도 즐거움을 느끼지만, 이는 본성적 5
으로 즐겁지도 않고 그 자체로 즐거운 것도 아니어서 전혀 즐겁지
않다. 이렇게 즐거운 것이 서로 구분되듯, 거기서 나오는 즐거움도
서로 구분된다.

또한, 목적이 과정보다 더 우월하다고 누군가가 말했다고 해서,
즐거움보다 더 나은 것이 꼭 존재해야 하는 것은 아니다. 모든 즐
거움은 과정이거나 과정에 수반되지 않고, 활동 자체이고 목적이 10
기 때문이다.[249] 또한, 즐거움은 어떤 능력을 얻었을 때가 아니라
능력을 사용했을 때 생긴다. 오직 본성을 회복해가는 과정에서 생
기는 즐거움에만 따로 목적이 있고, 그 밖의 다른 즐거움은 그 자
체가 목적이다. 그러므로 즐거움은 과정 속에서 생기는 감각이라
고 하는 것은 옳지 않고, 본성을 따르는 성품의 활동이라고 해야
하며, 방해받지 않는 본성의 활동이라고 해야 한다. 어떤 사람은 15
활동과 과정을 혼동해서, 즐거움은 과정이고 그 자체로 좋다고 생
각하지만, 실제로는 활동과 과정은 서로 다르다.

즐거운 것 중에서 건강을 해치는 게 있으므로 즐거움은 다 나쁘
다고 한다면, 건강에 좋은 것 중에서 돈 버는 데 나쁜 게 있으므로
건강에 좋은 것은 다 나쁘다고 하는 것과 같다. 물론, 둘 다 특정
관점에서 볼 때 나쁜 것은 사실이지만, 이 둘이 그 자체로 나쁜 것

---

249 엄밀하게 말하자면, "즐거움"은 좋은 성품이나 미덕의 활동에 수반되고, 그 자체
가 활동인 것은 아니다. 하지만 즐거움은 좋은 성품이나 미덕이 활동할 때 반드시
존재한다는 점에서 활동이라고 할 수 있다. 따라서 즐거움은 어떤 좋음을 이루려
고 진행되는 과정에서 생기는 것이 아니라, 이미 존재하는 좋은 성품이나 미덕이
"방해받지 않고" 활동할 때 따르는 것이다. "과정"은 아직 완성되지 않은 좋음을
완성하기 위한 것이고, "활동"은 이미 완성된 좋음이 움직이는 것이라는 점에서
서로 다르다.

20　은 아니다. 심지어 관조적 활동조차도 때로는 건강에 해로울 수 있기 때문이다.

실천적 지혜나 온갖 성품은 그 자체에서 생기는 즐거움에는 방해받지 않고, 오직 이질적인 즐거움에 의해서만 방해를 받는다. 관조나 배움에서 생기는 즐거움은 관조적 활동과 배우는 활동을 더 촉진하기 때문이다.

25　즐거움이 기술의 산물이 아님은 당연한 결론이다. 향수 만드는 기술과 요리 기술은 즐거움과 관련된 것이라고 보지만, 사실 기술은 어떤 활동이 아니라 능력과 관련된 것이기 때문이다.[250]

절제 있는 사람들은 즐거움을 피한다거나, 실천적 지혜를 지닌 사람은 고통 없는 삶을 추구한다거나, 아이와 짐승조차도 즐거움을 추구한다는 주장은 모두 위에서 말한 것으로 해결된다. 어떤 의
30　미에서 즐거움이 그 자체로 좋은지 그리고 어떤 의미에서 모든 즐거움이 다 좋은 게 아닌지 이미 말했기 때문이다. 즉, 짐승과 아이들은 그 자체로 좋은 것이 아닌 즐거움을 추구하고, 실천적 지혜를 지닌 사람은 즐거움과 관련해 고통 없는 삶을 추구한다. 그런 즐거움은 욕망과 고통을 수반하는 즐거움으로, 신체적 즐거움(이것이 욕구와 고통을 가져오는 그런 즐거움이다)과 그 지나침이다. 무절제한 사람은 그런 즐거움과 관련해 무절제하다. 그러므로 절제 있는 사
35　람은 그런 즐거움을 피한다. 절제 있는 사람이 추구하는 즐거움은 따로 있기 때문이다.

250　"기술"은 인간의 성품이나 미덕의 "활동"이 아니라, 인간에게 주어진 여러 기능적인 능력과 관련되어 있다.

제13장
즐거움과 행복

하지만 고통은 나쁘고 피하고 싶다는 데에는 누구나 동의한다. 어 1153b
떤 고통은 그 자체로 나쁘고, 어떤 고통은 어떤 방식으로 방해가
되기 때문이다. 어떤 것이 나쁘고 피해야 할 것이라면, 그것과 반
대된다면 좋은 것이다. 따라서 즐거움은 어떤 좋은 것일 수밖에 없
다. 스페우시포스[251]는 더 큰 것은 '더 작은 것'과 '같은 것'에 모두 5
반대되듯, 좋은 것은 쾌락과 고통에 모두 반대된다는 논리를 폈는
데, 이는 해결책이 되지 않는다. 스페우시포스도 즐거움을 나쁘다
고 보진 않는 듯 보이기 때문이다.

　지식 중 어떤 나쁜 종류가 있어서 그것과 있으면 다른 지식이
얼마든지 좋은 것이 되듯이, 즐거움 중에 어떤 종류가 나쁘기에 그
것과 있으면 다른 어떤 즐거움이 얼마든지 가장 좋은 것이 될 수
있다. 모든 성품이 방해받지 않고 활동하는 것이 행복이든, 아니 10
면 그중 어떤 성품이 방해받지 않고 활동하는 것이 행복이든, 각각
의 성품이 방해받지 않고 활동한다면 가장 선택할 만한 것이다. 그
리고 이 방해받지 않는 활동이 바로 즐거움이다. 따라서 대부분의
즐거움이 나쁘거나, 설령 그 자체로 나쁘더라도,[252] 어떤 즐거움은

---

251 "스페우시포스"는 기원전 4세기에 활동한 고대 그리스 철학자로, 플라톤의 제자
　　이자 조카였다. 기원전 347년에 플라톤이 죽자 아카데메이아를 물려받아 원장이
　　되었다.
252 나쁜 것은 두 가지로 구분된다. 하나는 어떤 사람에게 또는 어떤 것과 관련해 나
　　쁘고, 다른 하나는 그 자체로 나쁜 것이다. 이런 구별은 이 책 전체에 걸쳐 계속
　　적용된다.

얼마든지 최고선일 수 있다.

15   그러므로 행복한 삶은 곧 즐거운 삶이라고 생각해서 행복과 즐거움은 함께 묶여 있다고 사람들은 여기는데, 이것은 이치에 맞다. 어떤 활동도 방해를 받으면 완전해질 수 없는데, 행복은 완전한 것 중 하나이기 때문이다. 그래서 행복한 사람이 되려면 신체와 관련된 좋은 것과 외적으로 좋은 것과 행운이 필요하다. 그런 것에서 방해를 받아서는 안 되기 때문이다.

     고문을 받다가 죽어가는 사람이나 큰 불행을 겪는 사람이라고 해
20 도, 그가 좋은 사람이기만 하다면 행복한 것으로 말하는 사람이 있는데, 진심으로 했든 별생각 없이 했든 그런 말은 헛소리일 뿐이다.

     행복하려면 위에서 말한 것 외에도 거기에 반드시 행운이 더해져야 함을 근거로, 행운과 행복을 같은 것으로 생각하기도 하지만, 이는 사실이 아니다. 행운도 지나치면 방해가 되고, 그런 때는 그것을 행운으로 부르는 게 옳지 않기 때문이다. 어떤 것이 행운인지
25 아닌지는 그것이 행복에 기여하는지 방해하는지로 판단해야 하기 때문이다.

     그리고 짐승과 사람이 모두 즐거움을 추구한다는 것은 어떤 식으로든 즐거움이 좋음, 즉 가장 좋음임을 보여주는 증거 중 하나다. "많은 백성의 입에서 나온 말은 무엇도 완전히 소멸되는 법은 없다."[253] 하지만 하나의 본성이나 성품이 모든 사람에게 가장 좋

---

253 이 인용문은 헤시오도스, 『일과 날』763-764행에 나온다. 이 문장 뒤에는 다음과 같은 문장이 이어진다. "그러므로 그 말은 일종의 신이다." 아리스토텔레스는 짐승과 사람이 모두 그럴 만한 이유가 있어서 즐거움을 추구하는데, 즐거움이 그런 식으로 추구되는 것은 즐거움이 "어떤 신적인 것"을 지닌 최고선임을 보여주기에 그렇다고 말한다. 나중에 그는 인간에게 있는 것 중에서 신과 가장 많이 닮은 것, 즉 "신적인 것"은 "지성의 관조적 활동"이라고 논증한다.

음도 아니고 그렇게 여겨지지도 않으며, 모든 사람이 즐거움을 추 30
구하지만, 모두가 같은 즐거움을 추구하는 것도 아니다. 하지만 그
들이 추구하는 즐거움은 아마도 자신이 생각하는 즐거움이나, 스
스로 추구한다고 말하는 즐거움이 아니라, 사실은 같은 즐거움일
것이다. 모든 것은 본성적으로 어떤 신적인 것을 지니고 있기 때문
이다.[254]

그런데 신체적인 즐거움이 즐거움이라는 명칭을 독차지했는데,
이것은 사람이 신체적인 즐거움에 가장 흔히 빠져들고, 모든 사람 35
이 그런 즐거움에 참여하기 때문이다. 사람들은 그런 즐거움만 알
기에, 그것만 존재한다고 생각한다.

만일 즐거움이라는 활동이 좋지 않다면, 행복한 사람의 삶이 즐 1154a
거운 삶은 아님은 분명하다. 만일 즐거움이 좋음이 아니어서, 행복
한 삶이 고통스러울 수 있다면, 행복한 사람에게 굳이 즐거움이 있
어야 할 이유가 어디 있겠는가? 즐거움이 좋음도 아니고 나쁨도
아니라면, 고통도 그럴 것이다. 그렇다면 고통을 피할 이유가 어디 5
있겠는가? 만일 훌륭한 사람의 활동이 더 즐거운 게 아니라면, 그
의 삶도 남보다 더 즐겁지는 않을 것이다.

---

254 짐승과 사람이 즐거움을 추구하는 일이 사실은 어떤 신적인 즐거움을 추구하는
것이라고 아리스토텔레스는 말한다. 즉, 모든 짐승과 사람이 각자 서로 다른, 다
양한 즐거움을 추구하는 듯 보여도, 그 온갖 다양한 즐거움은 실제로는 각자에
게 고유하게 부여된 "어떤 신적인 즐거움"이라는 공통점을 지닌다는 것이다. 그
런데 인간에게 고유하게 부여된 "신적인 즐거움"은 지성의 관조적 활동이고, 각
자가 추구하는 온갖 즐거움은 그러한 "신적인 즐거움"이 왜곡되거나 변질된 것으
로, 거기에도 신적인 즐거움의 흔적이 남아 있다는 점에서 "신적인 것"이다. 이렇
게 아리스토텔레스는 원래의 것을 왜곡한 것이나 변질시킨 것도 원래 것과 같은
부류에 귀속시켜, 유사성에 따라 그러한 것을 본성적으로 한 부류로 다룬다.

제14장
신체적인 즐거움과 인간 본성

신체적인 즐거움을 논의할 때, 고귀한 즐거움 같은 종류는 대단히
10 선택할 만하지만, 무절제한 사람이 추구하는 신체적 즐거움은 선
택할 만하지 않다고 주장하는 사람들은, 신체적인 즐거움과 반대
되는 고통은 왜 나쁜지를 해명해야 한다.

물론, 나쁜 것과 반대되는 것은 좋은 것이겠지만, 꼭 필요한 신
체적인 즐거움이 무조건 나쁜 것은 아니므로 그런 의미에서만 좋
은 것인가? 또는, 어느 정도까지만 좋은 것인가? 좋음의 한계를
15 넘어서는 지나침은 있을 수 없는, 건강을 위한 운동이나 성품에는
즐거움에 따른 지나침도 없지만, 좋음을 넘어서는 지나침이 있을
만한 것에는 즐거움의 지나침도 있는데, 가령 신체적으로 좋은 것
에는 지나침이 있을 수 있기 때문이다. 나쁜 사람은 지나침을 추구
하므로 나쁘지만, 반드시 필요한 것을 추구하므로 나쁘기만 한 것
은 아니다. 모든 사람은 음식과 술과 성적인 것에서 어떤 식으로든
즐거움을 얻지만, 모든 사람이 적절한 방식과 수준으로 즐거움을
얻는 것은 아니다.

20 고통은 즐거움과 정반대다. 나쁜 사람은 지나친 고통이 아니라,
모든 고통을 피한다. 일반적으로 지나친 즐거움과 반대되는 것은
고통이 아닌데도, 그것을 추구하는 사람에게는 지나친 즐거움과
반대되는 것이 고통이기 때문이다.

그런데 우리는 참만 말하지 말고, 거짓의 원인에 대해서도 살펴
25 야 한다. 그렇게 해야 확신을 갖는 데 도움이 된다. 실제로는 거짓
인데도 참처럼 보이는 이유를 수긍할 수 있게 설명한다면, 참에 더

큰 확신을 갖기 때문이다. 그래서 신체적인 즐거움이 왜 더 선택할 만하게 보이는지를 살펴야 한다.

첫 번째는 신체적인 즐거움은 고통을 쫓아내기 때문이다. 지나친 고통을 겪으면 사람들은 그 고통을 치료하려고 통상 신체적인 즐거움을 지나치게 추구한다. 신체적인 즐거움은 고통과 반대되어 보이므로 치료제로 강력한 힘을 발휘하고, 이것이 고통 속에 있는 사람이 신체적인 즐거움을 추구하는 이유다.

앞서 말했듯,[255] 즐거움이 좋게 여겨지지 않는 이유는 두 가지다. 먼저, 즐거움은 나쁜 본성(그 나쁜 본성이 짐승처럼 타고났든, 아니면 나쁜 사람들처럼 습관에 따른 것이든)에서 나오는 행위이기 때문이다. 둘째로, 어떤 즐거움은 결핍을 고치기 위해 추구하는데, 완전한 상태에 있는 것이 완전한 상태가 되어가는 도중에 있는 것보다 1154b 더 좋기 때문이다. 이때의 즐거움이란 완전해지는 과정에서 생겨서, 단지 부수적으로만 좋기 때문이라는 것이다.

또한, 신체적인 즐거움은 강력하므로, 다른 즐거움에서는 기쁨을 느낄 수 없는 사람들이 추구한다. 어떤 의미에서 그들은 자신 안에 신체적인 즐거움에 대한 갈증을 만들어낸다. 신체적인 즐거 5 움이 해롭지 않다면 나무랄 일이 아니지만, 실제로는 해로운 것이므로 그것은 나쁜 일이다. 그들은 그 외에 다른 데서는 기쁨을 느끼지 못한다. 그리고 즐거움이나 고통을 느끼지 못하는 상태는 본성적으로 고통을 준다. 자연학자들은 생물은 보는 것도 듣는 것도 고통이어서 늘 고통 가운데 있지만, 단지 우리가 거기에 익숙해졌 10 을 뿐이라고 주장한다. 그런데 젊을 때는 성장하는 과정이어서 술

---

255 제5장 1148b15-19, 제12장 1152b26-33.

취한 사람들 같은 상태이므로, 젊음은 즐겁게 느껴진다. 반면, 본성적으로 우울질적인 기질을 지닌 사람들은 늘 치료받아야 하는 상태에 있다. 그들의 신체는 머리부터 발끝까지 끊임없이 격동하고 있어, 항상 강렬한 욕구들에 사로잡혀 있기 때문이다. 고통과 반대되는 즐거움이 고통을 쫓아내고, 강렬하기만 하다면 어떤 즐
15 거움이라도 그렇게 하게 한다. 이 때문에 그들은 무절제하고 나쁜 사람이 된다.

하지만 고통 없는 즐거움에는 지나침도 없다. 그러한 즐거움은 본성적으로 즐겁고, 우연히 즐거운 게 아니다. 반면, 치료 과정에서 생기는 즐거움은 우연히 즐거운 것이다. 치료받는 일은 본성에서 아직은 건강한 부분의 활동에서 즐거움이 나오기에 즐겁지만,
20 본성적인 즐거움은 이미 건강한 본성의 활동을 만들어내는 데서 오는 즐거움이다.

어떤 즐거운 것이 항상 즐거울 수 없는 이유는 우리는 죽을 수밖에 없는 존재여서 우리 본성 속에는 한 가지만 있지 않고 다른 것도 있어, 둘 중 한쪽이 활동하면, 다른 쪽에게는 본성에 어긋나는 것이 되기 때문이다. 그리고 이 둘이 균형을 이룰 때는, 우리 본성 속에서 이루어지는 모든 활동은 고통스럽지도 즐겁지도 않게
25 된다. 만일 우리 본성이 단일하다면, 같은 활동이 언제나 가장 즐거워진다.

그러므로 신은 항상 하나의 단일한 즐거움을 누린다. 운동만 활동인 게 아니라 운동하지 않는 것도 활동이고, 즐거움은 운동하는 것보다 운동하지 않는 것 속에 더 많이 존재하기 때문이다. 어떤 시인은 "모든 변화는 달콤한 것"이라고 했지만,[256] 변화가 달콤하
30 게 느껴지는 것은 일종의 악 때문이다.[257] 변덕스러운 사람이 나쁜

사람이듯, 변화가 필요한 본성도 나쁜 본성이다. 그런 본성은 단일하지도 않고 훌륭하지도 않기 때문이다.

이상으로 우리는 자제력 있는 것과 자제력 없는 것에 대해, 즐거움 및 고통과 관련해 즐거움과 고통이 각각 무엇이고, 그중 일부는 어떻게 좋고 일부는 나쁜지를 살펴보았다. 이제는 "사랑"에 대해 살펴보는 일이 남았다.

256 이 인용문은 에우리피데스, 『오레스테스』 234행에 나온다.

257 하나의 단일하고 훌륭한 본성은 운동할 때나 운동하지 않을 때나 같고, 거기에는 변함이 없으므로, 변화가 존재하지 않는다. 반면, 나쁜 본성은 그 본성 속에 좋은 부분과 나쁜 부분이 있어 둘이 서로 충돌한다. 그런 때 나쁜 부분은, 좋은 부분이 추구하는 좋은 즐거움을 뒤엎고, 나쁜 즐거움을 만들어내기 위해 끊임없이 변화를 추구할 것이다.

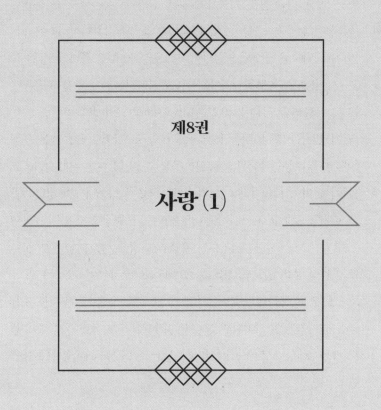

제8권

사랑 (1)

제1장
사랑에 관한 통념과 난제

다음으로 사랑[258]을 살펴보겠다. 사랑은 미덕이거나 미덕을 수반 1155a
하고, 삶에서 가장 필요한 것이다. 다른 좋은 것을 모두 가졌더라 5
도 친구[259]가 없는 삶을 선택할 사람은 아무도 없기 때문이다. 부
자와 고관, 권력자에게도 친구는 무척 필요해 보인다. 선행은 주로
친구들에게 행해지고, 그런 선행이야말로 가장 칭송받을 일인데,
친구가 없어 그러한 선을 행할 기회조차 없다면, 부귀영화를 누린
다 한들 무슨 소용이 있겠는가? 또한, 친구들이 없다면, 그러한 부 10
귀영화를 어떻게 보존하고 유지해나갈 수 있겠는가? 부귀영화는

---

258 "사랑"으로 번역한 '필리아'(φιλία)는 가장 폭넓은 의미로 사용되는 사랑을 가리킨
다. 우리말에서 일반적으로 사랑이라고 하면, 가장 먼저는 남녀 간의 사랑이 떠오
르는데, 이 사랑은 그리스어로 '에로스'(ἔρως)이고, 이 책에서는 "성애" 또는 "성
애적인 사랑"으로 번역했다. 아리스토텔레스는 이 성애도 어떤 의미에서는 '필리
아'의 가장 강력한 형태라고 말한다. 그 밖에 부모와 자식 간의 사랑, 형제 간의
사랑(우애), 친구들 간의 사랑(우정), 친한 사람들 간의 사랑 같은 것을 일반적으로
"사랑"이라고 말한다. '필리아'는 그런 사랑들을 모두 포함한다. 아리스토텔레스
는 부모와 자식 간의 사랑이 '필리아'의 원형이라고 말한다. 그리고 이 "사랑"은
반드시 두 사람 사이에 이루어지는 사랑을 가리킨다.

259 여기서 "친구"로 번역한 '필로스'(φίλος)는 '필리아'의 관계 속에 있는 모든 사람
을 가리킨다. 우리말에서 친구는 일반적으로 동년배를 가리키지만, '필로스'는 나
이나 지위, 위치와는 상관없이 '필리아'를 나누는 모든 사람을 가리킨다. 그러므
로 부모와 자녀들도 서로 '필로스'다. 따라서 "친한 사람"으로 번역하는 것이 더
정확하지만, 사전에도 "친구"를 "가깝게 오래 사귄 사람"으로 정의하고 있으므로
관례에 따라 "친구"로 번역하고자 한다.

커질수록 더 위태로워지기 때문이다. 궁핍하거나 다른 불행한 일을 당했을 때도 사람들은 의지할 대상은 오직 친구들뿐이라고 생각한다. 젊은 사람들은 잘못하지 않기 위해 친구가 필요하고, 나이든 사람들은 서로 살피고 돌보며, 노쇠하여 혼자서 할 수 없는 일에 도움을 받고자 친구가 필요하고, 한창때인 사람들은 고귀한 행위를 하는 데 친구가 필요하다. "둘이 함께하면"[260] 생각에서나 행하는 일에서 더 큰 힘을 발휘하기 때문이다.

부모가 자식을 사랑하고, 자식이 부모를 사랑하는 것은 본성인 듯하다. 그리고 사랑은 인간에게만 있지 않고, 새들을 비롯해 대부분 동물에게도 있으며 같은 종에 속한 구성원은 서로에게 지니고 있다. 사람들 사이에서는 더욱 특별해서, 인간애를 지닌 사람은 칭송을 받는다. 여행을 하다 보면, 모든 사람이 서로의 친척이고 친구임을 실감한다.

국가를 결속하는 것도 사랑으로 보이고, 입법자들도 정의보다 사랑을 더 신경 쓰는 것 같다. 입법자들은 사랑과 비슷한 화합을 가장 중시하고, 분열을 가장 미워하는 적으로 여기고 몰아내려고 한다. 또한, 친구들 사이에는 더 이상 정의가 필요하지 않지만, 정의로운 사람들 사이에는 사랑이 추가로 필요하므로, 사랑이 있는 정의가 최고 형태의 정의인 듯하다.

사랑은 꼭 필요할 뿐만 아니라 고귀한 것이기도 하다. 친구를 사랑하는 사람이 칭찬받고, 친구가 많은 것은 고귀한 일 중 하나로 인

---

260 "둘이 함께하면, 무엇이 유익한지를 어느 한 사람은 알아차리지 못하더라도 다른 한 사람이 알아차릴 수 있다. 혼자서는 무엇을 알아차려도 그 지각은 느리고 계략은 허술하다." 호메로스, 『일리아스』 제10권 224~225행.

식된다. 또한, 우리는 좋은 사람과 친구를 같은 것으로 생각한다.

사랑에 관해서는 의견이 분분하다. 어떤 사람은 사랑을 일종의 유사성으로 보고, 서로 비슷한 사람이 친구가 되는 것으로 말한다. 그래서 "유유상종"[261]이라든가, "까마귀는 까마귀끼리"[262] 같은 말들이 생겼다고 한다. 반면, 어떤 사람은 도공들끼리는 사이가 좋 35 지 않다고 말한다.[263] 또한, 어떤 사람은 이 문제를 자연학적으로 1155b 좀 더 깊이 탐구하기도 한다. 그래서 에우리피데스는 "메마른 대 지는 비를 열망하고, 비를 가득 머금은 장엄한 하늘은 대지로 떨어 지길 열망한다"라고 말했다.[264] 그리고 헤라클레이토스는 서로 반 5 대되는 것이 서로 돕고 협력하며, 서로 다른 음들에서 가장 아름다 운 화음이 나오고, 모든 것은 싸움을 통해 생긴다고 말했다.[265] 하 지만 엠페도클레스를 비롯한 여러 사람은 그러한 주장에 반대해, 서로 비슷한 것이 서로를 지향한다고 말했다.[266]

하지만 우리는 지금 이 문제를 자연학적으로 탐구하는 것이 아 니므로, 여기서는 그러한 논의들은 제쳐두고, 이 문제와 관련해 인

---

261 호메로스, 『오디세이아』 제17권 218행.

262 아리스토텔레스, 『수사학』 제1권 제11장 1371b17.

263 헤시오도스, 『일과 날』 25행. "도공은 도공에게 화내고, 목수는 목수에게 화내며, 거지는 거지를 시기하고, 가인은 가인을 시기한다."

264 에우리피데스, 『단편』 898(Nauck).

265 "헤라클레이토스"는 기원전 6세기 말에 활동한 고대 그리스 사상가로 소크라테스 이전 시기의 주요 철학자로 꼽힌다. 만물의 근원을 불이라고 주장했고, 만물의 생성 을 대립물의 충돌과 조화로 설명했다. 헤라클레이토스, 『단편』 22 B8과 80(DK).

266 "엠페도클레스"는 만물이 동등한 근원 물질인 4원소(물, 공기, 불, 흙)의 사랑과 다 툼 속에서 생겼다고 주장함으로써, 비슷한 것끼리는 서로를 지향한다고 했다. 엠 페도클레스, 『단편』 B22, 62, 109(DK).

10 간적이면서 성품이나 감정과 관련된 것을 중심으로 살펴보자. 예
    컨대, 모든 사람 간에 사랑이 생기는가, 아니면 나쁜 사람들은 친
    구가 될 수 없는가 그리고 사랑은 한 종류인가, 아니면 여러 종류
    인가가 그러하다. 어떤 사람은 사랑은 한 종류인데, 많고 적음의
    차이가 있을 뿐이라고 생각하지만, 그런 생각에는 충분한 설득력
15 이 없다. 많고 적음의 정도 차이가 종류의 차이일 수도 있기 때문
    이다. 이것은 앞서 살펴본 바 있다.[267]

제2장
사랑의 대상

사람이 누구를 사랑하는지를 알게 되면 앞서 말한 그런 문제가 즉
시 분명해진다. 사람들은 모든 것을 사랑하는 게 아니라 사랑할 만
한 것을 사랑하고, 그렇게 사랑할 만한 것은 좋거나 즐겁거나 유익
20 하기 때문이다. 그런데 여기서 유익한 것은 좋음이나 즐거움을 만
    들어내므로, 좋음과 즐거움이 사랑할 만한 대상이다.[268]

---

267 아리스토텔레스는 "앞서 살펴본 바 있다"라고 말했지만, 이 책에는 그런 내용이
     나오지 않는다.

268 여기서 아리스토텔레스는 사람이 사랑하는 이유, 즉 사람들 사이에서 '필리아'가
     생기는 이유를 설명하는데, 그 이유는 좋음, 즐거움, 유익이다. 훌륭한 사람들 간에
     이루어지는 사랑은 그 자체로 좋음과 즐거움과 유익을 따라 친구 자체를 위해 사랑
     하는 것이라는 점에서 진정한 의미에서의 "사랑"이다. 반면, 자신에게 좋거나 즐겁
     거나 유익을 위해 사랑하는 것은 친구 자체를 사랑하는 것은 아니므로 진정한 의미
     에서의 "사랑"은 아니고, '유사성'에 따른 사랑이다. 하지만 공동체에서 이루어지
     는 대부분의 사랑은 이런 유사성에 따른 사랑이고, 아리스토텔레스는 이 사랑이 모
     든 미덕을 포괄적으로 지칭하는 정의와 더불어 공동체를 보전하는 것이라고 한다.

그렇다면 사람들은 그 자체로 좋은 것을 사랑하는가, 아니면 자기 자신에게 좋은 것을 사랑하는가? 이 둘은 종종 서로 다르다. 이것은 즐거운 것과 관련해서도 마찬가지다. 그 자체로 좋은 게 사랑할 만한 것이기도 하지만, 사람들은 각자 자신에게 좋은 것을 사랑하는 듯 보이고, 이런 면에서 자신에게 좋은 것이 각자에게 사랑할 25 만한 것인 듯하다. 사람들은 자신에게 좋은 것이 아니라, 그렇게 좋아 보이는 것을 사랑한다. 하지만 여기에는 아무런 차이가 없다. 사랑할 만한 것이 사랑할 만한 것으로 보이기 때문이다.

사람이 어떤 것을 사랑하는 이유는 세 가지인데, 무생물에 대한 사랑은 사랑으로 부르지 않는다. 무생물은 서로 사랑을 주고받을 수도 없고, 무생물이 잘되기를 바랄 수도 없기 때문이다. (포도주가 잘되기를 바란다고 하면, 웃음거리가 된다. 어떤 사람이 그렇게 말한다면, 그 30 것은 단지 포도주가 잘 숙성되어 나중에 좋은 포도주를 얻길 바란다는 뜻이다.) 반면, 어떤 사람이 친구에게 잘되기를 바란다고 하면, 그것은 실제로 그런 것이다. 그런데 친구가 그 사람이 잘되기를 바란다면, 우리는 그가 친구에게 호의[269]를 지녔다고 한다. 서로에게 호의를 지닌 것이 사랑이기 때문이다. 하지만 사랑이라고 하려면, 양쪽이 서로에게 호의를 지녀야 한다는 조건을 덧붙여야 하지 않을까? 사람들은 자신이 한 번도 본 적 없는 사람에 대해서도 훌륭하고 유익 35 하다고 생각해 호의를 가질 때가 많은데, 그런 때 상대방도 호의를 1156a 가질 수도 있고, 그러면 둘은 서로에게 호의를 지닌 게 되지만, 서

---

269 "호의"로 번역한 '에우노이아'(εὔνοια)는 "좋게"를 뜻하는 '에우'와 "생각하는 것"을 뜻하는 '노이아'가 결합한 단어다. 어떤 사람을 좋게 생각해 선의로 대하고 잘되기를 바라는 것이 "호의"다. 이 "호의"는 "사랑"('필리아')의 한 속성이다.

로에 대한 감정을 알지도 못하는 두 사람을 친구라고 부를 수는 없기 때문이다. 따라서 친구가 되려면 위에서 말한 이유 중 어느 한 가지로 서로에게 호의를 가지면서 서로 잘되길 바라야 하고, 이것을 서로 알아야 한다.

제3장
세 종류의 사랑

사랑할 만한 것에는 여러 종류가 있고, 서로 다르다. 따라서 사랑하는 것과 사랑도 여러 종류가 있다. 사랑할 만한 것으로는 세 종류가 있고, 사랑도 세 종류가 있다. 각각의 사랑은 서로 주고받는 것이고 이것을 서로 알고 있으며, 서로 사랑하는 사람들은 상대방 속에서 자기가 사랑하는 것과 관련해 서로가 잘되길 바란다.

10   따라서 자기에게 유익하므로 사랑하는 사람들은 그 자체로 사랑하는 것이 아니라, 상대방에게서 얻을 수 있는 어떤 좋음 때문에 사랑한다. 이것은 즐거움 때문에 서로 사랑하는 사람도 마찬가지다. 재치 있는 사람을 사랑할 때 그들의 사람됨을 보고 사랑하는 것이 아니라, 그들이 즐거움을 주므로 사랑한다. 따라서 자기에게

15 유익하므로 사랑하는 사람들은 자신에게 좋은 어떤 것 때문에 사랑하는 것이고, 즐거움 때문에 사랑하는 사람들은 자신이 얻는 즐거움 때문에 사랑하는 것이다. 그런 때 사람들은 그 사람 자체가 아니라, 그가 자신에게 유익하거나 즐거움을 주기에 사랑한다.

따라서 그러한 사랑은 우연에 따른 사랑이다.[270] 이때는 사람이 그 사람 자체를 사랑하는 게 아니라, 그가 좋음이나 즐거움을 주는

한에서만 사랑하기 때문이다. 그러한 사랑은 당사자가 계속 그 모 20
습 그대로 있지 않을 때는 쉽게 사라진다. 어느 쪽이라도 더 이상
상대방에게 즐겁거나 유익하지 않으면 사랑하는 것도 끝난다. 그
런데 유익은 일정하지 않고, 상황에 따라 달라진다. 그래서 사랑하
게 된 이유가 사라지면, 사랑도 사라진다. 사랑이 그에 따라 생겼
기 때문이다.

이런 종류의 사랑은 주로 나이 든 사람들 사이에서 생긴다.[271] 25
나이 든 사람들은 즐거움이 아니라 뭔가 도움이 되는 것을 추구하기
때문이다. 그리고 이런 종류의 사랑은 한창때 있거나 젊은이 중에서
도 이익을 추구하는 사람 사이에 존재한다. 그들은 함께 많은 시간
을 보내지 않는다. 그들은 종종 서로에게 즐거움이 되지 못하고, 자
기에게 이익이 되지 않으면 굳이 교제할 필요를 느끼지 못하며, 상
대방에게서 뭔가 좋은 것을 얻을 희망이 있을 때만 상대방에게서 즐 30
거움을 느낀다. 주인과 손님 간의 사랑도 이런 종류에 속한다.

반면, 젊은이 간의 사랑은 즐거움 때문인 듯하다. 그들은 감정
을 좇아 살아가고, 대체로 자신에게 즐거운 것과 눈앞에 있는 것을
추구하기 때문이다. 하지만 나이가 들어가면서 즐거운 것도 달라
진다. 그래서 젊은이들은 쉽게 친구가 되었다가 쉽게 헤어진다. 젊 35
은이 간의 사랑은 즐거움을 축으로 변하는데, 그들이 즐거워하는 1156b
것은 빠르게 변하기 때문이다. 또한, 젊은이는 성애적인 사랑을 지

---

270 "우연에 따른 사랑"은 진정한 의미에서는 사랑이 아닌데, 거기서 사랑과 유사한
것이 존재하므로 유사성에 따라 사랑이라 불린다. 하지만 아리스토텔레스는 그런
사랑을 "사랑"에서 배제하지 않고 포함한다. 다만, 본성적인 것이 아니라 "우연에
따른," 또는 "우연히"라는 단서를 달았다.

271 아리스토텔레스, 『수사학』 제2권 제13장 1389b37을 보라.

향한다. 그런데 성애적인 사랑은 대부분 감정에 따른 것이고 즐거움 때문에 생긴다. 그래서 젊은이들은 쉽게 좋아하고 쉽게 식는데, 그런 감정 변화는 하루에도 수십 번 일어난다. 그런데도 그들은 온
5 종일 붙어 다니려고 하고, 함께 살고 싶어 한다. 젊은이들에게 사랑이란 그런 것이기 때문이다.

완전한 사랑은 좋은 사람들, 즉 미덕을 지닌 사람 사이에서 생기는 사랑이다. 그들은 모두 똑같이 좋은 사람이어서 서로 잘되길 바라고, 그들 자신도 좋은 사람이다. 진정으로 친구를 위해 그가
10 잘되길 바라는 사람이 최고의 친구다. 그런 사람은 우연이 아니라 그들 성품에 따라 그렇게 한다. 따라서 그런 사람들 간의 사랑은 그들이 좋은 사람인 한 지속한다. 미덕은 지속적이다. 그들은 그 자체로도 좋은 사람이고, 친구에 대해서도 좋은 사람이다. 좋은 사람들은 그 자체로 좋은 동시에, 서로에게도 도움을 준다. 또한, 좋
15 은 사람들은 즐거운 사람이다. 그들은 그 자체로 즐거움을 지닌 동시에, 서로에게 즐거움을 준다. 좋은 사람의 행위는 각자에게 즐겁고, 그들의 행위는 서로 동일하거나 비슷하다.

그러한 사랑이 지속적인 것은 당연하다. 그러한 사랑 속에는 친구가 되기 위해 갖추어야 할 모든 것이 들어 있다. 사랑이란 그 자
20 체로나 특정한 사람과 관련해서나 좋음과 즐거움 때문에 생기고, 또한 어떤 유사성 때문에 생긴다. 좋은 사람들 간의 사랑은, 사랑이 생기려면 필요하다고 말한 모든 것을 갖추고 있다. 좋은 사람들은 서로 유사하고, 나머지 것들, 즉 좋음과 즐거움도 지니고 있다. 그 자체로 좋은 것은 그 자체로 즐거운 것이므로 가장 사랑할 만하다. 따라서 사랑하는 것이나 사랑은 좋은 사람들 사이에서 최고이자 최선의 형태로 나타난다.

하지만 그러한 사랑은 드물다. 좋은 사람이 별로 없기 때문이 25
다. 게다가 그러한 사랑은 시간도 필요하고 자주 만나 교제도 해
야 한다. "소금 한 가마니를 함께 먹기 전에는" 서로 알 수 없다는
속담도 있지 않은가.[272] 서로가 사랑할 만한 사람임을 알고 신뢰가
쌓일 때까지는 서로 친구로 받아들일 수도 없고, 친구일 수도 없
다. 성급하게 친구처럼 대한다고 해서 친구가 될 수는 없고, 단지 30
친구가 되고 싶어 할 뿐이다. 서로가 사랑할 만하고, 그것을 알았
을 때 비로소 친구가 된다. 사랑하고 싶어 하고 사랑받고 싶어 하
는 마음은 금방 생기지만, 사랑은 금방 생기지 않는다.

제4장
완전한 사랑

좋은 사람들 간의 사랑은 지속성 측면에서만 아니라 다른 측면에
서도 완전하고, 이런 관계에서는 모든 점에서 자기가 주는 것과 동
일하거나 비슷한 것을 서로 받게 되는데, 친구 사이라면 마땅히 그 35
래야 한다.

즐거움 때문에 생긴 사랑도 좋은 사람 간의 사랑과 비슷하다. 1157a
좋은 사람들도 서로에게 즐거움을 주기 때문이다. 자기에게 유익
하므로 생긴 사랑도 마찬가지다. 좋은 사람들도 서로에게 유익하

---

272 "소금 한 가마니를 함께 먹기" 위해서는 어느 정도의 시간이 걸릴까. 이 속담은
두 사람이 오랜 시간을 두고 사귀고 나서야 서로 잘 알게 되고, 그런 후에야 진정
한 의미에서 친구가 될 수 있음을 보여준다.

기 때문이다. 대체로 그런 종류의 사랑은 서로가 서로에게서 즐거
5 움이나 유익 같은 것을 얻을 뿐 아니라, 예컨대 재담꾼처럼 같은
대상에게서 그것을 얻을 수 있을 때 지속한다.

하지만 "사랑하는 사람"과 "사랑받는 사람"의 구별이 있는 동
성애 관계 같은 관계에서는 그렇지 않다.[273] 동성애 관계에서는 두
사람이 같은 것에서 즐거움을 느끼는 것이 아니라, 사랑하는 사람
은 상대방을 "보는 것"에서 즐거움을 얻고, 사랑받는 사람은 자기
를 사랑하는 사람에게서 "보살핌을 받는 것"에서 즐거움을 얻기
때문이다. 꽃다운 젊음이 지나가면 그러한 사랑도 지나간다. 사랑
10 하는 사람은 상대방을 보는 것에서 즐거움을 얻지 못하고, 사랑받
는 사람은 상대방에게서 보살핌을 받지 못하기 때문이다. 하지만
그런 사랑이 지속할 때도 많은데, 그것은 서로 간의 성품이 비슷해
서, 서로 자주 만나 교제하는 동안 상대방의 성품을 사랑하게 되었
기 때문이다.

반면, 동성애 관계를 통해 즐거움이 아니라 유익을 주고받는 사
람들 사이의 사랑은 그리 깊지 않고 오래 지속되지도 않는다. 유익
하므로 친구가 된 사람들은 유익이 사라지면 갈라선다. 그들은 서로
사랑한 것이 아니라, 자신이 얻는 유익을 사랑한 것이기 때문이다.

따라서 즐거움이나 유익 때문에 나쁜 사람끼리도 서로 친구가

---

273 고대 그리스에서는 "동성애"가 꽤 흔하게 이루어졌는데, 나이가 좀 있고 사회적
인 지위와 부를 지닌 사람이 "사랑하는 사람"(ἐραστής, 에라스테스)이 되고, 미소
년이 "사랑받는 사람"(ἐρώμενος, 에로메노스)이 되었다. 이것은 일종의 후견인 요
소도 지니고 있었다. 하지만 성애적인 요소도 개입되어 있다는 점에서 "동성애 관
계"라고 보는 것이 옳다. 이 관계 속에서 "사랑하는 사람"은 미소년을 보는 것에
서 즐거움을 얻고, "사랑받는 사람"은 여러 유익과 보살핌을 받는 데서 즐거움을
얻는다. 따라서 이 관계도 넓은 의미에서 '필리아'(사랑)의 일종이라고 할 수 있다.

될 수 있고, 훌륭한 사람과 나쁜 사람이 서로 친구가 될 수도 있으며, 훌륭하지도 않고 나쁘지도 않은 사람이 나쁜 사람이나 훌륭한 사람과 친구가 될 수도 있다. 하지만 진정으로 친구를 위하는 그런 관계는 오직 좋은 사람들 사이에서만 가능하다. 나쁜 사람들은 이익이 되지 않는다면 서로에게 즐거움을 느끼지 못하기 때문이다.　20

또한, 오직 좋은 사람 간의 사랑만이 험담에도 흔들리지 않는다. 오랜 세월 자신이 직접 검증한 친구에 대해 어떤 사람이 험담했다고 해서, 그 험담을 믿기는 쉽지 않기 때문이다. 또한, 좋은 사람 간의 사랑 속에는 절대로 불의를 저지르지 않는다는 믿음이 있고, 참된 사랑을 위해 갖추어야 할 모든 것이 있기 때문이다. 반면, 다른 종류의 사랑에는 험담에 따라 사랑이 깨지는 일이 얼마든지　25 일어난다.

사람들은 국가들처럼(국가도 이익 때문에 서로 동맹을 맺는다) 유익하므로 친구가 되거나, 아이들처럼 즐거움 때문에 서로 사랑하게 된 때도 그들을 친구라고 부르는 까닭에, 우리도 그런 사람을 친구라고 불러야 한다. 하지만 사랑에도 여러 종류가 있어, 오직 좋은　30 사람 사이에서 서로 좋은 사람이기에 생긴 사랑만이 일차적이고 본래 의미에서 사랑이고, 나머지는 모두 본래 사랑은 아니지만, 일차적인 의미의 사랑과 유사해 사랑이라고 부를 뿐이다. 그들은 서로에게 좋거나 유사성이 있어 친구가 된 것이기 때문이다(즐거움을 사랑하는 사람에게는 즐거움도 좋은 것이다).

훌륭한 사람 간의 사랑 외에 다른 종류의 사랑이 서로 결합한 경우는 드물다. 즉, 같은 사람이 유익 때문에 친구가 됨과 동시에, 즐거움 때문에 친구가 되는 경우는 드물다. 우연에 따라 이루어진　35 것이 짝을 이루는 경우는 드물기 때문이다.

1157b 이렇게 사랑을 세 종류로 구분했을 때, 나쁜 사람들은 즐거움이나 유익 때문에(이 점에서 그들은 서로 비슷하므로) 서로 친구가 될 것이고, 좋은 사람들은 그들 자신이 좋으므로 서로 친구가 된다. 따라서 좋은 사람들이 본래 의미에서의 친구들이라면, 나쁜 사람들

5 은 우연을 따라서, 그리고 본래 의미에서의 친구 관계와 유사한 정도로 친구다.

제5장
성품에서 나오는 사랑

미덕과 관련해 어떤 사람은 성품이라는 관점에서 좋은 사람으로 불리고, 어떤 사람은 활동이라는 관점에서 좋은 사람으로 불리듯, 사랑과 관련해서도 마찬가지다. 삶을 함께하며 서로에게 즐거움과 좋음을 주는 사람도 있으나, 잠들거나 거리상으로 서로 떨어진 사람들은 사랑에서 나오는 활동을 하진 못해도, 언제든지 친구로서

10 활동할 수 있는 상태에 있기 때문이다. 서로 떨어져 있으면 사랑이 사라지는 것이 아니라, 사랑으로부터 나오는 활동만이 막히는 것뿐이다. 하지만 사랑의 활동이 장기간 없으면 사랑을 잊어버리는 일이 생긴다.[274] 그래서 누군가는 "대화가 없어서 많은 사랑이 사라졌다"라고 말했다.[275]

---

274 아리스토텔레스는 앞에서도 "성품은 망각될 수 있다"라고 말한 바 있다. "성품은 망각될 수 있지만, 실천적 지혜는 망각되지 않는다"(1140b29-30).
275 이 인용문의 출처는 알려져 있지 않다.

노인들이나 엄하고 깐깐한 사람들은 친구를 만들기가 쉽지 않 15
다. 그들에게는 남에게 즐거움을 줄 만한 것이 별로 없기 때문이
다. 누구도 자신에게 고통을 주거나 즐거움을 주지 않는 사람과 함
께 시간을 보낼 수 없다. 무엇보다도 고통을 피하고 즐거움을 바라
는 것이 인간 본성으로 보이기 때문이다.

서로 인정하면서도 삶을 함께하지 않는 사람들은 친구라기보다
는 서로에게 호의를 가진 사이다.[276] 삶을 함께하는 것이야말로 친
구 관계의 가장 큰 속성이기 때문이다. 결핍된 사람들은 도움을 바
라지만, 가장 행복한 사람들은 함께 시간을 보내길 바란다. 혼자
고독하게 지내는 것이야말로 그들에게는 가장 어울리지 않는 일
이다. 하지만 서로에게 즐거움을 얻을 수 없고 같은 데서 즐거움을
얻지 못하는 사람이 삶을 함께하는 것은 불가능한데, 뜻을 함께하
는 동지들[277]은 서로에게서 그런 즐거움을 누린다.

따라서 여러 차례 말했듯, 좋은 사람들 간의 사랑이 최고의 사 25
랑이다. 거기서는 그 자체로 좋거나 그 자체로 즐거워도 서로 사랑
하고 선택할 만하고, 자신에게 좋거나 즐거운 것도 서로 사랑하고
선택할 만한 것이기 때문이다. 좋은 사람이 다른 좋은 사람을 사랑

---

276 서로에게 "호의"를 갖는 것은 친구 관계, 즉 "사랑"('필리아')의 속성이지만, 서로
에게 "호의"가 있다고 해서 그것이 곧 친구 관계이고 "사랑"인 것은 아니다. 아리
스토텔레스는 "삶을 함께하는 것"을 '필리아'의 가장 큰 속성이라고 말한다. 즉,
호의가 있지만 삶을 함께하진 않는다면, 그것은 친구 관계가 되거나 "사랑"이기
에는 여전히 부족하다.

277 "동지들"로 번역한 '헤타이리코스'(ἑταιρικός)는 일차적으로는 같은 정치 단체에
소속된 사람을 가리킨다. 그들은 같은 것을 즐거워하므로 같은 데서 즐거움을 얻
으면서, 동시에 그들 서로에게도 즐거움을 얻는다는 점에서 일반적인 친구 관계
및 '필리아'를 능가한다. 하지만 최고의 동지는 역시 "좋은 사람들"이다.

하고 선택하는 것은 바로 두 가지 이유 때문이다.

사랑하는 것이 감정이라면, 사랑은 성품인 듯하다. 사람들은 무생물에도 사랑하는 감정을 느끼지만, 사랑을 주고받는 것은 이성적 선택에 따른 것이고, 이성적 선택은 성품에서 나오기 때문이다. 그리고 자기가 사랑하는 사람이 잘되길 바라는 것은 감정에서 나오지 않고 성품에서 나온다. 또한, 사람은 친구를 사랑하면서 그들 자신에게 좋은 것을 사랑한다. 그러므로 좋은 사람이 누군가의 친구가

35 되면, 좋은 사람은 그 친구에게 좋은 것이 된다. 따라서 가지는 자기 자신에게 좋은 것을 사랑하고, 친구라면 똑같이 주고받는다는 말이

1158a 있듯, 바람이나 즐거움과 관련해 같은 것을 주고받게 된다. 그리고 그런 일은 좋은 사람들 사이의 사랑 속에서 가장 많이 일어난다.

제6장
여러 종류의 사랑이 지닌 특징

엄하고 깐깐한 나이 든 사람들은 붙임성이 좋지 않고 함께 있는 것을 별로 좋아하지 않으므로, 그런 사람 사이에서 사랑이 생기긴 쉽지 않다. 함께 있고 싶어 하는 것이야말로 사랑이 지닌 가장 중요한 속성이자 사랑이 만들어내는 가장 두드러진 특징이기 때문이

5 다. 그렇기 때문에 젊은이들은 쉽게 친구가 되지만, 나이 든 사람들은 그렇지 않다. 함께 있어 즐겁지 않은 사람과는 친구가 되려고 하지 않기 때문이다. 마찬가지로, 나이가 들지 않았더라도 엄하고 깐깐한 사람들은 친구 사귀기가 어렵다. 그들은 서로가 잘되길 바라고 어려울 때는 기꺼이 서로 도우려 한다는 점에서는 서로에게

호의를 갖고 있을지라도, 함께 시간을 보내지도 않고 서로에게서 즐거움을 느끼지도 않는다는 점에서는 온전한 친구라고 할 수는 없다. 함께 시간을 보내고 싶어 하고 서로에게서 즐거움을 얻는 일 10 이 친구임을 보여주는 가장 중요한 특징이기 때문이다.

많은 사람과 동시에 성애적인 사랑을 하는 것이 불가능하듯(성애적인 사랑은 감정의 과도한 집중이어서, 그런 상태는 본성적으로 한 사람을 향해 생긴다), 많은 사람과 친구가 되어 그들 모두와 완전한 사랑을 나누는 것도 불가능하다. 많은 사람이 동시에 한 사람 마음에 쏙 들기도 쉽지 않은 데다가, 좋은 사람이 그렇게 많지도 않기 때문이다. 또한, 오랜 시간 함께 지내고 교제하면서 서로 겪어보아야 15 하는데, 이것도 어려운 일이다. 사람들에게 유익이나 즐거움을 줌으로써 많은 사람의 마음을 얻는 일은 가능하다. 그들은 많고, 그렇게 하는 데는 시간도 많이 필요하지 않기 때문이다.

유익을 얻기 위한 사랑과 즐거움을 얻기 위한 사랑 중에서 즐거움을 얻기 위한 사랑이 완전한 사랑과 더 비슷하다. 거기서는 두 사람이 서로에게서 즐거움을 느끼거나 같은 데서 즐거움을 느낌으로써, 두 사람에게 같은 것이 일어나기 때문이다. 젊은이들 사이의 20 사랑이 그러하다. 그런 사랑은 자유민 특유의 후함이 특징인데, 유익을 얻기 위한 사랑은 상인들처럼 이익을 따진다. 가장 행복한 사람들도 즐거움을 얻기 위한 사랑은 필요하지만, 유익을 위한 사랑은 필요하지 않다. 가장 행복한 사람이라도 누군가와 함께하길 원한다. 그들도 짧은 시간은 고통스러움을 견뎌낼 수 있지만 계속 견뎌낼 수는 없고, 그 고통스러운 것이 그들에게 좋더라도 계속 고통 25 을 감당할 수는 없기 때문이다. 그래서 사람들은 즐거움을 주는 친구들을 찾는다. 그 친구들은 즐거움을 줄 뿐만 아니라, 그 자체로 좋은 사람이어야 하고, 그들에게도 좋은 사람이어야 한다. 그럴 때만 친구들은 친구가 되기 위해 반드시 갖추어야 할 모든 것을 다 갖추게 되기 때문이다.

권력자는 여러 부류의 친구를 두고 활용하는 듯하다. 그들에게는 유익을 얻고자 사귀는 친구들이 따로 있고, 즐거움을 얻고자 사귀는 친구들이 따로 있다. 같은 사람이 이 둘을 모두 갖춘 경우는

30 드물기 때문이다. 하지만 그들은 미덕을 지닌 채 즐거움을 주는 사람이나 고귀한 일에 유익이 되는 사람을 찾지는 않는다. 즐거움을 얻고 싶을 때는 재치 있는 사람들을 찾고, 다른 한편으로 자기가 부탁하는 일을 잘 처리할 사람들을 찾는다. 같은 사람이 이 둘을 모두 갖춘 경우는 드물기 때문이다.

앞서 훌륭한 사람은 즐거움과 유익을 둘 다 준다고 말했지만,[278]

35 권력자가 미덕에서도 탁월하지 않다면, 훌륭한 사람이 권력자의 친구가 되진 않는다. 두 사람 간의 균형이 맞지 않아 동등하지 않기 때문이다. 그러나 권력자가 미덕에서도 탁월한 경우는 드물다.

1158b   우리가 지금까지 말한 사랑은 동등성[279]을 바탕으로 생긴다. 모든 사랑은 서로가 서로에게서 같은 것을 얻으려고 생기고, 서로에

---

278 제3장 1156b13-15, 제4장 1157a1-3.

279 여기서 "동등성"으로 번역한 '이소테스'(ἰσότης)는 앞서 정의를 다룰 때 "공평함"으로 번역한 것과 같은 단어다. 공평하다는 것은 기본적으로 똑같이, 즉 동등하게 나누는 것을 의미한다. 아리스토텔레스는 넓은 의미에서의 "사랑," 즉 '필리아'는 어느 한쪽의 일방적인 희생이 아니라, 서로 동등하게 주고받는 "동등성"을 기반으로 한 관계라고 본다. 즉, "사랑"은 "정의"를 전제한다. 그래서 그는 사랑 있는 곳에서는 더 이상 정의를 찾지 않지만, 정의가 있는 곳에서는 사랑을 찾는다고 했다. 물론, 훌륭한 사람 간의 "사랑"에서는 자기 몫을 챙기는 "정의"를 희생하고, 그 희생이 클수록 고귀한 "사랑"이 된다. 그러므로 아리스토텔레스는 자기 자신에게 불의를 행하는 게 가능한가를 묻는다.

게서 같은 것을 바라기 때문이다. 물론, 두 사람이 서로에게서 얻거나 바라는 게 다를 수도 있다. 예컨대, 한 사람은 상대방에게서 즐거움을, 다른 한 사람은 상대방에게서 유익을 얻으려 할 수도 있다. 하지만 앞서 말했듯 그런 관계는 사랑이라고 하기 어렵고 오래 가지도 못한다.[280]

그런 관계들은 사랑과 비슷한 점도 있고 다른 점도 있어, 사랑 5
같아 보이거나 사랑이 아닌 것같아 보이기도 한다. 그런 관계에는 미덕을 따른 사랑과 비슷한 부분이 있어 사랑처럼 보인다. 그런 관계 속에는 즐거움도 있고 유익도 있는데, 이것은 미덕을 따른 사랑이 보이는 특징이기 때문이다. 미덕을 따른 사랑이 험담에도 흔들림 없고 지속적이라면, 그런 관계는 쉽게 변하고 다른 많은 부분 10
에서도 미덕을 따른 사랑과 다르기에, 즉 그러한 다른 점들로 사랑 같아 보이지 않는다.

제7장
동등하지 않은 사람들 간의 사랑

또 다른 종류의 사랑도 있는데, 그것은 동등하지 않은 사람들 간의 사랑이다. 예컨대, 아버지와 아들 사이의 사랑, 일반적으로 나이 차이가 나는 사람들 사이에 있는 사랑, 남편과 아내 사이의 사랑, 통치자와 피치자 사이의 사랑이 그러하다.

그런데 이러한 사랑에도 서로 차이가 있다. 부모와 자녀 간의 15

---

280 제3장 1156a16-24, 제4장 1157a20-33.

사랑은 통치자와 피치자 간의 사랑과 같지 않고, 아들에 대한 아버지의 사랑과 아버지에 대한 아들의 사랑 역시 같지 않으며, 아내에 대한 남편의 사랑과 남편에 대한 아내의 사랑도 서로 다르다. 각각의 사랑과 관련된 미덕과 기능이 서로 다르고, 각자가 상대방을 사랑하는 이유도 서로 다르기 때문이다. 그래서 이러한 사랑에서는 사랑하는 것도 서로 다르고 사랑도 서로 다르다.

20   따라서 이러한 사랑들에서는 서로가 서로에게서 같은 것을 얻지도 못하고, 같은 것을 얻으려 해서도 안 된다. 도리어 자녀는 자기를 낳아준 부모에게 도리를 다하고 부모는 자녀에게 도리를 다한다면, 부모와 자녀 간의 사랑은 지속적이고 훌륭한 것이 된다.

25   동등하지 않은 사람들 간의 모든 사랑은 비례적이어야 한다. 예컨대, 더 좋은 사람과 더 많은 도움을 주는 사람은 자기가 주는 것보다 더 많은 사랑을 받아야 하고, 이것은 그 밖의 다른 것과 관련해서도 마찬가지다. 각자가 도리를 다한 만큼 거기 비례해 사랑을 받을 때 일종의 동등성이 생기는데, 동등성이야말로 사랑의 속성으로 보인다.

30   하지만 동등성은 정의로운 것과 사랑에서 같진 않다. 정의로운 것과 관련한 동등성에서는 가치에 따른 동등성이 일차적이고, 양에 따른 동등성은 이차적이라면, 사랑과 관련한 동등성에서는 양에 따른 동등성이 일차적이고, 가치에 따른 동등성은 이차적이다. 친구 두 사람이 미덕이나 악덕이나 재산이나 그 밖의 다른 것에서 큰 격차가 생겼다면 이제 더 이상 친구 관계가 지속될 수 없고, 그
35 것은 더 이상 친구 관계일 수도 없음이 이를 분명하게 보여준다. 또한, 그것은 신들을 생각해보면 가장 분명해진다. 신들은 모든 좋은 것에서 우리 인간과 최대한의 격차를 지닌 존재이기 때문이다.

물론, 왕들을 생각해봐도 이것은 분명하다. 왕들과 비교해 큰 격차
가 있는 사람이 왕들의 친구가 될 수는 없고, 훌륭한 것이 하나도
없는 사람이 가장 고매한 사람이나 지혜로운 사람들과 친구가 될
수는 없기 때문이다.

그런 때 격차가 어느 정도 벌어질 때까지 계속 친구로 남을 수
있는지를 보여주는 정확한 경계선은 존재하지 않는다. 동등성이
많이 없어져도 사랑은 지속하지만, 신과 인간의 차이처럼 그 격차 5
가 아주 많이 벌어졌을 때는 사랑은 이제 더 이상 지속될 수 없다.
이것에서 과연 사람이 자기 친구에게 좋은 일 중에서도 가장 좋은
일, 즉 친구가 신이 되는 것을 바랄 수 있느냐 하는 난제가 생긴다.
친구가 신이 된다면, 그 친구는 더 이상 그들의 친구가 아닐 것이
고, 친구는 좋은 것인 까닭에, 그렇게 해서 친구를 잃는 것은 그들
에게도 좋은 일이 아니기 때문이다. 친구 자신을 위해 친구가 잘되 10
길 바라는 것이 사랑이라고 하는 것은 옳다. 하지만 그런 때 그 친
구는 이전과 다름없는 모습을 그대로 간직하고 있어야 한다. 따라
서 사람들은 자기 친구가 인간으로서 가장 잘되길 바라겠지만, 아
마도 모든 면에서 그렇게 되길 바라지는 않을 것이다. 사람들은 무
엇보다도 자기 자신에게 좋은 것을 바라기 때문이다.

제8장
사랑하는 것과 사랑받는 것

대부분에게는 명예욕이 있어, 자기가 사랑하기보다는 자신이 사랑
받는 것을 바란다. 그래서 대부분은 남이 자기에게 아부하는 것

을 좋아한다. 아부하는 사람은 열등한 친구이거나, 열등한 척하며 자기가 상대방을 더 많이 사랑하는 척하는 사람이기 때문이다. 사랑받는 것은 존경받는 것과 비슷하고, 대부분은 존경받는 것을 바란다.

하지만 대부분은 명예 그 자체를 선택하지 않고, 다른 목적을 위해 부수적으로 선택하는 듯하다. 대부분이 권력자로부터 존경받기를 기뻐함은 기대감 때문이다. 즉, 그들은 자기에게 필요한 게 있을 때 권력자로부터 얻어낼 수 있다고 생각해서, 다시 말해 권력자로부터 존경받는 것은 나중에 자기에게 좋은 일이 생길 것을 보여주는 증표라고 생각해 그런 명예를 기뻐한다. 반면, 자기가 아는 훌륭한 사람들에게서 존경받고 싶어 하는 사람은 자기가 생각하는 것이 옳음을 확인하고 싶어 하는 것이다. 그들은 훌륭한 사람이 자기에 대해 해준 말들과 그 판단을 근거로 자기가 좋은 사람임이 확인되었다고 생각하므로 훌륭한 사람들에게서 존경받는 것을 기뻐한다. 그러나 사랑받음은 사람 그 자체로 기뻐한다. 그래서 사랑받는 것이 존경받는 것보다 더 나아 보이고, 사랑도 그 자체로 선택할 만하다.

하지만 사랑은 사랑받기보다 사랑하는 것에 있다. 어머니들이 사랑하는 데서 기쁨을 느끼는 것이 그 증거다. 어떤 어머니들은 자녀들을 남의 집에 입양 보내는데, 그런 때 그들이 자기 자녀임을 아는 까닭에 그들을 사랑하지만, 그들에게서 사랑받길 구하지는 않는다. 사랑함과 사랑받음, 둘 다를 가질 수는 없기 때문이다. 그리고 그 어머니들은 남의 집에 입양된 자녀들이 잘되는 것을 보는 것만으로 만족하고, 그 자녀들이 어머니가 누구인지를 몰라 자녀로서 도리를 다하지 못하더라도 여전히 그들을 사랑한다. 사랑

은 사랑받기보다는 사랑하는 데 있고, 사랑받는 쪽보다는 사랑하
는 쪽이 칭찬을 받으므로, 사랑하는 것이 사랑의 미덕이다. 따라서   35
사랑하는 것이 적절한 방식으로 이루어질 때 사람들은 계속 사랑   1159b
하는 사람으로 남고, 사랑도 지속한다. 서로 동등하지 않은 사람들
사이에서는 대체로 이런 방식으로 서로 사랑하는 사람이 된다. 그
렇게 했을 때 서로 동등해지기 때문이다.

사랑이란 동등성과 유사성이고, 특히 미덕을 지닌 사람들 간의
유사성이다. 그들은 그 자체로나 서로에 대해서나 변함이 없고,
나쁜 것을 필요로 하거나 나쁜 것의 종이 되지도 않으며, 도리어   5
사람이 말하듯 그런 것을 막기 때문이다. 스스로 나쁜 짓을 하지도
않고 사랑하는 사람들에게 나쁜 짓을 하라고 하지도 않는 것이 좋
은 사람들의 속성이다. 반면, 나쁜 사람들은 수시로 변한다. 그들
은 자신에게도 같은 사람으로 남아 있지 못한다. 그들은 서로에게
있는 악을 보면서 기뻐하므로 짧은 시간만 친구가 되고, 그들 사이   10
에 유익이나 즐거움이 있다면 서로에게 즐겁고 유익한 동안에는
좀 더 긴 시간 친구가 된다.

부자와 빈자 간의 사랑이나, 무식자와 박식자 간의 사랑처럼 서
로 반대되는 사람 사이에서 생기는 사랑은 대체로 유익을 얻기 위
한 사랑인 듯하다. 그런 사랑에서는 자기에게 없는 것을 상대방에
게서 얻고, 그 보답으로 상대방에게 다른 것을 준다. 동성애 관계   15
에서 사랑하는 사람과 사랑받는 사람 간의 사랑, 아름다운 사람과
못생긴 사람 간의 사랑도 여기 속한다. 그러므로 동성애 관계에서
사랑하는 사람이 자기가 사랑하는 정도만큼 상대방에게서 받으려
는 경우가 종종 있지만, 그것은 웃음거리일 뿐이다. 사랑하는 두
사람이 똑같이 사랑받을 만하다면 똑같이 사랑을 주고받는 것이

마땅하겠지만, 사랑받을 만한 것을 지니고 있지 않으면서도 사랑
받으려고 한다면 웃음거리만 될 뿐이다.

20　　그런데 반대되는 것이 끌리는 데는 아마도 그 자체 때문이 아니
라, 중간에 도달하고자 하는 자기 욕구를 이루기 위해 단지 부수적
으로만 원하기 때문인 듯하다. 좋은 것은 그 중간이기 때문이다.
예컨대, 마른 것은 젖은 게 아니라 중간이 되려고 하고, 이것은 뜨
겁거나 그 밖의 다른 것에서도 마찬가지다. 하지만 이는 우리가 지
금 다루는 것과는 다른 문제이므로 그만두자.

제9장
사랑과 정의

25　사랑에 관한 논의를 시작하면서 이미 말했듯,[281] 사랑과 정의는 서
로 같은 것과 관련되고 서로 같은 사람들 사이에 존재한다. 공동체
에는 어떤 정의도 있고 사랑도 존재하는 듯 보이기 때문이다. 어쨌
든 사람들은 배를 함께 탄 사람이나 전쟁에 동참한 사람을 비롯해
30　한 공동체를 이루는 사람을 친구라고 부른다. 공동체가 있는 곳에
사랑도 있고, 거기에는 정의도 존재한다. "친구들 것은 공동 소유
물이다"라는 속담이 있는데,[282] 그것은 맞는 말이다. 사랑은 공동
체에 있기 때문이다.

　　공동체라고 해도 형제와 동지들 사이에서는 모든 것을 공유하

---

281 제1장 1155a22~28, 제12장 1162a29~33.

282 플라톤, 『파이드로스』 279c5 ; 『고르기아스』 507c.

지만, 그 밖의 다른 관계에서는 부분적으로만 공유한다. 더 많은 것을 공유하기도 하고, 더 적게 공유하기도 한다. 더 강한 사랑도 있고, 더 약한 사랑도 있기 때문이다. 35

정의에도 서로 차이가 있다. 부모 자식 간에 있어야 할 정의는 1160a 형제간에 있어야 할 정의와 다르고, 동지 간에 있어야 할 정의는 시민 간에 있어야 할 정의와 다르다. 그 밖의 다른 사랑과 관련해서도 마찬가지다. 따라서 불의도 이러한 각각의 사랑에서 서로 다르고, 더 가까운 친구들에게 행한 것일수록 더욱 불의한 것이 된다. 예컨대, 어떤 시민에게 사기 치는 것보다 동지에게 사기 친 것 5 이 더 끔찍하고, 낯선 사람을 돕지 않는 것보다 형제를 돕지 않는 것이 더 끔찍하며, 남을 때리는 것보다 아버지를 때리는 것이 더 끔찍하다. 사랑과 정의는 같은 사람들 사이에 존재하고 그 범위도 같으므로, 사랑이 커질수록 정의에 대한 요구도 커진다.

모든 공동체는 정치 공동체의 한 부분이기에 정치 공동체를 닮았다. 모임은 어떤 유익을 위해서이고 살아가는 데 필요한 것을 얻 10 기 위한 것인데, 정치 공동체도 원래 어떤 유익을 위해 구성되어 존속하기 때문이다. 입법자들이 목표로 하는 것도 이 유익이고, 사람들은 공동 유익을 정의라고 부른다.[283]

따라서 다른 공동체도 특정 유익을 추구한다. 예컨대, 선원들은 15 돈을 벌거나 비슷한 목적을 위해 항해와 관련한 유익을 추구하고, 전우들은 돈이나 승리, 도시를 얻기 위해 전쟁과 관련해 유익을 추구하며, 같은 씨족에 속하거나 같은 마을에 사는 사람들에게도 이것은 마찬가지다.

---

283 아리스토텔레스, 『정치학』 제3권 제4장 1279a17.

하지만 어떤 공동체는 즐거움을 목적으로 생긴다. 예컨대, 종교
20 의식이나 축제를 행하려고 조직한 계들이 그러하다. 그런 계들은
사람이 각자 갹출해 돈을 모아 신에게 제물을 바치고 친목 도모를
위한 연회를 열고자 생긴 것이다. 하지만 이런 공동체는 모두 정치
공동체 아래 포섭된다. 정치 공동체는 눈앞의 유익이 아니라 그 공
동체에 속한 모든 사람의 삶 전반과 관련된 유익을 추구하기 때문
이다. 사람이 신들에게 제물을 바치고 연회를 열어 친목을 도모함
은 신들을 공경하는 마음을 표현하려는 것이기도 하지만, 스스로
휴식을 즐기기 위함이기도 하다. 옛날부터 전해 내려오는 종교 의
식과 축제는 사람이 추수를 다 끝내고 나서 가장 한가한 때 추수감
사제 같은 형태로 열렸던 것으로 보이기 때문이다.

　　따라서 모든 공동체는 정치 공동체의 부분으로 보이고, 그런 종
30 류의 공동체 속에는 거기에 따라 적절한 사랑이 존재한다.[284]

제10장
사랑과 정치체제

기본적인 정치체제로는 세 종류가 있고, 그것이 변질된 형태의 정

---

284 "사랑"('필리아')은 공동체와 관련된 미덕이다. 따라서 정치 공동체를 비롯한 모든
공동체를 떠받치는 미덕은 정의와 사랑이다. 여기서 정의는 도덕적 미덕과 지적
미덕을 포괄하는 모든 미덕을 가리키고, 사랑은 그러한 정의의 최고 형태다. 따라
서 아리스토텔레스가 윤리를 다루는 이 책에서 먼저 미덕들에 대해 자세히 설명
한 것은 결국에는 정의와 사랑을 이야기하기 위한 것으로 볼 수 있다. 그리고 결
론적으로 그는 정치 공동체 속에서 이루어지는 모든 미덕의 완성인 정의와 사랑
위에서 지성을 통한 관조적인 삶을 살아가는 것이 "행복"이라고 말한다.

치체제에도 세 종류가 있다. 기본적인 정치체제로는 군주정과 귀족정 그리고 세 번째로 소유 재산을 기준으로 한 정치체제가 있는데, 이 정치체제를 금권정이라고 부르는 게 적절하게 보이지만, 대체로 사람들은 관행적으로 그냥 "정치체제"라고 부른다.[285]   35

기본적인 정치체제 중에서 최선은 군주정이고, 최악은 금권정이다. 군주정이 변질된 것이 참주정이다. 이 둘은 모두 한 사람이   1160b
통치하는 체제지만, 그 차이는 아주 크다. 참주[286]는 자기에게 유익한 것을 추구하지만, 군주는 피치자들에게 유익한 것을 추구한다. 모든 좋은 것에서 모든 사람을 능가하고 부족한 것이 없어 자족하는 사람이 군주가 될 자격이 있고, 그런 군주는 자신에게 필요   5
한 것이 더 이상 없는 까닭에, 자기에게 유익한 것이 아니라 피치자에게 유익한 것을 추구하기 때문이다. 그렇지 않은 군주는 제비뽑기를 통해 어쩌다가 운 좋게 군주가 되었더라도 진정한 군주라고 할 수는 없다.[287] 반면, 참주는 군주와 정반대다. 참주는 자기에

---

285 "금권정"은 재산을 소유한 정도에 따라 참정권을 부여하는 정치체제를 가리킨다. 크세노폰, 『회상록』 제4권 제6장을 참조하라. 그런데 금권정을 그냥 아무 수식어도 붙이지 않고 "정치체제"라고 부르는 것은 아리스토텔레스가 활동하고 있던 시대에는 이미 "민주정"이 정착된 지 200여 년이 흐른 뒤여서 민주정이 통상적인 정치체제였기 때문인 듯하다. 아테네는 군주정에서 귀족정으로, 귀족정에서 민주정으로의 변천을 겪었는데, 아리스토텔레스 당시에는 군주정과 귀족정은 현실적으로는 이미 정치체제로서 의미를 상실한 상태였다. 그리고 뒤에서 말하듯, 민주정은 금권정이 변질된 형태, 즉 금권정의 한 형태이므로, 당시 사람들 생각 속에는 금권정과 민주정은 거의 구별되지 않았다.

286 "참주"로 번역한 '튀란노스'(τύραννος)는 고대 그리스 도시국가에서 비합법적으로 독재 권력을 확립한 지배자를 가리킨다. 원래 이 말은 "왕"을 가리키는 말로 '바실레우스'와 같은 의미를 지녔지만, 특히 기원전 4세기의 플라톤 이후에 '바실레우스'는 세습적이고 합법적인 왕을 가리키고, '튀란노스'는 비합법적으로 권력을 획득한 독재자를 가리키게 되었다. 영어로 독재자를 뜻하는 "tyrant"는 이 그리스어에서 유래했다.

게 좋은 것을 추구한다. 참주정이 최악의 정치체제임은 너무나 분
10 명하다. 최선과 반대되는 것이 최악이기 때문이다. 군주정이 변질
되면 참주정이 된다. 일인 통치가 나쁜 쪽으로 변해 군주가 악해진
것이 참주정이다.

귀족정은 통치자들이 악덕을 행할 때 과두정으로 변질한다. 즉,
귀족정 통치자들이 자기 부를 축적하는 것을 가장 중요하게 생각
해 국가의 소유물을 각 사람의 공로에 따라 분배하지 않고, 좋은
15 것의 전부 혹은 대부분을 자기들이 차지하며, 공직을 항상 자기 사
람들에게만 나누어줄 때 귀족정은 과두정이 된다. 그렇게 되면 훌
륭한 사람이 아니라 소수의 악한 자들이 국가를 통치하게 된다.

금권정이 변질되면 민주정이 된다. 이 둘은 같은 테두리 안에
존재하기 때문이다. 금권정도 민주정과 마찬가지로 다수의 지배를
지향하고, 일정 정도의 재산을 지닌 모든 사람에게 동등한 자격을
부여한다. 변질한 정치체제 중에서 가장 덜 나쁜 것은 민주정이다.
20 금권정이 약간 변질된 것이 민주정이기 때문이다. 대체로 정치체
제들은 그런 식으로 변화된다. 최소한의 변화로도 그런 식의 변화
는 쉽게 나타난다.

이러한 정치체제와 비슷한 형태가 가정에서도 발견된다. 아버
25 지와 자녀들로 이루어지는 공동체는 군주정이라는 형태를 띤다.
아버지는 자녀들을 돌보는 위치에 있기 때문이다. 그래서 호메로
스도 제우스를 아버지라고 불렀다.[288] 군주정은 아버지 같이 다스

---

287 아테네 민주정에서는 제비뽑기로 선출된 9명의 최고 공직자 중에서 가장 지위가
   높은 사람을 "군주"('바실레오스')라고 불렀다.

288 "제우스"는 신들의 왕이지만, 호메로스는 왕과 아버지의 유사성에 따라 제우스를
   "아버지"라고 불렀다는 것이다. 호메로스, 『일리아스』 제1권 544행.

리는 것을 지향하기 때문이다. 그런데 페르시아에서는 아버지가
참주처럼 집안을 다스린다. 자녀들을 노예처럼 부리기 때문이다.
주인과 노예들로 이루어지는 공동체도 참주정과 비슷하다. 거기서   30
는 주인의 유익이 추구되기 때문이다. 주인과 노예들의 공동체에
서 그렇게 하는 것은 타당해 보이지만, 페르시아의 가정에서 그렇
게 하는 것은 잘못된 듯하다. 피치자가 누구냐에 따라서 적절한 통
치 방식도 달라야 하기 때문이다.

남편과 아내로 이루어지는 공동체는 귀족정과 비슷해 보인다.
남편은 남편으로서 해야 할 일과 관련해서는 자신에게 주어진 역
할에 따라 다스리지만, 부인이 해야 할 일은 부인에게 맡기기 때문   35
이다. 하지만 남편이 모든 것을 주관하고 다스리면 과두정으로 변
질한다. 남편이 그렇게 하는 것은 월권이고, 정당하게 주어진 권위
를 따라 그렇게 하는 것이 아니다. 때로는 부인들이 상속녀의 자격   1161a
으로 집안을 다스리기도 한다. 그런 때는 탁월해서가 아니라 재산
과 힘이 있어 그러는 것이므로 과두정과 비슷하다.

형제들 간에 이루어지는 공동체는 금권정과 비슷하다. 나이에
서 서로 차이 나는 것을 제외하면 형제들은 서로 동등하기 때문이
다. 그래서 나이가 너무 많이 차이가 나면 형제들 간에 일반적으로   5
존재하는 사랑, 즉 우애가 생기지 않는다.

민주정은 주로 가장 없는 가정들(거기서는 모두가 동등하므로)이나
가장에게 힘이 별로 없어 가족 구성원들이 각자 하고 싶은 대로 하
는 가정에서 생긴다.

제11장
정치체제, 정의, 사랑

10 각각의 정치체제에서는 정의가 세워진 만큼 사랑이 존재한다.[289] 피치자들에 대한 군주의 사랑은 그들에게 좋은 일을 많이 하는 데 있다. 군주가 좋은 사람으로, 마치 목자들이 양 떼를 보살피듯 피 치자들을 보살펴 그들이 잘되게 하는 것이 좋은 일이다. 그래서 호

15 메로스는 아가멤논을 백성의 목자라고 불렀다.[290]

아버지의 사랑도 그런 종류이지만, 자녀들에게 좋은 일을 하는 정도가 피치자보다 훨씬 더 크다는 점에서만 다르다. 아버지는 자 녀를 이 세상에 태어나게 했고, 이것이 아버지가 한 가장 좋은 일 로 보인다. 또한, 아버지는 자녀들에 대한 양육과 훈육을 책임졌 다. 양육과 훈육 책임은 조상들에게도 돌려진다. 아버지가 자녀를 다스리고, 조상이 후손을 다스리며, 군주가 피치자를 다스리는 것

20 은 자연스럽고 본성적이다. 이러한 사랑은 동등하지 않은 사람 사 이에 존재하는 사랑이고, 한쪽이 다른 쪽에 좋은 것을 더 많이 베 푸는 사랑이다. 그래서 부모는 존경을 받는다. 이런 관계에서 정의 는 서로에게 같지 않고 각자 기여도에 따라 다르고, 이것은 사랑도 마찬가지다.

남편과 아내 사이에 존재하는 사랑은 귀족정에 존재하는 사랑 과 같다. 각자 기여도에 따라 더 나은 쪽이 좋은 것을 더 많이 갖지

---

289 제5권 제6장 1134a26–34.

290 "아가멤논"은 미케네의 왕으로 메넬라오스와 형제인데, 메넬라오스의 부인 헬레 네가 트로이아 왕자 파리스에게 납치되자 그리스 연합군을 결성해 아킬레우스와 함께 트로이아 전쟁을 일으킨다. 호메로스, 『일리아스』 제2권 243행.

만, 각자에게 합당한 정도를 갖기 때문이다. 이것은 정의와 관련해 25
서도 마찬가지다.

형제간의 사랑은 동지 간의 사랑과 같다. 형제들은 동등하고 나
이도 비슷하며, 대체로 감정과 성품도 비슷하기 때문이다. 금권정
에 존재하는 사랑도 이러한 형제간의 사랑과 비슷하다. 금권정에
서 모든 시민은 동등하고, 훌륭하게 되는 것을 지향하기 때문이다.
그들은 번갈아 다스리고, 서로 동등하다. 따라서 그들 간의 사랑도 30
그럴 수밖에 없다.

변질된 정치체제에서는 약간의 정의만 존재하므로 사랑도 조금
만 있고, 최악의 정치체제에서는 가장 적게 남아 있다. 참주정에서
는 사랑이 아예 존재하지 않거나 아주 조금만 있다. 통치자와 피치
자 간에 공통 사항이 아무것도 없는 곳에는 사랑이 전혀 없다. 거
기에는 정의가 전혀 없기 때문이다. 예컨대, 기술자와 도구, 혼과 35
신체, 주인과 노예가 그런 사례다.

도구와 신체와 노예는 각각의 것을 사용하는 기술자와 혼과 주 1161b
인에 따라 유익을 얻지만, 생명 없는 것에 대해서는 사랑이나 정의
는 성립되지 않기 때문이다. 말이나 소에 대한 사랑이나 정의가 성
립하지 않듯이, 어떤 사람이 노예인 한에는 노예에 대해서도 사랑
이나 정의는 성립하지 않는다. 주인과 노예 간에는 공통된 것이 전
혀 없는데, 노예는 살아 있는 도구이고, 도구는 생명 없는 노예이
기 때문이다.

어떤 사람이 노예라면 그와 관련해서는 사랑이 존재할 수 없다. 5
하지만 인간인 그 사람과 관련해서는 사랑이 존재할 수 있다. 법과
계약에 참여하는 모든 사람 간에는 어떤 정의가 존재한다고 보이
기 때문이다. 따라서 노예라고 해도 인간인 한에는 그와 관련해 사

랑도 존재한다. 사랑과 정의는 참주정에는 조금 존재하지만, 민주
10 정에서는 더 많이 존재한다. 동등한 사람 간에는 공통된 것이 많기
때문이다.

제12장
친족 간의 사랑

앞서 말했듯, 모든 사랑은 공동체 안에 존재한다. 그런데 친족 간
의 사랑과 동지 간의 사랑을 나머지 사랑과 구별하려는 사람도 있
다. 시민 간의 사랑, 마을 사람들 간의 사랑, 같은 배를 탄 사람들
간의 사랑 그리고 그와 비슷한 종류의 사랑은 함께 모인 데로부터
15 생기는 유대감과 비슷한 듯하다. 그런 것은 어떤 합의에 따라 존재
하는 것으로 보인다. 주인과 손님 간에 존재하는 사랑도 이런 부류
에 속할 것이다.
　친족 간의 사랑도 여러 종류가 있지만, 그 모든 것은 자녀에 대
한 아버지의 사랑을 근간으로 한다. 부모는 자녀들을 자기 분신으
로 사랑하고, 자녀들은 자기를 이 세상에 존재하게 한 분들로서 부
20 모를 사랑한다. 하지만 자신이 낳은 자녀에 대한 부모의 사랑은 자
신을 존재하게 해준 분들에 대한 사랑보다 더 크다. 그리고 낳은
자가 태어난 자에 대해 지니는 애착은 태어난 자가 자기를 낳아준
자에게 지니는 애착보다 더 크다. 예컨대 이나 머리카락 등은 그것
이 나온 사람에게 속하듯, 나온 것은 어떤 것에 속하지만, 그 어떤
것은 나온 것에 속하지 않거나 조금 속할 뿐이기 때문이다. 또한,
25 이것은 시간의 길이라는 측면에서도 설명할 수 있다. 부모는 자녀

를 자기가 낳은 순간부터 사랑하지만, 태어난 자녀들은 시간이
흘러 이해력이나 지각이 생긴 후에야 부모를 사랑하기 때문이다.
이것은 아버지보다 어머니가 자녀를 더 사랑하는 이유도 잘 설명
한다.

이렇게 부모는 자녀를 자기 분신으로 여겨 사랑하지만(그들에게
서 나온 것은 자신에게서 분리된 또 다른 자신이므로), 자녀는 부모를 자 30
신을 낳아주신 분들로서 사랑한다. 그리고 형제는 같은 부모에게
서 태어났다는 이유로 서로 사랑한다. 부모가 같다는 것이 형제간
의 동일성을 만든다. 거기서 "한 핏줄"이라거나 "한 뿌리"라거나
하는 비슷한 말들이 나왔다. 따라서 형제는 여럿으로 나뉘어 있지
만 어떤 의미에서는 한 사람이다. 함께 양육을 받았다는 것과 나이
가 비슷하다는 것도 형제간 사랑에 크게 기여한다. 또래끼리는 서
로 잘 어울리고,[291] 성품이 비슷하면 서로 동지가 되기 때문이다. 35
그래서 형제간의 사랑은 동지 간의 사랑과 비슷하다.

사촌을 비롯한 나머지 친척은 같은 조상에서 나왔으므로, 그들 1162a
간에 존재하는 사랑도 형제간 사랑의 연장선이다. 그들의 유대감
은 공통 조상으로부터 가깝거나 먼 정도에 따라 달라진다.

부모에 대한 자녀의 사랑은 신들에 대한 사람의 사랑과 마찬가 5
지로 선하고 우월한 존재에 대한 사랑이다. 부모는 자녀들에게 가
장 좋은 것을 베풀기 때문이다. 부모는 그들을 세상에 존재하게 해
주고 양육했을 뿐 아니라, 태어났을 때부터 계속 훈육했다. 이런
종류의 사랑은 오랜 시간 함께 살아온 사람 간의 사랑이므로, 그
즐거움과 유익이 남남 간의 사랑보다 크다.

---

291 아리스토텔레스, 『수사학』 제1권 제11장 1371b15.

10   형제간 사랑은 동지들, 특히 훌륭한 사람 그리고 일반적으로는 서로 비슷한 사람 간의 사랑이 보여주는 특징을 지닌다. 이것은 형제들이 서로 친하고, 태어날 때부터 서로 사랑해왔으며, 같은 부모에게서 태어나 함께 같은 양육과 훈육을 받아 성품이 비슷하다면 더욱 그러하다. 또한, 형제간 사랑은 가장 오랜 시간 검증된 것

15 이어서 가장 견고하다. 친척들 간의 사랑은 방금 말한 특징을 어느 정도나 갖추고 있느냐에 따라 거기에 비례해 크거나 작아진다.

남편과 아내 간에는 본성적으로 사랑이 존재한다. 가정이 국가보다 더 먼저이고 더 필수적이며, 자식을 낳는 것은 생물의 공통 속성이라는 점에서, 남녀가 부부가 되어 짝을 이루어 살아가는 것

20 은 정치 공동체보다 더 본성적이다. 다른 동물이 짝을 이루는 것은 생식을 위한 것이다. 반면, 사람이 가정을 이루고 함께 살아가는 것은 자식을 낳기 위한 것만이 아니라, 삶과 관련한 몇 가지 때문이기도 하다. 남편과 아내가 해야 할 일은 처음부터 구분되어 있어 남편과 아내의 역할은 서로 다르다. 남편과 아내는 각각 자신이 지닌 것을 공동 자산으로 내놓고 서로 돕는다. 이런 이유로 남편과

25 아내 간 사랑에는 유익과 즐거움이 둘 다 있다. 하지만 남편과 아내가 둘 다 훌륭한 사람이라면, 부부간의 사랑은 미덕을 근간으로 한 사랑이 된다. 남편과 아내에게는 각각 미덕이 있고, 그들은 그 미덕에서 즐거움을 얻기 때문이다. 자녀는 부부를 묶어주는 끈이다. 그래서 자녀가 없는 부부는 더 쉽게 헤어진다. 자녀는 부부에게 공통으로 좋고, 공통적인 것은 사람을 결속하기 때문이다.

30   남편과 아내 간에 그리고 일반적으로 친구들 간에 서로 어떤 식으로 대하며 살아가야 하는지를 묻는 것은 그들 사이에 어떤 식으로 행하는 것이 정의로운지를 묻는 것과 다르지 않다. 친구를 대할

때나 낯선 사람을 대할 때나 동지를 대할 때나 동문을 대할 때나 정의로움이 같을 수는 없기 때문이다.

제13장
동등한 사람들 간의 사랑

이 논의의 첫머리에서 말한 대로,[292] 사랑에는 세 종류가 있고, 각 종류마다 동등성을 기초로 한 친구가 있고, 우월성을 기초로 한 친구도 있다. (동등하게 좋은 사람이 친구가 되기도 하고, 더 나은 사람과 더 못한 사람이 친구가 되기도 하기 때문이다. 이것은 즐거움이나 유익 때문에 친구가 된 경우도 마찬가지다. 그런 때도 서로에게 유익을 주는 정도가 동등할 수 있고 다를 수도 있기 때문이다.) 동등성을 기초로 한 친구는 사랑을 비롯해 그 밖의 다른 모든 것도 서로 동등하게 주고받아야 한다. 반면, 우월성을 기초로 한 친구들은 자기 우월성이나 열등성에 비례해 거기 합당한 것을 주고받아야 한다.

불평과 비난이 오직 또는 주로 유익을 얻기 위한 사랑에서 생기는 데는 그럴 만한 이유가 있다. 미덕을 기초로 친구가 된 사람들은 서로 잘해주려고 애쓰고(이것이 미덕과 사랑의 증표다), 서로 잘하려고 경쟁할 때는 불평이나 다툼이 없다. 자기를 사랑하거나 잘 대하는 것을 못마땅해할 사람은 아무도 없고, 은혜를 아는 사람이라면 그 보답으로 상대방에게 잘하게 된다. 친구들 간에 자기가 받은 것보다 더 많이 준 쪽도 상대방에게 불평하지 않는다. 친구들은 좋

292 제8권 "제3장. 세 종류의 사랑"을 보라.

음을 추구하는데, 그 목적을 이미 이루었기 때문이다.

즐거움 때문에 친구가 된 사람 간에도 불평은 거의 생기지 않는다. 그들은 함께 지내는 데서 즐거움을 얻는 까닭에, 그들이 바라는
15 즐거움이 두 사람에게 동시에 생기기 때문이다. 또한, 함께 지내는 것에서 즐거움을 얻을 수 없다면 언제든지 떠날 수 있는데, 즐겁지 않다고 친구에게 불평하는 것은 웃음거리가 될 뿐이기 때문이다.

반면, 유익 때문에 친구가 된 사람 간에는 불평이 있을 수밖에 없다. 그들은 각자 유익을 얻으려고 서로 이용하는 까닭에 언제나 서로에게서 더 많은 것을 얻어내려 하고, 자기가 당연히 얻을 것보다 덜 얻어냈다는 생각이 들면, 자기는 받을 자격이 충분한데도 상
20 대방이 마땅히 해줄 것을 하지 않는다고 비난하기 때문이다. 게다가 그런 관계에서는 주는 쪽에서 아무리 잘해도 받는 쪽을 만족시킬 수 없다.

정의에는 불문법적 정의와 성문법적 정의, 이렇게 두 종류가 있듯,[293] 유익에 따른 사랑에도 도덕적인 것과 법적인 것이 있다. 불평은 대체로 두 사람의 관계가 시작된 시점의 사랑과 그 관계가 끝난 시점의 사랑이 서로 다를 때 생긴다.[294]
25 유익에 따른 사랑 중에서 법적인 것은 조건을 명시한다. 그중 한 종류는 전적으로 시장에서 상인들 간에 이루어지는데 그 자리

---

293 제5권 제7장을 보라.
294 채권자와 채무자가 서로 친구일 때, 채권자는 법적 계약이나 이자에 대한 언급 없이 친구인 채무자에게 돈을 빌려주었으나, 사실은 이자를 받을 생각이 있었고, 친구인 채무자는 이자를 내지 않고 있다가 나중에 원금만 갚았다고 하자. 그러면 채권자에게서 불평이 나온다. 이것이 "관계가 시작된 시점의 사랑"과 "관계가 끝난 시점의 사랑"이 다른 경우다.

에서 즉시 손에서 손으로 교환되고, 다른 한 종류는 동시에 교환되지 않고 무엇을 먼저 주고 그 대가는 나중에 받지만, 무엇과 무엇을 교환할지가 계약에 따라 명시되어 있다. 후자는 채무 발생이 분명해 논란의 여지가 없지만, 그 지불을 연기한 데는 도덕적인 사랑의 요소가 내포되어 있다. 그래서 몇몇 지방에서는 그런 계약을 근 30 거로 하는 소송 제기를 허용하지 않는다. 신뢰에 기초해 거래한 사람들은 그 결과도 감수해야 한다고 생각하기 때문이다.

유익에 따른 사랑 중에 도덕적인 것은 조건을 명시하지 않고 무엇이든 친구에게 선물하듯 주지만, 준 쪽에서는 사실상 선물로 준 것이 아니라 빌려준 것이므로 자기가 준 만큼 또는 그 이상을 돌려받는 게 마땅하다고 생각한다. 따라서 이때 시작할 때의 관계와 끝날 때의 관계가 서로 다르기에 불평이 생긴다. 이런 일이 발생하는 것은 모든 사람 또는 대부분 사람이 아름다운 것을 바라지만 실제 35 로는 자기에게 유익이 되는 것을 선택하기 때문이다. 아무런 대가도 받지 않고 남에게 잘하는 것은 아름답고, 대가를 받는 것은 유 1163a 익이 된다.

따라서 능력이 된다면 우리는 받은 만큼 돌려주어야 함은 물론, 기꺼이 그렇게 해야 한다. 상대방은 우리 친구가 될 마음이 없는데, 우리가 억지로 그를 친구로 만들면 안 되기 때문이다. 그런 때 우리는 처음부터 도움을 받지 말아야 할 사람에게서 도움을 받는 잘못을 저지른 것이다. 그는 우리 친구도 아니고, 우리를 돕기 위 5 해 순수한 목적으로 준 것도 아니기 때문이다. 따라서 우리는 조건이 명시된 거래를 했다고 생각하고 이 문제를 해결해야 한다. 그러므로 능력이 된다면 마치 계약을 한 것처럼 갚아야 한다. 능력이 되지 않는다면 준 사람도 우리가 갚길 기대하지 않을 것이므로, 능력이 될 때 갚으면 된다. 그러므로 자기에게 도움을 주려는 사람이 어떤 사람인지 그리고 어떤 조건으로 도움을 줄지를 잘 생각해보고 그 도움을 받아들일지 거절할지를 결정하는 것이 좋다.

10   도움받은 사람 입장에서 그 가치를 평가하고 거기에 따라 갚아야 하는지, 아니면 도움 준 사람 입장에서 그렇게 해야 하는지에는 논란의 여지가 있다. 도움을 받은 사람은, 자기가 받은 도움이 도움을 준 사람에게는 하찮은 것이고, 굳이 그 사람이 아니라 남에게서도 얼마든지 받을 수 있었던 도움이라고 하면서, 그 도움의 가치

15 를 폄훼하지만, 도움 준 사람은 자기가 가진 것 중에서 가장 좋은 것을 주었고 자기 도움은 남은 줄 수 없는 것이며, 자기에게 다른 어려운 사정이 있었음에도 도움을 준 것으로 말하기 때문이다.

그런데 그런 경우는 사랑이 유익에 따른 것이므로, 도움받은 사람 입장에서 그 가치를 평가해야 하지 않겠는가? 받은 사람은 도움을 필요로 했고, 준 사람은 자신이 준 것과 같은 가치를 기대하고 그렇게 했기 때문이다. 따라서 받은 사람은 얻은 유익과 같은

20 도움을 받았으므로, 자기가 얻은 유익과 같은 것으로 갚아야 한다. 그 이상의 것을 갚는다면 아름다운 일이 된다.

미덕에 따른 사랑에는 불평이 존재하지 않지만, 그 도움의 가치를 평가하는 기준은 도움 준 사람의 이성적 선택이다. 그러한 이성적 선택은 그의 미덕과 성품의 결정체이기 때문이다.[295]

---

295 유익에 따른 사랑은 유익을 교환하는 것이므로 도움받은 사람 입장에서 그 도움의 가치를 평가해 되돌려주어야 한다. 반면, 미덕에 따른 사랑에서는 도움을 주고받았더라도, 교환되는 것은 유익이 아니라 미덕이므로 도움을 받은 사람은 자기가 받은 도움의 가치가 아니라 도움을 준 사람의 미덕에 따른 선택의 가치를 평가해 거기에 상응하는 것(가령, 존경이나 감사)을 돌려주어야 한다.

제14장

동등하지 않은 사람들 간의 사랑

우월성에 기초한 사랑에서도 다툼이 생긴다. 서로가 서로에게서   25
더 많은 것을 얻어야 마땅하다고 생각하기 때문이다. 하지만 그런
다툼이 생기면, 그 사랑은 끝난다.

우월한 쪽은 좋은 사람에게 더 많은 게 주어져야 마땅하므로 자
기가 더 많은 것을 가져야 한다고 생각하고, 이것은 더 많은 유익
을 주는 쪽도 마찬가지다. 각자 기여한 정도에 따라 배분되지 않는
다면, 사람들은 그것이 사랑의 관계가 아니라 공적인 기부[296]가 된
다고 생각하므로, 유익을 주지 않는 쪽이 더 많은 유익을 주는 쪽   30
과 동등하게 가져서는 안 된다고 생각한다. 즉, 사람들은 공동 투
자를 했을 때 더 많이 낸 쪽이 수익금을 더 많이 받아야 마땅하듯,
사랑의 관계에서도 그렇게 해야 마땅하다고 생각한다. 반면, 궁핍
하거나 열등한 쪽은 정반대로 생각한다. 그들은 훌륭하고 능력 있
는 사람과 친구가 되었는데, 그에게서 아무런 유익을 얻지 못한다
면, 그런 사람과 친구가 되는 것은 아무 소용이 없다고 말한다.   35

양쪽 주장은 둘 다 옳아 보이고, 이 사랑의 관계로부터 각자에   1163b
게 상대방보다 더 많이 나누어 주는 게 마땅하다. 하지만 각자에게
같은 것을 더 많이 나누어 주지 않고, 우월한 쪽에는 더 많은 명예
를, 궁핍한 쪽에는 더 많은 금전적인 이득[297]을 나누어 주어야 한

---

296 "공적인 기부"로 번역한 '레이투르기아'(λειτουργία)는 군함인 삼단노선을 건조하
　　거나 국가 사절단을 파견하는 등 국가 대사에 들어가는 비용을 충당하기 위해 부
　　자들이 공적으로 기부하는 것을 가리킨다. 이것은 제4권 "제2장. 큰 재물과 관련
　　된 미덕. 통이 큰 것" 1122a18–26에서 언급된 바 있다.

다. 미덕과 선행에 주어져야 할 상은 명예이고, 궁핍한 쪽에 도움
5 이 되는 것은 금전적 이득이기 때문이다.

이것은 정치체제에도 적용된다. 공동의 좋음에 아무런 기여도
하지 않은 사람은 존경받지 못하고, 공동의 좋음에 기여한 사람에
게는 공동 명예가 주어지기 때문이다.[298] 공동의 것 중에서 금전적
이득과 명예를 동시에 얻기는 불가능하다. 모든 것에서 더 적게 받
10 았는데도 그냥 참고 넘어갈 사람은 아무도 없기 때문이다. 그래서
금전적 이득에서 더 적게 받은 사람에게는 명예가 주어지고, 명예
가 아니라 돈을 바라는 사람에게는 금전적인 이득이 주어진다. 앞
서 말했듯, 각자에게 각자가 받아야 할 몫을 분배해줄 때 동등성이
확보되고, 사랑의 관계가 유지된다.

따라서 동등하지 않은 사람이 친구가 되려면 그렇게 해야 한다.
금전적인 도움을 받거나 미덕과 관련해 도움을 받은 사람은 자기
를 도와준 사람에게 명예를 되돌려주어야 한다. 그것이 그가 보답
15 하는 방법이다. 사랑은 가능한 것을 바랄 뿐이고, 자기가 해준 그
대로를 되돌려 받으려고 하지 않는다. 자기가 받은 만큼 보답하기
는 항상 가능하지는 않기 때문이다. 그래서 사람들은 신들이나 부
모가 그들에게 베풀어준 만큼 보답할 수 없는 까닭에, 신들이나 부

---

297 아리스토텔레스는 앞서 "유익한 것" 또는 "유익"이라고 할 때는 일관되게 '크레
시모스'(χρήσιμος)를 사용하다가 여기서 "금전적인 이득"이라고 할 때는 '케르도
스'(κέρδος)를 쓴다. '크레시모스'는 유익하고 도움이 됨을 뜻하고, '케드로스'는
이득이나 이익을 뜻한다. 아리스토텔레스는 앞서 가해자가 불의를 행하여 피해자
로부터 "이득"을 얻었다고 할 때도 '케르도스'를 사용했다(1132a10-15).

298 그리스어에서 "명예"로 번역된 '티메'(τιμή)와 "존경받다"로 번역된 '티마스타
이'(τιμᾶσθαι)는 같은 어근에서 나온 단어들이다. 즉, 존경받는 것은 사람이 수여
하는 명예를 받는 것이다.

모에게는 공경함으로써 명예를 돌려드리는 것으로 보답한다. 그리고 자기 힘이 닿는 데까지 최선을 다해 신들과 부모를 섬기는 사람이 훌륭한 사람으로 여겨진다.

아버지는 아들과 의절하는 것이 가능해도, 아들이 아버지와 의절하는 것은 불가능하다고 생각하는 이유도 거기에 있다. 채무자 20는 빚을 갚아야 하는 법인데, 아들은 아버지에게서 받은 것이 너무 많아 큰 빚을 지고 있는 까닭에 그 빚을 갚아야 하는데, 어떻게 해도 갚을 길이 없어서, 언제나 그 빚이 그대로 남아 있기 때문이다. 반면, 채권자는 얼마든지 자기가 받을 빚을 포기할 수 있는데, 아버지가 그렇다. 아울러 우리는 아들이 아주 악하지만 않다면, 아버지가 아들과 의절하지는 않음을 고려해야 한다. 아버지와 아들 간에 존재하는 본성적인 사랑은 말할 것도 없고, 장래에 도움이 될 만한 것을 걷어차 버리지 않는 것이 인간적이기 때문이다.[299] 하지만 악한 아들에게 아버지를 돕는 일은 피하고 싶거나 열심을 낼 일 25은 아니다. 대부분은 도움을 받길 원하고, 도움을 주는 것은 자기에게 이득이 되지 않는 일로 여겨 피하기 때문이다. 이에 관해서는 이 정도로 해두자.

---

[299] 아버지에게 아들은 장차 도움을 받고 의지할 수 있는 존재인데, 그렇게 자기에게 도움이 될 것을 걷어차 버리는 일은 인간 본성이 아니라는 뜻이다.

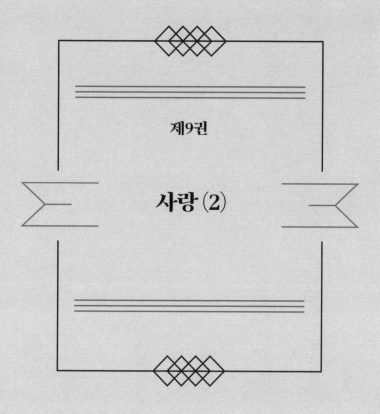

제9권

사랑 (2)

제1장
주고받는 것과 관련한 원칙

앞서 말했듯,[300] 동등하지 않은 사람들 간의 모든 사랑에서는 비례
성[301]이 동등성을 만들어내고 사랑을 유지한다. 예컨대, 정치 공동
체 내에서 이루어지는 사랑의 관계에서 제화공은 자신이 만들어낸
신발을 그 가치에 따라 교환하고, 이것은 직조공이나 그 밖의 다른   35
기술자도 마찬가지다. 여기서 도입된 공통 척도는 화폐이고, 모든   1164a
것은 이 화폐를 기준으로 평가된다.

그런데 성애적인 사랑[302]에서는 종종 "사랑하는 사람"이 자기
는 상대방에게 많은 사랑을 주는데도 상대방에게서는 그에 상응하
는 사랑을 받지 못한다고 불평한다. (이것은 어쩌면 사랑받을 만한 게
전혀 없기 때문이다.) 반면, "사랑받는 사람"은 상대방이 전에는 모   5

---

300 제8권 제14장 1163b1-12. 또한, 제5권 제5장 1132b31-33, 제8권 제7장 1158b27,
제8장 1159a35-1159b3, 제13장 1162a34-1162b4도 보라.

301 양적인 동등성이 성립하지 않을 때, "비례성"(τό ἀνάλογον, 토 아날로곤)을 개입시
켜 동등성을 만들어내는데, 이것이 비례적인 동등성이다. 이것은 각각의 가치를
평가해 그 비례에 따라 동등성을 맞춘다. 동등성은 정의와 사랑의 토대이고, 따라
서 어떤 식으로든 동등성이 확보되어야만 공동체가 유지되기 때문이다.

302 여기서 "성애적인 사랑"은 동성애 관계를 지칭한다. "사랑하는 사람"은 미소년을
사랑하는 사람으로 사회적 지위와 부를 지닌 사람이고, "사랑받는 사람"은 미소
년이다. 이 둘은 상대방에게서 얻으려는 것이 서로 다르기에, 지속적인 것이 되기
힘들다. 서로가 같은 것을 얻으려고 할 때 더 지속적이 될 수 있기 때문이다. 그러
므로 "성품을 기초로 한 사랑", 즉 좋은 사람 간의 사랑은 지속적일 수밖에 없다.

든 것을 다 해줄 것처럼 약속하고서는 지금까지 해준 게 아무것도 없다고 자주 불평한다. "사랑하는 사람"은 즐거움 때문에 사랑하고, "사랑받는 사람"은 유익 때문에 사랑하는데, 서로가 서로에게서 얻으려고 했던 것을 얻지 못했을 때 그런 불평이 생긴다. 그런

10 것 때문에 생긴 사랑은 그 사랑을 만들어냈던 것을 서로 얻지 못했을 때 끝난다. 그들은 서로 사랑한 것이 아니라, 상대방의 소유물을 사랑했는데, 그 소유물은 지속적이지 않기 때문이다. 그러므로 그런 종류의 사랑도 지속적이지 않다. 반면, 앞서 말했듯 성품을 기초로 한 사랑은 그 자체로 존재하므로 지속적이다.[303]

서로가 처음에 얻으려고 했던 것과는 다른 것을 얻을 때마다 다

15 툼이 일어난다. 자기가 바랐던 것을 얻지 못했다면, 그것은 아무것도 얻지 못한 것과 같기 때문이다. 예컨대, 어떤 사람이 키타라 연주자에게 더 훌륭한 연주를 해줄수록 더 많은 보수를 주겠다고 약속했다. 하지만 이튿날 키타라 연주자가 약속된 보수를 달라고 요구하자, 그 사람은 즐거움에 대해 즐거움으로 갚았기 때문에 그것으로 된 것으로 대답했다.[304] 만일 양쪽이 함께 바란 것이 즐거움이었다면, 그것으로 충분했을 것이다. 하지만 한쪽은 즐거움을 원했고 다른 쪽은 금전적인 이득을 원했으므로, 한쪽은 자신이 원했

20 던 것을 얻었지만 다른 쪽은 얻지 못했으므로, 두 사람이 공동으로 얽힌 일은 제대로 해결되지 못했다. 각자는 필요한 것을 얻고 싶어 자기 것을 주었기 때문이다.

---

303 제8권 제3장 1156b9-12.

304 키타라 연주자에게 연주할 기회를 줌으로써 연주하는 즐거움을 얻게 했다는 뜻이다.

그런데 주는 사람과 받는 사람 중에서 어느 쪽이 가치를 정하는가? 주는 사람이 받는 사람에게 가치 정하는 일을 맡기는 듯하다. 사람들은 프로타고라스도 그렇게 했다고 말한다.[305] 그는 어떤 것 25 을 가르칠 때마다 배우는 사람에게 그것을 배워 뭘 할 수 있을지 예상하고 값을 매겨보라고 한 후에, 그렇게 제시된 값을 수업료로 받았다는 것이다. 반면, 어떤 사람은 이런 문제에서 "보수는 먼저 정하는 법"이라는 말을 더 선호한다.[306]

하지만 먼저 돈을 받은 후에 자기가 하겠다고 한 일을 하지 않는 사람들은 약속을 어기고 합의된 일을 이행하지 않은 것이므로 비난받아 마땅하다. 소피스트들은 그들이 가진 지식이 실제로 드 30 러나면 거기에 돈을 지불하려는 사람이 아무도 없을 것이므로 그런 식으로 선불을 받아야 한다. 따라서 보수를 먼저 받고 거기에 상응하는 것을 전혀 하지 않는 자들은 비난받아 마땅하다.

하지만 어떤 것을 주기로 합의된 게 없는데도 상대방을 위해 뭔가를 주는 사람에게는 불평이 있을 수 없음은 앞서 말한 바 있 35 다.[307] 이런 것이 미덕을 기초로 한 사랑이다. 그런 사람에게 무엇 1164b 으로 되갚아야 하는지는 그들이 행한 이성적 선택을 기준으로 이루어져야 한다. 그러한 이성적 선택이 미덕에 기초한 사랑의 속성이다. 이것은 철학을 가르쳐주는 사람들에게도 마찬가지다. 철학의 가치는 금전적인 가치로 평가될 수 없고, 명예를 되돌려준다고 해도 균형을 맞출 수 없다. 따라서 신들이나 부모에게 하듯 각자가 5

---

305 플라톤, 『프로타고라스』 328b.

306 헤시오도스, 『일과 날』 370행.

307 제8권 제13장 1162b6-13, 1163a21-23.

할 수 있는 것으로 갚으면, 그것으로 충분할 것이다.

반면, 누군가가 준 것이 어떤 대가를 바란 것이라면, 그 사람에게는 두 사람 모두에게 합당하다고 여겨지는 것으로 되갚아야 한다. 그것이 불가능하다면 합의 없이 받은 사람이 자기가 받은 것의
10 가치를 정하는 게 당연할 뿐 아니라 정의롭다. 받은 사람이 자기가 얻은 유익이나 즐거움에 상응하는 것을 되갚는다면, 준 사람은 가치에 상응하는 것을 돌려받은 셈이다.

상거래에서도 그런 일이 일어난다. 어떤 지역에서는 자기가 원해 맺은 계약과 관련해 소송을 제기하는 일을 법으로 금지하는데, 이것은 처음에 신뢰해서 거래를 시작했으면 거기서 발생하는 문
15 제는 자신이 책임지고 해결해야 하고, 준 사람이 아니라 받은 사람 입장에서 그 문제를 판단하는 것이 더 정의롭다고 생각하기 때문이다. 대부분 경우에 어떤 것을 소유하는 사람과 그것을 얻길 원하는 사람은 그것에 대한 가치를 동일하게 평가하지 않는다. 누구나 자신이 소유한 것과 자기가 주는 것이 더 큰 가치를 지닌다고 생각
20 한다. 그럼에도 주고받는 것은 받은 사람이 평가한 가치에 따라 이루어진다. 하지만 그 가치는 받은 사람이 그것을 받고 나서 평가한 가치가 아니라, 받기 전에 평가한 가치여야 한다.

제2장
여러 종류의 사랑 간의 우선성

사랑과 관련해 또 하나의 난제는 다음과 같다. 모든 일을 아버지에게 일임하고 아버지의 말을 따라야 하는가, 아니면 병들었을 때는

의사의 말을 따르고, 장군을 선출할 때는 전쟁에 능한 사람을 뽑아야 하는가? 마찬가지로, 친구와 훌륭한 사람을 둘 다 도울 수 없을 25 때는 훌륭한 사람이 아니라 친구를 도와야 하는가? 또한, 은인에게 은혜를 갚는 것과 동지에게 은혜를 베푸는 것, 둘 중 어느 하나만을 할 수 있다면 전자를 선택해야 하는가?

이런 문제에 직면했을 때 어떻게 해야 할지를 엄밀하게 정하는 일은 쉽지 않다. 사안의 중대성과 고귀함과 절박함 정도와 관련해 천차만별이기 때문이다. 모든 것에서 어느 한 사람에게 우선권 30 을 부여해서는 안 된다는 것은 분명하다. 예를 들어, 대부분 경우에는 은인에게 은혜 갚는 것이 친구에게 은혜를 베푸는 것보다 먼저이고, 돈이 생겼다면 동지에게 빌려주기보다는 먼저 채권자에게서 빌린 돈을 갚는 게 먼저다. 하지만 이런 것조차도 언제나 그래야 하는 것은 아니다. 예컨대, 어떤 사람이 납치되었다가 남이 그의 몸값을 대신 내준 덕분에 풀려났는데, 이번에는 그 사람과 자기 35 아버지가 납치되었거나, 자기 아버지가 납치된 상황에서 그 사람이 자기가 대신 내준 몸값을 돌려달라고 한다면, 그는 어떻게 해야 1165a 하는가? 그런 때 그는 아버지 몸값을 내야 한다. 이것은 그와 아버지가 납치된 경우에도 마찬가지다. 따라서 앞서 말했듯 일반적으로는 돈이 생기면 먼저 채무를 갚아야 하겠지만, 너무나 절박하거나 고귀한 목적을 위해 사용할 일이 발생했을 때는 거기에 돈을 사용해야 한다.

때로는 받은 대로 돌려주는 것이 공평하지 않을 때도 있다. 예 5 컨대, 어떤 사람이 누군가를 훌륭한 사람으로 알고 도왔는데, 그 누군가는 자신을 악한 사람이라고 생각해 앙갚음하는 일이 그렇다. 또한, 어떤 사람에게서 돈을 빌렸다고 해서 그에게 돈을 빌려주는 것이 언제나 공평한 것도 아니다. 예컨대, 어떤 사람은 당연히 돌려받을 것을 예상하고 훌륭한 사람에게 돈을 빌려주었지만, 사실 그는 악한 사람이어서 훌륭한 사람이 그에게 돈을 빌려준다

10 면 돌려받을 가망이 없을 때가 그렇다. 따라서 실제로 그러하다면 받은 것만큼 돌려주라고 요구하는 것은 공평하지 않다. 그리고 실제로 그렇지는 않더라도 당사자가 그렇게 생각한다면, 그가 거부하더라도 잘못하는 일은 아니다. 앞서 여러 번 말했듯, 감정과 행위에 관한 논의에서는 그 대상이 허용하는 정도만큼 정확성을 지니기 때문이다.[308]

따라서 모든 사람에게 받은 대로 돌려주어야 하는 것은 아니고,

15 제우스에게 전부를 제물로 바치지 않듯, 아버지에게 전부를 드려야 하는 것도 아님이 분명하다. 부모, 형제, 동지, 은인 들에게 서로 다른 것을 주어야 하고, 각자에게 고유하고 어울리는 것을 주어야 한다. 그리고 사람들은 실제로 그렇게 한다. 예컨대, 결혼식에 친척들을 초대하는 것은 그들이 친족이라는 공통점을 지니고 있어

20 친족과 관련된 일을 공유하기 때문이다. 같은 이유에서 사람들은 장례식에 다른 사람은 몰라도 친척들은 반드시 참석해야 한다고 생각한다.

또한, 사람들은 다른 사람은 몰라도 부모는 봉양해야 한다고 생각하는데, 사람은 누구나 자기 부모에게 빚을 졌고, 이와 관련해 사람이 자기를 돌보기보다, 이 세상에 자신을 태어나게 해준 분을 돌봐드리는 것이 더 고귀하기 때문이다. 신들을 공경하듯 부모를

25 공경하는 것이 마땅하지만, 모든 공경을 부모에게 드려야 하는 것

---

308 제1권 제3장 1094b11-27, 제7장 1098a26-29, 제2권 제2장 1103b34-1104a5.

은 아니다. 아버지와 어머니에게 같은 공경을 드려서도 안 되고, 현자나 장군에게 드려야 할 공경을 부모에게 드려서도 안 된다. 아버지에게는 아버지에게 어울리는 공경을 드리고 어머니에게는 어머니에게 어울리는 공경을 드려야 한다.[309]

또한, 모든 나이 드신 분들에게는 그 나이에 어울리는 공경을 드려야 한다. 예컨대, 자리에서 일어서서 영접하고, 식사할 때 자리를 마련해드리는 식으로 공경을 표현해야 한다. 동지나 형제에게는 허심탄회하게 말하고 모든 것을 함께해야 한다. 친척들, 한 30 마을 사람들, 같은 시민, 그 밖의 모든 사람에게는 각자에게 합당한 것을 주어야 하고, 친족 관계와 미덕과 유익성을 비교해 각자에게 주어져야 할 것이 무엇인지를 결정해야 한다. 같은 부류의 사람을 놓고 그런 것을 비교해 결정하기는 쉽지만, 서로 다른 부류의 사람을 놓고 그런 것을 비교해 결정하기란 어렵다. 하지만 그런 이유로 이를 포기해서는 안 되고, 할 수 있는 데까지는 그것을 비교 35 해 결정해야 한다.

제3장

사랑의 종료

상대방이 변해 처음과 같지 않을 때 사랑하는 관계를 끝내야 하는지, 아니면 유지해야 하는지와 관련해서도 난제가 있다. 유익이나 1165b 즐거움 때문에 친구가 된 사람들은 그들 간에 더 이상 그것이 없을

---

309 여기서 "공경"으로 번역한 단어는 다른 곳들에서 "명예"로 번역한 '티메'(τιμή)다.

때 사랑하는 관계를 끝내려 하며, 이는 전혀 이상한 일이 아니다. 그들의 친구는 그들 자신이 아니라 유익이나 즐거움이었는데, 이제 그것이 없어졌으니 서로 사랑하지 않는 것은 당연하기 때문이다.

5   하지만 실제로는 유익이나 즐거움 때문에 사랑하는 것이면서도 마치 상대방의 성품 때문에 사랑하는 것처럼 생각한다면 불평이 생긴다. 이 논의를 시작할 때 말했듯,[310] 친구 사이에서 생기는 다툼 대부분은 그들이 친구가 된 진정한 이유와 그들이 생각하는 이유가 서로 다르기 때문이다. 어떤 사람이 자기는 성품 때문에 상대방에게서 사랑받는 것으로 오해하지만, 사실 상대방은 성품 때문에 그를 사랑하는 게 전혀 아닐 때, 모든 책임은 그 사람에게 있다. 반면, 상대방이 감쪽같이 속이는 바람에 그렇게 오해했을 때는 속인 사람이 비난받아야 마땅하고, 그 사람은 돈보다 더 소중한 것을 농락하고 나쁜 짓을 했으므로, 화폐 위조자보다 더 큰 비난을 받아 마땅하다.

하지만 애초에 좋은 사람이어서 친구가 되었는데, 친구가 악해져서 이제는 악한 사람으로 생각하게 되었다면, 여전히 그를 친구로 여기고 사랑해야 하는가? 아니면, 모든 것을 사랑할 수는 없고 오직 좋은 것만 사랑할 수 있으므로, 계속 친구로 여기고 사랑하는 일은 불가능한가? 악한 것은 사랑할 만하지도 않고, 사랑해서도 안 된다. 악을 사랑하는 자가 되어서는 안 되고, 나쁜 것을 닮아서도 안 된다. 또한, 유유상종이라는 속담도 있지 않은가? 그렇다면 친구 관계를 즉시 끝내야 하는가, 아니면 친구가 악해졌더라도 다 그래야 하는 것은 아니고, 오직 그 친구가 구제불능일 정도로 악해

10

15

---

310 제2장 1165a5-12.

졌을 때만 그렇게 해야 할까?

개선될 가능성이 있다면 도와야 한다. 친구를 물질적으로 돕는 것보다 악한 성품을 고치도록 돕는 것이 훨씬 더 중요하다. 성품이 물질적인 것보다 더 좋고, 친구 관계에 더 고유하기 때문이다. 그런 때 친구 관계를 끝내더라도 이상한 행동으로 보이지는 않을 것이다. 원래 그런 사람을 친구로 둔 것도 아니고, 친구가 딴사람이 되었는데 원래대로 회복되는 게 불가능해 떠난 것이기 때문이다. 20

그런데 한 친구는 그대로인데, 다른 친구는 더 훌륭해져서 미덕에서 둘 사이에 현격한 차이가 난다면 계속 친구로 지낼 수 있을까 아니면 불가능한가? 이러한 문제는 어릴 때부터 친구였던 두 사람이 크면서 사이에 큰 격차가 생겼을 때 분명하게 드러난다. 예컨대, 한 친구는 커서도 생각이 여전히 어린아이 같지만, 다른 친구는 아주 훌륭한 성인이 되었다고 하자. 그러면 둘은 좋거나 싫은 것도 서로 다르고, 즐거움이나 고통도 서로 달라 공통적인 것이 전혀 없는데도, 여전히 친구로 지낼 수 있을까? 서로 공통적인 게 없으면 친구가 될 수 없다. 삶을 함께할 수 없기 때문이다. 이것은 앞서 말한 바 있다.[311] 25 30

그런 때는 친구를 전에 한 번도 친구였던 적이 없었던 사람처럼 대해야 하는가, 아니면 한때 알고 지내던 사이였음을 기억하면서 대해야 하는가? 낯선 사람보다 친구를 더 잘 대해야 한다고 생각하듯, 정말 나쁜 일로 친구 관계가 끝나지 않았다면, 한때 친구였던 사람에게도 배려해야 할 것이 있다. 35

---

311 제8권 제5장 1157b22-24, 제7장 1158b33-35.

제4장
사랑과 자기애

1166a 가까운 사람들에 대한 이런저런 사랑의 행위와 사랑을 구분하는
몇몇 기준은 한 사람이 자기 자신과 맺는 관계에서 나온다. 진심으
로 어떤 사람을 위해, 좋은 일이나 좋아 보이는 일이 일어나서 그
가 잘되길 바라고, 그렇게 되도록 자기도 직접 도우려는 사람, 그
5 리고 살아 있길 진심으로 바라는 그런 사람을 사람들은 친구라고
생각한다. 이것은 어머니가 자녀들에 대해 또는 서로 떨어져 있는
친구들 사이에 있는 감정이다. 또한, 사람들은 삶을 함께하고 좋아
하는 것이 같은 사람 그리고 고통과 즐거움을 함께하는 사람(이것
도 어머니에게서 가장 잘 드러난다)을 친구라고 생각한다. 사람들은 이
10 것을 사랑의 특징이라고 생각한다.

그런데 이런 특징들은 훌륭한 사람이 자기 자신과 맺는 관계에
서도 발견된다. (자신을 훌륭한 사람이라고 생각하는 모든 사람에게서 이
것을 발견한다. 앞서 말했듯,[312] 미덕과 훌륭함이 각 특징의 척도인 듯하다.)

훌륭한 사람은 언제나 동일하고, 늘 진심으로 같은 것을 바란
15 다. 그는 자신에게 좋은 것과 좋아 보이는 것을 바랄 뿐 아니라 실
제로 그렇게 행하는데(노력을 통해 좋음을 만들어내는 것이 좋은 사람이
하는 일이므로), 자기 자신을 위해 그렇게 행한다. (즉, 사유하는 부분
을 위해 그렇게 하는데, 사유하는 부분이 곧 자신과 동일시되기 때문이다.)[313]

또한, 훌륭한 사람은 자신이 살아 있고 보전되길 바라는데, 특
히 사유하는 부분이 그렇게 되길 바란다. 각 사람은 자기 자신에게

---

312 제3권 제4장 1113a22-33.

좋은 것을 바라는데, 존재함은 훌륭한 사람에게 좋은 것이기 때문 20
이다. 자신이 다른 사람이 되어야만 모든 것을 소유할 수 있다면,
그렇게 할 사람은 아무도 없고(현재도 신들은 굳이 다른 것이 되지 않더
라도 모든 좋은 것을 소유하지 않는가), 현재 자기를 보전할 때만 그렇
게 하려고 할 것이다. 한 사람이 사유하는 부분이 무엇보다도 자신
인 듯하다.

또한, 훌륭한 사람은 자신과 함께하길 바란다. 그것이 자신에게
즐거움을 주기 때문이다. 지난날에 행한 것을 회상하는 일은 기쁘 25
고, 앞으로 하게 될 일을 기대하고 희망하는 것도 좋은 일이어서
즐겁기 때문이다. 그의 사고는 풍성한 관조적 활동으로 풍요롭다.
그는 주로 고통과 기쁨을 자신과 함께 나눈다. 그의 고통과 즐거
움은 언제나 동일하고, 수시로 바뀌지 않는다. 말하자면, 그에게는
후회할 것이 전혀 없다.

훌륭한 사람은 이러한 각 특징을 자신과의 관계 속에서 지니고, 30
친구와의 관계에서도 지니므로(친구는 또 다른 자기다), 이런 것이 사
랑이고, 이런 특징을 지닌 사람을 친구라고 생각한다.

자기 자신에 대한 사랑이 존재하는지 여부는 잠시 접어두기로
하고, 위에서 말한 사랑의 여러 특징 중에서 둘 이상 존재하는 곳 35
에서는 사랑도 존재한다. 강렬한 사랑은 자신에 대한 사랑과 비슷 1166b
하기 때문이다.

---

313 인간의 혼 중에서 자양분을 섭취하는 것처럼 이성과 무관한 부분은 동물적인 것이
고, 그 밖에 이성과 관련된 부분이 인간적인 것이다. 그리고 이성적인 부분에서 가
장 좋은 것은 지성의 관조적 활동이고, 이것은 인간적이면서도 신과 가장 닮은 것
으로, 인간의 행복은 "사유하는 부분"의 정점에 있는 이러한 관조적 활동에 있다.
뒤에 나오는 1166a22-23, 1168b35와 제10권 제7장 1178a2를 보라.

위에서 말한 특징들은 비록 형편없는 사람이라고 해도 대부분 지닌 듯하다. 그렇다면 그들은 자신에게 만족하고 자신이 훌륭하
5 다고 생각해서 그런 특징을 지닌 것인가? 진짜 나쁘고 불경한 자들은 그러한 특징이 있지도 않고, 실제로도 그렇게 보이기 때문이다. 또한, 열등한 자들도 그러한 특징을 거의 지니고 있지 않다. 그들은 수시로 변하는데, 이는 자제력 없는 사람처럼 자신이 지닌 욕망과 바라는 것이 서로 다르기 때문이다. 그들은 자신에게 좋아 보이는 것을 선택하지 않고, 그들에게 해롭지만 즐거운 것을 택한다.[314]

10 어떤 사람은 비겁함이나 게으름 때문에 자신에게 가장 좋다고 생각되는 것을 행하지 못한다. 또한, 끔찍한 행위를 많이 한 사람은 자신이 저지른 악행 때문에 미움을 받고 삶에서 도피하여 스스로 목숨을 끊는다. 또한, 악한 자들은 자기 자신에게서 도피하여
15 함께 시간을 보낼 사람들을 찾는다. 혼자 있게 되면 자신이 저지른 끔찍한 일이 떠오르고, 앞으로 하게 될 그런 종류의 일이 생각나지만, 남과 함께 있으면 잊을 수 있기 때문이다.

그들은 자신 안에 사랑할 만한 것을 전혀 지니고 있지 않아 자신을 사랑할 수 없다. 그들은 자기 기쁨과 고통을 자신과 함께하지
20 도 않는다. 그들의 혼은 분열되어 있다. 그들의 혼에서 악한 부분은 어떤 것을 갖고 싶은데 갖지 못해 고통스러워하지만, 다른 부분은 즐거워하고, 한 부분은 그들을 이쪽으로 끌고 가고, 다른 부분은 그들을 저쪽으로 끌고 가서 그들을 찢어놓는다. 사람은 고통스러워하면서 동시에 즐거워하는 것이 불가능하므로, 그들은 지금

---

314 "자제력 없는 사람"이란 이성적으로 이미 선택을 해놓고 그렇게 선택한 것을 행하려 하지만 "욕망"에 이끌려 "자신이 바라는 것"과 반대로 행하는 사람이다.

어떤 것을 즐거워하다가, 조금 있다가는 그런 것을 즐거워한 것을
자책하며 고통스러워한다. 그래서 나쁜 사람의 삶은 후회와 회한 25
으로 가득하다. 나쁜 사람에게는 사랑할 만한 것이 전혀 없으므로,
자신을 사랑하는 마음이 하나도 없어 보인다. 이런 상태는 너무나
비참하므로, 온 힘을 다해 악을 피하고 훌륭해지려고 애써야 한다.
훌륭해져야만 자신을 사랑할 수 있고, 남과 친구가 될 수 있기 때
문이다.

제5장
사랑과 호의

호의는 사랑의 특징 중 하나처럼 보이지만, 사랑은 아니다. 호의는 30
모르는 사람에 대해서도 생길 수 있고, 호의가 있더라도 서로가 그
것을 알지 못할 수 있지만, 사랑은 반드시 서로가 알아야만 성립되
기 때문이다. 호의는 사랑하는 감정이 아니다. 사랑하는 감정에는
긴장감이나 욕구가 수반되지만, 호의에는 그런 것이 수반되지 않
기 때문이다. 사랑하는 감정에는 오랫동안 함께함으로써 생기는
친밀감이 수반되지만, 호의는 모르는 사람에 대해서도 갑자기 생 35
길 수 있다. 예컨대, 호의는 시합하는 선수들에 대해 갑자기 생기 1167a
면서, 그들이 바라는 것을 똑같이 바라면서도, 그 바라는 것이 이
루어지게 하려고 함께 뭔가를 하진 않는다. 앞서 말했듯, 호의는
갑자기 생기므로 피상적으로 좋아하는 것이기 때문이다.
　눈으로 보는 즐거움이 성애의 시작이듯, 호의는 사랑의 시작인
듯하다. 외모에서 즐거움을 느끼지 못하면 성애는 시작되지 않기 5

때문이다. 하지만 외모에서 즐거움을 느끼는 것만으로는 성애라고 할 수 없다. 그 사람이 없으면 보고 싶고 함께 있고 싶어 할 때라야 성애인 것이다. 마찬가지로, 서로에 대한 호의 없이는 친구가 될 수 없지만, 호의가 있다고 해서 그것만으로 곧 서로 간에 사랑이 있는 것은 아니다. 그런 때는 자신이 호의를 느끼는 사람이 잘되길
10 바라지만, 그렇게 되도록 하려고 그들을 도와 뭔가를 하지도 않고, 그들을 위해 자신을 희생하지도 않기 때문이다.

따라서 누군가는 호의를 아무것도 하지 않는 사랑이라고 하거나, 호의가 오랜 기간 지속해 친밀함에 이르면 사랑이 된다고 할지 모르겠지만, 그것은 비유적인 표현일 뿐이고, 그런 호의가 유익이나 즐거움을 기초로 한 사랑이 되진 않는다. 호의는 유익이나 즐거움 때문에 생기는 것이기 때문이다. 남으로부터 유익을 얻은 사람
15 이 그 사실이 고마워서 보답으로 상대방에게 호의를 보이는 것은 마땅한 일이다. 하지만 어떤 유익을 기대하고 누군가가 잘되길 바라는 사람은 그 사람에게 호의를 가진 것이 아니라 자기 자신에게 호의를 가진 사람인 듯하다. 이것은 어떤 유익을 기대하고 남을 보살핀다면, 그 사람은 친구가 아닌 것과 같다.[315] 앞서 말했듯 시합
20 하는 선수들에 대해 호의가 생기는 것처럼, 대체로 호의는 어떤 사람이 고귀하거나 용기가 있을 때 그가 지닌 미덕이나 어떤 훌륭함을 보며 생긴다.

---

315 사람이 즐거움이나 유익을 얻기 위해 서로 친구가 되는 것은 가능하다. 하지만 그것은 상호관계다. 어떤 사람이 남에게서 일반적으로 유익을 얻기 위해 그 사람을 돌보아주는 것은 사랑도 아니고 호의도 아니며, 두 사람 사이에 친구 관계가 형성되는 것도 아니다.

제6장
화합

화합[316]도 사랑의 한 특징인 듯하다. 그러므로 화합이란 단순히 의견 일치가 아니다. 의견 일치는 전혀 모르는 사람 사이에도 있을 수 있기 때문이다. 어떤 두 사람이 아무 일에서나 의견이 일치한다고 해서, 그들을 서로 마음이 맞는 사람이라고 말하지는 않는다. 예컨대, 천문학적인 문제에 관해 서로 의견이 일치한다고 해서 거 25 기에 화합이 존재한다고 하지 않는 것이 그렇다. (그런 문제와 관련해 생각이 일치하는 것은 사랑의 특징이 아니기 때문이다.) 반면, 한 국가의 구성원이 국가에 도움이 되는 것이 무엇인지에 대한 생각이 일치해 그것을 선택하고, 그렇게 공동으로 결정한 것을 실행할 때는 국가가 화합했다고 말한다.

따라서 화합이라고 하려면 실천 행위와 관련된 것이어야 하고, 중대하며, 두 사람이나 모두가 실행할 수 있어야 한다. 예컨대, 국 30 가의 일과 관련해 모든 사람이 공직자는 선거로 뽑아야 한다거나, 스파르타 사람들과 동맹을 맺어야 한다거나, 자신이 원하기만 한다면 피타코스가 계속 다스려야 한다고 의결했다면,[317] 그들은 화합한 것이다. 반면, 『페니키아의 여인들』에 나오는 두 형제처럼, 각자 바라는 것이 다를 때는 분열이 일어난다.[318] 사람이 각자 같

---

316 "화합"으로 번역한 '호모노이아'(ὁμόνοια)는 "하나"를 뜻하는 '호모'와 "생각, 마음"을 뜻하는 '노이아'가 결합된 단어로, 생각과 마음이 일치하는 것을 가리킨다. 앞서 아리스토텔레스는 이렇게 말한 바 있다. "국가를 결속하는 것도 사랑으로 보이고, 입법자들도 정의보다 사랑을 더 신경 쓰는 것 같다. 입법자들은 사랑과 비슷한 화합을 가장 중시"하기 때문이다(1155a24).

35 은 생각을 하고 있다고 해서 화합이 이루어지는 것이 아니라, 같은
생각이 같은 지점으로 수렴될 때만 화합이 이루어진다.³¹⁹ 예컨대,
1167b 평민과 훌륭한 사람 둘 다 가장 탁월한 사람이 다스려야 한다고 생
각할 때 화합이 이루어진다. 가장 탁월한 사람이 다스리면, 모든
사람이 바라던 일이 이루어지기 때문이다.

따라서 화합은 국가적인 사랑으로 보이고, 또한, 실제로 사람이
그렇게 말한다. 그런 화합은 모든 시민의 이익과 관련되고 모든 시
5 민의 삶에 영향을 미치기 때문이다. 그러한 화합은 훌륭한 사람들
사이에서 발견된다. 그들은 마치 같은 토대 위에 있듯 한결같아서
자기 자신과 화합을 이루고 있는 동시에 남과도 화합을 이루고 있
기 때문이다. 그들의 바람은 한결같고 지속적이어서, 에우리포스
해협의 조류처럼 수시로 변하는 것이 없다.³²⁰ 그들은 정의로운 것
과 유익한 것을 바라고, 그런 것을 공동으로 추구한다.

---

317 "피타코스"는 기원전 6세기 초에 미틸레네 사람들에 따라 그들의 통치자로 선출된
인물이다. 그는 10년 동안 미틸레네를 잘 다스린 후에, 그 자리에 계속 있으면 자
기가 타락할 것 같다고 생각해 사임을 결심했다. 미틸레네 사람들은 그가 계속 통
치자로 있어주길 바랐지만, 그는 결국 사임했다.

318 『페니키아의 여인들』은 기원전 5세기에 활동한 고대 그리스의 3대 비극 시인 중 하
나인 에우리피데스의 비극이다. 이 작품에서 아버지 오이디푸스가 죽은 뒤에 쌍둥
이 형제 에테오클레스와 폴리네이케스가 테바이의 왕권을 놓고 결투를 벌이다가
결국 둘 다 죽고 만다.

319 각자 "자기가 통치해야 한다"라고 생각한다면, 모두 같은 생각을 하는 것이지만 이
것만으로는 화합이 아니라 분열이 일어난다. 반면, 각자 가장 탁월한 사람이 통치
해야 한다는 "같은 생각"을 하고, 실제로도 가장 탁월한 사람이 통치한다면, 이는
"같은 생각이 같은 지점으로 수렴"된 것이어서 화합을 가져다준다.

320 "에우리포스 해협"은 에게해에 위치한 그리스의 에우보이아 섬과 그리스 본토의
보이오티아 사이를 흐르는 좁은 수로다. 이 해협은 하루에 8번 정도 조류 방향이
바뀐다고 한다.

반면, 나쁜 사람들은 서로 잠시만 친구가 될 수 있듯 화합도 잠 10
시만 이룰 수 있다. 그들은 국가적인 공역과 기부에서는 더 적은
몫을 담당하려 하면서도, 국가로부터 주어지는 도움에는 더 많은
몫을 챙기려고 애쓴다. 서로가 그렇게 하려 하므로 서로 감시하고
방해한다. 그들은 공동의 것을 돌보려고 하지 않으므로, 공동의 것
은 무너진다. 스스로는 정의롭게 행하지 않으면서도 남에게는 그 15
렇게 하라고 강요하므로, 그들에게는 분열만 생긴다.

제7장
도움을 주는 것과 받는 것

도움을 준 사람이 도움받은 사람을 사랑하는 것이 도움받은 사람
이 도움을 준 사람을 사랑하는 것보다 더 큰 듯하다. 사람들은 이
것이 이치에 맞지 않는다고 생각해서 왜 그런지를 탐구해왔고, 대
부분 그 이유를 이렇게 생각한다. 도움을 준 사람은 채권자인 셈 20
이고, 도움을 받은 사람은 채무자인 셈이다. 그래서 돈을 빌려주고
빌리는 관계에서 채무자는 채권자가 사라져주길 바라고, 채권자는
채무자가 아무 탈 없기를 신경 쓰듯, 도움을 준 사람은 도움받은
사람이 잘되어 은혜를 갚길 바라지만, 도움을 받은 사람은 보답하 25
는 일에 신경 쓰지 않기 때문이다.

에피카르모스[321]는 아마도 어떤 일을 나쁜 시각에서 바라보는
사람이 그렇게 말한다고 여기겠지만, 내가 보기에는 사람들의 그
러한 생각은 인간 속성을 근거로 한 것 같다. 대체로 사람들은 자
신이 받은 은혜는 잘 잊어버리고, 남에게 도움을 주기보다는 남에

게서 도움을 받고 싶어 하기 때문이다.

30   하지만 그 이유는 좀 더 본질적인 데 있고, 이 일은 금전대차 관계와는 유사성이 전혀 없다. 돈을 빌려주고 빌리는 관계에서, 채권자는 채무자를 사랑하는 마음이 전혀 없고, 단지 자기가 빌려준 돈을 받기 위해 채무자에게 아무 일 없기를 바라는 것일 뿐이기 때문이다. 반면, 누군가에게 도움을 준 사람은, 도움받은 사람이 자기에게 전혀 유익이 없고 앞으로도 유익이 되지 않더라도, 그를 아끼고 사랑한다.

이것은 기술자에게도 마찬가지다. 모든 기술자는 자기가 만들
35 어낸 작품을 사랑하고, 만일 그 작품에 생명이 있어 그 작품이 자기를 만든 기술자를 사랑하더라도, 자기 작품에 대한 기술자의 사랑은 작품이 기술자를 사랑하는 것보다 더 크기 때문이다.

1168a   이것은 시인들[322]에게서 가장 분명하게 드러날 것이다. 시인들은 자신이 쓴 시들을 마치 자식처럼 아끼고 끔찍이 사랑한다. 남에게 도움을 준 사람들도 마찬가지다. 그들에게는 자신이 도움을 준

---

321 "에피카르모스"는 기원전 5세기 초반에 활동한 고대 그리스의 희극시인으로, 일상사를 다룬 짧막한 희극을 많이 썼다. 최초로 플롯을 도입했고, 유치한 희극을 문학작품으로 끌어올린 인물로 평가받는다. 또한, 그의 희극에는 후세에 등장하는 대표적인 희극적 인물 유형이 대부분 망라되어 있다. 아리스토텔레스는 "에피카르모스"가 인간의 많은 유형을 묘사했으므로, 모든 것을 나쁜 쪽으로만 보는 인물로 거론한 듯하다. 에피카르모스, 『단편』 146(CGF).

322 "시인"으로 번역한 '포이에테스'(ποιητής)의 기본 의미는 "만들어내는 자, 제작하는 자"다. 아리스토텔레스는 이 책의 처음 부분에서 "행위" 자체가 목적인 것과 "결과물"이 목적인 것을 구별하고, 전자는 미덕과 관련되고, 후자는 기술과 관련된다고 했다. 미덕은 행하는 것이고, 기술은 제작하는 것이다. 이렇게 제작하는 것의 대표적인 예가 "시인"('포이에테스')이 "시"(ποίησις, 포이에시스)를 만들어내는 것이다.

것이 말하자면 자신의 작품이기 때문이다. 따라서 마치 작품이 자
신을 만들어낸 이들을 사랑하듯 더욱 자기 작품을 사랑한다. 그 이 5
유는 이러하다. 존재하는 것은 모든 사람이 선택할 만하고 사랑할
만한 것인데, 우리는 활동을 통해(즉, 살아감과 행함을 통해) 존재하
고, 따라서 어떤 의미에서는 작가의 활동으로 만들어낸 작품이 작
가 자신이기 때문이다. 자신이 만들어낸 작품을 작가가 아끼고 사
랑하는 것은 자기 존재를 아끼고 사랑하는 것과 같다. 이는 본성적
인 일이다. 작가 활동을 통해 만들어진 작품은 가능성으로만 존재
했던 것을 어떤 구체적이고 현실적인 존재로 드러낸다.

또한, 도움을 준 사람에게 자신의 그러한 행위는 고귀한 것이므 10
로, 도움받은 사람을 보면서 기뻐하지만, 도움받은 사람 편에서는
도움을 준 사람에게 고귀한 것은 전혀 없고 기껏해야 자기에게 유
익이 되는 것만 있을 뿐인데, 이런 상황은 그에게 별로 즐겁지도
사랑스럽지도 않다.

현재 활동, 미래에 대한 희망, 지난 일에 대한 기억은 즐거움을
줄 텐데, 그중에서도 가장 즐겁고 사랑할 만한 것은 활동이다. 고 15
귀한 것은 오랫동안 지속하므로 도움을 준 사람에게는 그의 행위
가 계속 남아 있지만, 도움받은 사람의 경우 자기가 얻은 유익은
금방 지나간다. 고귀한 것에 대한 기억은 즐겁지만, 유익한 것에
대한 기억은 전혀 즐겁지 않거나 덜 즐겁다. 반면, 미래에 대한 희
망과 관련해서는 정반대로 유익에 대한 기대가 고귀함에 대한 기
대보다 더 즐거운 듯하다. 또한, 사랑하는 일은 만들어내는 일과
비슷하고, 사랑받는 일은 만들어진 일과 비슷해서, 사랑하는 것이 20
나 사랑에 속한 여러 태도와 감정은 적극적으로 활동하는 사람이
보여주는 속성이라 할 수 있다.

또한, 모든 사람은 자기가 노력하고 힘들여 얻은 것일수록 더 아끼고 사랑한다. 예컨대, 자수성가한 사람은 부모에게서 재산을 물려받은 사람보다 돈을 더 소중히 여기고 사랑한다. 도움받는 것은 힘들지 않지만, 도움을 주는 것은 힘들다. 그래서 아버지보다는 어머니가 자녀를 더 사랑한다. 아이를 낳는 일은 아주 힘든 일이므로 자녀가 자기 것이라는 의식이 더 강하기 때문이다. 이것은 도움을 주는 사람들에게도 그대로 적용되는 듯하다.

제8장
두종류의자기애

누구보다도 자기 자신을 최고로 사랑해야 하는지, 아니면 남을 그렇게 사랑해야 하는지도 또 하나의 난제다. 그 이유는 이러하다. 사람들은 자신을 가장 사랑하는 사람들을 "자기애가 강한 사람"이라는 부끄러운 명칭으로 부르며 비난하는데, 실제로 열등한 사람은 모든 것을 자기를 위해 하며, 못된 사람일수록 더욱 그렇게 한다. 그래서 사람들은 자신과 상관없는 일은 아무것도 하지 않는다면서 그런 자를 비난한다. 반면, 훌륭한 사람은 고귀함을 이유로 또는 친구를 위하여 모든 것을 행하고 자신을 위한 일은 제쳐두는데, 훌륭한 사람일수록 더욱 그렇게 한다.

하지만 그런 말은 현실과는 다르고, 이것은 결코 이상하지 않다. 사람들은 가장 친한 친구를 가장 사랑해야 한다고 말하는데, 가장 친한 친구는 오직 진심으로 상대방을 위하여 상대방이 잘되길 바라는 사람이다(아무도 알아주지 않더라도 엄연한 사실이다). 그리

고 이것은 자기 자신에 대해 맺는 관계에서 가장 잘 적용된다. 이
는 친구의 특징이라고 소개되는 다른 기준에서도 마찬가지다. 앞　5
서 말했듯, 사랑의 모든 특징은 각자가 자기 자신에 대해 가진 것
을 남에게까지 확대한 것이다. 또한, 모든 속담도 같은 것을 보여
준다. 예컨대, "친구는 일심동체"라거나, "친구끼리는 네 것 내 것
이 없다"라거나, "친구 사이는 동등하다"라거나, "무릎이 정강이
보다 더 가깝다"[323] 등의 속담이 그러하다. 이 모든 속담은 각자가
자신에 대해 맺는 관계에 가장 잘 들어맞는다. 각자에게 최고의 친　10
구는 다른 누구보다도 자기 자신인 까닭에, 각자는 자신을 가장 사
랑하는 것이 마땅하다.

　따라서 무엇보다 자신을 사랑해야 하는지, 아니면 어떤 사람
을 사랑해야 하는지와 관련해 이 두 견해는 둘 다 일리가 있으므
로, 어느 쪽을 따라야 하는지 결정하는 것은 난제에 속한다. 그러
므로 우리는 이 두 견해를 따로 분리해, 각각의 견해가 어디까지
가 참이고 어떤 점에서 참인지를 밝혀내야 할 텐데 아마도 각 견
해가 무엇을 자기애라고 말하는지를 파악한다면, 이 부분이 분명　15
해질 것이다.

　자기애는 비난받아 마땅한 수치스러운 짓이라고 주장하는 사람
들은 금전적인 이득이나 명예, 신체적인 즐거움과 관련해 자기 몫
을 더 많이 챙기려는 자들에 대해 자기애가 강하다고 비난한다. 대
부분 그런 것을 가장 좋다고 생각해 갖고 싶어 하고 가지려 애쓴
다. 그러므로 그런 것을 둘러싸고 다툼이 벌어진다. 따라서 이런
것에서 더 많이 차지한 사람들은 자기 욕망, 좀 더 일반적으로는　20

323　에우리피데스, 『오레스테스』 1045행.

감정과 인간 혼의 비이성적인 부분이 만족하게 된다. 이러한 행태로부터 자기애라는 명칭이 생겼고, 그런 자기애는 나쁜 것이다. 따라서 그러한 자기애에 빠진 사람을 비난하는 것은 옳다.

일반적으로, 앞서 말한 것을 자기 몫으로 더 많이 챙기려는 사

25 람을 자기애가 강하다고 부르는 게 분명하다. 어떤 사람이 정의로움이나 절제, 그 밖의 다른 미덕을 따라 행하는 데 항상 다른 누구보다도 더 큰 열심을 낸다면, 일반적으로 언제나 자기 자신에게 고귀한 일을 행하여 자신의 고귀함을 유지하는 삶을 살아간다면, 그런 사람을 자기애가 강하다며 비난할 사람은 아무도 없다.

하지만 그런 사람이야말로 누구보다도 자신을 사랑하는 사람이

30 다. 그런 사람은 가장 고귀하고 좋은 것을 자신에게 배분하고, 자신의 주된 부분을 만족시키며, 모든 것에서 거기에 복종하기 때문이다. 국가나 그 밖의 다른 조직에서 가장 주된 부분이 국가나 조직 자체이듯, 사람도 마찬가지다. 가장 주된 부분을 사랑하고 만족

35 하게 하는 사람이 다른 누구보다도 자신을 사랑하는 사람이다. 사람들은 어떤 사람의 이성이 그를 지배하고 있느냐 그렇지 않으냐를 보고 자제력 유무를 말하는데, 이것은 그 사람의 이성이 그 사

1169a 람 자신이기 때문이다. 또한, 사람들은 누군가가 자기 이성을 따라 행한 것을 그의 자발적인 행위라고 생각한다. 따라서 어떤 사람의 이성이 그 자신이고, 훌륭한 사람은 무엇보다도 이성을 사랑한다는 것은 분명하다.

그러므로 훌륭한 사람은 사람들에게서 비난받는 자기애와는 다른 종류의 자기애에 따라 자신을 가장 사랑하는 사람이다. 이 두

5 종류의 자기애는 이성에 따르는 것과 감정을 따르는 것이 서로 다른 정도만큼, 그리고 고귀함 추구와 유익 추구가 다른 정도만큼 다

르다. 그래서 고귀한 행위를 하는 데 남달리 열심을 내는 사람들은 모든 사람이 인정하고 칭찬한다. 모든 사람이 서로 앞다투어 고귀한 행위를 하고, 가장 아름다운 일을 행하기 위해 애쓴다면, 공적으로는 모든 것이 마땅히 있어야 할 모습으로 존재하고, 사적으로 10 는 가장 좋은 것을 추구하게 된다. 미덕이 그런 것이다.

그러므로 좋은 사람은 자기를 사랑하는 사람이 되어야 한다. 그랬을 때 그는 고귀한 것을 행함으로써 스스로 기쁨을 얻고 남에게도 유익을 끼친다. 반면, 나쁜 사람은 자기를 사랑하는 사람이 되어서는 안 된다. 그랬을 때 그는 자신의 악한 감정을 따라 행함으로써 자신과 주변 사람에게 해를 끼칠 것이기 때문이다. 나쁜 사람은 그 15 가 해야 하는 것과 실제로 그가 하는 것이 다른 반면, 훌륭한 사람은 그가 해야 하는 그것을 한다. 모든 지성은 자신에게 가장 좋은 것을 선택하고,[324] 훌륭한 사람은 그 지성에 복종하기 때문이다.

훌륭한 사람이 친구들과 조국을 위해 많은 일을 하고, 필요하다면 자기 목숨까지 바친다는 것은 사실이다.[325] 그는 자기 고귀함을 20 지키기 위해서라면 재산이나 돈을 비롯해 사람들이 대체로 가지려고 다투는 좋은 것을 기꺼이 포기하기 때문이다. 또한, 그는 오랫동안 살면서 평범한 즐거움을 누리기보다는 짧은 시간 강렬한 즐거움을 누리는 쪽을 선택하고, 오랜 세월을 평범하게 살기보다는 일 년을 살더라도 고귀하게 사는 쪽을 선택하며, 작은 일을 많이 하기보다는 하나의 고귀하고 큰일을 하는 쪽을 선택할 것이기 때 25 문이다.

---

324 아리스토텔레스, 『형이상학』 제12권 제9장 1074b25.
325 제3권 제12장 1117b7-15에 나오는 용기에 관한 설명을 보라.

그런 사람은 남을 위해 죽을 수 있다. 그러한 죽음은 스스로 선택한 지극히 고귀한 것이다. 그는 친구들이 금전적인 이득을 더 많이 얻게 하려고 자기 몫을 기꺼이 포기할 것이다. 그렇게 했을 때 친구들은 금전적인 이득을 얻을 뿐이지만, 자신은 고귀한 것을 얻기 때문이다. 그렇게 하여 결국 자신에게 가장 좋은 것을 배분한
30 셈이다. 명예나 공직과 관련해서도 마찬가지다. 그는 친구에게 모든 것을 다 양보한다. 그렇게 하는 것이 고귀하고 칭송받을 만한 것이기 때문이다. 훌륭한 사람은 다른 모든 것을 포기하면서까지 고귀한 것을 선택하는 사람이므로, 그렇게 할 수 있다. 심지어 그는 고귀한 행위들조차도 친구에게 기꺼이 양보할 수 있다. 자기가 직접 고귀한 행위를 하는 것보다 친구가 그렇게 할 수 있도록 기회를 제공하는 것이 더 귀하기 때문이다.

35 훌륭한 사람은 이 모든 칭송받을 만한 행위에서 남보다 더 많은
1169b 것을 자기 몫으로 배정한다. 앞서 말한 대로, 자기애는 훌륭한 사람이 보여주는 것과 같은 종류여야 하고, 대부분이 보이는 자기애여선 안 된다.

제9장
행복과 사랑

행복한 사람에게 친구가 필요한지, 아니면 필요하지 않은지를 놓
5 고도 의견은 갈라진다. 어떤 사람은, 진정으로 행복하고 부족함 없는 사람이라면 좋은 것을 이미 다 가졌고 부족한 것이 없어 더 이상 필요한 게 없으므로 그들에게는 친구가 전혀 필요하지 않다고

주장하는 반면, 친구란 타인이면서도 자기 분신이어서 자기 힘으로 할 수 없는 것을 하므로 행복한 사람에게도 친구가 필요하다고 하는 이들도 있다. 그래서 그들은 "필요할 때마다 신이 도와준다면, 친구가 왜 필요하겠는가"[326]라는 말이 나왔다고 말한다.

그런데 행복한 사람은 모든 좋은 것을 다 가졌는데, 외적으로 10 좋은 것 중에서 가장 좋다고 여겨지는 친구가 그에게 없음은 이상해 보인다. 친구는 도움받기보다는 도움을 주는 일을 하고, 좋은 사람과 미덕도 그렇게 하며, 모르는 사람보다 친구를 돕는 것이 더 고귀한 일이라면, 훌륭한 사람에게는 자신이 도움을 주는 친구가 필요하다. 여기서 모든 일이 잘 풀릴 때 친구가 더 필요한가, 곤경에 처했을 때 친구가 더 필요한가 하는 의문이 생긴다. 곤경에 처 15 했을 때는 자신에게 도움을 줄 친구가 필요하고, 모든 일이 잘 풀릴 때는 자기가 도움을 줄 친구가 필요하기 때문이다.

또한, 친구가 없고 혼자인 사람을 행복하다고 하기도 이상하다. 모든 좋은 것을 다 줄 테니 친구 없이 혼자 살아가라고 한다면, 그런 제안을 받아들일 사람은 아무도 없을 것이다. 인간이란 본성적으로 사회적 존재로서 함께 살아가게 되어 있기 때문이다. 이것은 훌륭한 사람도 마찬가지다. 그들은 본성적으로 좋은 것을 다 가진 20 사람이고, 모르는 사람이나 우연히 만난 사람과 함께 시간을 보내기보다는 훌륭한 친구들과 함께 시간을 보냄이 더 나을 것은 두말

---

326 에우리피데스, 『오레스테스』 667행에 나오는 말이다. 거기서 주인공 오레스테스는 삼촌에게 도움을 요청하면서 이 말을 한다. "친구나 가족은 어려울 때 서로 도우라고 있는 것이다. 필요할 때마다 신이 도와준다면, 친구가 왜 필요하겠는가?" 문맥으로 보아, 이 말은 신이 모든 도움을 완벽하게 주는 것이 아니므로 친구가 필요하다는 의미인 듯하다.

할 필요가 없다. 따라서 행복한 사람에게도 친구가 필요하다.

그렇다면 훌륭한 사람에게는 친구가 필요 없다고 말한 사람들은 무슨 의미로 그렇게 말했고, 그 말 속에는 어떤 진실이 들어 있는가? 친구가 그저 유익을 주는 사람이라고 생각해서, 행복한 사

25 람에게는 친구가 필요하지 않다고 말한 것인가? 행복한 사람은 이미 좋은 것을 다 가진 사람이므로, 어떤 유익을 얻기 위한 친구는 전혀 필요하지 않고, 즐거움을 얻기 위한 친구도 전혀 또는 별로 필요하지 않으며(그의 삶은 자체로 즐거우므로, 외부에서 오는 어떤 즐거움이 필요하지 않다), 따라서 행복한 사람은 그런 친구들을 필요로 하지 않기에 친구가 전혀 필요하지 않아 보인다.

하지만 그것은 사실이 아니다. 처음에 말했듯,[327] 분명히 행복은

30 어떤 활동이고, 활동은 어떤 소유물처럼 이미 존재하는 것이 아닌 생기는 것이기 때문이다. 따라서 행복은 살아감과 활동에 있다. 그리고 처음에 말했듯,[328] 좋은 사람의 활동은 훌륭하기에 그 자체로 즐거움이고, 좋은 사람의 행위는 즐거움을 주지만, 사람들은 자신

35 과 자기 행위보다는 남과 그들의 행위를 더 잘 보고, 훌륭한 친구
1170a 들의 행위는 좋은 사람들에게 즐거움을 준다. (좋은 사람과 친구의 행위는 둘 다 본성적으로 즐겁기 때문이다.) 그런 친구들은 행복한 사람에게 필요하다. 행복한 사람은 자기가 행하는 훌륭한 행위를 관조하고자 하는데, 좋은 사람들인 친구들의 행위가 그러하기 때문이다.

또한, 사람들은 행복한 사람이 즐겁게 사는 것을 당연하다고 생

5 각한다. 그런데 사람이 혼자 살아가기는 어렵다. 아무리 그 자체로

---

327 제1권 제7장 1098a16-19.
328 제1권 제8장 1099a14, 21.

즐겁더라도, 잠시라면 모를까 혼자 지속해 활동하며 살아가기는 쉽지 않기 때문이다. 그렇지만 타인과 함께 어울려 살아간다면 인생은 더 수월해진다. 함께하면 그 자체로 즐거운 활동을 지속하게 되는데, 이것이 행복한 사람의 진정한 모습이다. 훌륭한 사람은, 그가 진정으로 훌륭하다면 미덕에 따른 행위를 기뻐하고, 악덕에서 나온 행위를 미워하고 참을 수 없어 하기 때문이다. 이것은 음 10 악가가 아름다운 곡조를 들으면 즐거워하고 형편없는 곡조를 들으면 괴로워하는 것과 같다. 또한, 테오그니스가 말했듯, 좋은 사람들과 함께 어울리면 미덕을 훈련할 수 있게 된다.[329]

이것을 좀 더 본질적으로 살펴보면, 훌륭한 사람은 본성적으로 훌륭한 친구를 선택하려 한다. 본성적으로 좋은 것은 훌륭한 사람 15 에게 좋고, 그 자체로 즐겁기 때문이다.[330]

동물의 삶은 감각을 통한 지각 능력으로 정의되고, 인간의 삶은 감각을 통한 지각 능력과 사고 능력으로 정의된다.[331] 그런데 능력은 활동으로 귀결되므로, 능력의 주된 부분은 활동에 있다. 따라서 삶의 주된 부분은 감각을 통한 지각과 사고에 있는 듯하다. 그런데 삶은 그 자체로 좋고 즐겁다고 할 수 있다. 삶은 확정된 것이고, 확 20 정되어 있음은 좋음의 본질이기 때문이다.[332] 그리고 본성적으로 좋은 것은 훌륭한 사람에게도 좋다. 그러므로 삶은 모든 사람에게 즐겁다. (하지만 악한 삶이나 부패한 삶, 고통 가운데 있는 삶은 여기에 포

---

329 테오그니스, 35행. "고결한 것은 고결한 사람에게서 배우는 법이다." "테오그니스" 는 귀족의 전통적인 교양과 행동 원칙을 중심으로 "사랑"('필리아')의 위대함, 귀족 의 긍지와 자존심, 진정한 귀족의 고결함을 노래했다.

330 제1권 제8장 1099a7-11, 제3권 제3장 1113a25-33.

331 아리스토텔레스, 『영혼론』 제2권 제2장 413b2.

함해선 안 된다. 그런 삶이나 삶의 요소들은 불확정적이기 때문이다. 이것은
25 나중에 고통을 다룰 때 좀 더 분명해질 것이다.)

이렇게 삶 자체는 좋은 것이고 즐거운 것이다. (모든 사람이 살길
원하고, 무엇보다도 훌륭하고 행복한 사람이 더욱 삶에 애정을 갖는데, 그들
에게 삶은 가장 바람직하고 그들은 행복하다는 사실을 고려하면, 삶은 좋고
즐겁게 다가온다.) 그리고 뭔가를 보는 사람은 자기가 본다는 것을
30 지각하고, 뭔가를 듣는 사람은 자기가 듣고 있음을 지각하며, 걷는
사람은 자기가 걷고 있음을 지각하고, 그 밖의 다른 활동을 하는
사람도 자기가 활동하고 있음을 지각한다. 따라서 우리가 지각할
때는 지각하는 것을 지각하고, 우리가 사유할 때는 사유하고 있음
을 지각한다. 그런데 우리가 지각하거나 사유함을 지각한다는 사
실은 우리 존재를 지각한다는 의미와 같다. (존재함은 지각 또는 사유
1170b 한다는 것이기 때문이다.) 그리고 살아 있음을 지각하는 것은 그 자체
로 즐겁다. (살아 있음은 본성적으로 좋고, 그렇게 좋음이 자기에게 있음을
지각하게 되면 즐겁기 때문이다.) 또한, 살아 있는 것은 바람직한 일이
고, 특히 좋은 사람들에게 그러하다. 그들에게 존재함이란 좋고 즐
5 거운 것이기 때문이다. (그들은 그 자체로 좋은 것이 존재한다는 것을 함
께 지각하고서 즐거워한다.)

그런데 친구는 자기 분신이어서, 훌륭한 사람에게 친구는 자신
과 다름없으므로, 훌륭한 사람 자신이 존재하는 것이 바람직한 일

---

332 "좋음"은 "확정되어 있지 않은 것"일 수 없다. 좋음은 이미 완성되어 있어 "좋음"
이라는 성질을 지닌 어떤 상태 가운데 있는 것이라면, "확정되어 있지 않은 것"은
비록 좋음을 내포하고 있거나 지향하고 있더라도 완성된 것이 아니라, 좋음을 향해
나아가는 과정 가운데 있어서 "좋음"일 수 없기 때문이다. 그래서 "확정되어 있음
은 좋음의 본질"이라고 했다.

이듯, 친구가 존재하는 것도 바람직하거나 거의 그렇다. 존재하는
것이 선택할 만한 이유는 자기가 좋은 사람임을 지각하기 때문이
다. 그리고 그러한 지각은 그 자체로 즐겁다. 따라서 친구가 존재   10
한다는 것이 즐거워지려면 친구가 존재한다는 것을 친구와 더불어
지각해야 하는데, 그런 지각은 삶을 함께하고 말과 생각을 공유함
을 통해 생긴다. 인간의 경우에 삶을 함께함이란 가축의 경우와는
달리 같은 장소에서 함께 먹는다는 것이 아니라, 말과 생각을 공유
한다는 의미이기 때문이다.

　　따라서 행복한 사람에게는 자기 존재가 본성적으로 좋고 즐거워   15
서 그 자체로 바람직한 것이고, 친구가 존재하는 것도 거의 동일하
게 바람직하므로, 친구도 선택할 만한 것 중 하나이다. 그리고 어떤
것이 행복한 사람에게 바람직하려면, 그것은 당연히 자기 것이어야
한다. 그렇지 않으면 그는 그것과 관련해 부족함이 있는 사람이 된
다. 그러므로 행복한 사람이 되려면 훌륭한 친구가 필요하다.

제10장
친구는 얼마나 많아야 하는가

그렇다면 친구는 많을수록 좋은 것인가? 아니면, 손님이 "아주 많
아서도 안 되고 너무 없어서도 안 된다"라는 말처럼,[333] 친구 역시
전혀 없지도 않고 지나치게 많지도 않은 게 좋은가? 유익 때문에
사귀는 친구들과 관련해서는 후자가 아주 잘 맞는다. 많은 친구를
사귀어 일일이 다 되갚는 것은 힘든 일이고, 그렇게 하기에는 우리   25
인생이 너무 짧다. 따라서 그런 일에 휘둘리지 않고 자기 삶을 살

아가는 데 필요한 정도의 친구보다 더 많은 친구를 사귀는 것은 불필요하고, 도리어 고귀한 삶을 사는 데 방해가 된다. 따라서 적절한 수 이상의 친구는 필요하지 않다. 즐거움 때문에 사귀는 친구는 마치 음식에 양념을 치듯 적은 수로도 충분하다.

하지만 훌륭한 사람들을 친구로 사귀는 경우에는 많을수록 좋
30 은 것인가, 아니면 국가에도 적절한 규모가 있듯 그런 친구들을 사귀는 일에도 적절한 수준이 있는가? 열 명으로는 국가가 이루어질 수 없고, 십만 명이 넘으면 이미 국가가 아니기 때문이다.[334] 그러나 국가를 이루기 위한 시민의 적절한 수는 어떤 확정된 수라기보
1171a 다는 하한선과 상하선으로 이루어진 어떤 범위일 것이다. 마찬가지로 친구들의 수도 정해져 있으며, 삶을 함께하고 자주 어울려 지내기를 가능하게 하는 정도가 아마도 그 최대치일 것이다. (삶을 함께하고 자주 어울려 지내는 것이 친구들 사이 사랑의 관계에서 가장 중요한 요소이다.)

친구들이 너무 많으면 삶을 함께하고 시간을 보내는 일이 불가능해질 것은 자명하다. 게다가 많은 친구가 함께 시간을 보내려면
5 그들끼리도 서로 친구여야 하는데, 많은 사람 사이에서 그런 일이 일어나기는 힘들다. 또한, 많은 친구와 함께 마치 내 일처럼 기쁨

---

333 헤시오도스, 『일과 날』 715행.

334 여기서 "국가"는 그리스에 존재했던 도시국가를 가리킨다. 아리스토텔레스는 『정치학』 제7권 제4장 1326a25-1326b7에서 도시국가의 적정 규모를 다룬다. 기원전 5세기에 활동한 그리스 역사가 투키디데스는 아테나의 민회 참석자가 5,000명을 넘은 적이 없다고 말하고(『펠로폰네소스 전쟁사』 제8권 72절), 기원전 5-4세기에 활동한 그리스 역사가 크세노폰은 아테네에는 만 가구 이상이 있다고 했으며(『회상록』 제3권 제6장 14행), 플라톤은 이상적인 도시국가의 규모는 5,040가구라고 밝혔다(『법률』 737e1).

과 슬픔을 나누기도 어렵다. 어떤 친구와는 함께 기뻐해야 하는 동시에, 어떤 친구와는 함께 슬퍼해야 하는 일도 발생한다. 따라서 가능한 한 많은 친구를 사귀려 하기보다는 함께 삶을 나누며 살아가기에 부족함이 없을 정도의 친구들을 사귀는 것이 좋다. 많은 친 10 구를 사귄다면 그들 모두에게 진정한 친구가 되는 게 불가능하다. 많은 사람을 동시에 성애적인 사랑으로 사랑할 수 없는 이유이기도 하다. 성애적인 사랑은 일반적으로 사랑의 극대화를 지향하고, 그래서 오직 한 사람만을 향하기 때문이다. 따라서 진정한 친구가 되려면, 그 사랑은 소수를 향한다. 그리고 이것은 실제로도 그러하다. 많은 사람이 서로 동지가 될 수 있는 것도 아니고, 사람들에게 15 서 칭송받는 것도 언제나 두 사람 간의 우정이나 사랑이기 때문이다. 많은 친구를 두고서 그들 모두와 친하게 지내는 사람들은 그 누구의 친구도 아니고, 굳이 그들을 친구라고 한다면, 동료 시민 간의 사귐이라는 의미에서 그렇게 부를 것이다. 실제로 사람들은 그런 사람들을 아부꾼이라고 한다. 물론, 훌륭한 사람도 많은 동료 시민과 친구가 될 수 있기는 하다. 하지만 미덕과 각자의 성품을 토대로 한 사랑은 많은 사람을 향하지 않는다. 도리어 그런 친구들을 소수 20 만이라도 발견할 수 있다면, 그것으로 기뻐하고 만족해야 한다.

제11장
친구는 언제 필요한가

친구는 언제 더 필요한가? 형편이 좋을 때인가, 아니면 곤경에 처했을 때인가? 사람들은 자기가 형편이 좋을 때든 곤경에 처했을 때든 친구를 찾는다. 친구란 기꺼이 서로 도와주려고 하는 까닭에, 곤경에 처했을 때는 자기를 도와줄 친구가 필요하고, 형편이 좋을 25 때는 삶을 함께 나누고 자기가 도와줄 친구가 필요하다. 곤경에 처했을 때 친구는 더 필요하다. 그때는 유익을 위한 친구들이 더 절실하다. 하지만 형편이 좋을 때는 훌륭한 친구들을 찾게 마련이고, 이것이 더 고귀하다. 훌륭한 친구들에게 도움을 주고 그들과 함께 시간을 보내는 것이 더 바람직하기 때문이다.

친구가 옆에 있다는 것은 형편이 좋을 때나 곤경에 처했을 때나 30 그 자체로 즐거운 일이다. 고통을 겪는 사람이 친구들과 함께 나눌 때 그 고통은 가벼워진다. 그럴 때 고통이 가벼워지는 이유가 친구들이 그 짐을 함께 나누어 지기 때문인가, 친구들이 함께 괴로워한다는 생각이 고통을 줄여주기 때문인가 궁금할 수 있다. 그런 때 고통이 가벼워지는 것이 그런 이유 때문인지, 아니면 다른 이유 때문인지는 여기서 다루지 않겠지만, 아무튼 방금 말한 일은 실제로 일어난다.

35 친구들이 옆에 있을 때는 방금 말한 여러 효과가 뒤섞여 나타난 1171b 다. 친구들을 보는 것 자체가 즐거움을 주는데, 곤경에 처했을 때는 더욱 그러하다. 친구들을 보는 것은 그 자체로 고통에서 건져주어 고통스럽지 않게 해준다. 친구가 제대로 친구 노릇을 하기만 한다면, 친구 얼굴을 보고 말을 나누는 것만으로 위안을 얻는다.[335] 친구란 서로가 무엇을 기뻐하고 무엇을 괴로워하는지를 비롯해 서로의 됨됨이를 아는 사람이기 때문이다.

5 하지만 자신의 고통으로 친구가 괴로워하는 것은 고통스러운 일이다. 자기 때문에 친구들이 괴로워하는 것을 원하는 사람은 아무도 없다. 그러므로 남자다운 사람들은 자신의 고통에 친구들을 끌

어들이는 것을 꺼리고 조심한다. 그들은 아무리 고통스러워도 내색하지 않거나, 적어도 자기 때문에 친구들이 괴로워하도록 내버려두지 않는다. 그래서 그들은 일반적으로 자기 고통 때문에 징징거리지 않으므로, 친구들이 자기 고통에 끼어들지 않도록 한다. 반면, 10 여자나 여자 같은 남자는 자기와 함께 슬퍼하고 괴로워하는 사람들을 좋아하고, 그런 사람들을 친구로 여기고 사랑한다. 하지만 모든 일에서 더 나은 사람을 본받는 것이 마땅함은 분명하다.

반면, 형편이 좋을 때 친구들이 옆에 있으면, 즐거운 시간을 보낼 수 있고, 자기가 잘된 것을 친구들이 기뻐한다는 생각에 즐거움을 얻는다. 그래서 형편이 좋을 때는 기꺼이 친구들을 불러야 하고 15 (도움을 주는 것은 고귀한 일이므로), 곤경에 처했을 때는 친구들을 끌어들이는 것을 피해야 한다. 나쁜 것은 가능한 한 적게 나누어 주어야 하기 때문이다. "불행은 나만으로 충분하다"[336]라는 말이 나온 이유도 거기 있다. 일반적으로는 친구들이 조금만 수고를 감수하면 자기에게 큰 도움이 되는 때 친구들을 불러야 한다.

반대로, 친구들 입장에서는 곤경에 처한 친구가 그들을 부르지 20 않더라도 기꺼이 찾아가는 게 마땅하다. (도움을 주는 것, 특히 곤경에 처해 있으면서도 도움을 청하지 않는 친구를 돕는 것이야말로 친구가 할 일이고, 그렇게 하는 것이 양쪽 모두에게 고귀하고 즐거운 일이다.) 그리고 형편이 좋은 친구와는 기꺼이 함께해야 하지만(그에게도 친구들이 필요하므로), 그런 친구에게서 도움을 받는 것은 천천히 해야 한다. 도움을 25 받고자 안달하는 것은 귀한 일이 아니기 때문이다. 하지만 아니꼬

335 에우리피데스, 『이온』 732행.
336 이 인용문의 출처는 알려져 있지 않다.

워서 도움을 거절하는 일도 실제로 종종 일어나므로, 비록 도움을 거절하더라도 그렇게 보이지 않도록 조심할 필요가 있다. 따라서 친구들과 함께 있는 것은 모든 경우에 바람직하다.

제12장
사랑이란 삶을 함께하는 것

성애적인 사랑에서는 사랑하는 사람을 "보는 것"에서 가장 큰 만
30 족감을 얻고, 성애적인 사랑이 생기고 유지되는 것은 주로 "보는 것"에 따라 좌우되므로, 나머지 다른 지각들보다도 "보는" 지각이 바람직한 것으로 선호된다. 마찬가지로 친구들 사이에서 가장 바람직한 것은 삶을 함께하는 것이 아니겠는가? 친구들 간의 사랑은 함께하는 것이고, 자신에게 하듯 친구에게 하는 것이기 때문이다. 그래서 자신과 관련해서는 자기가 존재한다는 것을 지각하는 것이
35 바람직하고, 마찬가지로 친구와 관련해서는 친구가 존재함을 지각하는 것이 바람직하다. 그런 지각 활동은 삶을 함께할 때 생기므
1172a 로, 친구끼리 서로 삶을 함께하려는 것은 자연스러운 일이다.

존재한다는 것이 각자에게 무엇을 의미하든 또는 각자가 어떤 목적을 위해 살아가길 선택하든, 친구끼리는 이를 함께하고 싶어 한다. 그래서 어떤 친구들은 함께 술을 마시고, 누구는 함께 주사
5 위 놀이를 하며, 운동이나 사냥이나 철학 공부를 함께하는 부류도 있다. 그들은 그렇게 함으로써, 각자가 자기 삶에서 가장 하고 싶은 것을 친구와 함께하며 시간을 보낸다. 그들이 친구들과 함께하는 것은 자기 삶을 친구들과 공유하고 싶어 하기 때문이다. 그래서

나쁜 사람들 간의 우정이나 사랑은 악해진다. (그들의 삶은 불안정해
서 함께 나쁜 짓들을 하고 서로 닮아가며 악해진다.) 반면, 훌륭한 사람들   10
간의 사랑은 교제를 통해 더욱 훌륭해진다. 그들은 함께 활동하고
서로 바로잡아주며 더 좋은 사람이 된다. 서로의 장점을 보며 성장
하기 때문이다. 그래서 "고결한 것은 고결한 사람들에게서 배우는
법이다"[337]라는 말이 생겼다.

사랑에 관해서는 이 정도로 해두고, 이제 즐거움에 관해 살펴보자.   15

---

337 테오그니스, 35행. 플라톤의 『메논』 95d에도 인용된다.

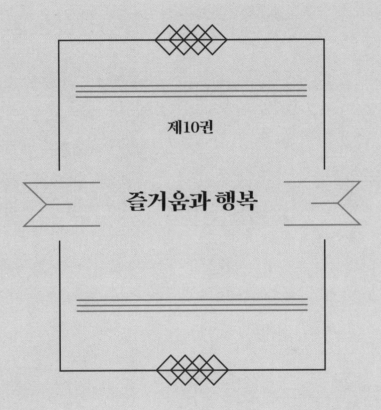

제10권

즐거움과 행복

제1장

즐거움에 관한 상반된 견해

다음으로 즐거움에 관해 살펴보자. 즐거움은 우리 인간과 떼려야 20
뗄 수 없을 정도로 긴밀하게 연결되어 있다. 그래서 사람들은 즐거
움과 고통을 적절히 사용해 어린 사람들을 교육한다. 또한, 기뻐할
것을 기뻐하고 미워할 것을 미워하는 것은 미덕을 갖춘 성품을 만
들어가는 데 가장 중요한 요인 같다. 즐거움과 고통은 삶 전체에
퍼져 있고, 사람들은 즐거운 것은 선택하고 고통스러운 것은 피하
는 까닭에, 미덕과 행복한 삶에 큰 영향을 미치기 때문이다. 이런 25
것을 다루지 않고 그냥 넘어가는 일은 없어야 한다. 특히 이와 관
련해 의견이 분분하므로 더욱 그러하다.

어떤 사람은 즐거움이 좋다고 하고,[338] 어떤 사람은 정반대로 나
쁘다고 말한다.[339] 즐거움을 나쁜 것으로 말하는 사람 중 일부는
실제로 그렇게 확신하는 사람이겠고, 일부는 실제로 나쁘진 않더 30
라도 나쁜 것으로 말하는 편이 우리 삶에 더 유익하다고 생각하기
에 그럴 것이다. 후자에 속하는 사람들은 대부분 즐거움 쪽으로 기
울어져 우리가 즐거움의 노예가 되어 있으니 반대 방향으로 이끌
어, 중간에 이르러야 한다고 생각하므로 그렇게 말한다.

---

338 이것은 에우독소스 학파의 견해다. 제2장에 나오는 설명을 보라.

339 이것은 스페우시포스 학파의 견해다. 제7권 제13장 1153b1 이하를 보라.

하지만 그런 말은 바르지 않다. 현실을 제대로 반영하지 않는다면 감정이나 행위가 개입된 말은 신뢰성이 떨어지기 때문이다. 실제의 현실 인식과 충돌하면 그런 말들은 무시당하고 완전히 폐기되고 만다. 즉, 즐거움은 나쁘다고 말하던 사람이었는데 어떤 즐거움을 추구하다가 눈에 띄면, 사람들은 그가 특정한 즐거움만이 아니라 모든 즐거움을 추구한다고 생각하게 되니 말이다. 대부분은 좋은 즐거움도 있고 나쁜 즐거움도 있음을 알지 못하기 때문이다.

그래서 참된 말은 지식과 관련해서만 아니라 삶에서도 유익하다. 현실과 부합하는 말은 사람들의 신뢰를 받는 까닭에 그 말을 이해한 사람들은 거기에 따라 살아가려고 한다. 이것은 이 정도로 충분하므로 이제 즐거움에 관해 언급된 견해들을 살펴보자.

제2장

즐거움은 좋음이라는 견해

에우독소스[340]는 즐거움을 좋음이라고 생각했는데, 그 이유는 이성을 지닌 것이나 그렇지 않은 것이나 모든 존재가 즐거움을 추구하는 것을 보면서, 모든 것에서 선택할 만하다면 훌륭하다 할 수

---

340 "에우독소스"는 기원전 4세기 고대 그리스에서 수학자, 자연학자, 철학자로 활동했다. 소아시아 크니도스 출신으로, 피타고라스학파의 대학자 아르퀴타스에게서 기하학을, 테오메돈에게서 의학을, 플라톤에게서 철학을 배웠다. 기원전 381년에는 아테네에서 추방당하여 플라톤과 함께 이집트로 가서 1년 4개월을 지낸 후 귀국길에 플라톤과 작별하고 큐지코스에 머물러 학교를 세웠고, 기원전 367년경에는 플라톤이 시라쿠사에 가 있는 동안 아카데메이아 책임자로서 아테네에서 아리스토텔레스를 가르치기도 했다.

있고, 가장 선택할 만하다면 가장 훌륭하다고 생각했기 때문이었다. 그는 모든 것이 즐거움을 축으로 삼아 움직이므로 즐거움이 모든 것에 가장 좋음을 보여준다고 생각했다. (모두는 각자에게 고유한 음식을 찾듯 각자에게 좋은 것을 찾기 때문이다.) 따라서 즐거움은 모든 것에 좋고, 모든 것이 추구하므로 좋음이다.

사람들은 에우독소스의 논리 자체가 설득력 있어서라기보다는 15 뛰어난 인품을 보며 그의 말을 믿었다. 그는 남달리 절제 있다고 알려져 있어, 자신이 즐거움을 좋아해 그런 말을 하는 게 아니라 있는 그대로 진실을 말한다고 생각했기 때문이었다.

또한, 에우독소스는 즐거움의 반대인 고통을 고찰해봐도 그러한 사실이 분명히 드러난다고 생각했다. 모두가 고통을 피하는데, 고통의 반대인 즐거움은 선택하려 하기 때문이다. 가장 선택할 만 20 한 것은 우리가 다른 것 때문에 또는 다른 것을 위해 선택하지 않고 그 자체를 목적으로 선택하는 것이다. 그런데 즐거움이 그런 것이라는 데 아무도 이의를 제기하지 않는다. 사람들은 즐거움이 그 자체로 선택할 만하다고 생각하기에, 대체 무엇을 위해 즐거움을 구하느냐고 묻는 사람은 찾아볼 수 없기 때문이다.

또한, 에우독소스는 정의롭게 행하거나 절제하는 등의 좋은 것 25 에 즐거움이 더해지면, 그 좋은 것은 더 선택할 만하게 되고, 좋음에 좋음을 더하면 더 좋음이 된다고 말했다.

에우독소스의 이러한 논증은 즐거움이 여러 좋음 중 하나라는 것, 즉 다른 좋음과 마찬가지로 즐거움도 하나의 좋음이라는 것만 증명한다. 모든 좋음은 단독으로 있을 때보다 다른 좋음과 함께 있을 때 더 선택할 만하기 때문이다. 그런데 플라톤은 그런 논증을 통해 즐거움은 가장 좋음이 아님을 증명했다.[341] 즉, 즐거운 삶 30

이 실천적 지혜와 함께 있을 때가 분리되어 있을 때보다 더 선택할 만하고, 그런 식으로 결합된 것이 더 낫다면, 즐거움은 가장 좋음이 아니다. 가장 좋음에 어떤 것을 더한다고 해서 가장 좋음이 더 선택할 만한 게 되진 않기 때문이다. 또한, 어떤 것에 그 자체로 좋은 것이 더해졌다고 해서 그것이 더 선택할 만하게 되었다면, 어떤 것은 그 자체로 가장 좋음이 아님도 분명하다. 그렇다면 좋음이면서도, 다른 어떤 좋음이 더해지거나 함께함으로써 더 선택할 만하게 되지

35 않고, 우리도 참여할 수 있는 그런 좋음은 무엇일까? 우리는 바로 그것을 찾는다.

　　모든 것이 추구하는 뭔가가 좋은 게 아닐 수도 있다는 사람들은

1173a 헛소리하는 것이다. 우리는 모든 사람에게 그렇게 보이는 것이 실제로도 그렇다고 보기 때문이다. 이 확신을 부정하는 사람들도 더 확실한 견해를 찾아내지 못한다. 지성이 없는 피조물만 즐거움을 추구한다면, 그런 사람들의 말에도 일리가 있다. 하지만 실천적 지혜를 지닌 존재도 즐거움을 추구하는데도, 즐거움은 좋음이 아니라는 자들의 말에 일말의 진실이라도 들어 있겠는가? 열등한 존재

5 인 동물들조차 그들 자신보다 더 나은 본성적인 좋음이 있어 자기 나름대로 좋음을 추구하는 것일 수도 있다.[342]

　　즐거움의 반대인 고통에 대해 에우독소스가 제시한 논증도 그

---

341 플라톤, 『필레보스』 60d-e.

342 여기서 "그들 자신보다 더 나은 본성적인 좋음"은 "신적인 것"을 가리킨다. 아리스토텔레스는 제7권 제13장에서 이렇게 말한다. "모든 사람이 즐거움을 추구하지만, 모두가 같은 즐거움을 추구하는 것도 아니다. 하지만 그들이 추구하는 즐거움은 아마도 자신이 생각하는 즐거움이나 스스로 추구한다고 말하는 즐거움이 아니라, 사실은 같은 즐거움일 것이다. 모든 것은 본성적으로 어떤 신적인 것을 지니고 있기 때문이다"(1153b30-32).

다지 설득력 있어 보이지 않는다. 고통이 나쁨이라고 해서 즐거움이 좋음은 아니라고 하기 때문이다. 나쁨의 반대가 나쁨일 수도 있고, 나쁨과 좋음의 반대가 나쁘지도 않고 좋지도 않음일 수도 있다고 하는데, 그런 주장이 틀린 것은 아니지만 적어도 우리가 지금 논의하는 것에는 그대로 적용되지는 않는다. 즐거움과 고통이 둘 10 다 나쁨이면, 사람들은 이 둘 모두를 피할 것이고, 즐거움과 고통이 나쁘지도 않고 좋지도 않다면, 사람들은 이 둘 모두를 피하지도 않고 추구하지도 않아야 하는데, 실제로 사람들은 고통을 나쁨이라고 생각해 피하고, 즐거움을 좋음이라고 생각해 추구하기 때문이다. 따라서 즐거움과 고통은 서로 반대된다.

제3장
즐거움은 유익하지 않다는 견해

또한, 즐거움은 "질"의 범주에 속하지 않지만, 그런 이유로 즐거움도 좋음에 속하지 않는다고 하는 것은 옳지 않다. 미덕의 활동도 "질"의 범주에 속하지 않고, 행복도 "질"의 범주에 속하지 않기 때 15 문이다.[343]

　좋음은 확정되어 있지만, 즐거움은 클 수도 작을 수도 있다는 점에서 확정되어 있지 않다고 그들은 말한다. 그런데 그들이 이렇게 사람이 느끼는 즐거움을 기준으로 즐거움은 확정되어 있지 않다고 한다면, 정의를 비롯한 다른 미덕에 대해서도 그렇게 말해야 한다.[344] 즉, 그런 기준에 따라 판단한다면, 어떤 사람이 지닌 미덕 20 과 그 미덕에 따른 행위가 더 크거나 작다고 말해야 한다. 사람마다 정의나 용기가 더 많거나 적을 수도 있으며, 사람들은 더 정의롭게 행하거나 더 절제 있게 행할 수도 있으며, 덜 그럴 수도 있기 때문이다.

그들은 사람이 느끼는 즐거움에 대해서만 말할 뿐, 그런 즐거움의 뿌리인 원래 즐거움에 대해서는 말하지 않았다. 그리고 사람이 느끼는 즐거움에는 다른 것이 섞여 있는 즐거움도 있고 그런 것이 섞여 있지 않은 순수한 즐거움도 있다. 건강함은 확정된 것이지만 25 거기에도 더함과 덜함이 있듯, 즐거움도 당연히 그렇지 않겠는가? 건강하더라도, 모든 사람에게 항상 같은 균형 상태를 이루는 것도 아니고, 같은 사람도 항상 하나의 균형 상태를 이루는 것도 아니다. 균형 상태가 어느 정도 깨진다고 해도 건강함은 유지되고, 오직 더 건강하냐 덜 건강하냐의 차이만 있을 뿐이다. 이런 일은 즐거움과 관련해서도 일어난다.

또한, 좋음은 완전하지만, 운동과 생성은 불완전하다는 것을 전

---

343 아리스토텔레스의 『범주론』 제8장 8b27 이하 설명에 따르면, 성품은 여러 범주 중에서 어떤 것의 성질을 나타내는 "질"의 범주에 속한다. 좋은 성품, 즉 미덕을 지닌 사람은 "좋은" 사람이고, 나쁜 성품, 즉 악덕을 지닌 사람은 "나쁜" 사람이다. 이렇게 성품은 지속성을 지녔으면서 어떤 사람의 "성질"을 보여준다는 점에서 "질"의 범주에 속한다. 하지만 미덕 활동은 "질"의 범주에 속하지 않는다. 그리고 미덕 활동에 수반되는 즐거움이나 행복도 당연히 "질"의 범주에 속하지 않는다. 하지만 미덕이 좋음이므로 그 활동도 좋음이고, 거기에 수반되는 즐거움이나 행복도 좋음일 수밖에 없다.

344 플라톤, 『필레보스』 24e25a, 31a. "좋음"은 이미 완성되어 존재하고, 생성되고 있거나 완성되어 가는 과정에 있지 않다는 면에서 "확정된 것"이다. 반면, "확정되어 있지 않은 것"은 생성이나 과정에 속하고, 좋음을 향해 완성되는 과정에 있을 수는 있지만 "좋음"은 아니다. 달리 말하면, 변화를 내포하는 것은 완성되지 않았으므로 아직 좋음이 아니다. 이것은 "좋음" 자체에 대해 말하는 것이고, 사람이 "좋음"을 어떻게 느끼느냐를 말하는 것이 아니다. "좋음"은 완성되어 있고 확정되어 있지만, 사람들은 얼마든지 그 "좋음"을 서로 다른 정도로 느끼고 경험하기 때문이다.

제하고서, 그들은 즐거움이 운동이고 생성임을 증명해 보이려고 30
한다. 하지만 그들이 즐거움은 운동이라고 한 것은 옳지 않다. 빠
름과 느림은 모든 운동의 고유 속성이고, 천체 같은 경우에는 그
자체로 빠르거나 느리지만, 그렇지 않다면 다른 것과의 관계 속에
서 빠르거나 느린데, 즐거움은 둘 중의 어디에도 속하지 않기 때문
이다. 사람은 빨리 화낼 수 있는 것처럼 빨리 즐거워할 수도 있다.
하지만 현재 즐거워하는 사람은 스스로든 남과 비교해서든 즐거워 1173b
하는 속도를 빠르거나 느리게 할 수 없다. 반면, 걷거나 성장하는
것처럼 어떤 운동 상태에 있다면 그 속도를 빠르거나 느리게 할 수
있다. 따라서 즐거움에 도달하는 것이 빠르거나 느릴 수는 있어도,
즐거움에 따라 활동하는 것, 즉 즐거워하는 것 자체는 속도를 빠르
게 하거나 느리게 할 수 없다.[345]

또한, 즐거움이 어떻게 생성일 수 있겠는가? 그들은 이렇게 말 5
한다. 어떤 것이든 아무렇게나 생기지 않고 어떤 특정한 것에서 생
기고, 사멸하면 다시 그 특정한 것으로 돌아가는데, 즐거움을 생성
해낸 것이 사멸하면 그것이 곧 고통이다. 그런데 고통은 본성적인
상태의 결핍이고, 즐거움은 본성적인 상태의 충족이다. 그리고 그
러한 결핍이나 충족은 신체에서 경험된다. 그러므로 즐거움은 본
성적인 상태의 충족이므로, 그러한 충족이 일어나는 곳, 즉 신체에 10
서 즐거움이 생긴다.[346]

---

345 즐거움에 도달하는 것이 빠를 수도 있고 느릴 수도 있다는 것은 즐거움이 "과정"이
나 "운동"임을 증명하지 않는다. 그것은 즐거움 자체가 빠르고 느린 것과는 아무 상
관이 없기 때문이다. 따라서 일단 즐거움이 있고 나서, 그 속에 운동의 속성인 빠르
고 느림이 존재하는 것을 살펴야 하는데, 걷기와는 달리 즐거움 속에는 그런 게 없
으므로, 즐거움은 운동이 아니라는 뜻이다.

하지만 그들의 말은 사실이 아닌 듯하다. 물론, 신체의 충족에
서 즐거움을 느끼고, 신체의 결핍에서 고통을 느끼는 사람도 있지
만, 즐거움은 단지 신체의 충족이 아니다. 이 견해 자체는 먹는 것
15 과 관련해 느끼는 고통과 즐거움에서 생긴 듯하다. 결핍으로 고통
을 느끼다가 충족되면 즐거움을 느끼기 때문이다. 그러나 모든 즐
거움이 그런 식으로 생기지는 않는다. 배우는 즐거움, 감각에 따른
즐거움 중에서 후각과 청각과 시각에 따른 많은 즐거움, 기억과 희
망에 따른 즐거움은 다들 고통이 먼저 있고 난 후에 생기는 즐거움
이 아니다. 그렇다면 그런 즐거움을 생기게 하는 것은 무엇인가?
20 거기에는 즐거움을 생기게 해줄 결핍 같은 게 전혀 없다.[347]

　즐거움이 좋음이 아니라고 주장하려고 비난받아 마땅한 즐거움
을 제시하는 사람들에게 우리가 해줄 말은 그런 즐거움은 참 즐거
움이 아니라는 것이다. 나쁜 상태에 있는 사람들에게도 즐거운 것
이 있겠지만 오직 그들에게만 즐거운 것뿐이고, 실제로 즐거운 것
은 아님을 알아야 한다. 즉, 병자들이 건강에 좋거나 달거나 쓰다
25 고 느끼는 것은 그들에게만 그럴 뿐이다. 눈병에 걸린 사람에게 희
게 보이는 것이 실제로 흰 것이 아닌 것과 같다.

　또는, 즐거움은 선택할 만하지만, 비난받아 마땅한 데서 나오

---

346 즐거움은 "생성"이어서 좋음이 아니라고 말하는 사람들은 신체가 결핍되었다가 충
족될 때 즐거움이 생성되었다가 사멸된다고 말한다. 따라서 그런 즐거움은 끊임없
이 변화되고 생성과 사멸을 반복하는 불확정적인 것이므로 좋음이 아니다.

347 즐거움은 결핍이 충족될 때 생성되었다가 나중에 사멸되는 것이 아니라, 미덕들의
활동에 따라 생성된다. 즉, 미덕들이 활동할 때 즐거움은 즉시 완성되고 확정된 형
태로 존재하며, 생성과 변화와 사멸 과정을 거치지 않는다. 따라서 즐거움은 "운
동"도 "생성"도 아니다. 이러한 것이 진정한 즐거움이고, 결핍이 충족되었을 때 느
끼는 즐거움은 유사성에 따른 즐거움일 뿐이다.

는 즐거움까지 그렇지는 않다고 말할 수 있다. 이것은 부자가 되는 것은 선택할 만하지만, 조국을 배신한 대가로 부자가 되는 일은 선택할 만하지 않은 것과 같다. 건강함은 선택할 만하지만, 무엇이든지 닥치는 대로 다 먹어서 건강해지는 것은 선택할 만하지 않은 것과 같다. 또는, 즐거움에도 여러 종류가 있어 서로 질적으로 다르다고 말할 수도 있다. 고귀한 데서 나오는 즐거움과 수치스러운 데서 나오는 즐거움은 서로 다르고, 정의로운 사람이 아 30 니라면 정의로운 사람이 누리는 즐거움을 얻을 수 없으며, 음악가가 아니라면 음악가가 누리는 즐거움을 얻을 수 없고, 이것은 다른 경우도 마찬가지다.

친구는 아첨꾼과 다르다는 것도, 이처럼 좋음이 아닌 즐거움이 있고, 즐거움이라고 해서 다 같지 않고 그 종류도 서로 다르다는 것을 분명하게 보여주는 사례로 생각된다. 친구는 좋은 목적으로 사람들에게 즐거움을 주지만, 아첨꾼은 나쁜 목적으로 사람들에게 즐거움을 주기 때문이다. 두 사람이 똑같이 즐거움을 준다 해도, 그 목적이 서로 다르기에 친구는 칭찬을 받고, 아부하는 사람은 비난을 받는다.

또한, 어린아이들이 즐거워하는 데서 가장 큰 즐거움을 얻는다 1174a 고 해도, 일생 어린아이의 사고를 지니고 살아가는 것을 선택할 사람은 아무도 없다. 수치스러운 짓으로 즐거움을 얻고, 나중에 전혀 고통이 없더라도, 그런 식으로 일생을 살아가길 선택할 사람도 아무도 없다. 또한, 아무런 즐거움을 얻지 못하더라도, 우리가 열정 5 적으로 하고 싶어 하는 것도 많다. 예컨대, 보고, 기억하고, 알아가고, 미덕을 지니는 것이 그러하다. 그런 일에는 필연적으로 즐거움이 수반되지만, 그런 것에서 즐거움이 나오느냐 나오지 않느냐는 사실은 우리가 그 일을 하는 데 아무런 영향을 미치지 못한다. 거기서 즐거움이 나오지 않는다고 해도, 우리는 그것을 선택할 것이기 때문이다.

따라서 모든 즐거움이 다 좋음도 아니고, 선택할 만한 것도 아님은 이제 분명해진 듯하다. 그리고 어떤 즐거움은 다른 즐거움과는 종류도 다르고 출처도 달라 그 자체로 선택할 만하다는 것도 이제 분명해졌다.

이상으로 즐거움과 고통에 대해서는 충분히 살펴보았다.

제4장
활동이라는 즐거움

즐거움은 무엇이고, 어떤 성질을 지녔는가는 처음부터 이 문제를 다시 살펴볼 때 좀 더 분명해진다.

본다는 것은 그 즉시 완전하다. 처음에는 불완전하게 생겼다가 나중에 완전한 형태가 되는 것이 아니기 때문이다. 즐거움도 그런 것과 비슷하다. 처음부터 완전한 형태로 존재할 뿐이며, 시간이 흐르면서 완성되는 그런 즐거움은 시간 안에서 전혀 발견되지 않는다. 그래서 즐거움은 운동이 아니다. 모든 운동은 시간 안에 있고, 어떤 목적을 지향하고 있어(예컨대, 집을 짓는 것), 그 운동이 추구한 것을 만들어냈을 때 완성되는 까닭에, 지속한 시간 전체를 거친 후 최종적인 순간에 완성되기 때문이다.

어떤 운동이 지속하는 동안 각 운동은 그 종류에서 운동 전체와도 다르고 서로 간에도 다르다. 예컨대, 신전을 짓는 동안에 돌들을 서로 맞춰 쌓는 것과 원주 기둥에 홈을 파는 것은 서로 다르고,[348] 이 각각의 운동은 그렇게 해서 지어진 신전과도 다르다. 지 25
어진 신전이 완성된 것이라면(처음 설계한 것에서 전혀 결핍이 없다),
초석 놓는 것과 원주 기둥에 세 줄 홈을 파는 것은 완성된 것이 아
니기 때문이다. 그런 것은 부분이다. 따라서 그것은 종류에 있어
다르고, 운동이 지속되면서 어느 시점에서 보더라도 완성된 형태
의 운동을 발견할 수는 없다. 굳이 그 시간 안에 완성된 형태의 운
동을 발견해내려고 한다면, 오직 그 시간 전체 속에서만 발견된다
고 말할 것이다.

　이것은 걷는 것을 비롯해 그 밖의 다른 운동에서도 마찬가지다.
어디에서 어디까지 이동하는 운동에는, 날기, 달리기, 뛰기 등과 30
같이 서로 다른 여러 운동이 있다. 그리고 달리기라는 운동 안에도
서로 다른 많은 운동이 있다. 어디에서 어디까지 이동하는 운동이
라고 해도, 경기장 전체를 달리는 운동과 그 일부를 달리는 운동이
서로 다르고, 그 각각의 부분에서 달리는 운동이 서로 다르며, 달
리기하는 사람이 통과하는 표시선은 하나의 선이 아니라 어느 지 1174b
점에 있는 선이고, 이 선이 있는 지점과 저 선이 있는 지점이 다르
기에, 각각의 선을 통과하는 운동도 서로 다르다.

　운동에 관해서는 다른 책에서 자세하게 다루었지만,[349] 어디에
서 어디까지 이동하는 운동은 종결 시 완성된 형태가 되므로, 그

---

348 그리스 건축에서는 원주 기둥을 세울 때 먼저 원형 모양으로 다듬은 돌들을 쌓아올
린 후에 그 돌들에 세 줄 홈을 파서 원주 기둥을 만들어낸다. 여기서는 최종 결과
물인 신전을 완성하기 위한 여러 운동, 즉 초석 놓는 것, 돌들을 서로 맞춰 쌓는 것,
세 줄 홈을 파는 것을 구별했다.

349 아리스토텔레스, 『자연학』 제6-8권.

운동이 지속하는 동안에는 어느 시점에서나 완성된 형태의 운동은 존재할 수 없고, 그 시간에 존재하는 수많은 운동은 불완전할 뿐
5 아니라 종류에서도 서로 다르다.

반면, 즐거움은 어느 시점에서나 항상 완성된 형태로 존재한다. 따라서 즐거움과 운동은 서로 다르고, 즐거움은 전체로 완전하게 존재함이 분명하다. 이것은 운동이 시간의 흐름 안에 있어야만 가능하지만, 즐거움은 그렇지 않다는 것을 보더라도 확인된다. 즐거워함은 그 즉시 완성되어 완전한 형태로 존재하기 때문이다.

10 이러한 사실들로부터, 즐거움을 운동이자 생성이라고 하는 것은 확실히 옳지 않다. 운동과 생성이라는 말은 모든 것에 사용되지 않고, 전체가 아니어서 나눌 수 있는 것에만 사용하기 때문이다. 보는 것이나 점이나 단일체는 생성이 아니고, 그런 것은 운동도 아니고 생성도 아니다. 마찬가지로, 즐거움도 운동도 생성도 아니다. 즐거움은 전체로 존재하기 때문이다.

15 모든 감각은 자신의 고유한 감각 대상과 관련해 활동하고, 좋은 상태에 있는 어떤 감각이 자신의 고유 감각 대상 중에서 최고의 것과 관여할 때 완전한 활동이 된다. (완전한 활동은 무엇보다도 그렇게 보인다. 이때 감각이 활동한다고 하든 감각기관이 활동한다고 하든, 아무런 차이가 없다.) 따라서 각각의 감각에서 가장 좋은 활동은 가장 좋은 상태인 감각이 자신의 고유한 감각 대상 중에서 가장 훌륭한 것과
20 관련되어 하는 활동이다. 이 활동이야말로 가장 완전하고 즐거운 활동이다. 각각의 감각에 따른 즐거움이 존재하고, 마찬가지로 사고와 관조에 따른 즐거움도 존재한다. 가장 완전한 것이 가장 즐겁고, 좋은 상태에 있는 감각이나 사고가 자신의 고유한 대상 중에서 가장 훌륭한 것과 관련해 활동하는 것이 가장 완전하다. 그리고 그

활동을 완성하는 것이 즐거움이다.

하지만 즐거움이 활동을 완성하는 방식은 훌륭한 감각과 훌륭 25
한 대상이 서로 만나 활동을 완성하는 방식과는 다르다. 이것은 건
강함과 의사가 사람을 같은 방식으로 건강하게 해주지 않는 것과
같다. 각각의 감각이 즐거움을 만들어내는 것은 분명하다. 우리는
볼 만하고 들을 만한 것을 즐겁다고 말하기 때문이다. 또한, 각각
의 감각이 가장 좋은 상태에 있고, 가장 좋은 대상과 관련해 활동
할 때 각각의 감각으로부터 즐거움이 생긴다는 것도 분명하다. 감 30
각과 대상이 가장 좋은 상태에 있을 때는 감각을 만들어내고 받아
들이는 것, 둘 다 존재하므로 거기에는 항상 즐거움이 있다.

즐거움은 이미 내재한 성품이 활동을 완성하는 것과 같은 방식
이 아니라, 한창때 젊은이들에게서 젊음이 피어나듯 완성한 활동
에서 성품이 생겨³⁵⁰ 최종 목적으로 그 활동을 완성한다.³⁵¹ 따라서
한편으로는 사고나 감각 대상이 있어야 할 모습으로 있고, 다른 한
편으로는 그 대상을 지각하거나 관조하는 것이 있어야 할 모습으
로 있다면, 그 활동에는 반드시 즐거움이 있다. 그런 식으로 행함 1175a

---

350 여기서 "생기다"라는 표현을 사용한다고 해서 즐거움이 "생성"임을 의미하지는 않
는다. 앞서 말한 "생성"은 생성과 변화와 사멸의 과정에 속한 것을 가리키고, 여기
서 "생기다"는 미덕 활동 속에 잠재한 것이 드러남을 가리킨다. 따라서 미덕 활동
을 통해 즐거움이 생긴 것을 "생성"이라고 하지 않고, 미덕 활동이 중지되었을 때
즐거움이 사라진다고 해서 그것을 "사멸"이라고 하지도 않는다.

351 도덕적 미덕이나 지적 미덕이 활동해 그 고유 대상과 결합되었을 때 활동은 완성된
다. 즉, 거기에 반드시 즐거움이 더해져야만 완성되는 것이 아니다. 그렇다면 즐거
움은 무엇인가? 즐거움은 이미 완성된 활동으로부터 흘러나와 그 활동에 면류관을
씌우는 것이고, 그 활동의 최종 목적이기도 하다. 그리고 이 즐거움의 최고 형태가
곧 "행복"이다. 이것은 한창때 젊은이에게서 젊음이 흘러나와 젊은이를 아름답고
빛나게 하는 것과 같다. 하지만 그 젊음이 젊은이를 완성하는 것은 아니다.

과 받아들임이 같은 모습으로 존재하면서 서로 같은 방식으로 관계를 맺는다면, 거기서는 반드시 즐거움이 생길 수밖에 없다.

그렇다면 지속해 즐거움을 누리는 사람이 아무도 없는 이유는 무엇인가? 즐거움을 지속해서 누리면 지치기 때문인가? 그것
5 은 인간에게 속한 모든 것은 지속적인 활동이 불가능하기 때문이다. 따라서 즐거움도 지속해서 생기지 않는다. 즐거움은 활동할 때 따라오기 때문이다. 처음에 새로울 때는 즐거웠던 것이 시간이 지나면서 그 즐거움이 줄어드는 이유도 같다. 즉, 처음에는 사고가 자극을 받아 활발하게 활동하지만, 시간이 지나면서 그 활동이 느슨해진다. 예컨대, 어떤 것을 응시했을 때 처음에는 집중
10 하지만, 나중에는 산만해지는 것이 그렇다. 그래서 즐거움도 시들해지고 만다.

모든 사람은 살아감을 추구하기에 즐거움을 얻으려 한다. 살아감은 일종의 활동이고, 각자는 자기가 가장 사랑하는 능력을 사용해 가장 사랑하는 것을 대상으로 삼아 활동한다. 예컨대, 음악가는 자기 청각을 사용해 음악과 관련해 활동하고, 배우는 것을 좋아하는 사람은 지성을 사용해 원리들을 탐구하며, 사람들은 다 그런 식으로 활동한다. 그리고 즐거움은 그러한 활동을 완성하고, 사람이 추구하는 삶을 완성한다. 따라서 사람이 즐거움을 추구하는 것은 당연하다. 즐거움은 이렇듯 각자의 삶을 완성하기에 선택할 만하기 때문이다.

우리가 즐거움 때문에 삶을 선택하는가, 아니면 삶 때문에 즐거움을 선택해야 하는가 하는 문제는 지금 논의하지 말자. 삶과 즐거
20 움은 서로 결합되어 있어 분리를 허용하지 않는다. 활동 없이는 즐거움이 생기지 않고, 모든 활동은 즐거움으로 완성되기 때문이다.

제5장
즐거움의 종류

그래서 즐거움은 서로 다르고 여러 종류가 있다. 종류가 다른 것은 서로 다른 것에 따라 완성되기 때문이다. (동물이나 나무 같은 자연적인 것이 완성되는 과정은 그림이나 조각상이나 집, 도구같이 사람이 기술을 사용해 완성하는 것과는 다르다.) 마찬가지로, 종류가 다른 활동은 서   25
로 다른 것에 따라 완성된다고 생각된다. 지성 활동은 감각에 따른 활동과 다르고, 지성 활동이나 감각에 의한 활동 안에서도 종류가 서로 다르다. 따라서 그 활동을 완성하는 즐거움도 서로 종류가 다르다.

각 즐거움이 자신이 완성하는 활동과 밀접하게 결합되어 있다는 사실도 이것을 분명하게 보여준다. 각 활동에 고유한 즐거움은   30
그 활동을 강화하고, 따라서 그런 즐거움에 따라 활동하는 사람은 그와 관련된 것을 더 잘 판단하고 정확하게 이해한다. 예컨대, 기하학에서 즐거움을 얻는 사람은 기하학자가 되고, 기하학과 관련된 것을 더 잘 이해하며, 마찬가지로 음악을 좋아하거나 건축을 좋아하거나 그 밖의 다른 것을 좋아하는 사람은 각각 그 분야에서 즐   35
거움을 얻기에 그 분야에서 두각을 나타낸다. 즐거움은 활동을 강화하고, 각 활동을 강화하는 것은 그 활동에 고유한 즐거움이다. 그리고 종류가 서로 다르면 각각에 고유한 것도 서로 다르다.   1175b

또한, 어떤 활동에서 유래하지 않은 즐거움은 도리어 그 활동을 방해한다는 사실도 이것을 분명하게 보여준다. 예컨대, 피리 연주를 좋아하는 사람이 토론하는데 어디선가 피리 연주 소리가 들려오면 토론에 집중할 수 없는데, 이것은 그들이 현재의 토론 활동보   5

다 피리 연주에서 더 큰 즐거움을 얻기 때문이다. 따라서 피리 연주를 듣는 것에서 생긴 즐거움으로 토론 활동이 방해를 받는다.

이런 일은 한 사람이 동시에 두 가지 활동을 할 때 언제나 일어난다. 그때 더 큰 즐거움을 주는 활동이 즐거움이 덜한 활동을 밀어내고, 그 즐거움의 차이가 클수록 그 밀어내는 것도 커져서, 마
10 침내 한쪽 활동을 전혀 할 수 없게 되기도 한다. 그래서 우리가 어떤 활동에서 아주 큰 즐거움을 얻고, 다른 활동에서는 그 정도의 즐거움을 얻을 수 없으면, 다른 활동은 거의 하지 못한다. 반면, 어떤 활동에서 즐거움을 별로 얻지 못했을 때는 다른 활동에서 즐거움을 얻으려고 할 것이다. 예컨대, 극장에서 군것질하는 사람들은 배우들 연기가 형편없을 때 군것질이 심해진다.

어떤 활동에 고유한 즐거움은 그 활동을 더 정확하게, 지속적으로
15 로 잘하게 하지만, 그 활동에 이질적인 즐거움에는 방해를 받는다는 사실은 이 두 즐거움 간에 큰 차이가 있음을 분명하게 보여준다. 어떤 활동에 고유한 고통도 그 활동을 방해하는데, 어떤 이질적인 즐거움은 그 활동에 고유한 고통과 거의 같은 작용을 하기 때문이다. 예컨대, 글 쓰는 것이 고통스러운 사람이나 계산이 고통
20 스러운 사람은 그런 활동이 고통스럽기 때문에 하지 않는다. 이렇게 어떤 활동에 고유한 즐거움과 고통은 그 활동에 정반대로 작용한다. 여기서 "고유하다"라는 것은 그 활동 자체에서 생긴다는 의미다. 그리고 앞서 말했듯, 어떤 활동에 이질적인 즐거움도 그 활동에 고유한 고통과 비슷한 작용을 한다. 이 둘이 작용하는 방식이 서로 같지는 않지만, 어떤 활동에 이질적인 즐거움도 그 활동을 방해하기 때문이다.

25 　　그런데 활동은 훌륭함과 나쁨에 차이가 있고, 어떤 활동은 바람

직하다면 어떤 활동은 피해야 하며, 어떤 활동은 바람직하지도 피해야 하지도 않는다면, 이것은 즐거움과 관련해서도 마찬가지다. 각 활동에서 나오는 고유한 즐거움이 있기 때문이다. 그래서 훌륭한 활동에 고유한 즐거움이 있다면 훌륭하고, 나쁜 활동에 고유한 즐거움이 있으면 나쁘다. 고귀한 것에 대한 욕망은 칭찬할 만하다면, 수치스러운 것에 대한 욕망은 비난받아 마땅하기 때문이다.

어떤 활동 안에 있는 즐거움은 그것을 바라는 욕구보다 그 활동 30 에 더 고유하다. 욕구는 시간적으로나 본성적으로 활동과 분리되어 있지만, 즐거움은 활동과 분리되어 있지 않고 붙어 있어, 활동과 즐거움은 같다는 논란을 일으킬 정도이기 때문이다. 그럼에도 즐거움은 지성의 활동도 감각의 활동도 아닌 듯하다(만일 즐거움이 35 그런 활동이라면 불합리할 것이다).

그런데도 즐거움은 활동과 분리되지 않기 때문에, 어떤 사람은 마치 이 둘이 같다고 생각한다. 따라서 활동이 서로 다르듯, 즐거움도 서로 다르다. 시각은 촉각보다 더 순수하다는 점에서 촉각과 1176a 다르고, 청각은 미각과 다르며, 후각도 미각과 다르다. 마찬가지로, 즐거움도 서로 다르다. 사고와 관련된 즐거움은 감각과 관련된 즐거움과 다르고, 각 부류에 속한 즐거움끼리도 서로 다르다.

동물마다 자신에게 주어진 고유한 일이 있듯이, 고유한 즐거움도 있다. 즐거움은 활동에서 나오기 때문이다. 이것은 각 동물을 5 살펴보면 분명해진다. 말이 얻는 즐거움, 개가 얻는 즐거움, 인간이 얻는 즐거움은 각각 달라서, 헤라클레이토스가 말했듯, 나귀는 황금보다는 먹을 것에서 즐거움을 얻으므로 황금보다는 타작을 끝낸 후의 쭉정이들을 더 선호할 것이다.[352] 따라서 종류가 다른 동물들은 각각 즐거움이 서로 다르고, 같은 종류에 속한 동물의 즐거움은 다르지 않다고 말해야 맞다.

10   그러나 인간은 즐거움을 얻는 것이 사람마다 큰 차이가 있다. 같은 것을 두고도 어떤 사람은 즐겁지만 어떤 사람은 고통을 받으며, 어떤 사람에게는 고통스럽고 싫은데 누군가에게는 즐겁고 사랑스럽다. 이런 일은 단것과 관련해서도 일어난다. 같은 단것이라도 열병을 앓는 사람과 건강한 사람은 똑같이 달게 느끼지 않는다. 마찬
15   가지로, 따뜻한 것도 허약한 사람과 건장한 사람에게 똑같이 따뜻하게 느껴지지 않는다. 이런 일은 다른 경우에도 일어난다.

하지만 이와 관련해 훌륭한 사람이 어떻게 생각하느냐가 사실과 부합하고, 실제로도 그렇다. 이 말이 옳고, 미덕과 좋은 사람이 모든 것을 재는 척도라면, 즐거움도 좋은 사람이 즐겁다고 느끼는
20   것이 즐거움이고, 그가 즐거워하는 것이 진정한 즐거움이다. 좋은 사람에게 불쾌한 것이 남에게 즐겁게 보일 수 있지만, 그렇다고 해도 전혀 이상한 일이 아니다. 사람들은 많이 파괴되고 타락해 있기 때문이다. 그런 것은 즐거운 게 아니며, 오직 그런 사람이나 그런 상태에 있는 자들에게만 즐거운 것이다. 따라서 사람들이 이구동성으로 즐겁다고 하는 것은 진정 즐거운 것이 아니고, 그 타락한 사람들에게만 즐거운 것이 분명하다.

그렇다면 훌륭하다고 생각하는 즐거움 중에서 어떤 성질의 즐
25   거움 또는 어떤 즐거움을 인간에게 고유한 즐거움이라고 해야 하는가? 즐거움은 활동에 수반하므로, 이 문제는 활동을 살펴보면 분명해지지 않겠는가? 따라서 완전하고 행복한 사람의 활동이 하나든 다수든, 그러한 활동을 완성하는 즐거움이 인간 고유의 즐거

---

352 헤라클레이토스, 『단편』 22 B9(DK).

움이라고 할 수 있다. 그리고 다른 활동에서 나오는 그 밖의 다른 즐거움은 부차적인 의미에서 혹은 한참 먼 의미에서만 인간에게 즐거움이다.

제6장
행복

지금까지 미덕과 사랑과 즐거움에 관해 살펴보았다.[353] 이제 행복 30
에 관해 개략적으로 살펴보는 일이 남았다. 우리는 행복이 인간의 고유한 목적이라고 규정했기 때문이다. 먼저 지금까지 말한 것을 요약해보면, 행복에 관한 논의가 좀 더 간결해질 것이다.

우리는 행복은 성품이 아니라고 말했다.[354] 행복이 성품이라면, 평생 잠만 자면서 식물처럼 사는 사람이나, 큰 불운을 겪는 사람도 35
행복하다고 말할 수 있기 때문이다. 따라서 그런 결론들은 받아들 1176b
일 수 없고, 앞서 말했듯 행복은 활동이라고 규정해야 한다.[355] 그

---

353 아리스토텔레스는 이 책의 첫머리에서 인간에게 가장 좋음은 "행복"이라고 부르는 것에 있다고 한 후에, "행복"을 논의하는 정지작업(整地作業)으로, 행복의 기초가 되는 "정의"에 대해 많은 지면을 할애해 설명했다. 넓은 의미의 "정의"는 도덕적 미덕과 지적 미덕을 가리키기 때문이다. 그런 후에 이 "정의"를 완성하는 공동체적인 미덕인 "사랑"('필리아')에 대해 설명하고 "정의"와 "사랑"을 완성하는 것이자 그 최종 목적인 "즐거움"에 대해 설명함으로써, "행복"을 말하기 위한 모든 작업을 마쳤다. "행복"은 모든 "즐거움"에서 최고의 즐거움을 가리키기 때문이다. 참고로 "행복"으로 번역한 '에우다이모니아'(εὐδαιμονία)는 "선한 신으로부터 축복받았다"라는 의미다.

354 제1권 제5장 1095b31-1096a2, 제7권 제13장 1153b19.

355 제1권 제7장 1098a5-7, 제8장 1098b31-1099a7.

런데 어떤 활동은 다른 것을 이루기 위해 꼭 필요해서 선택할 만하다면, 어떤 활동은 그 자체로 선택할 만한데, 행복은 그 자체로 선택할 만한 활동 중 하나이고, 다른 것을 이루기 위해 선택할 만한 활동 중 하나가 아님이 분명하다. 행복은 그 자체로 충분하고 결핍된 것이 전혀 없어서, 다른 것을 이루려고 하는 활동이 아니기 때문이다. 미덕에 따른 행위가 그러한 활동이다. 고귀하고 훌륭한 활동은 그 자체로 선택할 만하기 때문이다.

즐거운 놀이도 그 자체로 여기 속한 것으로 보인다. 사람들은 다른 어떤 것을 이루려고 놀이를 선택하지 않기 때문이다. 그렇게 하면 사람들에게 도움보다는 도리어 해가 된다. 놀이에 빠지면 사람들은 자기 몸과 재산을 돌보는 것을 소홀히 하기 때문이다. 세상에서 행복하다고 일컫는 사람 대부분이 놀이에 빠져 세월을 보낸다. 그래서 놀이로 세월을 보내는 데 능한 사람이 참주들의 총애를 받아 주변에 모여 있다. 참주들이 그런 것을 추구하고, 그런 즐거움을 주는 자들을 원하기 때문이다. 권력자들이 놀이로 여가를 보내므로 사람들은 놀이를 행복한 활동이라고 생각한다.

하지만 권력자들의 활동이라고 해서 행복과 관련되어 있음을 증명하지는 못한다. 훌륭한 활동을 하게 하는 미덕과 지성은 권력과는 아무런 상관이 없다. 게다가 권력자들이 자유민에게 어울리는 순수한 즐거움을 경험하지 못해 신체적인 즐거움에 빠진 것인데도, 신체적인 즐거움을 더 바람직한 것으로 생각하는 것은 타당하지 않다. 어린아이들도 또래 사이에서 치켜세우는 것을 최고라고 생각한다. 이렇게 어린아이와 어른이 명예로 여기는 것이 서로 다르듯, 나쁜 사람과 훌륭한 사람이 명예로 여기는 게 서로 다를 수밖에 없다. 앞서 여러 번 말했듯,[356] 훌륭한 사람이 명예나 즐거

움으로 여기는 것이 진정으로 명예롭고 즐거운 것이다. 각자에게
는 자신의 고유한 성품에 따른 활동이 가장 바람직하므로, 훌륭한
사람에게는 미덕에 따른 활동이 가장 바람직하다.

따라서 행복은 놀이에 있지 않다. 만일 인간의 목적이 놀이이   30
고, 사람이 놀이를 즐기려고 일생 온갖 어려움과 수고를 감내하는
게 사실이라면, 정말 황당한 일이다. 행복을 제외하면, 우리가 선
택하는 전부는 다른 것을 이루고자 선택하는 것이다. 행복이 인간
의 목적이기 때문이다. 그런데 행복이 놀이에 있다면, 사람이 놀이
를 즐기려고 온갖 일을 다하고 힘든 일도 마다하지 않는다는 것인
데, 그런 인생은 너무나 한심하고 유치해 보인다. 아나카르시스가
말했듯,[357] 열심히 일하려고 놀이한다는 것이 옳아 보인다. 놀이는
휴식 같은 것이고, 인간은 쉬지 않고 계속 일할 수 없기에 휴식이   35
필요하기 때문이다. 따라서 휴식은 인간의 목적이 될 수 없다. 휴   1177a
식은 활동을 위해 존재하기 때문이다.

행복한 삶은 미덕에 따른 삶으로 생각된다. 그런 삶은 놀이를 즐기
는 삶이 아니라, 열심히 애쓰고 노력하는 삶이다. 또한, 우리는 웃고
노는 것보다 진지하게 일하는 것이 더 낫다고 말하고, 더 좋은 부분
이든 더 좋은 사람이든, 둘 중에서 더 나은 쪽 활동이 더 진지하다고   5
말한다. 더 좋은 것의 활동이 더 우월하고 행복에 더 가깝다.

---

356 제1권 제8장 1099a13, 제3권 제4장 1113a22-33, 제9권 제4장 1166a12, 제9장
1170a14-16, 제10권 제5장 1176a15-22.
357 "아나카르시스"는 스키타이 출신 철학자로, 고대 이란의 북부 해안에 있던 고향을
떠나 천하를 유람하다가, 기원전 589년에 아테네에 와서 당시 아테네를 통치하던
솔론과 친구가 되었고, 직설적이고 솔직담백한 화법으로 유명해졌다. 고대 저술가
들은 그를 고대 그리스의 일곱 현인 중 한 명으로 꼽았다.

신체적인 즐거움은 누구나, 심지어 노예조차도 훌륭한 사람 못지않게 누릴 수 있다. 하지만 노예가 인간다운 삶을 누린다고 말할 수는 없다. 설령 그렇게 말하더라도, 노예가 행복을 누리는 일은 불가능하다.[358] 행복은 놀이 같은 신체적인 즐거움을 누리며 세월을 보내는 것이 아니라, 앞서 말했듯[359] 미덕에 따른 활동에 있기 때문이다.

제7장
관조적 활동이라는 행복

행복이 미덕에 따른 활동이라면, 그중에서도 최고의 미덕을 따랐다고 하는 것이 맞다. 최고의 미덕은 인간을 구성하는 것 중에서 가장 좋음과 관련된 미덕이다. 그것이 지성이든 아니면 다른 무엇이든, 인간 안에서 가장 좋은 그것은 본성적으로 한 사람을 지배하고 이끌며, 고귀하고 신적인 것이 무엇인지 이해한다. 그 자체가 신적이든 아니면 우리 안에 있는 것 중에서 가장 신적인 것이든 간에 자신의 고유한 미덕에 따라 행하는 활동이 곧 완전한 행복이다.

이미 앞서 말했듯,[360] 관조적 활동이 그런 활동이다. 이것은 지금까지 말해왔던 것과도 부합하고,[361] 진실과도 부합한다. 관조적 활동은 최고의 활동이다. 우리 안에 있는 것 중에서 최고는 지성이

358 아리스토텔레스는 이성적 선택, 숙고, 추론, 시민의 삶처럼 인간으로 갖추어야 할 기본 활동이 노예에게는 결여되어 있다고 보았다. 아리스토텔레스, 『정치학』 제3권 제9장 1280a32-34를 참조하라.

359 제1권 제7장 1098a16, 제10권 제6장 1176b1-9.

고, 인간이 알 만한 것 중에서 최고 대상은 지성이 다루는 대상이기 때문이다.

또한, 관조적 활동은 가장 지속적인 활동이다. 어떤 행위보다 관조하는 것은 더 오래 지속할 수 있다. 그리고 행복은 즐거움을 포함해야 한다고 생각하는데, 누구나 인정하듯 미덕에 따른 활동 중에서 철학적 지혜에 따른 활동이 가장 즐겁다. 어쨌든 적어도 철 25 학하는 활동은 순수함과 견고함에서 타의 추종을 불허하는 놀랄 만한 즐거움을 지녔다. 물론, 이미 철학적 지식을 가진 사람이 철학적 지식을 추구하고 있는 사람보다 관조적 활동을 통해 더 큰 즐거움을 누리며 살아갈 것은 두말할 필요가 없다.

또한, 우리가 말하는 자족함[362]도 다른 무엇보다도 관조적 활동과 관련되어 있다. 철학적 지혜를 지닌 사람이든, 정의로운 사람이든, 그 밖의 다른 미덕을 지녔든, 살아가는 데 반드시 필요한 것이 있다. 하지만 그런 것이 충분히 갖춰졌더라도, 정의로운 사람이 정 30 의로운 행위를 하려면 그러한 상대방이나, 함께 정의로운 일을 할 사람이 필요하고, 이것은 절제 있는 사람이나 용기 있는 사람이나 그 밖의 다른 미덕을 지닌 사람도 마찬가지다. 반면, 철학적 지혜를 지닌 사람은 혼자서도 관조할 수 있고, 그가 지혜로울수록 더욱 그렇게 할 수 있다. 물론, 그에게 철학 활동을 함께하는 사람이 있

---

360 제1권 제5장 1095b14-1096a5, 제6권 제7장 1141a18-1141b3, 제6권 제12장 1143b33-1144a6, 제13장 1145a6-11.

361 제1권 제7장 1097a25-1097b21, 제8장 1099a7-21, 제10권 제3장 1173b15-19, 제 4장 1174b20-23, 제5장 1175b36-1176a3.

362 "자족함"(αὐτάρκεια, 아우타르케이아)은 자기 안에 모든 것이 충분히 갖추어져 있어 부족함이 전혀 없고, 외부로부터 어떤 것을 필요로 하지 않는 상태를 가리킨다.

다면 더 낫겠지만, 그럼에도 철학적 지혜를 지닌 사람이 가장 자족적이다.

1177b 또한, 오직 관조적 활동만이 그 자체로 사랑받는다. 관조적 활동에서는 관조하는 것 외에는 아무것도 생기지 않지만, 실천적 미덕에 따른 여러 활동에서는 그 행위 외에도 많든 적든 뭔가를 얻으려고 하기 때문이다.

또한, 행복은 여유로운 삶에 있다. 우리가 분주하게 일하는 것은 여유로운 삶을 누리기 위해서이고, 전쟁하는 것은 평화롭게 살기 위한 것이기 때문이다. 따라서 실천적 미덕에 따른 활동은 정치나 전쟁과 관련되고, 그와 관련되어 여유로운 삶이 아니라 분주하게 일하는 삶이 따른다. 전쟁과 관련된 행위는 전적으로 그러하다.
5 (전쟁 자체를 목적으로 전쟁하거나 준비하는 사람은 아무도 없다. 오직 전쟁해서 사람을 죽이려는 목적으로 친구를 적으로 만든다면, 그는 두말할 필요도 없이 피에 굶주린 사람이다.) 정치가의 행위도 정치적 행위 외에 스스로 권력과 명예를 얻으려고 하거나, 자신과 시민에게 행복을 가져다주려는 것이므로 여유로운 삶이 아니라 분주한 활동이 따른
15 다. 그런 것은 정치적 행위와는 다르고, 정치가는 정치적 행위와는 다른 것으로 이를 추구한다.

따라서 미덕에 따른 행위 중에서 정치적 행위나 전쟁과 관련된 행위가 고귀함과 위대함에서는 뛰어나다고 해도, 그런 행위는 여유로운 삶이 아닌 분주한 활동에 속하고, 어떤 목적을 지향하며, 그 자체로 바람직한 것은 아니다. 반면, 지성의 활동은 관조적인
20 것으로 진지함에서 특별하고, 그 활동 외에는 어떤 다른 목적을 추구하지 않으며, 고유한 즐거움이 있다(그래서 이 즐거움은 활동을 강화한다). 또한, 자족성과 여유, 싫증 없는 삶을 비롯해 행복한 사람에

게 주어진 모든 것이 인간에게 가능한 범위 내에서 이 활동에 따라 온다. 그렇다면 이러한 지성의 활동이 일생에 걸쳐 이루어지기만 25 한다면, 이 활동은 인간의 완전한 행복일 것이다.[363] 이 행복을 구성하는 것 중에서 불완전한 게 하나도 없기 때문이다.

하지만 인간은 이런 삶에 도달할 수 없다. 어떤 신적인 것이 인간 안에 있을 때만 가능하기 때문이다. 따라서 이 신적인 것이 혼과 신체의 복합물로서 인간적인 것보다 더 우월한 정도만큼, 이 신적인 것의 활동은 다른 미덕에 따른 활동보다 더 우월하다. 그리 30 고 지성이 인간적인 것에 비해 신적이라면, 지성에 따른 삶은 인간적인 삶에 비해 신적이다. 그러므로 우리는, 인간은 인간적인 것을 생각해야 하고 인간은 죽을 수밖에 없는 존재이므로 유한한 것을 생각해야 한다고 충고하는 자들의 말을 따라서는 안 된다.[364] 불멸의 존재가 되려고 최선을 다해야 하며, 우리 안에 있는 것 중에서 최고의 것을 따라 살아가기 위해 온 힘을 기울여야 한다. 이 최고 1178a 의 것은 크기는 작지만, 능력과 존귀함에서는 다른 모든 것보다 월등하기 때문이다. 그리고 이 최고의 것은 한 사람 안에서 가장 좋은 부분이고 각 개인을 지배하는 부분이라는 점에서 실제로는 자기 자신이다. 따라서 이 최고의 것을 따라 자신의 고유한 삶을 살아가지 않고, 다른 삶을 살아가는 일은 불합리해 보인다. 또한, 우

---

363 행복하기 위한 다른 모든 조건이 다 갖추어져 있더라도, 그 행복이 일생 지속하지 않는다면, 그 한 가지 불완전한 요소 때문에 행복은 완전한 행복일 수 없다.

364 소크라테스는 물리학이나 천문학이나 우주론 같은 것은 인간이 탐구하기에는 적절하지 않으므로 신들에게 맡겨두어야 한다고 말했다(크세노폰, 『소크라테스 회상』 I.1.12). 하지만 아리스토텔레스는 그런 사고를 패배주의로 보고, 인간이 할 수 있는 한 최선을 다해야 한다고 생각해, 실제로 자연학 탐구에 많은 힘을 쏟았다.

5 리가 앞서 말한 것, 즉 각자에게 고유한 것이 본성적으로 각자에게 가장 좋고 가장 즐겁다는 말은 여기에도 그대로 적용된다.[365] 그러므로 지성이 다른 무엇보다도 인간에게 고유하므로, 인간은 지성을 따른 삶을 살아갈 때 좋고 가장 즐거울 수밖에 없고, 그런 삶이 가장 행복한 삶이다.

제8장
도덕적 활동은 차선의 행복이다

10 그다음으로 행복한 삶은 다른 미덕을 따른 삶이다. 그런 미덕에 따른 활동은 인간적이다. 우리는 계약과 섬김, 온갖 행위와 감정과 관련해 각각에 적절한 것을 유지하여 서로에게 정의나 용기, 그 밖의 다른 미덕에 따른 행동을 취하는데, 이 모든 활동은 인간적이
15 다. 그런 활동 중에서 신체로부터 생기는 듯 보이는 것도 있는데, 도덕적 미덕은 감정들과 깊이 연루된 듯하다.

또한, 실천적 지혜는 도덕적 미덕과 연결되어 있고, 도덕적 미덕도 실천적 지혜와 연결되어 있다. 실천적 지혜의 근원은 도덕적 미덕이고, 도덕적 미덕의 존재는 실천적 지혜에 따라 증명되기 때문
20 이다. 그리고 도덕적 미덕은 감정들과 연결되어 있어 혼과 신체의 복합체인 인간에게 고유한 것일 수밖에 없다. 혼과 신체의 복합체에 속한 미덕들은 인간적인 것이기 때문이다. 따라서 그러한 미덕에 따른 삶과 행복도 인간적이다. 반면, 지성의 미덕은 그런 것과는

---

365 제9권 제4장 1166a14-23.

다르다.[366] 이것은 이 정도로 해두자. 이것을 자세하게 논하게 되면 여기서 우리가 다루려는 범위를 뛰어넘는 것이기 때문이다.

지성의 미덕은 외적 수단을 적게 필요로 하고, 적어도 도덕적 미덕보다는 적게 필요로 한다. 예컨대, 정치가가 신체와 관련된 것 25 을 더 많이 필요로 하는 것은 두말할 필요가 없다. 하지만 일단 지성의 미덕과 도덕적 미덕이 둘 다 기본적으로 필요한 것을 같은 수준으로 요구한다고 해보자. 이렇게 기본적으로 꼭 필요한 것과 관련해서는 둘 사이에 별 차이가 없다. 하지만 지성의 미덕과 도덕적 미덕이 각각의 활동에 필요로 하는 것에는 많은 차이가 난다. 후함의 미덕을 지닌 사람은 남에게 후히 베풀기 위해 돈이 필요하고, 정의로운 사람에게도 자기가 받은 것을 돌려주기 위해 돈이 필요 30 하며(정의롭지 않은 사람도 정의롭게 행하는 것처럼 가장할 수 있는 까닭에, 바람만으로는 정의로운지 불의한지 분명하게 드러나지 않는다), 용감한 사람에게는 자기 미덕에 따르기 위해 힘이 필요하고, 절제 있는 사람에게는 절제를 행할 기회가 필요하다. 그런 것 없이 어떤 사람이 어떤 미덕을 지닌 사람인지 어떻게 분명하게 드러나겠는가?

또한, 미덕은 이성적 선택과 행위에 달려 있다고 생각되므로, 35 미덕과 관련해 어느 쪽이 더 주된 역할을 하는지도 논란이 된다. 미덕이 완전해지려면 둘 모두가 필요함은 분명하다. 행하려면 많 1178b 은 것이 필요하고, 위대하고 훌륭한 행위일수록 더욱 그러하다. 반면, 관조하는 사람에게는 적어도 그 활동만 놓고 보았을 때는 그런 것을 전혀 필요로 하지 않는다. 도리어 관조를 방해한다고 할 수 5 있다. 물론, 관조하는 사람도 다른 많은 사람과 함께 살아가는 존

---

366 제9권 제9장 1169b33, 제10권 제6장 1176b26.

재이므로, 미덕에 따른 행위를 행하기도 한다. 따라서 인간으로 살아가려면 그에게도 그런 외적인 것이 필요하다.

하지만 완전한 행복은 어떤 관조적 활동임은 다음과 같은 데서 분명하게 드러난다. 우리는 신들이 가장 복되고 가장 행복하다고 생각한다. 그렇다면 우리는 신들에게 어떤 종류의 행위를 돌려야 하는가? 정의로운 행위? 신들이 뭔가를 거래하거나, 맡아 보관하던 것을 돌려주는 일을 한다면 우습지 않겠는가? 아니면 용기 있는 행위? 두려운 일을 견뎌내고 위험을 무릅쓰는 행동이 고귀하다고 해서, 신들도 그렇게 한다고 말하겠는가? 아니면 후함의 미덕을 발휘한 행위? 신들이 누구에게 준다고 하는가? 신들이 돈이나 그 비슷한 것을 가지고 있다면, 황당한 일 아니겠는가? 신들에게 절제 있는 행위는 어떤 것일까? 신들은 나쁜 욕망을 지니고 있지 않은데, 그런 절제를 찬양한다면, 신들이 부담스러워하지 않겠는가? 이 모든 것을 살펴보았을 때, 이런 종류의 행위는 신들에게 하찮고 무가치하다.

그런데도 누구나 다 신들은 살아 있고 활동한다고 생각한다. 신들이 엔디미온[367]처럼 영원히 잠들어 있다고 생각되지는 않기 때문이다. 그렇다면 살아 있는 존재에게서 행위를 제외하고, 제작하는 능력을 제하고 나면, 관조[368] 외에 무엇이 남겠는가? 따라서 복된 것 중에서 가장 복된 것인 신의 활동은 관조적 활동일 것이다. 그리고 인간 활동 중에서 그것과 가장 유사한 활동이 행복의 속성

---

367 "엔디미온"은 그리스 신화에 등장하는 엘리스의 왕이다. 달의 여신 셀레네가 그의 아름다운 용모에 반한 나머지 더 이상 늙지 않도록 그를 영원히 잠재운 후에 라트모스 산 동굴에 두고, 달이 뜨지 않는 밤마다 잠자리를 가져 50명의 딸을 낳았다고 전해진다.

을 가장 많이 지니고 있을 게 틀림없다. 다른 동물에게는 관조적 25
활동이 완전히 결여되어 있으므로 다른 동물은 행복에 참여하지
못한다는 것이 그 증거다. 신들의 삶은 그 전체가 복되지만, 인간
의 삶은 신들의 활동과 유사한 정도만큼만 복되고, 다른 동물은 관
조에 전혀 참여하지 않기 때문에 어느 동물도 행복하지 않다. 따라
서 관조가 지속하는 만큼 행복도 지속하고, 더 많이 관조하는 사람 30
이 더 많은 행복을 얻는데, 그 행복은 우연히 얻어지는 행복이 아
니라 관조를 통해 얻어지는 행복이다. 관조는 그 자체로 존귀한 활
동이기 때문이다. 따라서 행복은 어떤 종류의 관조일 것이다.

물론, 관조하는 사람도 인간이므로 외적으로 좋은 조건이 필요
하다. 인간 본성은 관조하는 데 충분한 자족성이 없기에, 관조하려 35
면 몸도 건강해야 하고 음식도 있어야 하며 그 밖의 다른 보살핌도
있어야 한다. 하지만 외적인 좋음 없이 복될 수 없다고 해서, 행복 1179a
하려면 많은 것, 대단한 것이 필요하다고 생각해서는 안 된다. 자족
함이나 행복을 위한 행위는 대단한 데 있지 않아서, 땅과 바다를 다
스려야만 고귀한 행위를 하는 것이 아니고, 외적 조건이 적당히만 5
갖추어져 있어도 미덕을 따라 행할 수 있다. (이것은 너무나 분명하다.
평범한 사람도 권력자 못지않게 훌륭한 일을 행할 뿐 아니라, 도리어 더 많이
행할 수 있기 때문이다.) 외적 조건은 그 정도로 충분하다. 그 정도면

---

368 넓은 의미에서 인간 활동은 그 자체를 목적으로 하는 "행위"(프락시스), 어떤 행위
를 통해 만들어내는 결과물을 목적으로 하는 "제작"('포이에시스'), 지성의 활동인
"관조"(테오리아)로 구분된다. "관조"로 번역한 '테오리아'(θεωρία)는 "보는 것"을
뜻하는데, 이 책에서는 감각으로는 포착할 수 없는 영원불변한 진리들을 직관을
사용해 보는 혼의 활동을 가리킨다. 이 활동을 담당하는 것이 "직관적 지성"('누
스')이다.

미덕을 따라 행할 수 있고, 행복할 수 있기 때문이다.

10   솔론[369]은 외적 조건들이 적당히 갖춰진 가운데 (솔론이 생각한) 가장 훌륭한 행위들을 하며 절제 있게 살아온 사람이야말로 행복하다고 말했는데, 이것은 행복한 사람이 어떤 사람인지를 잘 설명한다. 외적 조건들이 적당히 갖추어져 있기만 하면 사람은 얼마든지 자기 할 일을 해내기 때문이다. 아낙사고라스[370]도, 이런 사람이 진정으로 행복한 사람이라고 하면 대부분 황당하다는 반응을 보이겠

15   지만 그것은 전혀 이상한 일이 아니라고 한 것으로 보더라도, 부자나 권력자를 행복한 사람으로 여기지는 않은 듯하다. 사람이 그런 반응을 보이는 이유는 대부분 오직 외적인 것만 보고 판단하기 때문이다. 이렇게 지혜로운 사람들의 견해도 우리가 지금까지 논증한 것과 일치한다.

이런 논증들도 어느 정도 확신을 가져다주지만, 실천적인 문제들과 관련해 어떤 것이 진실인지는 현실의 삶 속에서 일어나는 것에 비

20   추어보면 잘 드러난다. 이런 문제와 관련해 결정적으로 중요한 것은 이런 데 있다. 따라서 앞서 말한 것을 현실 삶 속에서 일어나는 것에 비추어 살펴보고, 현실과 부합하는 것은 받아들이고 일치하지 않는

---

369 "솔론"은 기원전 6세기에 활동한 아테네 정치가로, 집정관으로 선출되어 "솔론의 개혁"이라 불리는 여러 개혁을 단행해, 아테네 민주정의 초석을 놓은 인물로 평가된다. 고대 그리스의 일곱 현인 중 한 사람이다. 솔론은 세상에서 가장 행복한 사람은 아테네의 평범한 시민 "텔로스"라고 말했다. 텔로스는 슬하에 여러 아들을 두었고, 이 아들들은 모두 결혼해 자식들을 낳고 무탈하게 사는 가운데, 전쟁터에 나가 명예롭게 전사한 사람이었다.

370 "아낙사고라스"는 기원전 5세기경 활동한 고대 그리스 철학자다. 천체 현상을 비롯한 세상 만물을 자연학적 방법으로 이해하려 했고, 원소들의 혼돈에 질서를 부여하여 만물을 이루게 하는 정신이자 운동 원리인 '누스'를 강조했다. 아낙사고라스, 『단편』 59 A30(DK).

것은 그저 말과 이론에 지나지 않는 것으로 여겨야 한다.

지성에 따라 활동하고 지성의 소리를 경청하는 사람이 가장 좋은 상태에 있고, 신들로부터 가장 많이 사랑받는 사람이다. 신들이 25 인간사에 관여한다고 생각한다면 신들은 가장 좋으며 그들과 가장 유사한 것(곧, 지성)을 당연히 기뻐할 것이다. 즉, 지성을 가장 사랑하고 아끼는 사람들을, 신들이 사랑하는 것을 돌보아 바르고 고귀하게 행하는 사람들로 여기고 상을 줄 것이 당연하다. 그리고 철학적 지혜를 지닌 사람이 그럴 것임은 너무나 분명하다. 따라서 철학 30 적 지혜를 지닌 사람이 신들의 사랑을 가장 많이 받으리라는 것도 분명하고, 그런 사람이 가장 행복한 사람일 것은 두말할 필요가 없다. 이런 식으로 철학적 지혜를 지닌 사람이 누구보다도 가장 행복한 사람이다.[371]

제9장
윤리학, 입법, 정치체제

이상으로 이런 문제와 미덕, 또한 사랑과 즐거움에 관한 개략적인 내용을 충분히 살펴보았다. 이제 우리는 처음에 설정했던 목적을 달성했다고 생각할 수 있을까? 아니면, 앞서 말했듯,[372] 실천적인 1179b

---

371 "철학적 지혜"로 번역한 '소피아'(σοφία)는 학문적 지식과 직관적 지성이 결합한 것이다. 앞서 아리스토텔레스는 지성의 관조적 활동이 행복이라고 말해왔는데, 여기서 이렇게 말하는 이유는 "철학적 지혜"가 절대적인 진리를 인식하는 "학문적 지식"과 절대적 진리 중에서 논리적 추론으로는 도달할 수 없는 제1원리에 대한 지식인 "직관적 지성"을 결합한 것이기 때문이다.

것과 관련해 최종 목적은 각각을 관조하고 아는 데 있지 않고 그것을 행하는 데 있으므로, 미덕과 관련해서 아는 것으로는 충분하지 않고, 미덕을 소유하고 사용하기 위해 애써야 하거나 훌륭하게 되기 위한 어떤 다른 방법이 있다면 그 방법을 따라 애써야 하는가?

5　　사람이 말이나 이론만으로 훌륭하게 될 수 있었다면, 테오그니스가 말한 대로,[373] 그런 말이나 이론을 제시한 사람들에게 두둑한 상을 안겨야 마땅했을 테고, 그런 말과 이론을 제시하는 일로 충분했을 테다. 물론, 말은 젊은이 중에서 고귀한 성품을 지닌 자들을 격려해 앞으로 나아가게 하는 힘을 지니고 있고, 고귀한 성품을 타고나 고귀한 것을 진정으로 사랑하는 젊은이가 미덕을 행하는 데 몰두할 수 있게 하는 힘도 있다.

10　　하지만 대중을 고귀하고 선한 것으로 나아가게 할 수는 없다. 대중은 수치심이 아니라 두려움을 느낄 때 복종하고, 나쁜 짓을 하지 않는 것도 수치심이 아니라 처벌받을 것이 두려워 그러하기 때문이다. 대중은 감정을 따라 살면서 각자가 원하는 즐거움과 그런 즐거움을 가져다주는 것을 추구하고, 그와 반대되는 고통은 피한다. 또한, 대중은 고귀하고 진정으로 즐거운 것을 경험한 적이 없으므로, 그게 무엇인지조차 전혀 모른다. 그런데 어떻게 그런 자들을 말로만 바꿀 수 있겠는가? 성품 속에 오랫동안 깊이 박힌 것을 바꾸는 일은 불가능하진 않더라도 쉽지 않다. 어떤 사람을 훌륭하

372　제2권 제2장 1103b26.

373　"테오그니스"는 기원전 6세기경에 활동한 메가라 출신의 서정 시인으로 격언과 비슷한 시를 많이 썼는데, 내용은 주로 귀족의 전통적인 가치관을 찬양하는 것이었다. 테오그니스, 432-434행. "신이 의사들에게 인간의 나쁜 성품과 생각을 고칠 능력을 주었다면, 의사들은 큰 상을 받았을 것이다."

게 해주는 것이 그 안에 갖추어져 있다면 그것을 미덕으로 바꾸는 것으로 만족해야 할 것이다.

어떤 사람은 좋은 사람이 되는 것을 본성에 속한 일로 생각하 20
고, 어떤 사람은 습관에 따라 그렇게 된다고 여기며, 어떤 사람은 가르침에 따라 되는 것으로 생각한다. 그런데 만일 좋은 사람이 되는 것이 본성에 속한 일이라면, 그것은 우리에게 달려 있지 않고, 어떤 신적인 원인에 달린 것이므로, 진짜 운 좋은 사람들만 그렇게 될 것이다. 또한, 말과 가르침은 모든 사람에게 힘을 발휘하지 못할 텐데, 씨가 뿌려져 잘 자라나려면 토양이 준비되어야 하듯, 가 25
르침받는 사람들의 혼이 고귀한 것을 기뻐하고 수치스러운 것을 미워하는 습관을 통해 이미 준비되어 있어야 하기 때문이다. 감정에 따라 살아가는 사람은 그 감정에서 돌아서게 하는 말을 들으려고 하지 않겠고, 들으려고 해도 이해하지 못한다. 그런 상태에 있는 사람을 어떻게 설득해 변화시킬 수 있겠는가? 또한, 일반적으로 감정은 말이 아니라 힘에 복종한다. 따라서 훌륭한 사람이 되려 30
면 미덕에 고유한 속성, 즉 고귀한 것을 사랑하고 수치스러운 것을 미워하는 성품이 어떤 식으로든 미리 갖추어져 있어야 한다.

하지만 어릴 때부터 바른 법들 아래서 양육받지 않는다면, 미덕으로 나아가기 위한 바른 지도를 받기는 쉽지 않다. 절제와 인내심을 가지고 살아가는 것은 대부분 즐거운 일이 아니고, 젊은이에게는 더욱 그러하기 때문이다. 따라서 젊은이에 대한 교육 그리고 젊은이가 해야 할 것과 해선 안 될 것은 법으로 정해놓아야 한다. 그 35
런 것은 습관이 되면 고통스럽지 않다. 하지만 어릴 때 바르게 교 1180a
육하고 생활지도를 하는 것만으로는 충분하지 않다. 성인이 된 후에도 계속 그렇게 해나가야 하고, 그런 삶이 몸에 배게 해야 하므로, 그런 것을 규율하는 법도 필요하다. 그러므로 일반적으로 말하자면, 사람들의 일생에 걸친 삶을 규율하는 법들이 필요하다. 대중은 말이 아니라 강제력에 복종하고, 고귀한 것이 좋아서가 아니라 처벌이 무서워 따르기 때문이다.

그래서 어떤 사람은 이렇게 생각한다.[374] 입법자들은 제대로 양육을 받아 좋은 습관이 갖추어진 사람들에게는 미덕을 격려하고 고귀한 것으로 나아가도록 강력하게 권해야 하지만, 말을 듣지 않고 본성이 좋지 않은 사람들에게는 징계와 처벌을 부과해야 하며, 바로잡는 것이 불가능한 사람들은 완전히 추방해야 한다.[375] 고귀한 것을 위해 살아가는 훌륭한 사람은 말로 해도 알아듣고 복종하지만, 즐거움을 추구하는 나쁜 사람은 짐을 나르는 짐승처럼 처벌해 고통을 받아야만 말을 듣기 때문이다. 따라서 그런 사람에게는 그가 좋아하는 즐거움과 정반대되는 고통을 부과해야 한다고 그들은 말한다.

그러므로 앞서 말한 것처럼,[376] 좋은 사람이 되려면 바르게 양육을 받고 바른 습관을 들여야 하며, 훌륭한 일을 행하면서 나쁜 것은 자발적이든 비자발적이든 하지 말아야 한다면, 어떤 종류의 지성과 바른 질서에 따라 살아가는 사람만 그렇게 할 수 있을 것이다. 그리고 그 질서는 강력한 힘을 지닌 것이어야 한다.

그런데 아버지의 명령에는 그런 강력한 힘이나 강제력이 없고, 일반적으로 왕이나 그 비슷한 존재가 아니라면 한 사람의 명령에

---

374 플라톤, 『법률』 722d.
375 플라톤, 『프로타고라스』 325a.
376 앞에 나온 1179b31-1180a4.

는 그런 힘이나 강제력이 없다. 반면, 법은 강제력을 지닌 데다가, 어떤 종류의 실천적 지혜와 지성으로부터 나왔다. 게다가 사람들은 자신이 하려는 것을 누가 반대하면 그 반대가 비록 옳더라도 그 사람을 미워하지만, 훌륭한 일을 하라고 정해놓은 법을 미워하지는 않는다.

실제로는 오직 스파르타인의 국가 또는 소수의 국가에서만 시   25
민 교육과 생활지도에 입법자들이 관심을 가져왔다. 그 밖의 다른 대부분 국가에서는 그런 일에 소홀했기에, 그런 국가들의 시민은 키클롭스들처럼 자기 아이와 아내에게는 법을 정해주고, 자신은 제멋대로 살아간다.[377] 이런 문제에서는 공동체 전체가 관심을 갖고 바르게 해결해나가는 것이 가장 좋지만, 공동체가 그렇게 하지   30
않는다면 각자가 자기 자녀와 친구들을 이끌어 미덕을 갖추게 하거나, 적어도 그런 것을 목표로 삼아 노력해야 한다.

하지만 우리가 지금까지 말한 것에 비추어보면 이런 일은 법을 통해 해결하는 것이 최선이다. 공동의 돌봄은 법을 통해 이루어지고, 훌륭한 돌봄은 훌륭한 법을 통해 이루어짐은 분명하기 때문이   35
다. 그것은 성문법이든 불문법이든 한 사람을 교육하든 많은 사람   1180b
을 교육하든 아무런 차이가 없다. 이것은 음악이나 체육이나 그 밖의 다른 것을 교육할 때 한 사람을 교육하든 많은 사람을 교육하든

---

377   "키클롭스들"은 『오디세이아』에 나오는 외눈박이 거인들로, 시칠리아 해안의 섬에서 양과 염소를 기르며 동굴에서 산다. 몸은 거대하며, 힘은 엄청나게 세다. 야만적이고 오만불손해서, 제우스조차도 두려워하지 않는다. 그들에게는 공동체 의식이나 서로 의견을 나눌 회의장, 서로 규제할 법률 같은 것도 없었고, 그저 가족과 살면서 자식과 아내에게는 지켜야 할 법을 정해주지만, 다른 가족은 상관하지 않았으며, 자신은 제멋대로 살았다. 호메로스, 『오디세이아』 제9권 112행 이하.

5 차이가 없는 것과 같다. 국가에서는 법과 관습이, 집에서는 아버지의 말과 습관이 힘을 지니는데, 후자는 혈연관계로 맺어진 데다가 아버지가 가족에게 베푸는 도움과 유익 때문에 더 그렇다. 자녀들은 아버지를 좋아하고 아버지의 말에 순종하는 성향을 태어날 때부터 본성적으로 지니고 있다.

게다가 의술이 보여주듯, 공동체 집단 교육보다는 개인적인 개별 교육이 더 낫다. 일반적으로 열병을 앓는 사람에게는 휴식과 금
10 식이 유익하지만, 어떤 사람에게는 그렇지 않겠고, 권투를 가르치는 사람도 모든 사람에게 같은 방식으로 권투 기술을 지도하지는 않기 때문이다. 따라서 개개인에 대한 개별적인 돌봄이 이루어질 때 그 돌봄은 좀 더 정확하게 세밀해지고, 개인은 자기에게 적절한 것을 얻을 가능성이 높아진다. 하지만 의사든 체육 지도자든 그 밖의 다른 어떤 사람이든, 개인을 가장 잘 돌보려면 먼저 보편적인
15 것을 알고, 무엇이 모든 사람에게 적용되고 무엇이 특정 사람에게 적용되는지를 알아야 한다. (지식은 보편적인 것에 대한 앎이며, 실제로도 그렇다.) 그런 보편적인 지식을 지니지 않은 사람이라고 해도, 자기 경험을 통해 각각의 경우에 어떤 일이 일어나는지 정확하게 관찰했다면, 개인을 잘 돌보는 것이 가능하다. 남에게는 전혀 도움을 주지 못하면서도, 자신에 대해서만은 최고의 의사인 사람이 있는
20 데, 그런 사람이 그렇다. 하지만 전문가나 이론가가 되려는 사람은 그렇게 개별적인 관찰을 넘어서서 보편적인 것으로 나아가야 하고, 가능한 한 보편적인 것을 알아야 한다. 앞서 말했듯, 지식이란 보편적인 것에 관한 앎이기 때문이다.

돌봄을 통해 사람들을 더 좋은 사람으로 만들려면, 그가 돌보는
25 사람이 적든 많든, 법을 만들어내는 능력을 갖추려고 노력해야 한

다. 우리는 법을 통해 좋은 사람이 되기 때문이다. 또한, 우리에게 맡겨진 사람을 바로잡는 일은 아무나 할 수 없고, 전문적인 지식을 지닌 사람만 가능하다. 이것은 의술을 비롯해 실천적 지혜를 필요로 하는 그 밖의 다른 모든 것에서 전문 지식이 있어야만 사람을 돌볼 수 있는 것과 같다.

따라서 다음으로 살펴볼 것은 어떻게 해야 법을 만들어내는 능력을 배울 수 있는가이다. 다른 것처럼 이것도 정치인에게서 배워야 하는가? 법을 만드는 것은 정치학의 한 부분인 듯하기 때문이다.[378] 아니면, 정치학은 그 밖의 다른 학문이나 능력과는 다른가? 의사나 화가는 자기 능력으로 활동하면서, 다른 한편으로는 그 능력을 남에게 전수한다. 반면, 소피스트는 정치를 가르친다고 공언하지만, 정작 그들 중에서 정치 활동을 하는 사람은 없고, 실제로는 정치인들이 정치 활동을 한다. 그런데 정치인들은 지성적 사고가 아니라 어떤 종류의 능력과 경험에 기반해 정치한다. 정치인들은 정치에 관해 글을 쓰거나 말하지도 않고(그렇게 하는 것이 법정 변론이나 민회 연설보다 더 고귀한데도), 아들이나 친구들을 가르쳐 정치가로 만들지도 못한다. 그들이 그렇게 할 수만 있었다면 했을 것이다. 그들이 국가에 남길 것 중에서 정치력보다 더 좋음은 없고, 사랑하는 사람에게 주고 싶은 능력 중에 정치력보다 더 좋음은 없기 때문이다. 물론, 경험도 정치하는 능력에 적지 않게 기여한다. 그렇지 않다면, 현실 정치에서의 경험을 통해 정치인이 될 수는 없었을 것이다. 그러므로 정치에 대해 알고자 하는 사람들에게는 경험도 함께 필요하다.

30

35

1181a

5

10

---

378 제6권 제8장 1141b24.

그런데 소피스트 중에서 정치학을 가르친다고 공언하는 자들
은 정치학을 가르치는 것과는 거리가 멀다. 그들은 정치학이 무엇
15 이고 어떤 것에 관한 것인지도 전혀 알지 못한다. 그들이 정치학을
알았더라면, 정치학을 수사학과 같거나 수사학보다 못한 것으로
말하진 않았을 테고, 입법은 법 중에서 좋은 것을 모아놓으면 되는
것이라 쉽다고 생각하지도 않았을 것이다.[379]

이런 일은 음악과 마찬가지로, 가장 좋은 법을 선별해내려면 정
확한 통찰력이 있어야 하고 바른 판단이 가장 중요한데도, 그런 것
은 아무것도 아니라는 듯이 생각해 그런 말을 하기 때문이다. 각각
20 의 분야에서 경험 있는 사람들은 그 분야에서 만들어낸 결과물을
바르게 판단하고, 어떤 것을 통해 또는 어떤 식으로 그런 결과물이
나왔는지, 무엇이 무엇과 서로 어울리는지를 안다. 반면, 경험 없
는 사람들은 기껏해야 어떤 결과물, 예컨대 어떤 그림이 잘 만들어
졌는지 잘못 만들어졌는지만 알 뿐이다. 그런데 법은 정치학의 결
1181b 과물인 듯하다. 그렇다면 어떻게 정치학의 결과물로부터 법을 만들
어내는 능력을 얻을 수 있고, 어떤 법이 가장 좋은 법인지를 판단할
수 있는가? 의학 서적을 읽는다고 해서 의사가 되는 것은 아니기
때문이다. 물론, 의학 서적들은 치료법만을 설명해놓은 게 아니라,
5 환자 상태를 세분해 각각의 경우에 어떻게 치료하고 어떤 식으로
환자를 치료해야 하는지도 설명해놓으려 한다. 하지만 그러한 설명
은 경험 있는 사람에게는 유용하지만, 전문 지식이 없는 사람들에
게는 무용지물이다.

마찬가지로, 법들과 정치체제들을 수집해 모아놓은 것도 그런

---

379 이소크라테스, 『안티도시스』 80, 82-83절.

것을 연구해 어떤 것이 바른 것이고 어떤 것이 바르지 않은 것인지 그리고 어떤 것이 서로 어울리는지를 제대로 판단할 수 있는 사람들에게는 유용하다. 그런 능력을 갖추지도 않은 상태에서 아무리 10
철저하게 검토하더라도, 그 분야에서 유식해지기는 하겠지만, 그런 능력이 갑자기 저절로 생기기 전에는 바르게 판단할 수 있는 능력을 얻을 수는 없다.

법을 만드는 것과 관련해서는 이전 연구자가 연구한 적이 없으므로, 우리가 직접 입법과 정치체제 전반을 검토해서, 힘 닿는 데까지 인간에 관한 철학을 완성하는 것이 더 낫다. 따라서 이전 사 15
상가들이 옳게 말한 것이 있다면, 먼저 그것을 살펴보도록 하자. 그런 후에는 우리가 수집해놓은 정치체제를 앞에 놓고,[380] 국가들을 보전하거나 파괴하는 것은 무엇이고, 각 정치체제를 보전하거나 파괴하는 것은 어떤 일이며, 어떤 국가는 잘 다스려지고 어떤 국가는 잘못 다스려지는 원인은 무엇인지를 살피도록 하자. 이런 20
것을 살피고 나면, 우리는 어떤 정치체제가 가장 좋고, 각 정치체제는 어떤 질서를 갖추어야 가장 좋은지, 법과 관습은 어떻게 사용해야 좋은지를 더 잘 알게 된다. 그러면 이제 논의를 시작해보자.

---

[380] 아리스토텔레스는 고대 그리스 여러 도시국가의 정치 체제에 관해 158가지 핵심을 작성했다고 한다. 지금은 아테네에 관한 부분만 남아 있다.

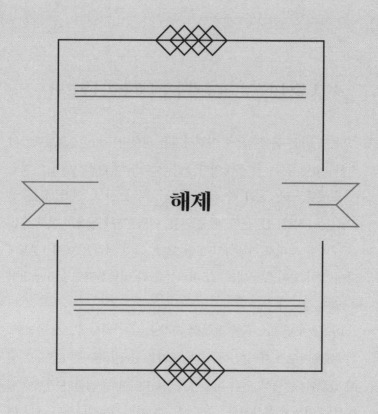

해제

해제

박문재

I. 들어가는 말: 왜 윤리학에서 행복을 다루는가?

"모든 인간은 본성적으로 이해하기를 원한다." 아리스토텔레스의
저서 『형이상학』 첫 문장이다. 누구보다도 아리스토텔레스 자신
이 그랬다. 그는 논리, 수, 실체, 물리, 지식, 사고, 언어, 생물, 생
리, 천문, 시간, 신, 문학, 대중 연설, 미덕, 행복 등을 비롯해 수많
은 주제를 제대로 이해하고 싶어 했다. 그의 저작은 현재 5분의 1
밖에 남아 있지 않은데도, 그 저작들을 다 번역한다면 150만 단어
가 넘을 정도다.

아리스토텔레스가 쓴 윤리학 저작으로는 『니코마코스 윤리학』
과 『에우데모스 윤리학』이 있다. 전자는 10권, 후자는 8권으로 되
어 있으며, 그중 네 권은 내용이 동일하다. 이 두 저작의 관계에 대
해서는 견해가 분분하다. 그중 하나는 아리스토텔레스의 제자 에
우데모스가 스승의 강의를 필기한 『에우데모스 윤리학』을 아리스
토텔레스의 아들 니코마코스가 다시 정리해서 『니코마코스 윤리
학』을 썼다는 것이다.

당시 소피스트들은 수사학을 정치학의 토대로 여기고, 수사학

에 비하면 정치학은 아무것도 아니라고 보았다. 수사학은 대중 설득 기술을 가리키고, 정치학은 대중을 다스리는 기술이라는 점에서, 대중을 다스리기 위해 설득을 가장 중요시했음을 보여준다. 소피스트들은 대중 설득 수사학에서 가장 중요한 것은 대중 심리를 이용하여 그들의 마음을 움직이는 데 있다고 보았고, 그런 기술을 개발하는 데 힘을 기울였다.

반면, 아리스토텔레스는 윤리학이 정치학의 일부이며 정치학으로 나아가기 위한 정지작업(整地作業)이라고 생각했다. 그래서 『니코마코스 윤리학』의 마지막 부분에서 이렇게 말한다. "법을 만드는 것과 관련해서는 이전 연구자가 연구한 적이 없으므로, 우리가 직접 입법과 정치체제 전반을 검토해서, 힘 닿는 데까지 인간에 관한 철학을 완성하는 것이 더 낫다"(1181b14-15). 이것은 윤리가 단순히 개인이 자기 인격을 수양해서 행복에 도달하기 위한 개인적 차원이 아니라 공동체 속에서 구현해야 할 공동체 윤리라고 생각했음을 보여준다. 물론, 이렇게 개인과 공동체로 나누는 것 자체는 이분법적 사고이고, 사실 개인과 공동체는 서로 떼려야 뗄 수 없을 정도로 결합해 있다. 그러므로 아리스토텔레스는 "인간은 사회적 존재다"라고 말한다. 여기에서 "사회적 존재"라는 말은 고대 그리스의 "도시국가에 속해 한 시민으로 살아가는 존재"라는 의미다.

아리스토텔레스는 정치가 바른 윤리를 토대로 이루어져야 한다고 생각했다. 정치는 모든 공동체의 대표격인 국가 공동체에 질서를 부여하고 다스리는 일이다. 그러려면 어떻게 해야 하는가? 『니코마코스 윤리학』에서 아리스토텔레스는 정치와 국가에 관한 많은 사실을 수집해서 알고 있더라도, 그 자료를 바르게 평가할 줄 모른다면 단편적인 지식은 많이 알겠지만 정치에는 무용지물이라고 경고한다. 즉, 정치와 국가에 관해 제대로 평가하려면 "윤리학"을 꼭 알아야 한다고 말한 것이다.

따라서 아리스토텔레스는 인간에게 가장 좋은 것이 무엇인지를 이해하기 위해 『니코마코스 윤리학』을 썼다고 한다. 사람들은 인간에게 가장 좋은 것을 '행복'이라고 부르는데, 그 행복이 과연 무엇인지 살펴보자는 것이다. 사람이나 동물, 모든 생물이 즐거움을 추구하는 것을 보면, 가장 좋은 것인 행복은 가장 즐거운 것일 수밖에 없다고도 하며, '즐거움'이 무엇인지를 천착해 들어간다.

윤리에 대한 아리스토텔레스의 이러한 접근법은 오늘날 우리의 인식과는 많은 차이를 보인다. 우리는 윤리라고 하면 가장 먼저 당위와 의무를 떠올린다. 즐거움이나 행복은 일차적으로 윤리와는 거리가 멀다고 생각한다. 그런데도 아리스토텔레스는 왜 이런 방법을 사용했는가? 그 이유로는 두 가지를 들 수 있다.

첫째, 오늘날 우리는 윤리를 도덕적인 선악 개념에 따라 생각하려 하지만, 그리스에서는 선악보다 훨씬 폭이 넓은 "좋은 것"과 "나쁜 것"이라는 개념을 사용했다. 여기에서 "좋은 것"은 "선"을 포함하는 개념으로 본성에 부합하는 것을 가리키고, "나쁜 것"은 본성에 어긋나는 것을 의미한다. 즉, 개의 본성에 부합하는 것이 개에게 좋은 것이고, 인간의 본성에 부합하는 것이 인간에게 좋은 것이다.

이렇게 그리스인들은 선악 개념이 아니라 "좋은 것이냐 나쁜 것이냐"는 개념을 사용했기 때문에, 윤리를 당위와 의무가 아니라, 좋은 것과 즐거운 것과 행복이라는 관점에서 접근할 수밖에 없었다. 좋은 것은 본성에 부합하므로 즐겁고 행복한 것임은 당연했기 때문이다.

둘째, 아리스토텔레스는 모든 참된 지식은 현실에서 사람들이 실제로 경험하는 것에서 분리될 수 없고, 반드시 현실 삶 속에 존재한다고 믿었으며, 실제로 그렇다는 것을 증명하고자 했으므로 귀납법적 추론을 중시했다. 그런데 위에서 언급했듯, 사람들은 현실의 삶 속에서 당위와 의무가 아니라, 행복과 즐거움을 추구한다. 이런 관점에서 아리스토텔레스는 인간에게 가장 좋고 즐거우며 행복한 것이 정말 무엇인지를 추적해나간다.

아리스토텔레스는 이 책에서 여러 미덕과 관련해 대부분 사람이나 지혜로운 사람들이 지닌 통념들 그리고 서로 상충하면서 난제로 떠오른 문제점을 먼저 제시하고, 그 통념들이 어떤 점에서 맞고 어떤 점에서 틀린지를 밝혀냄으로써, 그 난제들을 해결하고 진실이 무엇인지를 드러낸다. 그 과정에서 아리스토텔레스의 놀라운 통찰력과 추론 능력이 드러난다. 그는 사람들의 통념을 맹목적으로 받아들이거나 거부하지 않으면서 비판적 사고의 정수를 보여준다. 그러므로 아리스토텔레스의 저작들은 특히 결론만 알고 끝나는 것이 아니라, 그의 추론 과정과 통찰력을 확인하기 위해 한 문장 한 문장을 꼼꼼하게 읽어나가야 한다.

이 해제는 『니코마코스 윤리학』을 그런 식으로 읽어나가기 위해 반드시 알아야 할 예비적인 지식을 제공하려는 것이다. 따라서 『니코마코스 윤리학』에서 아리스토텔레스가 다루고자 한 주제가 무엇이고, 그 주제를 전체적으로 어떤 식으로 풀어나가고 있는지를 살펴보면서, 그러한 전개 과정에서 중간중간에 등장하는 용어에 관해서도 뒤에서 함께 설명하고자 한다. 그리고 이 책에서 중요하게 사용된 용어에는 그리스어로 무엇이라고 하는지를 괄호 안에 표시했다.

II. 아리스토텔레스의 생애와 저작

1. 아리스토텔레스의 생애

아리스토텔레스(그의 이름은 "최고의 목적"이라는 뜻이다)는 기원전 384년에 북부 그리스 칼키디키에 있는 "스타게이로스"라는 작은 성읍의 부유한 가문에서 태어났다. 그의 아버지 니코마코스는 마케돈의 아민타스 왕의 주치의였는데, 아리스토텔레스가 아직 어릴 때 죽었다. 어머니의 이름은 "파이스티스"였다. 부모가 모두 죽은 후 그의 후견인이 된 프록세노스는 아리스토텔레스가 17살이 되자 아테네에 있는 플라톤의 "아카데메이아"로 보냈고, 거기에서 20년 동안 머물렀다.

기원전 347년에 플라톤이 죽자, 아리스토텔레스는 아카데메이아를 플라톤의 조카 스페우시포스에게 맡기고, 철학의 후원자였던 소아시아의 아소스 왕 헤르메이아스에게로 갔다. 거기서 그는 헤르메이아스의 조카 피티아스와 결혼해 피티아스라는 이름의 딸 하나를 두었다. 기원전 345년에 헤르메이아스가 페르시아인들에게 살해되자, 그는 레스보스 섬의 미틸레네로 갔고, 거기에서 자신의 수제자이자 가장 가까운 동료가 될 테오프라스토스를 만났다. 기원전 342년에는 마케도니아의 왕 필리포스 2세의 초청을 받아 나중에 알렉산드로스 대왕이 된 그의 13세 아들의 가정교사가 되었다.

기원전 335년에 그는 다시 아테네로 돌아와서, 독자적인 교육기관 "리케이온"을 세웠다. 부인 피티아스가 죽자, 그는 동향 사람이자 노예였던 헤르필리스와 동거해 아들을 낳았고, 아버지의 이름 "니코마코스"를 아들에게 붙여주었다. 『니코마코스 윤리학』은 아마도 그 아들이 정리한 것으로 보인다. 그가 쓴 책들과 글 다수는 이 기간에 쓰인 것으로 추측한다.

기원전 323년에 알렉산드로스 대왕이 죽자, 아테네에서는 반(反)마케도니아 정서가 강해져 그는 불경죄로 고발되었고, 이에 어머니 가문의 영지가 있던 에우보이아의 칼키스로 떠났으며 거기서 열두 달 후인 기원전 322년에 62세의 나이로 죽었다.

2. 아리스토텔레스의 저작과 사상

아리스토텔레스가 보인 지성의 폭과 깊이는 상상을 초월할 정도였다. 그가 다룬 분야는 논리학, 형이상학, 인식론, 심리학, 윤리학, 정치학, 수사학, 미학, 동물학, 식물학, 자연학, 철학사, 정치사 등으로 폭이 아주 넓다. 단테가 그를 "지식 있는 자들의 스승"이라고 말한 것은 결코 과장이 아니다. 아리스토텔레스가 지은 책들을 모두 합하면 영어로 번역했을 때 거의 2,500쪽에 달하지만, 그중 대부분은 출판을 위해 쓴 글들이 아니고, 불완전한 강의 노트나 메모들도 있어 난해하기로 악명이 높다.

(1) 논리학

논리학 분야에서 그가 쓴 『분석론 전서』는 형식 논리학에 관한 가장 오래된 연구라는 평을 듣는다. 그는 논리학이라는 말보다는 "분석론" 또는 "변증학"이라는 표현을 사용했다. 그의 논리학은 19세기에 수학적 논리학이 등장할 때까지 서양 논리학의 지배적인 형태였다. 그래서 칸트는 『순수이성비판』에서 논리학은 아리스 토텔레스에서 완성되었다고 했을 정도였다. 논리학과 관련하여 그 가 쓴 6권의 저서들, 즉 『범주론』, 『해석론』, 『분석론 전서』, 『분석 론 후서』, 『명제론』, 『소피스트 반박』은 고대로부터 모든 학문의 '도구'라는 의미에서 그리스어 '오르가논'으로 불렸다.

『범주론』은 명제의 구성 요소인 단어들에 관한 것이고, 『해석 론』은 명제와 명제의 기본적인 관계를 다룬 것이다. 『분석론』에서 는 삼단논법을 다루고, 『명제론』과 『소피스트 반박』에서는 변증학 을 다룬다. 앞의 네 권은 논리 언어의 문법과 정확한 추론 법칙을 다룬다는 점에서 논리학의 핵심 저작이라고 할 수 있다. 『수사학』 은 여기 포함되어 있지 않지만, 『명제론』과 밀접한 관련이 있으므 로 본서에는 『명제론』이 많이 언급된다.

(2) 인식론과 형이상학

아리스토텔레스 철학은 플라톤과 마찬가지로 보편을 추구하지만, 플라톤은 보편이 독자적으로 존재한다고 본 반면에, 아리스토텔레 스는 특수 안에 보편이 있다고 보았다. 따라서 플라톤의 인식론은 보편인 원형(原形, 이데아, 형상)에 대한 지식에서 시작해 그 원형의 모방인 특수에 대한 지식으로 나아가는 연역법을 사용하지만, 아 리스토텔레스의 인식론은 형상(원형)이 질료 속에 체화되어 있다 고 보기 때문에 연역법과 아울러 귀납법도 사용한다. 그는 『형이 상학』에서 실체와 본질이라는 개념을 검토한 후에, 실체는 형상과 질료의 결합이라고 결론을 내린다. 또한, 현실태와 잠재태, 보편과 특수라는 개념들도 검토한다.

(3) 윤리학과 정치학

아리스토텔레스는 윤리학에 관한 글을 여러 편 썼는데, 그중 가장 유명한 것은 『니코마코스 윤리학』이다. 그는 미덕이 특정한 사물의 고유 기능과 관련되어 있다고 말한다. 예컨대, 눈은 제대로 볼 수 있을 때만 선한 눈이다. 눈의 고유한 기능은 보는 것이기 때문이다. 마찬가지로, 그는 인간에게도 고유한 기능이 있다고 보았는데, 그것은 이성('로고스')에 따른 혼('프쉬케')의 활동이었다. 그는 혼의 이성적인 활동은 인간의 모든 의도적인 행위의 목적인 "행복"('에우다이모니아')을 향한다고 가르쳤다.

아리스토텔레스 윤리학이 개인을 다룬 것이라면, 그의 『정치학』은 국가를 다룬다. 그는 국가를 자연 공동체로 보았다. 개인은 국가의 일부이므로, 국가는 가족이나 개인보다 더 우선하고 더 중요한 존재로 생각했다. 여기에서 "인간은 본성적으로 정치적 동물이다"라는 그의 유명한 말이 나왔다. 그는 국가를 기계적인 존재가 아니라 유기체적인 존재로 보았고, 국가의 목적은 시민들에게 선한 삶을 영위하고 훌륭한 일을 하도록 돕는 것으로 보았다. 이러한 국가 이해는 개개인이 폭력적인 죽음에 따른 공포로 자연 상태를 포기하고 사회계약을 통해 국가를 형성했다고 본 근대의 사회계약이론과 달랐다.

(4) 수사학과 시학

현실 세계에서의 정의 실현을 추구했던 아리스토텔레스 사상에서 수사학은 어떤 의미에서 그 정점에 있는 저술이었다. 그에게 수사학은 자신이 제시한 윤리학과 정치학을 역시 그가 제시한 변증학을 기반으로 대중 연설과 법정에서 현실 정치로 구현해내는 기술이었기 때문이다. 당시 소피스트들은 정의와 윤리를 다 배제한 채 오직 사람들의 감정을 움직여 목적을 달성하려고 한 반면, 수사학은 변증학적 기초 위에서 어떤 것이 국가에 이롭고 정의로우며 훌륭한 것인지 개연적으로 증명해내려고 설득하는 기술이므로 가장 좋은 설득 수단이라고 생각했다.

이것을 위해 『수사학』에서는 연설가가 청중을 설득하기 위해 세 가지 기본적인 설득 수단을 사용할 수 있다고 말한다. '에토스'(청중과 연설가의 성격), '파토스'(청중의 감정), '로고스'(논리적 추론). 그리스어에서 '에토스'는 "관습, 습관"을 의미하는 용어로, 청중이나 연설가가 지닌 어떤 성향이나 정서 같은 것이다. '파토스'는 "감정"을 가리키고, '로고스'는 "논증"을 의미한다.

또한, 그는 수사학이 사용되는 연설을 세 종류로 구분한다. 선전을 위한 연설(찬양이나 비난을 목적으로 하는 행사 연설), 법정 변론(유무죄를 다투는 법정 연설), 조언을 위한 연설(국가 정책과 관련된 문제를 결정하고자 청중에게 호소하는 정책 연설). 그리고 수사학에서 어떤 것의 개연성 증명에는 "생략삼단논법"과 "예증"이 사용된다고 말한다. 자세한 것은 아래에 나오는 『수사학』을 참조하라.

아리스토텔레스는 『시학』에서 서사시, 비극, 희극, 디티람보스(Dithyrambos: 술의 신 디오니소스를 찬양하고 노래한 합창), 시, 그림, 조각, 음악, 춤은 모두 근본적으로 모방('미메시스') 행위라고 말한다. 그는 "모방"이 동물과 인간을 구별하는 인류의 자연적 본능이고, 모든 예술가는 "자연의 본을 따른다"라고 주장한다. 그의 『시학』은 원래 두 권이었는데, 한 권은 희극, 다른 한 권은 비극에 대한 것이었다. 현존하는 것은 비극에 관한 것뿐이다.

그는 수수께끼, 민담, 속담, 금언, 우화에 관심이 많아, 그런 것을 체계적으로 수집해 연구했고, 아이소포스(영어로 "이솝") 우화도 그중 하나였다.

III. 『니코마코스 윤리학』의 주제와 전개

1. 『니코마코스 윤리학』의 전체적인 주제: 행복

앞서 말했듯, 이 책의 주제는 국가 공동체의 제1과제인 "국민의 행복"이 무엇인지를 탐구하는 데 있다. 물론 행복은 개개인의 행복이어야 한다. 개개인을 떠나서는 인간은 존재하지 않기 때문이다. 하지만 인간은 또한 사회적 존재여서, 개인의 행복은 공동체와 밀접하게 연결되어 있고, 공동체를 떠난 인간의 행복은 완전하지 않다. 따라서 국가의 책무는 국민 개개인이 바르게 행복을 추구할 수 있게 하여 국민 전체를 행복하게 하는 데 있다. 그래서 아리스토텔레스는 국가와 관련된 정치학의 토대로 "인간의 행복이란 무엇인가"를 『니코마코스 윤리학』의 탐구 주제로 삼는다.

아리스토텔레스가 보는 행복이란, 어떤 다른 것을 위해서가 아니라 "그 자체로" 사람들이 선택할 만한 것이고, 아무것도 부족함 없이 자족적이어서 인간에게 가장 좋은 것이다. 사람들이 "선택할 만한 것"이 바로 "좋은 것"인데, 그중 가장 좋은 것이 가장 선택할 만한 것이고, 그것이 바로 행복이다. 그리고 인간은 자기 고유한 본성에 주어진 일('에르곤')을 해야 좋은데, 그 일에는 동물에게는 없고 오직 인간에게만 주어진 이성('로고스')과 지성('누스')을 사용해야 한다. 따라서 인간의 행복도 이성과 지성의 활동('에네르게이아')에 있을 수밖에 없다. 설령 먹고 마시는 것이나 단순히 감각적으로 살아가는 일에 행복이 있다고 느끼더라도, 그런 것은 동물에게도 있기 때문에 인간 본성에 고유하게 좋은 것은 아니다. 사실 이성과 지성의 일은 인간에게 주어진 일 중에서 신과 가장 닮은 부분이다. 따라서 인간에게 주어져 있지만 신과 가장 닮은 것을 행하는 데 행복이 있다고 하는 말은 여러모로 옳다. 아리스토텔레스는 "가장 좋은 것", 즉 행복은 이성과 지성의 "활동"에 있다고 결론을 짓는다.

2. 도덕적 미덕과 중용

아리스토텔레스는 가장 좋은 것인 행복은 이성과 지성의 활동에 있다고 말했는데, 이것은 구체적으로 무엇을 의미하는가? 그는 인간이 이성을 지닌 부분과 이성을 지니지 않은 부분으로 되어 있다고 말한다. 자양분을 섭취하거나 감각적 지각은 이성을 지니지 않은 부분이지만, 그중 후자는 이성의 통제를 받는다는 점에서 이성과 관련되어 있다. 또한, 이성을 지닌 부분은 "행위"('프락시스')에 관여하는 부분과 "제작"('포이에시스')에 관여하는 부분으로 나뉜다.

인간의 이성적 활동 중에서 "행위"는 행위 자체를 목적으로 하고, "제작"은 활동의 결과물을 목적으로 한다. 전자에는 학문적 인식, 철학적 지혜, 실천적 지혜, 직관적 지성이 관여하고, 후자에는 "기술"('테크네')이 관여한다.

행복은 이성과 지성의 활동이므로, 첫 번째 활동은 감각적 지각으로부터 생겨나는 여러 감정과 욕망을 이성으로 다스리고, 두 번째 활동은 "행위" 자체를 이성으로 다스리는 것이다. 이 통제가 올바르게 이루어졌을 때, 우리에게는 어떤 성품('에토스') 또는 상태('헥시스')가 나타나는데, 이것을 "미덕"('아레테')이라고 부른다. 그리고 앞에서 말한 이성과 지성의 첫 번째 활동을 바르게 하는 것을 도덕적 미덕이라고 하고, 두 번째 활동을 바르게 하는 것을 지적 미덕이라고 한다.

　　여기서 반드시 알아둘 것은 성품('에토스') 또는 상태('헥시스')와 "행위"('프락시스')를 구별하는 일이다. 앞에서 말한 도덕적 미덕들은 "성품"으로서 본성의 "상태"를 가리킨다. 그러므로 지속성이 있다. 그리고 이 성품의 활동을 "행위"라고 한다. 예컨대, 용기라는 미덕을 지닌 어떤 사람이 용기 있는 행위를 했다면, 그 행위는 "본성적으로" 용기라는 미덕에서 나온 행위가 된다. 하지만 용기라는 미덕을 지니지 않은 어떤 사람이 현상적으로 볼 때 용기처럼 보이는 일을 행했다면, 그 행위는 "우연에 따라" 용기처럼 보일 뿐이지, "본성적으로" 용기 있는 행위는 아니다. 그리고 "활동"('에네르게이아')은 "행위"('프락시스')와 구별된다. "활동"은 성품과 미덕이 움직이는 것을 가리키고, "행위"는 그러한 활동으로부터 생겨나는 것이다. 미덕에서 중요한 것은 개별 행위에 있지 않고, 성품으로 발휘되는 미덕의 "활동"(이것이 그 미덕에 속한 진정한 행위이다)에 있음을 보여준다.

　　"제작"은 도덕적 미덕과는 관계가 없다. 도덕적 미덕은 성품 및 행위와 관련이 있는데, 제작은 그런 것과는 관련이 없고, 무엇을 만들어내는 기술이기 때문이다. 이러한 기술로는 의술, 병법, 기마술, 대중 연설을 다루는 수사학, 시학, 체육학 등이 있다. 아리스토 텔레스는 이런 기술들에 대해서는 다루지 않는다.

그렇다면 "도덕적 미덕"에서 미덕이란 무엇인가? 도덕적 미덕은 감정('파토스')과 욕망('에피튀미아')을 다스리는 것과 관련 있다. 모든 감정과 욕망에는 "지나침"('휘페르볼레')과 "모자람"('엔데이아')이 있고, 아울러 지나치지도 않고 모자라지도 않은 그 중간('메소스')인 "중용"(메소테스')이 있는데, 사람들은 바로 그 중용의 상태를 미덕이라고 부른다. 따라서 아리스토텔레스는 여러 도덕적 미덕을 설명하면서 그 중용이 어떤 것인지를 밝힌다. 그가 다루는 도덕적 미덕으로는 용기, 절제, 통이 큰 것, 후함, 포부가 큰 것, 진실함, 재치 있는 것, 정의 등이 있다.

이러한 도덕적 미덕 중에서 "정의"('디카이오쉬네')에 대해서는 제5권에서 별도로 아주 자세하게 다룬다. 아리스토텔레스는 모든 도덕적 미덕은 "정의"라는 말로 포괄할 수 있으므로, 넓은 의미에서 정의는 도덕적 미덕 전체라고 할 수 있으나, 좁은 의미에서의 정의, 즉 하나의 미덕으로도 구별된다고 말한다. 그리고 다른 도덕적 미덕을 말할 때는 "중간"('메소스') 또는 "중용"('메소테스')이라는 개념을 사용했지만, 정의와 관련해서는 "동등성" 또는 "공평함"('이소스')이라는 개념을 사용한다. '이소스'는 모두가 동등하게 자기 몫을 가짐으로써 아무도 더 많이 갖거나 덜 갖지 않는 상태다. 이것은 다른 도덕적 미덕에서 지나침과 모자람이 없는 것과 같다.

또한, 정의 및 불의('아디키아')와 관련해 자기 자신에게 불의를 행할 수 있느냐 하는 것이 문제로 떠오른다. 가령, 좋은 사람이 어떤 것을 분배할 때 자기 몫을 적게 배분함으로써 자신에게 손해를 끼치는 것도 불의인가 하는 것이다. 아리스토텔레스는 자신이 원하지 않는 손해를 입은 경우만 불의를 당한 것으로 정의함으로써, 자신이 원하여 그렇게 했다면 손해를 본 것이긴 하지만, 스스로에게 불의를 행했거나 불의를 당한 것은 아니라고 말한다. 이것은 정의와 관련해서도 의미를 지니고, 나중에 논의할 미덕인 "사랑"과 관련해서도 자기희생이라는 측면에서 의미를 지닌다.

3. 지적 미덕

앞에서는 "행위"가 도덕적 미덕의 "활동"이라고 말했다. 여기서 어떤 사람은 "그러면 도덕적 미덕의 활동이 아닌 것은 인간 행위가 아니란 말이냐" 하고 반문할지도 모르겠다. 사람들은 도덕적 미덕의 활동이 아니더라도 인간의 행위라고 말한다. 하지만 우리는 여기서 "행복이 무엇이냐"를 탐구하고 있다. 도덕적 미덕의 활동이 아니더라도 사람들은 행위라고 말하지만, 행복과 관련된 행위는 아니다.

아리스토텔레스는 그런 행위를 "유사성에 따른" 또는 "우연에 따른" 행위라고 말한다. 그렇지만 그런 행위들은 행복과는 아무 관계가 없으므로 여기서 다루지는 않는다. 아리스토텔레스는 진정한 것을 나타낼 때는 "본성적으로", "그 자체로"라는 표현을 사용하고, 진정하지 않은 것을 나타낼 때는 "우연에 따라"("우연히"), "유사성에 따라"라는 표현을 사용한다.

그렇다면 도덕적 미덕은 어떤 식으로 "활동"하는가? 도덕적 미덕들은 성품이고 상태이기 때문에 행위가 되려면 활동이 필요한데, 이 활동에 개입하는 것이 "지적 미덕"이다. 먼저, 지적 미덕에는 어떤 것이 있는지를 살펴보자.

지적 미덕으로는 보편적인 진리를 인식하는 "학문적 인식"('에피스테메'), 도덕적 미덕을 현실에 적용해서 구체적인 행위가 되게 하려고 모든 과정을 바르게 헤아리고 선택하게 해주는 "실천적 지혜"('프로네시스'), 그 자체로 참된 것이어서 증명할 수 없는 제1원리를 직관하여 알게 해주는 "직관적 지성"('누스'), 직관적 지성과 학문적 인식을 결합해 모든 보편적인 진리를 알게 해주는 "철학적 지혜"('소피아')가 있다. 지적 미덕도 도덕적 미덕과 마찬가지로 "성품"이고 "상태"이지만, 끊임없이 사용되므로 미덕보다 더 지속적이다.

결국 도덕적 미덕에 관여하는 것은 이성과 지성이기 때문에 이성이 먼저 "바른 이성"이 되지 않으면 안 된다. 그리고 직관적 지성과 철학적 지혜와 학문적 인식이 그렇게 되게 한다. 이들은 모두 보편적으로 참인 것을 다루기 때문이다. 따라서 직관적 지성과 철학적 지혜와 학문적 인식을 통해 인간 이성이 "바른" 상태가 되었을 때, 그 이성은 인간의 성품과 도덕적 미덕을 바르게 이끌 수 있다. 그렇게 바른 이성을 통해 미덕의 방향 설정이 바르게 된 후에는, 구체적으로 어떤 수단을 선택해야 그 바른 목적을 달성할 수 있는지를 알게 해주는 "실천적 지혜"가 동원된다. 정리하자면, "철학적 지혜"는 도덕적 미덕의 방향을 설정하게 하고, "실천적 지혜"는 도덕적 미덕이 구체적인 행위가 되도록 그 활동을 이끄는 역할을 한다.

이렇게 여러 지적 미덕을 통해 도덕적 미덕 활동에 필요한 여러 가지가 공급되는데, 이 과정에서 "숙고"와 "이성적 선택"이 중요한 두 요소로 떠오른다. "숙고"는 직관적 지성과 철학적 지혜, 학문적 인식과 실천적 지혜가 함께 어우러져서 미덕의 방향과 목적 달성에 필요한 것이 무엇인지를 깊이 생각하는 것이고, "이성적 선택"은 그 숙고의 결과, 의도적으로 여러 선택을 하는 것이다. 이러한 "숙고"와 "이성적 선택"의 결과물이 바로 "행위"다. 따라서 그러한 것이 결여되었다면 "미덕을 따른 행위"라고 하지 않는다.

4. 자제력

모든 미덕은 감정과 욕망을 적절하게 다스리는 것과 관련되어 있으므로, 아리스토텔레스는 "사랑"을 제외한 모든 미덕을 다룬 후에 미덕이 아니면서도 모든 미덕과 밀접하게 관련 있는 "자제력"을 다룬다. 도덕적 미덕과 지적 미덕을 다 갖춘 상태에서 모든 지식이 있으면서도 사람은 바른 행위를 하지 못할 수도 있기 때문이다. 즉, 사람들은 미덕을 갖춘 사람이 숙고와 이성적 선택을 했더라도, 자제력이 없으면 자신 속에 있는 욕망에 굴복하여 자신이 선택한 것을 하지 못한다고 말한다.

하지만 아리스토텔레스는 "절제"라는 미덕에 관해, 모든 욕망이 적절한 수준에서 다스려지고 있는 상태 또는 성품이라고 설명하고, "자제력"은 나쁜 욕망이 그 사람 안에 존재함을 전제하고서 그 욕망들을 억제한다는 의미이므로, 미덕을 갖춘 사람에게는 자제력이 있다 없다는 말 자체가 적용될 수 없다고 한다. 따라서 미덕을 지닌 사람에게는 자신이 이성적으로 선택한 것을 자제력이 없어 실행하지 못할 때는 없고, 다른 원인이 개입해 미덕 활동을 방해하기 때문에 그런 일이 일어난다고 설명한다.

5. 사랑

앞에서 다룬 모든 미덕은 "정의"라는 한 단어로 요약된다. 그런데 정치 공동체 안에 이 정의가 존재하더라도, 여전히 한 가지 꼭 필요한 미덕이 있는데, 그것이 바로 "사랑"('필리아')이다.

아리스토텔레스는 모든 공동체를 유지하는 가장 중요한 미덕은 "사랑"('필리아')이라고 말한다. 사랑은 두 사람 사이에서 서로 호의를 지닌 상태에서 서로가 잘되길 바라고, 그렇게 되도록 돕는 혼의 상태 또는 성품이다. 사람들은 좋은 것과 즐거움과 유익을 위해 친구가 되어 사랑을 추구한다. 따라서 '필리아'는 친구 간의 사랑을 가리킨다. 그리고 여기서 "친구"는 동년배라는 좁은 의미가 아니라, 서로 삶을 함께 나누고 시간을 같이 보내는 사이라면 누구든 해당되는 친한 사이라는 넓은 의미로 통한다.

그러한 사랑은 부모와 자녀, 동년배, 친족, 동료, 정치 단체에 속한 동지, 같은 국가에 속한 시민을 비롯해 두 사람 이상이 모이는 모든 공동체에서 성립하고 작용한다. 심지어 남녀 간의 성애적인 사랑('에로스')조차도 어떤 의미에서는 가장 강력한 '필리아'라고 할 수 있다. 따라서 사랑은 가장 공동체적인 미덕이다.

그러나 사랑이라고 해서, 다른 모든 미덕이 지닌 "중용" 또는 "공평함"이라는 속성이 배제되는 것은 아니다. 사랑도 두 사람 간의 동등성 또는 공평함을 기반으로 하므로, 서로 주고받는 것이 동등하지 않다면 사랑은 깨지고 만다. 사랑은 좋은 것이지만, 서로에게서 즐거움이나 유익을 얻기 위한 것이기도 하기 때문이다. 그런 의미에서 "사랑"도 다른 모든 미덕의 속성을 그대로 지닌다.

아리스토텔레스가 여러 미덕을 다룬 것은, 미덕은 인간에게 고유한 일 중에서 "좋은 것"에 속하고, 그중 행복은 가장 좋은 것이기 때문이었다. 따라서 그는 사랑 중에서 훌륭한 사람들 간의 사랑이 최고의 사랑이고, 거기에는 공평함이 아니라 희생이 필요하다고 말한다.

6. 즐거움과 행복

이렇게 아리스토텔레스는 모든 미덕에 관해 설명한 후에 즐거움과 행복에 관한 논의로 끝을 맺는다. 처음에 밝혔듯이, 인간에게 "가장 좋은 것"이면서 "가장 즐거운 것"을 행복('에우다이모니아')이라고 부르는데, 그것이 무엇인가에 관한 논의가 남는다.

아리스토텔레스는 즐거움이 미덕 "활동"에 수반한다고 말한다. 즉, 미덕이 활동하면 반드시 즐거움이 생긴다. 인간이 하나의 목적으로 삼고 추구하는 즐거움은 자기가 원하는 것을 성취할 때가 아니라, 모든 미덕이 활동할 때 생긴다. 아리스토텔레스는 결핍이 채워졌을 때 생기는 즐거움은 행복과 관련된 즐거움이 아니라고 말한다. 따라서 사람이 미덕을 지녔을 때는 반드시 즐거움을 지니게될 수밖에 없다.

아리스토텔레스는 모든 미덕은 인간이 하는 일 중에서 좋은 것이긴 하지만, 인간에게 "가장 좋은 것"은 인간이 하는 일 중에서최고의 일과 관련된 것이라고 말하면서, 그 최고의 일은 바로 직관적 지성을 통한 "관조적 활동"이라고 말한다. 지성의 관조적 활동은 인간의 일이면서도 신과 가장 닮았고, 사람들이 말하는 행복의모든 요소를 갖추고 있다. 여기서 "관조적 활동"('테오레인')은 직관적 지성이 제1원리, 즉 그 자체로 참인 진리들을 인식하고 아는 활동을 가리키는데, 소크라테스와 아리스토텔레스는 "철학적 지혜"를 통해 직관적 지성과 학문적 인식을 사용해 제1원리를 알고 행하는 것을 "철학 하는 삶"이라고 표현했다.

이렇게 아리스토텔레스는 철학적 삶을 최고의 행복이라고 말한다는 점에서 소크라테스의 맥을 잇는다. 하지만 그가 소크라테스와 다른 점은 모든 미덕에 따른 삶을 두 번째로 행복하다고 꼽는데 반해 국가 공동체와 정치학은 이것을 목표로 함을 강조한다는 것이다. 아리스토텔레스는 첫 번째 행복인 개인 "지성의 관조적 활동"과 두 번째 행복인 공동체적인 미덕들의 모든 활동을 하나로 결합해 개인과 공동체를 유기적으로 연결함으로써, 행복을 단지 개인적인 것이 아니라 공동체적인 것으로 제시한다. 이 책의 첫머리에서 윤리학이 정치학의 토대라고 말한 것과도 일맥상통한다.

IV. 텍스트

1. 아리스토텔레스 『니코마코스 윤리학』의 그리스 원전 대본으로는 I. Bywater의 비평본인 *Aristotelis Ethica Nicomachea, recognovit brevique adnotatione critica instruxit I. Bywater,* Oxford Classical Texts (Oxford: Clarendon Press, 1894)를 사용했다. 영역본으로는 다음을 참고했다. Adam Beresford, *The Nicomachean Ethics,* Penguin Classics (London: Penguin Books, 2020), C. C. W. Taylor, R. Crisp, *The Nicomachean Ethics,* The Revised Edition, *Cambridge Texts in The History of Political Thoughts* (Cambridge:

Cambridge University Press, 2014), D. Ross, *The Nicomachean Ethics,* Oxford World Classics (Oxford: Oxford University Press, 2009), J. A. K. Thomson, *The Nicomachean Ethics,* Penguin Classics (London: Penguin Books, 1992).

2. 인용하거나 참조할 때 편리하도록 Immanuel Bekker, *Aristotelis Opera* (Berlin, 1831)에 수록된 본문의 쪽과 단과 행을 표기했다. 『니코마코스 윤리학』은 베커 판본에서 1094-1181쪽에 수록되어 있고, 한쪽은 두 단으로 되어 있다. 예컨대, 1123a5는 베커 판본의 1123쪽의 왼쪽 단 5행을 가리키고, 1178b20은 1178쪽의 오른쪽 단 20행을 가리킨다.

3. 각 권과 장의 제목은 그리스어 원문에는 나오지 않고, 주로 다음 두 권을 참조하고 각 권과 장의 내용을 고려하여 역자가 붙였다. D. Ross, *The Nicomachean Ethics,* Oxford World Classics (Oxford: Oxford University Press, 2009), J. A. K. Thomson, *The Nicomachean Ethics,* Penguin Classics (London: Penguin Books, 1992).

4. 고유명사는 대체로 문체부의 외래어 표기법을 따랐고, 그리스어를 음역한 경우에는 아티케 그리스어 발음으로 표기했다.

중요한 용어와 개념

『니코마코스 윤리학』에 나오는 중요한 용어와 개념들은 이미 해제와 각주에서 설명했으나, 각각을 전체적으로 파악하는 데는 조금 부족함이 있을 것 같아, 그리스어 용어와 개념에 대한 종합적인 설명을 덧붙여 여기에 소개한다.

● 디아노에티카 아레테(διανοητικά άρετή): 지적 미덕

지적 미덕은 이성과 지성의 고유 활동에 따른 미덕을 가리킨다. 지적 활동으로는 학문적 인식('에피스테메'), 기술('테크네'), 철학적 지혜('소피아'), 실천적 지혜('프로네시스'), 직관적 지성('누스')이 있다. "학문적 인식"은 연역법과 귀납법을 사용한 이성적이고 논리적인 추론을 통해 제1원리로부터 여러 참 명제들을 이끌어내거나 그 참 명제로부터 제1원리를 이끌어내는 이성 활동을 가리킨다. "기술" 은 행위 자체가 아니라 결과물을 목적으로 어떤 것을 만들어내거나 제작하는 이성 활동이다. 건축술, 항해술, 수사학, 시학, 의술, 체육학 같은 것들이 대표적인 기술들이다. 이렇게 학문과 기술은 분명하게 구별된다. "실천적 지혜"는 이성과 지성의 온갖 종류의 활동들을 사용해 바른 이성에 따라 미덕 행위들을 적절하게 이루어내는 이성과 지성의 활동이다. "직관적 지성"은 지성의 직관을 통해 제1원리를 아는 지성의 활동이다. "철학적 지혜'는 직관적 지성과 학문적 인식을 결합해 지성의 관조적 활동을 만들어낸다. 여기서 지적 미덕은 기술을 제외한 이성과 지성의 모든 활동과 관련된다.

● 디카이오쉬네(δικαιοσύνη): 정의
정의(正義)는 좁은 의미와 넓은 의미로 구분된다. "정의"는 기본적으로 법을 지키는 것이기 때문에, 모든 미덕을 지키는 것이 곧 넓은 의미에서의 정의다. 좋은 것을 정해놓은 것을 "법"이라고 하기 때문이다. 좁은 의미의 정의는 하나의 미덕으로서 정의다. 그런 정의는 "공평함"을 뜻한다. 기본적으로 정의는 공평하게 분배하고 교환하는 것이고, 거기에 불의가 있을 때는 불균형을 바로잡아 다시 공평하게 한다. 원래 법은 좋은 것과 정의로운 것을 규정해야 하는데도 현실적인 제약 때문에 그렇지 못할 때가 생기는데, 그런 경우에 그것을 바로잡아주는 원칙이 "공정함"('에피에이케이아')이다. 정의는 국가 공동체를 비롯해 모든 공동체를 유지시키는 데 필수 미덕이다.

● 로고스(λόγος): 이성
그리스어에서 '로고스'의 일차적인 의미는 "말"이다. 하지만 횡설수설하는 것을 말이라고 하지 않으며, 언제나 논리가 있어야 한다. 그런 의미에서 '로고스'는 "이성"을 가리키게 되었다. 『니코마코스 윤리학』에서 이성은 아주 중요한 개념이다. 아리스토텔레스는 인간의 주된 부분은 신체가 아니라 "혼"('프쉬케')이고, 혼의 주된 부분은 이성과 지성이라고 말한다. 아리스토텔레스가 분류한 지적 미덕들에서 이성은 논리적 추론을 담당하고, 지성은 직관을 포함한 좀 더 광범위한 사고 능력이다. 미덕들이 구체적인 행위('프락시스')로 표출되려면 활동('에네르기아')이라는 과정을 거쳐야 하는데, 이 과정에서 중요한 역할을 하는 것이 바로 여러 선택지 중에서 어떤 것이 목적 달성에 적합한지를 알아내는 "이성적 선택"이다. 이성적 선택이 결여된 것은 행위가 될 수 없다.

● 아가톤(ἀγαθόν): 좋음, 좋은 것

그리스 철학에서 '아가톤'은 본성에 부합하는 것을 가리킨다. 어떤 존재나 사물에는 각각 고유한 존재 방식과 행동 방식이 있는데, 거기에 부합하는 것이 "좋음"이고 "좋은 것"이다. 예컨대, 나무를 베는 데 사용하는 도끼가 나무를 잘 벨 수 있는 기능을 갖추었다면 그것이 "좋음"이고 "좋은 것"이다. 그렇다면 좋지 않은 것은 무엇인가? 지나침이나 모자람이 있는 것이다. 아리스토텔레스는 모든 존재가 "좋음"을 추구하고, 사람들은 인간이 추구하는 가장 좋음을 가리켜 "행복"이라고 말한다고 지적한다. 그러면서 인간에게 고유한 일과 기능에 비추어볼 때 동물이나 신에게 좋음이 아니라 인간에게 좋음은 무엇인지를 구체적으로 탐구한다.

'아가톤'은 기존에 "선"(善)으로 자주 번역되었다. 이 그리스어를 영어에서 "good"으로 번역한 것을 그대로 가져온 것인데, 영어의 "good"은 그리스어의 '아가톤'과 거의 비슷한 내포를 지닌 반면, 우리말의 "선"은 그보다 더 좁고 포괄적이지 못하다. 최근에는 "좋음"이라는 번역어가 채택되고 있고, 올바른 방향이라고 여긴다. 하지만 "좋음"이라는 번역어를 사용하면 우리말 번역이 부자연스럽고 어색해진다는 단점이 있다. 반면, "좋은 것"으로 옮기면 번역은 부드러워지지만, '아가톤'은 본래 "좋음"의 상태를 가리키나 "좋은 것"은 하나하나의 구체적인 좋은 것을 가리킨다는 점에서 오해의 여지가 생긴다.

● 아레테(ἀρετή): 미덕

전통적으로 "미덕"으로 번역되어 온 '아레테'는 "탁월함, 탁월한 것"을 가리킨다. 아리스토텔레스가 말하는 '아레테'를 이해하려면 그리스 철학에서 무엇을 "탁월하다", "좋다"고 하는지를 알아야 한다. 우리는 도덕적 선악 개념에 익숙해져 있어 어떤 것을 도덕적으로 평가하는 것이 몸에 배어 있지만, 그리스 철학에서는 본성에 충실한 것이 탁월하고 좋은 것이고, 도덕적으로도 선한 것이며, 그런 때 그 본성을 지닌 존재에게 즐거움과 행복을 가져다준다고 본다.

아리스토텔레스는 본문에서 본성을 '에르곤'(일)과 연결짓는다. '에르곤'은 어떤 존재가 하는 일을 가리킨다. 개의 일은 개가 하는 일이고, 인간의 일은 인간이 하는 일이며, 신의 일은 신이 하는 일이다. 그중에서도 각각의 존재에게 고유한 일이 중요하다. 아리스토텔레스는 인간을 신체와 혼의 복합체라고 보았고, 신체의 일은 동물의 일이기도 하므로 인간에게 고유한 일은 곧 혼의 일이다. 따라서 인간에게 "탁월한 것"은 혼과 관련된 일에 있다. 그런 일에서 지나침과 모자람이 없는 것을 "좋은 것"이라고 말한다. 그러므로 지나침과 모자람이 없는 것이 하나의 행위에서만 "우연히" 나타나는 것이 아니라 어떤 "상태"로 지속할 때, 그것이 '아레테'가 된다.

이렇게 아리스토텔레스는 인간이라는 존재에게 "좋은 것"을 탐구하는 과정에서 '아레테'가 좋은 것임을 논증한다. 즉, '아레테'는 인간에게 고유하게 속한 많은 것 중에서 가장 탁월한 것을 가리킨다. 그리고 '아레테'는 상태이고 성품이며, 거기에서 각각의 구체적인 행위들이 흘러나온다. 미덕은 도덕적 미덕과 지적 미덕으로 구분되는데, 이 각각에 대해서는 해당 항목을 참조하라.

● 아르케(ἀρχή): 제1원리, 최초 원인, 출발점

'아르케'는 "처음, 시작"이라는 의미를 지닌 단어다. 이 책에서 '아르케'는 어떤 행위나 사고의 "출발점"을 가리킨다. 따라서 행위라면 "최초 원인"이 될 것이고, 사고라면 논리적 추론을 위한 "제1원리", 즉 증명이 필요하지 않거나 이미 증명된 명제를 가리킨다. "제1원리"는 원래 증명이 필요없는 자명한 진리를 뜻하지만, 이 책에서는 귀납법적 추론을 통해 증명된 "학문적 지식"에 속한 대전제들도 가리킨다.

● 에우다이모니아(εὐδαιμονία): 행복

행복은 "좋은 것" 중에서 "가장 좋은 것"을 가리킨다. 아리스토텔레스가 『니코마코스 윤리학』에서 탐구하는 주제가 바로 "행복"이다. 이를 위해 그는 먼저 "좋은 것"이 어떤 것인지를 천착해 들어간다. "좋은 것"은 탁월한 것, 즉 미덕이다. 그리고 그 미덕들 중에서 최고 미덕이 바로 행복이라고 말한다. 아리스토텔레스는 미덕을 감정과 욕망과 감각을 다스리는 것과 관련한 도덕적 미덕들, 이성과 지성을 직접적으로 사용하는 지적 미덕들로 구분하고, 지적 미덕이 도덕적 미덕보다 우월하고, 지적 미덕 중에서는 직관적 지성의 "관조적 활동"을 최고 활동으로 지목한다. 이것이 가장 중요한 이유는 "관조적 활동"이 인간으로서 할 수 있는 활동 중에서 가장 신적인 것이기 때문이다.

● 에티카 아레테(ἠθικά ἀρετή): 도덕적 미덕

'에티카 아레테'는 인간 성품과 관련해 좋고 탁월한 것을 가리킨다. "도덕적"이라는 번역은 선악을 기준으로 했으므로 조금 조잡하지만 편의상 사용했고, 그래서 어떤 경우에는 "도덕적 성품과 관련한" 미덕으로 길게 번역하기도 했다. 아리스토텔레스는 먼저 용기와 절제를 중요한 미덕으로 자세하게 다룬 다음, 크고 작은 재물, 크고 작은 명예, 분노, 사교, 언행, 놀이와 관련된 미덕을 다루고, 마지막에는 절제와 혼동할 수 있는 자제력을 다룬 후에, 정의와 사랑을 다룬다. 정의와 사랑은 도덕적 미덕이긴 하지만, 사회적 미덕의 성격을 강하게 띤 것들이다. 미덕에 관한 일반적인 설명은 '아레테'를 보라.

● 이소테스(ἰσότης): 공평함, 동등성

그리스어에서 '이손' 또는 '이소테스'는 "똑같다는 것"을 의미한다. 예컨대, 사과 4개를 두 사람이 2개씩 나누어 갖는다면, 거기에는 "공평함" 또는 "동등성"이 존재한다. 일반적으로 공평하다는 것은 똑같이 나누어 갖는 것이다. 이것이 양적 동등성이며, 주로 분배와 관련된 개념이다. 하지만 각 사람이나 사물의 가치가 다를 때는 각각의 가치에 따라 비례적으로 배분해야 하는데, 이를 "비례적 동등성"이라 하고, 이것도 공평하다고 본다. 그렇게 배분하여 결과가 동등해지기 때문이다. 다른 도덕적 미덕에서는 "중간"('메소스') 또는 "중용"('메소테스')이라는 개념을 사용했다면, 정의와 사랑이라는 미덕들에서는 "공평함" 또는 "동등성"이라는 개념을 사용한다.

● 파토스(πάθος): 감정

'파토스'는 감각적 지각과 관련이 있다. 감각적 지각을 통해 외부로부터 들어온 자극은 인간 안에서 감정을 만들어낸다. '파토스'라는 단어 자체는 수동적으로 무엇을 "겪다"를 뜻하는 '파스케인'이라는 동사에서 나왔다. 이렇게 감각적 지각은 기본적으로 신체적인 "즐거움"과 "고통"이라는 감정을 만들고, 이 감정들은 미덕('아레테')과 밀접하게 관련된다. 사람들은 즐거움을 얻고 고통을 피하는 쪽을 선택해서 행동하기 때문이다. 미덕은 신체적인 즐거움과 고통에 이끌려 다니는 것이 아니라 도리어 그것들을 다스려서, 모든 일에서 지나침과 모자람이 없는 성품 또는 상태를 가리킨다. 이렇게 감각과 감정과 욕망은 미덕을 통해 해결해야 할 재료들이다.

● 포이에시스(ποίησις): 제작

보통 그리스어에서 '포이에시스'는 "시"로 번역되지만, 이 책에서 '포이에시스'는 "만들어내는 것, 제작"을 의미한다. 아리스토텔레스는 인간의 행위를, 행위 자체를 목적으로 하는 것과 행위의 결과물을 목적으로 하는 것으로 구분하고서, 전자만 "행위"라고 부르고, 후자를 "제작"이라고 부른다. 모든 미덕은 "행위"를 대상으로 한다. 따라서 "제작"은 미덕과는 상관 없고, "기술"('테크네')과 관련된다. "제작"에 관여하는 "기술"은 이성과 지성의 활동이기는 하지만, 미덕이나 행복과 직접적인 연관이 없고, 미덕과 행복에서 주된 역할을 하는 것은 철학적 지혜이기 때문에, 아리스토텔레스는 지혜를 지닌 사람, 즉 철학자는 기술자가 아니라고 말한다.

● 프락시스(πρᾶξις): 행위

일반적으로 인간의 모든 행동이 다 행위라 불리지만, 『니코마코스 윤리학』에서 다루는 인간의 "행위"는 "숙고"와 "이성적 선택"을 거쳐 나온 행위를 뜻하고, "좋은 것"과 관련된 행위는 "미덕에 따른 행위"다. 즉, "좋은 것"과 "가장 좋은 것"이 무엇인지를 탐구하는 이 책에서 주목하는 행위는 사람들이 행하는 모든 행위가 아니라, 오직 미덕에서 숙고와 이성적 선택을 거쳐 나오는 행위다. 오직 그런 행위만이 본성적으로 미덕에 따른 행위이고, 현상적으로 미덕에 속하는 듯해도 그런 과정을 거치지 않은 행위는 "우연히" 그렇게 되었을 뿐이다. 따라서 이 책에서는 행위와 활동을 구별해 미덕이나 성품의 움직임을 "활동"이라고 하고, 그런 움직임으로부터 나온 행동을 "행위"라고 부른다.

● 프로아이레시스(προαίρεσις): 이성적 선택

'프로아이레시스'는 미리 생각해서 선택하는 것을 가리킨다. 이 단어는 이 책에서 중요하게 취급된다. 행위가 진정한 의미에서 행위가 되려면 반드시 있어야 하는 필수 요소이기 때문이다. 미덕의 활동은 숙고와 이성적 선택을 거쳐 행위로 표현된다. 따라서 이성적 선택은 숙고를 전제한다. "숙고"는 실천적 지혜를 통해 여러 선택지를 생각해내 서로 비교하는 과정을 가리키고, 그 결과물이 "이성적 선택"이다. 이러한 숙고와 이성적 선택이 없다면 미덕에 따른 행위가 될 수 없다. 그리고 이성적 선택을 하는 과정에서 인간이 여러 선택지 중에서 선택해야 하는 것을 "선택할 만한"(αἱρετόν, 아이레톤) 것들이라고 지칭한다.

● 필리아(φιλία): 사랑

'필리아'는 가장 넓은 의미에서의 "사랑"이다. 이 책에서 사랑은 두 사람 간의 관계 속에서 존재하는 성품이다. 사랑은 상대방이 잘되길 바라고, 그가 잘되도록 도우며, 함께 삶을 나누고, 서로에게서 좋은 것이나 즐거움이나 유익을 얻는 것이다. 사랑이 존재하려면 반드시 두 사람이 관여해야 한다. 한 사람이 일방적으로 좋아하고 사랑하는 것은 이 책에서 "호의"('에우노이아')라고 부른다. 이러한 '필리아'는 공동체에서 광범위하게 존재하고, 정의와 함께 모든 공동체의 근간이 된다. 사랑은 신뢰를 수반하고 서로가 잘되길 바라기 때문이다. 부모와 자녀 간의 사랑, 형제자매 간의 우애, 친구들 간의 우정, 동료애, 인간애, 동지애, 시민 서로 간의 사랑 등이 모두 '필리아'에 속한다. 그리고 성애적인 사랑('에로스')도 어떤 의미에서는 '필리아'의 최고 형태. 이렇게 '필리아' 관계로 맺어진 사람들을 "친구"('필로스')라고 칭한다. 따라서 이 책에서 "친구"는 동년배를 가리키는 좁은 의미가 아니라, 가장 넓은 의미에서 "사랑"의 관계에 있는 사람들을 가리킨다.

● 하플로스(ἁπλῶς): 일반적으로, 그 자체로

『니코마코스 윤리학』에서 아리스토텔레스가 많이 사용하는 몇 가지 부사나 부사구가 있는데, 이 단어가 그중 하나다. '하플로스'는 어떤 것을 특정한 것과 관련짓지 않고 일반적이고 보편적으로 말할 때 사용하는 부사다. 따라서 '하플로스'는 특정한 것과 관련된

게 아니라 "일반적으로", "그 자체로"를 의미한다. 예컨대, "나쁜 의사"라고 하면, 그 사람은 의사로서 일을 제대로 하지 못한다는 의미일 뿐이고, 그가 "일반적으로"('하플로스') 나쁜 사람이라는 의미는 아니다. 또한, 어떤 것이 특정한 사람에게 즐거운 것이라 해서, 그것이 "일반적으로" 즐거운 것은 아니다.

아리스토텔레스 연보

기원전

427년 소크라테스의 제자이자 아리스토텔레스의 스승이 될 플라톤이 고대 그리스 아테네의 유력한 가문에서 출생.

399년 소크라테스가 아테네에서 사형선고를 받고 사망.

385년경 플라톤이 아테네에 아카데메이아 설립.

384년 그리스 북동부 칼키디케의 작은 성읍 스타게이로스의 부유한 가문에서 아리스토텔레스 출생. 마케도니아 왕의 주치의였던 아버지는 요절.

367년 어머니 사망 후, 후견인이 플라톤의 아카데메이아로 보냄. 20년 동안 학생이자 교사로 지냄.

347년 플라톤이 죽자, 아카데메이아를 조카 스페우시포스에게 맡기고 철학의 후원자였던 헤르메이아스왕의 초청으로 소아시아 아소스로 가서 머물면서, 왕의 조카 피티아스와 결혼해 딸을 낳음.

345년 헤르메이아스왕이 죽자, 레스보스 섬의 미틸레네로 가서 자연과학을 연구.

342년 마케도니아의 필리포스 2세의 요청으로 나중에 알렉산드로스 대왕이 될 그의 아들의 가정교사가 됨.

338년　마케도니아의 필리포스 2세가 그리스 연합군을 이기고 그 리스의 맹주가 됨.

336년　마케도니아의 필리포스 2세가 죽고, 알렉산드로스 대왕이 즉위.

335년　아테네로 돌아가서 리케이온이라는 독자적인 교육기관을 설립. 아내 피티아스가 죽자, 동향 사람이자 노예인 헤르필 리스와 동거하며 아들 니코마코스를 얻음. 이때부터 10여 년 동안 대부분 저작 저술.

323년　알렉산드로스 대왕이 죽고, 아테네에 반마케도니아 정서 가 확산되어 불경죄로 고발되자, 어머니 가문의 영지가 있 는 에우보이아의 칼키스로 떠남.

322년　칼키스에서 62세로 죽음.

옮긴이 박문재

서울대학교 법과대학 법학과와 장로회신학대학교 신학대학원 및 동 대학원을 졸업했으며, 독일 보쿰 대학교에서 수학했다. 또한, 고전어 연구 기관인 비블리카 아카데미아Biblica Academia에서 오랫동안 고대 그리스어와 라틴어를 익히고, 고대 그리스어와 라틴어 원전들을 공부했다. 대학 시절에는 역사와 철학을 두루 공부했으며, 전문 번역가로 30년 이상 인문학과 신학 도서를 번역해왔다.

역서로는 『자유론』(존 스튜어트 밀), 『프로테스탄트 윤리와 자본주의 정신』(막스 베버), 『실낙원』(존 밀턴) 등이 있고, 라틴어 원전을 번역한 책으로 『고백록』(아우구스티누스), 『철학의 위안』(보에티우스), 『유토피아』(토머스 모어) 등이 있다. 그리스어 원전에서 옮긴 아우렐리우스의 『명상록』과 『소크라테스의 변명·크리톤·파이돈·향연』, 『아리스토텔레스 수사학』, 『아리스토텔레스 시학』, 『이솝우화 전집』 등은 매끄러운 번역으로 독자들의 호평을 받고 있다.

현대지성 클래식 42

니코마코스 윤리학

1판 1쇄 발행 2022년 2월 14일
1판 7쇄 발행 2024년 11월 26일

지은이 아리스토텔레스
옮긴이 박문재
발행인 박명곤 **CEO** 박지성 **CFO** 김영은
기획편집1팀 채대광, 김준원, 이승미, 김윤아, 백환희, 이상지
기획편집2팀 박일귀, 이은빈, 강민형, 이지은, 박고은
디자인팀 구경표, 유채민, 윤신혜, 임지선
마케팅팀 임우열, 김은지, 전상미, 이호, 최고은

펴낸곳 (주)현대지성
출판등록 제406-2014-000124호
전화 070-7791-2136 **팩스** 0303-3444-2136
주소 서울시 강서구 마곡중앙6로 40, 장흥빌딩 10층
홈페이지 www.hdjisung.com **이메일** support@hdjisung.com
제작처 영신사

© 현대지성 2022

"Curious and Creative people make Inspiring Contents"
현대지성은 여러분의 의견 하나하나를 소중히 받고 있습니다.
원고 투고, 오탈자 제보, 제휴 제안은 support@hdjisung.com으로 보내 주세요.

현대지성 홈페이지

"인류의 지혜에서 내일의 길을 찾다"
현대지성 클래식

1 그림 형제 동화전집
그림 형제 | 아서 래컴 그림 | 김열규 옮김 | 1,032쪽

2 철학의 위안
보에티우스 | 박문재 옮김 | 280쪽

3 십팔사략
증선지 | 소준섭 편역 | 800쪽

4 명화와 함께 읽는 셰익스피어 20
윌리엄 셰익스피어 | 존 에버렛 밀레이 그림
김기찬 옮김 | 428쪽

5 북유럽 신화
케빈 크로슬리-홀런드 | 서미석 옮김 | 416쪽

6 플루타르코스 영웅전 전집 1
플루타르코스 | 이성규 옮김 | 964쪽

7 플루타르코스 영웅전 전집 2
플루타르코스 | 이성규 옮김 | 960쪽

8 아라비안 나이트(천일야화)
작자 미상 | 르네 불 그림 | 윤후남 옮김 | 336쪽

9 사마천 사기 56
사마천 | 소준섭 편역 | 976쪽

10 벤허
루 월리스 | 서미석 옮김 | 816쪽

11 안데르센 동화전집
한스 크리스티안 안데르센 | 한스 테그너 그림
윤후남 옮김 | 1,280쪽

12 아이반호
월터 스콧 | 서미석 옮김 | 704쪽

13 해밀턴의 그리스 로마 신화
이디스 해밀턴 | 서미석 옮김 | 552쪽

14 메디치 가문 이야기
G. F. 영 | 이길상 옮김 | 768쪽

15 캔터베리 이야기(완역본)
제프리 초서 | 송병선 옮김 | 656쪽

16 있을 수 없는 일이야
싱클레어 루이스 | 서미석 옮김 | 488쪽

17 로빈 후드의 모험
하워드 파일 | 서미석 옮김 | 464쪽

18 명상록
마르쿠스 아우렐리우스 | 박문재 옮김 | 272쪽

19 프로테스탄트 윤리와 자본주의 정신
막스 베버 | 박문재 옮김 | 408쪽

20 자유론
존 스튜어트 밀 | 박문재 옮김 | 256쪽

21 톨스토이 고백록
레프 톨스토이 | 박문재 옮김 | 160쪽

22 황금 당나귀
루키우스 아풀레이우스 | 장 드 보쉐르 그림
송병선 옮김 | 392쪽

23 논어
공자 | 소준섭 옮김 | 416쪽

24 유한계급론
소스타인 베블런 | 이종인 옮김 | 416쪽

25 도덕경
노자 | 소준섭 옮김 | 280쪽

26 진보와 빈곤
헨리 조지 | 이종인 옮김 | 640쪽

27 걸리버 여행기
조너선 스위프트 | 이종인 옮김 | 416쪽

28 소크라테스의 변명·크리톤·파이돈·향연
플라톤 | 박문재 옮김 | 336쪽

29 올리버 트위스트
찰스 디킨스 | 유수아 옮김 | 616쪽

30 아리스토텔레스 수사학
아리스토텔레스 | 박문재 옮김 | 332쪽

31 공리주의
존 스튜어트 밀 | 이종인 옮김 | 216쪽

32 이솝 우화 전집
이솝 | 아서 래컴 그림 | 박문재 옮김 | 440쪽

33 유토피아
토머스 모어 | 박문재 옮김 | 296쪽

34 사람은 무엇으로 사는가
레프 톨스토이 | 홍대화 옮김 | 240쪽

35 아리스토텔레스 시학
아리스토텔레스 | 박문재 옮김 | 136쪽

36 자기 신뢰
랄프 왈도 에머슨 | 이종인 옮김 | 216쪽

37 프랑켄슈타인
메리 셸리 | 오수원 옮김 | 320쪽

38 군주론
마키아벨리 | 김운찬 옮김 | 256쪽

39 군중심리
귀스타브 르 봉 | 강주헌 옮김 | 296쪽

40 길가메시 서사시
앤드류 조지 편역 | 공경희 옮김 | 416쪽

41 월든·시민 불복종
헨리 데이비드 소로 | 허버트 웬델 글리슨 사진
이종인 옮김 | 536쪽

42 니코마코스 윤리학
아리스토텔레스 | 박문재 옮김 | 456쪽

43 벤저민 프랭클린 자서전
벤저민 프랭클린 | 강주헌 옮김 | 312쪽

44 모비 딕
허먼 멜빌 | 레이먼드 비숍 그림 | 이종인 옮김 | 744쪽

45 우신예찬
에라스무스 | 박문재 옮김 | 320쪽

46 사람을 얻는 지혜
발타자르 그라시안 | 김유경 옮김 | 368쪽

47 에피쿠로스 쾌락
에피쿠로스 | 박문재 옮김 | 208쪽

48 이방인
알베르 카뮈 | 윤예지 그림 | 유기환 옮김 | 208쪽

49 이반 일리치의 죽음
레프 톨스토이 | 윤우섭 옮김 | 224쪽

50 플라톤 국가
플라톤 | 박문재 옮김 | 552쪽

51 키루스의 교육
크세노폰 | 박문재 옮김 | 432쪽

52 반항인
알베르 카뮈 | 유기환 옮김 | 472쪽

53 국부론
애덤 스미스 | 이종인 옮김 | 1,120쪽

54 파우스트
요한 볼프강 폰 괴테 | 외젠 들라크루아 외 그림
안인희 옮김 | 704쪽

55 금오신화
김시습 | 한동훈 그림 | 김풍기 옮김 | 232쪽

56 지킬 박사와 하이드 씨
로버트 루이스 스티븐슨 | 에드먼드 조지프 설리번 외
그림 | 서창렬 옮김 | 272쪽

57 직업으로서의 정치·직업으로서의 학문
막스 베버 | 박문재 옮김 | 248쪽

58 아리스토텔레스 정치학
아리스토텔레스 | 박문재 옮김 | 528쪽

59 위대한 개츠비
F. 스콧 피츠제럴드 | 장명진 그림 | 이종인 옮김 | 304쪽

현대지성 클래식 살펴보기